시편

GREGORY J. POLAN
THE PSALMS
Songs of Faith and Praise: The Revised Grail Psalter with Commentary and Prayers

Commentary and Psalm Prayers © 2014 by Abbot Gregory J. Polan, OSB,
Conception Abbey, Conception, Mo 64433, USA.
All rights reserved.

Translated by KIM Sujin
Korean translation copyright © 2019 by Benedict Press, Waegwan.
Korean translation rights arranged with Abbot Gregory J. Polan, OSB,
Conception Abbey, Conception.

시편
묵상과 기도

2018년 11월 8일 교회 인가
2019년 6월 5일 초판 1쇄

지은이	그레고리 J. 폴런
옮긴이	김수진
펴낸이	박현동
펴낸곳	성 베네딕도회 왜관수도원 ⓒ 분도출판사
찍은곳	분도인쇄소
등록	1962년 5월 7일 라15호
주소	04606 서울 중구 장충단로 188 분도빌딩 102호(분도출판사 편집부)
	39889 경북 칠곡군 왜관읍 관문로 61(분도인쇄소)
전화	02-2266-3605(분도출판사) · 054-970-2400(분도인쇄소)
팩스	02-2271-3605(분도출판사) · 054-971-0179(분도인쇄소)
홈페이지	www.bundobook.co.kr

성경 ⓒ 한국천주교중앙협의회

978-89-419-1909-4   03230

이 책의 한국어판 저작권은 Abbot Gregory J. Polan, OSB, Conception Abbey와 독점 계약한 분도출판사에 있습니다.
저작권법에 의해 한국 내에서 보호를 받는 저작물이므로 무단 전재와 무단 복제를 금합니다.

시편

묵상과 기도

그레고리 J. 폴런 지음
김수진 옮김

분도출판사

일러두기

구약성경은 『성경』(한국천주교중앙협의회 2005), 그중 시편은 『전례 시편』(한국천주교중앙협의회 2008), 신약성경은 『200주년 신약성서』(분도출판사 1998)를 따르되 드물게 문맥에 따라 다듬었습니다.

| 감사의 말 |

나의 동료 수도자인 성 베네딕도회 컨셉션 수도원 형제들께, 그리고 처음으로 집필을 권하였던 성 바오로회 로렌스 보트 신부께 이 책을 바칩니다. 저와 함께 수도생활을 하는 동료 수사들은 제 마음속에 구약성경, 특히 시편에 대한 사랑을 북돋워 준 분들입니다. 그래서 그 점이 가장 감사하기도 합니다. 뛰어난 성경학자이자 소중한 친구인 보트 신부는 시편에 대한 사랑을 다른 사람들과 나누도록 저에게 용기를 주었습니다. 덕분에 시편은 제게 이토록 풍부한 기도의 원천이 되었습니다. 또한 제 비서 역할을 맡아 꼼꼼하게 편집해 준 주드 퍼슨 수사에게 진심으로 감사합니다. 퍼슨 수사가 이 글의 문체와 표현의 정확성을 다져 주었기에, 독자 여러분께 더 다가가기 쉬운 글이 되었습니다. 세심하게, 그리고 헌신과 인내로 제 글을 다듬어 준 데에 가장 큰 고마움을 느낍니다. 마지막으로 제 동료인 성 베네딕도회 휴 태슈 신부에게 감사의 말씀을 드립니다. 휴 태슈 신부는 이 책의 원고를 주의 깊게 읽고 날카로운 질문을 던져 주었습니다. 시편에 대한 그의 사랑이 이 글을 흥미롭게 읽고 상세한 부분까지 놓치지 않게 만든 원동력이었기에 더욱 감사합니다.

차례

감사의 말 —— 5

서문 —— 13

제1권

시편 1 두 갈래 길 —— 28
시편 2 하느님의 기름부음받은이 —— 30
시편 3 나는 두려워하지 않으리라 —— 32
시편 4 평안히 살게 하소서 —— 34
시편 5 주님, 저를 이끄소서 —— 37
시편 6 탄식으로 기진하나이다 —— 40
시편 7 의로움을 간청하는 기도 —— 42
시편 8 크신 이름 —— 46
시편 9 가난한 이와 억눌린 이의 피난처이신 하느님 —— 48
시편 10 악인의 흉계 —— 52
시편 11 의로우신 주님은 의로운 일을 사랑하시니 —— 55
시편 12 간사한 말과 진실한 말 —— 57
시편 13 주님, 언제까지? —— 60
시편 14 그 누가 하느님을 찾는가? —— 62
시편 15 의로운 길 —— 64

시편 16 제 몫의 유산, 저의 잔 —— 66
시편 17 제 마음 떠보시고 저를 달구소서 —— 69
시편 18 주님, 저의 반석, 저의 산성, 저의 구원자 —— 72
시편 19 두 가지 계시에 관한 이야기 —— 79
시편 20 전투에 임하기 전 바치는 기도 —— 83
시편 21 하느님의 구원으로 기뻐하나이다 —— 86
시편 22 죽음에서 삶으로 —— 89
시편 23 목자와 집주인 —— 94
시편 24 깨끗한 손과 결백한 마음을 위한 기도 —— 97
시편 25 제 영혼을 들어 올리나이다 —— 100
시편 26 결백하게 살아가오니 —— 104
시편 27 주님, 제가 당신 얼굴을 찾고 있나이다 —— 107
시편 28 하느님께서 말없이 계시오면 —— 111
시편 29 주님의 소리 —— 115
시편 30 기쁨으로 아침을 맞이하리라 —— 117
시편 31 당신은 저의 하느님! —— 121
시편 32 용서받은 사람의 행복 —— 125
시편 33 대대로 이어지는 하느님의 마음 —— 129
시편 34 평화를 찾아라 —— 133
시편 35 제 영혼에게 말씀하소서, "나는 너의 구원이로다" —— 137
시편 36 하느님, 당신께는 생명의 샘이 있나이다 —— 142
시편 37 가난한 이들이 땅을 차지하리라 —— 146
시편 38 당신 앞에 제 모든 소원 펼쳤나이다 —— 151
시편 39 하느님, 저는 당신 집에 사는 이방인입니까? —— 155
시편 40 주 하느님, 저는 당신 뜻 즐겨 이루나이다 —— 159
시편 41 제 벗마저 발꿈치를 치켜들며 대드나이다 —— 164

제2권

시편 42 주님을 목말라하나이다 —— 170
시편 43 하느님의 빛과 진실에 대한 요청 —— 173
시편 44 하느님, 어찌 된 일이옵니까? —— 176
시편 45 하느님의 기름부음받은이를 위한 혼인 찬가 —— 181
시편 46 너희는 멈추고 알아라 —— 185
시편 47 임금께서 오르시네 —— 188
시편 48 시온을 두루 돌아라 —— 191
시편 49 저울 위에 놓인 삶과 죽음 —— 194
시편 50 하느님 앞에서 정직하라 —— 198
시편 51 죄악 대신 자애를 —— 202
시편 52 날카로운 혀와 푸른 올리브 나무 —— 206
시편 53 누군가 깨달은 이 있는가? —— 209
시편 54 하느님, 당신의 이름으로 저를 구하소서 —— 212
시편 55 배신의 고통 —— 215
시편 56 제 눈물을 당신 자루에 담으소서 —— 220
시편 57 든든한 마음 —— 223
시편 58 명심하라, 하느님께서 심판하시리라 —— 227
시편 59 하느님, 저의 힘이시여 —— 230
시편 60 하느님과 함께 우리가 큰일을 이루리라 —— 233
시편 61 기진하지만 충실한 마음 —— 237
시편 62 오로지 하느님 —— 239
시편 63 저희의 가장 깊은 갈망 —— 243
시편 64 가시 돋친 화살처럼 독한 말 —— 246
시편 65 섭리의 저희 하느님 —— 249
시편 66 불과 물을 지나 넓은 곳으로 —— 252

시편 67　저희와 민족들, 세상 모든 끝을 위한 강복 ── 256
시편 68　고아들의 아버지, 과부들의 보호자 ── 259
시편 69　신 포도주를 마시게 하였나이다 ── 266
시편 70　주님, 어서 저를 도우소서 ── 272
시편 71　노년의 신뢰와 확신 ── 274
시편 72　하느님의 기름부음받은이를 위한 정의와 공정 ── 279

제3권

시편 73　마음이 깨끗한 이의 비전 ── 286
시편 74　주님, 당신의 계약을 돌아보시고 일어나소서 ── 291
시편 75　하느님 심판의 잔 ── 295
시편 76　경외심과 두려움의 하느님 ── 298
시편 77　당신의 발자국은 보이지 않았나이다 ── 302
시편 78　예로부터 내려오는 금언 ── 306
시편 79　이토록 불쌍하게 되었나이다 ── 316
시편 80　저희를 다시 일으켜 주소서 ── 320
시편 81　부디 내 말을 들어라 ── 324
시편 82　쓰러진 신들 ── 328
시편 83　하느님, 침묵하지 마소서 ── 331
시편 84　행복하옵니다, 당신 집에 사는 이들! ── 335
시편 85　하느님께 돌아오는 이들에게 평화를 ── 339
시편 86　당신 종에게 구원을 보이소서 ── 343
시편 87　하느님의 영광스러운 도성 ── 347
시편 88　어둠만이 저의 벗이 되었나이다 ── 350
시편 89　체결된 계약, 파기된 계약 ── 354

제4권

시편 90　덧없는 인생 —— 364
시편 91　나의 하느님, 나 그분께 의지하네 —— 368
시편 92　물이 올라 싱싱하리라 —— 371
시편 93　큰 물보다 엄위하시옵니다 —— 375
시편 94　불행의 날에도 평온을 —— 378
시편 95　경배와 경고 —— 382
시편 96　그분은 의롭게 진리로 다스리신다 —— 386
시편 97　정의가 주는 기쁨과 축복 —— 390
시편 98　새로운 찬미 노래 —— 393
시편 99　거룩하시도다, 우리 주 하느님 —— 396
시편 100　그분의 성실은 대대에 이르신다 —— 400
시편 101　참되고 완전한 길 —— 403
시편 102　풀처럼 메마른 마음 —— 406
시편 103　모든 아픔을 없애시는 분 —— 411
시편 104　창조주 하느님 —— 416
시편 105　당신의 계약을 기억하시는 충실하신 하느님 —— 422
시편 106　인간이 저지른 잘못의 역사 —— 428

제5권

시편 107　그분의 자애는 영원하시다 —— 436
시편 108　당신의 사랑받는 이들 구원하소서 —— 442
시편 109　하느님, 침묵하지 마소서 —— 445
시편 110　승리하신 메시아 —— 450
시편 111　마음 다하여 드리는 감사 —— 454

시편 112 의인의 길 —— 457

시편 113 찬양받은 이름 —— 460

시편 114 떠는 요르단, 뛰는 산들 —— 463

시편 115 주님, 오직 당신에게 모든 영광을 —— 466

시편 116 나 주님의 이름을 받들어 부르리 —— 470

시편 117 주님을 찬양하여라, 모든 민족들아 —— 475

시편 118 집 짓는 이들이 내버린 돌 —— 478

시편 119 마음 깊이 당신 말씀 간직하나이다 —— 483

시편 120 나는 평화를 바랐네 —— 501

시편 121 주님은 너를 지키시는 분, 너의 방패 —— 504

시편 122 예루살렘의 평화 —— 508

시편 123 저희 눈이 하늘을 우러러보나이다 —— 511

시편 124 위험한 홍수와 그물 —— 514

시편 125 주님은 당신 백성을 감싸고 계시네 —— 517

시편 126 눈물로 씨 뿌리던 사람들 —— 520

시편 127 주님이 집을 지어 주시면 —— 523

시편 128 노동, 가족, 시온에 내려지는 축복 —— 526

시편 129 우리 안에서 승리하신 하느님 —— 529

시편 130 당신은 용서하는 분이시니 —— 532

시편 131 젖 뗀 아기 같사옵니다 —— 535

시편 132 다윗에 대한 맹세 —— 538

시편 133 일치를 이루며 사는 것 —— 542

시편 134 밤이 지새도록 주님의 뜰에서 —— 545

시편 135 표징과 기적 —— 547

시편 136 역사적 호칭기도 —— 551

시편 137 바빌론강 기슭에서 —— 556

시편 138   제 마음 다하여 감사드리나이다 ─── 560
시편 139   하느님, 제 마음을 알아주소서 ─── 563
시편 140   주님, 저를 지키소서 ─── 568
시편 141   저의 기도, 당신 앞의 분향 ─── 571
시편 142   감옥에서 저를 빼내 주소서 ─── 575
시편 143   당신 자애를 알려 주소서 ─── 578
시편 144   하늘을 기울여 내려오소서 ─── 582
시편 145   당신의 통치는 영원하나이다 ─── 586
시편 146   하느님의 정의를 찬미하여라 ─── 590
시편 147   전능하신 분께서 가련한 이들과 함께 계신다 ─── 594
시편 148   모든 것들아, 주님을 찬양하여라 ─── 598
시편 149   충실한 이들은 환호하여라 ─── 601
시편 150   영광송 ─── 605

참고문헌 ─── 609

서문

『그레일 시편』Grail Psalms은 1960년대 초에 등장하자마자 가톨릭교회의 기도와 영성 생활에서 그 가치를 인정받았다. 1968년에는 성 바오로 출판사와 협업하여 데우스 출판사에서 『시편: 새 번역 – 성가 편』의 특별판을 발간했다. 이 책에는 예수회 조셉 젤리노Joseph Gelineau 신부와 베네딕도회 그레고리 머레이A. Gregory Murray 수사의 서문이 실려 있다. 젤리노 신부는 이 새로운 번역본에 배경지식을 제공하는 역할을 맡았다. 프랑스어 성경에서 유래한 이 번역본은 시편을 히브리어 원문의 운율에 매우 근접한 방식으로 성가로 부를 수 있게 특별히 마련된 것이다. 머레이 수사는 젤리노 신부의 성가 음조를 새 영어 번역본에 적용하는 법에 관해 몇 가지 기본 지침을 제시해 주었다. 하지만 이보다 더 특별한 점은 매 시편마다 영국 성경학자 알렉산더 존스Alexander Jones 신부와 레너드 존스톤Leonard Johnston 신부의 짤막한 소개가 함께 담겨 있다는 사실이다. 이는 독자들이 핵심 주제를 기준으로 이 오래된 기도문을 구별하는 데 도움을 주기 위한 것이다. 로마 가톨릭 신자들에게 이 책은 처음으로 시편을 진지하게 곱씹으며 묵상하는 기회를 주었다. 수세기 동안 시편은 교회 전례의 친숙하고 필수적인 일부였지만, 그때까지만 해도 주로 라틴어로만 접할 수 있어서 그 내용을 쉽게 이해하는 사람들이 드물었다. 따라서 새롭고 신선한 이 번역본에 대한 간략하고도 통찰력 있는 소개말 덕분에 독자들은 중요한 전례 본문인 시편에 담겨 있는 심오한 의미에 다가갈 수 있었다.

2001년 「진정한 전례」Liturgiam Authenticam(로마 전례서 발행에서 모국어 사용에 관한 훈령)가 반포되면서, 1963년 판 『그레일 시편』의 개정이 필요하다는 사실이 분명해졌다. 미국 가톨릭 주교회의의 요청에 따라 컨셉션 수도원 수사들이 개정판을 준비했고, 2010년에는 교황청 경신성사성으로부터 이 개정판을 전례용으로 승인받았다. 필자는 컨셉션 수도원의 아빠스이자 영적 조언자로서 이 개정 작업에 깊이 관여했다. 작업이 진행되는 동안 필자의 오랜 친구이자 동료이면서 당시 성 바오로 출판사 사장이었던 로렌스 보트Lawrence Boadt 신부가 제안을 해 왔다. 데우스/성 바오로 출판사의 1968년 판과 마찬가지로 이번에도 『그레일 시편』의 특별 개정판에 각 시편마다 소개말을 써 넣으면 좋겠다는 것이었다. 이와 같은 특별판이 영적 다리가 된다면, 교회 전례를 떠받치는 기둥이 된 옛 히브리어 시편 기도문에 새로운 세대가 발을 들일 수 있다고 그는 생각했다. 그리고 이런 논의로부터 이 개정판이 나왔다.

그렇다면 1963년 판 『그레일 시편』의 개정판인 이 책에는 어떤 의미가 있는 것일까? 이 번역본은 '전례용 시편'을 지향한다는 점에서 차별화된다. 따라서 최근에 나온 다른 성경 번역본들과 몇 가지 차이가 있다. 이 번역본은 히브리어 원문을 기본 바탕으로 하되, 특별히 전례용으로 원문뿐 아니라 당시의 문화적·역사적 요인도 본문 표현에 반영했다. 가령 히브리어 성경의 그리스어 번역본(칠십인역 또는 LXX)이 나왔던 기원전 3세기에는 헬레니즘 문화가 지중해 세계를 지배했다. 따라서 헬레니즘 문화와 그 특유의 철학적·인류학적 관점이 번역본 본문의 어휘와 지적 개념에 중요한 영향을 미쳤다. 사실 어떤 의미에서 보면 모든 번역은 하나의 해석이기도 하다. 그리스도교가 지배하던 시대에 성 히에로니무스는 성경의 라틴어 번역본(불가타)을 작업하는 동안 히브리어 원본과 그리스어 칠십인역을 함께 참고해서 자신의 '해석'을 내놓았다. 이렇게 탄생한 불가타 시편은 오래전부터 다양한 미사경본 시편에 영향을 미쳤고, 마침내 서방 교회의 표준이 된 로마 미사경본에 시편 본문을 넣을 때도 상당한 영향을 미쳤다. 미사경본이 발전되고 개정되는 동안, 특정한 시편 본문은 특정한 신학 주제나 개념과 직접 연결되었다. 또한 전례 고유시기(대림시기/성탄시기, 사순시기/부활시기)와 전례주년의 특정 축일과 의식 때 거행되는 전례와도 직접 관련되었다. 이런 이유로 일부 핵심 용어는 이 같은 전통적 연관성이 깨지지 않도록, 그리고 라틴 전통이 히브리어 시편과 그리스어 시편뿐 아니라 성경 전체와 일치를 유지하도록 특정한 방식으로 번역되었다.

    이 개정판에서는 '성경 속 기도서'인 시편을 영성적으로 더 깊이 있게 이해하기 원하는 이들을 위해 각 시편마다 소개말을 담았다. 따라서 성경 주석이나 역사 비평에 관한 고도의 전문 지식은 필요 없다. 이 소개말은 성경학에 바탕을 둔 정보를 전달하면서도, 이런 개념들을 설명하기 위해 지적 이해와 영적 공감이라는 두 마리 토끼를 모두 잡을 수 있도록 설계된 언어로 표현되어 있다. 시편은 시詩다. 유다인들이 낳은 이 오래된 작품을 초기 그리스도교에서 채택하였고 그 후 대대로 경배하였다. 구약성경 전체 중에 신약성경에서 가장 빈번하게 인용되는 것이 바로 시편이다. 예수님의 입을 통해 전해지는 시편은 하느님께 바치는 그분의 기도가 되고, 그분의 인간적 경험을 보여 주며, 그분의 삶과 사명에 대한 통찰을 표현한다. 그러므로 소개말에서는 비유와 수사적 문체, 독특한 어휘에 주목하면서 개별 시편을 이해하는 데 필요한 성경적 배경을 설명하고자 한다. 그뿐 아니라 모든 시편을 신약성경의 복음과 연결하면서, 이 오래된 기도문이 우리 그리스도교 신앙과 얼마나 밀접하게 관련되어 있는지 독자들로 하여금 생생히 느끼게끔 했다.

이 개정판의 또 다른 특징은 각 시편마다 본문 다음에 기도를 추가한 것이다. 이는 말하자면 독자들의 시편 체험 코스를 완성하는 역할을 한다. 기도 안에는 특정 시편의 일부 주제와 표상을 반복하여 독자들이 이를 영성 수행에 활용하게 했다. 초기 교회부터 시편 기도는 교회의 공적 일상 기도인 시간 전례 또는 성무일도의 일부였음을 알아 둘 필요가 있다. 신앙인은 전체 교회와 친교를 맺는 가운데 시간 전례를 통해 시편과 찬가를 낭송하면서 하루의 여러 부분(아침, 정오, 오후, 저녁, 한밤)을 성화한다. 시편은 늘 개인 기도의 발판으로 여겨졌다. 시편에 담긴 표상과 주제, 동기는 기도하는 사람을 성찰로 이끌어 하느님께 응답하게 만든다. 시편을 낭독함으로써 하느님께서 그 사람에게 말씀하시는 것처럼, 시편 기도는 하느님의 말씀에 대한 개인의 응답, 즉 그 말씀으로 환해진 마음에서 우러나오는 응답이다. 새로워진 「시간 전례 총지침」에서는 이런 기도와 연결된 '거룩한 침묵'의 중요성에 대해 이야기한다. "이러한 침묵의 목적은 성령의 목소리가 우리 마음속에서 더욱 온전하게 들리게 하는 것이고, 우리의 개인 기도를 하느님의 말씀과 교회의 공적 목소리와 더욱 가까이 결속하는 것이다"(「시간 전례 총 지침」 12부 '거룩한 침묵'). 여기에 소개된 시편 기도는 독자들을 위해 하나의 예로 제시한 것이다. 시편을 읽고 또 읽음으로써 점차 자신의 마음에서 쉽고 자연스러운 응답이 나오게 되기를 바란다.

이 개정판에서는 시편을 알고 기억할 수 있도록 각 시편마다 제목을 달았다. 필자의 희망은 여기 실린 시편을 낭독하고 기도하는 사람들이 이 오래된 노래 기도를 자신만의 방식으로 활용해서, 각 시편 본문 가운데에서 특징적이고 개인적인 제목을 저마다 만들어 보는 것이다. 이러한 방법을 통해 각각의 시편은 이를 읽고 묵상하는 사람 각자에게 독특한 성격과 특별한 의미가 있는 시편, 각자의 영성 생활과 독특한 연결 고리가 생긴 시편이 될 것이다. 여기에 소개된 제목 중에서 일부는 시편 본문에서 그대로 가져온 것이고, 일부는 시편에 나타난 표상과 표현에 대한 개인적 묵상과 삶에서 체험을 통해 수집된 생각과 기억을 바탕으로 한 것이다. 시편에 자신만의 '제목'을 붙여 보는 창의적 작업에 누구도 주저해서는 안 될 일이다. 이렇게 해서 기도하는 사람은 수천 년 동안 교회와 회당을 위해 시편이 탄생시킨 풍부한 의미의 세계로 이끌릴 수 있다. 부디 각각의 시편을 자신만의 특별한 시편으로 만들어 보기 바란다.

시편을 어떻게 읽을 것인가

히브리어로 시편은 '찬미의 책'(*Sepher Tehillim*)이라는 의미다. 150편의 시편을 모두 읽거나 기도한 사람들이 보기에는 이런 이름이 이상하거나, 심지어 부정확하게 느껴질 수 있다. 시편집에 실린 시편들 중에서 가장 많은 유형은 사실 탄원이다. 그렇다면 탄원이 동시에 찬가도 될 수 있을까? 시편집을 신학적으로 이해하면 '찬미의 책'이란 제목 이면에 있는 풍부한 히브리 전통을 제대로 파악하는 데 도움이 된다. 고대 히브리인들의 사고 체계에서 하느님께 올리는 모든 형태의 말씀은, 행여 한탄 — 고통이나 좌절, 분노, 실망에서 우러나는 마음속 외침 —

이라 하더라도 모두 찬미였다. 왜 그랬을까? 이런 말씀들은 하느님을 모든 축복의 원천, 모든 희망의 토대로 보는 사람에게서나 나오기 때문이다. 삶의 고통과 곤경은 우리가 이해하거나 해결할 수 있는 능력 밖에 있는 경우가 너무 많다. 곤경에 직면해서 창조주에게 의지할 때, 우리는 우리 힘으로는 바꾸거나 고칠 수 없는 상황을 뒤집으실 분이 오직 하느님뿐이심을 인정한다. 그런데 히브리식 사고방식에서 하느님께 의지하는 것은 그 자체가 찬미 행위였다. 더불어 그것은 하느님께서 우리 기도를 들으시고 우리를 대신해서 움직이시어 속수무책 상황에서 우리를 구하시고 새로운 방향으로 인도해 주신다는 믿음과 확신의 표현이었다. 스스로 할 수 없는 일을 누군가에게 해 달라고 할 때, 우리는 우리의 요청을 들어준 그 누군가를 공경한다. 의미 있는 무언가를 요청하는 행위에는 상대의 아량에 대한 찬미가 내재되어 있다. 따라서 우리가 찬가를 부르거나 애가를 부르거나, 창조 기적을 찬미하거나 목숨이 위험한 순간을 한탄하거나 간에 이러한 기도는 모든 축복의 원천이신 하느님께 찬미를 드리는 것이다.

    앞에서 우리는 시편집을 '성경 속 기도서'라고 했다. 여기에 담겨 있는 오래된 기도들에는 인간의 삶에서 상상할 수 있는 모든 상황이 반영되어 있다. 이런 상황들은 산문으로 묘사되기도 하고 운문으로 표현되기도 한다. 시편은 이런 상황들에 대한 응답 기도이다. 시편은 민족의 노래인 동시에 개인의 노래이다. 어떤 시편저자는 이방의 원수들이나 개인적 적들과 갈등을 겪은 후, 지난날 잃었던 땅으로 돌아가거나 깨졌던 평화가 회복된 데 대해 집단적이거나 개인적으로 감사의 목소리를 낸다. 어떤 시편에서는 축복을 받으려면 어떻게 살아야 하는지 선조들의 지혜를 모으기도 하고, 그 길을 가로막고 있는 위험을 경고하기도 한다. 또한 어떤 시편에서는 창조 기적을 찬양하거나, 풍요를 불러올지 재앙을 일으킬지 모를 불가해한 계절의 흐름에 환호한다. 또 우리를 극적 체험으로 데려가는 시편까지 있다. 그런 시편에는 치명적 위험이 잠재하는 환경에서 느끼는 실망감과 배신감에서부터 더없는 감사와 무한한 찬미를 이끌어 내는 기쁨에 이르기까지 모두가 담겨 있다. 우리가 시편의 무수한 다양성을 제대로 평가하는 한 가지 방법은 시편이 미사에 어떻게 통합되어 있는지 살펴보는 것이다. 미사 중에 제1독서 다음에는 화답송이 따르는데, 우리는 그 구약성경 말씀을 통해 하느님께서 우리에게 하신 말씀에 응답하는 기도를 바친다. 선창자나 독서자가 화답송을 읽거나 노래하는 것을 들을 때마다, 또 우리가 후렴을 읽거나 노래할 때마다 우리는 하느님 백성의 기도 속으로 함께 들어가서, 그분 앞에서 분노와 좌절부터 기쁨과 감사까지 모든 것을 포함하는 믿음을 표현한다. 이 믿음은 수많은 세대를 거치는 동안 시간과 공간 안에서 우리를 하나로 일치시켜 주고 있다.

　우리는 수세기 동안 회당과 교회를 특징지어 온 기도 언어를 시편에서 배운다. 간혹 우리는 시편에 쓰인 비유적 표현에 놀라거나 충격을 받는다. 오늘날 우리가 체험을 묘사하는 방식과는 너무도 다르기 때문이다. 그렇지만 그런 표상과 은유에 담긴 의미와 맥락을 공부하면 폭력과 적개, 고통과 슬픔을 나타내는 표상조차 믿음과 희망에 찬 시가 되어 우리에게 말을 걸 수 있음을 알게 된다. 가령 시편저자가 하느님께서는 우리의 방황을 아시고 "제 눈물을 당신 자루에"(시편 56,9) 담으신다고 표현할 때, 우리는 다정함을 나타내는 이 히브리식 표상에 감동을 받는다. 그렇다. 하느님은 우리의 발걸음 하나하나를 다 아신다. 이토록 우리를 진심으로 돌보시는 그분은 슬픔과 실망의 눈물을 한 방울 한 방울 모아서 보관하신다. 또한 우리는 같은 시편에 나오는 "하느님 앞에서" 걸어가고, "생명의 빛"을 누린다는 표현도 진심으로 높이 평가한다(14절). 우리가 커다란 도전을 겪고 나서 잠시 숨을 돌릴 때, 바로 그때 먹구름을 뚫고 한 줄기 빛이 내려오고 하느님의 현존이 우리에게 드러난다. 이런 표상들은 우리가 위협받고 도전받거나 기뻐하는 시기에 우리가 걷는 삶의 여정에 말을 건다.

히브리 시문학에서 우리에게 익숙지 않거나 놀라울 수 있는 또 다른 요소는 오늘날 우리가 알고 사용하는 것과 전혀 다른 독특한 수사적 문체다. 가령 영어에는 엄청나게 풍부한 표현 어휘들이 있지만, 학자들에 따르면 성경 시대 히브리어는 겨우 오천 개의 단어 정도로만 이루어져 있다. 또한 고대 히브리인들은 지금 우리가 접하는 것만큼 방대하게 많은 글을 접하지도 않았다. 성경 말씀을 전달하는 방식의 차이가 여기서 생긴다. 즉, 당시 사람들은 핵심 생각을 기억하기 위해 특정 단어를 반복했다. 시편에서도 반복적 표현을 통해 중요 주제와 의미에 초점이 생긴다. 시편저자들은 반복법으로 꼭 기억해야 할 것을 강조했다. 또한 성경 본문은 주로 구전 문화에서 지어지고 합쳐졌다. 당시에는 문자로 옮긴 글이 드물거나 거의 없었다. 따라서 역동적이며 반복적인 형식으로 전달되는 내용이 청자의 가슴과 마음에 쉽게 남았다. 반복법은 주제에 초점이 모이게 하고 단락 진행에 연속성이 생기게 한다. 많은 시편이 시작과 끝을 같은 단어나 구절로 구성하고 있다. 이와 같이 반복되는 구절이 시편저자의 마음에서 핵심 주제를 이룬다. 때때로 시편저자는 언어유희로 특정 단어를 반복하여 어떤 생각에 관심을 집중시키고 이를 발전시켜 나간다. 이렇듯 반복은 성경 문학의 '유전자 풀'에 들어 있다. 이에 대한 사례들은 개별 시편의 소개말에 많이 언급되어 있다.

시편의 구조

시편, 곧 '찬미의 책'은 다섯 부분 혹은 다섯 권으로 나뉘어 있다. (우리가 모세오경이라 부르는) 토라Torah가 다섯 권으로 나뉘어 있듯, 시편에도 같은 양식이 적용된 것이다. 토라라는 말은 '가르침'이란 의미이며, 모세오경은 하느님과 만나는 이스라엘 백성의 삶과 체험에 관한 가르침의 책이다. 따라서 시편도 다섯 부분으로 나뉘어 있는 것은 이것이 '기도 안에서의 가르침'에 해당하기 때문이다. 다섯 권은 다음처럼 구별된다.

제1권: 시편 1-41편
제2권: 시편 42-72편
제3권: 시편 73-89편
제4권: 시편 90-106편
제5권: 시편 107-150편

각 권의 마지막은 특유의 영광송 ─ 하느님께 드리는 찬미와 축복의 표현 ─ 으로 마무리된다. 일부 학자들은 끝에 나오는 몇몇 시편들(시편 148-150편)이 시편집 전체를 마무리하는 대영광송의 역할을 한다고 보기도 한다.

19세기와 20세기에 성경학자들은 그들이 시편의 '문학 양식'이라고 지칭했던 것에 따라 시편을 읽는 방법을 제시했다. 이 방법이 어떤 기능을 했는지는 유추해 볼 수 있다. 오늘날에는 특정한 상업 서신 양식이 널리 사용되고 있다. 여기에는 날짜, 받는 사람, 주소, 인사말, 본문 내용, 맺음말, 보낸 사람과 서명이 들어간다. 마찬가지로 사내 회람의 경우에는 쉽게 알아볼 수 있는 또 다른 양식을 채택한다. 성경 시대의 고대사회에서는 산문이건 운문이건 많은 문서가 특정한 문학 양식에 따라 작성되었다. 이런 문학 양식들은 문서를 이루는 요소나 주제의 유형, 주제와 관련된 소재, 혹은 이 두 가지 모두에 따라 분류되었던 것 같다. 아래에서 소개하는 목록은 가장 보편적인 시편의 문학 양식이다. 일부 시편은 각기 다른 범주에 포함되기도 한다.

찬양 시편: 여기에 속하는 시편들은 형태가 단순하다. 하느님을 찬미하라는 권고의 말로 시작해서, 다음에는 그 이유를 나열하고, 찬미를 드리라는 마지막 요청으로 끝맺는다. 대개 시작 구절이 끝부분에 이르러 메아리처럼 반복되는 경우가 많다. 여기에는 시편 8편, 33편, 66편, 100편, 104편, 150편이 포함된다.

개인 탄원 시편: 시편의 문학 양식 중 가장 많은 시편이 여기 속한다. 이 시편들은 시편저자의 체험에서 오는 인간적 시련과 고통을 이야기한다. 그러면서 주님만이 주실 수 있는 도움을 청하며 부르짖는다. 이 양식에는 다음 요소가 포함되어 있다. '주님의 이름을 부르며 하느님께 직접 말씀드린다', '주님을 부르고 있는 개인이 맞닥뜨린 문제들을 설명한다', '인간의 도움으로는 불충분함을 알기에 하느님께 도움을 청한다', '하느님의 도움과 개입에 신뢰를 표한다', '하느님이 과거에 하셨던 일을 찬미하고 지금 해 주시기를 희망하는 일에 대해서도 찬미한다'. 여기서 주목할 것은 불평과 고통에 대한 표현에서 하느님 위업에 대한 믿음과 확신으로 변화한다는 점이다. 개인 탄원으로 분류되는 시편은 3편, 7편, 17편, 22편, 31편, 51편, 54편, 55편, 69편, 88편, 130편이다.

공동체 탄원 시편: 개인 탄원과 공동체 탄원 사이에는 명백한 공통점이 있다. 이 문학 양식의 특징은 유배라고 하는 공동체 차원의 역사

적 체험에 있다. 이방의 적에게 포위되고, 침략을 당하며, 영토와 성소가 파괴되고, 결국 희망을 잃는 체험이 그렇다. 공동 탄원 시편으로는 시편 44편, 74편과 79편(성전 파괴를 다룬다), 77편, 80편이 있다.

감사 시편: 학자들은 이 문학 양식을 탄원 시편과 연결시킨다. 즉, 시편저자를 곤경에서 구하시는 하느님의 손길에 대해 감사를 표하는 부분과 연결 짓는다. 이 양식은 다음 요소로 이루어져 있다. '하느님께 드리는 감사의 표현', '시편저자가 구원된 상황에 대한 설명', '시편저자에게 축복을 가져다준 하느님의 개입에 대한 인정', '하느님의 구원을 찬송하는 데 대한 동참 호소' 등이다. 이 유형으로는 시편 30편, 57편, 92편, 116편, 138편이 있다.

신뢰 시편: 앞선 문학 양식들과 달리 신뢰 시편은 본문에 포함되어 있는 어휘와 표상으로 구별된다. 여기에 속하는 시편들은 인간의 삶 속에서 하느님께서 행하시는 선행과 위업에 대한 신뢰의 표현으로서 특별한 영성적 의미가 있다. 이 표현들은 대담하거나 부드럽고, 강렬하거나 차분하다. 신뢰 시편으로는 4편, 16편, 23편, 62편, 91편이 있다.

군왕 시편 또는 메시아 시편: 여기에 속하는 시편들의 내용은 기름부음받은이, 즉 왕의 삶에 초점이 맞춰져 있다. 또한 왕의 행복, 보호, 전투에서의 승리를 기원하는 기도로 되어 있고, 왕실 의례(대관식, 군 행렬, 혼인식, 왕의 선고 등)를 언급하기도 한다. 시편 2편, 19편, 20편, 72편, 89편, 110편, 132편이 이에 해당한다.

찬양-시온 시편 또는 찬양-하느님 통치 시편: 군왕 시편과 마찬가지로 여기에 속하는 시편들도 내용으로 분류된다. 이 시편들은 하느님의 통치를 창조주 주님의 통치로, 예루살렘을 지상에서 하느님께서 머무시는 곳, 하느님께서 쉬시는 곳으로 선택된 도성으로 선포한다. 여기서는 창조된 세상과 그 안에 존재하는 모든 것을 하느님께서 보편적으로 다스리신다는 내용을 다룬다. 시편 29편, 46편, 47편, 93편, 95-99편이 이에 해당한다.

역사 시편: 이스라엘에 대해 시적 언어로 이야기하면서, 하느님의 구원 활동을 강조하고 하느님의 사랑에 충실히 응답하지 않은 이스라엘에 유감을 표하는 내용을 담고 있다. 시편 78편, 105-107편, 135편, 136편이 그렇다.

지혜 시편: 시편집을 포함한 성경 전체가 격언으로 가득하다. 일부 시편들은 잠언과 집회서의 큰 특징이기도 한, 가르침과 행동에 관한 간결하고 함축적인 금언들을 담고 있다. 이 간결하고 담백한 표현들 안에는 하느님의 율법과 의지에 부합하게 잘 사는 법에 관한 영적 지혜가 풍부히 담겨 있다. 이는 시편 19편, 25편, 34편, 37편, 111편, 112편, 119편(시편집에서 가장 긴 시편)에 명백히 드러나 있다.

이런 문학 양식 분류는 철저히 적용하기 위해 만든 게 아니다. 그보다는 양식 비평 분야에서 확인된 바 있는 다양한 시편 분류를 간략히 살펴본 것뿐이다. 이처럼 시편 본문에 분석적으로 접근하여 더 깊이 탐구하려 하는 사람들은 이 책 끝에 있는 참고문헌을 확인하기를 바란다.

초보자를 위하여

사람들 가운데 시편을 읽고 시편으로 기도하는 일이 불편한 경우가 있다. 그런 사람들은 다음과 같은 의견을 가지기도 한다. '고대의 표상은 내가 이해하기에 너무 어려워', '어떤 점에서 과격한 표현 탓에 불편해', '오늘날에는 그런 표현은 쓰지 않는데…', '이 기도들은 신앙인으로서 내 개인적 체험과 맞지 않아', '이 고대 기도에서는 그리스도가 내려 주신 새로운 사랑의 계명은 거의 찾아볼 수 없군', '시편저자의 믿음은 내 개인적 신앙 체험과 너무 다르지 않아?', '시편에는 체제 전복적 표현이 너무 많아'.

 이 책은 이와 같은 질문과 우려에 하나하나 접근하면서, 우리가 시편 안에서 발견할 수 있는 풍요로운 믿음의 전통을 모든 사람이 제대로 평가하도록 도와주고자 한다. 교회가 초기부터 이 기도들을 숭배하고 지금까지 전례에서 계속 사용하는 데는 다 타당한 이유가 있는 법이다.

 먼저, 개별 시편의 소개말에서는 독자들에게 낯설 수도 있는 본문의 구성 요소를 간략히 다루고자 한다. 언어 문제, 표상, 문체, 역사적 맥락, 그리스도교 적용 등도 이 부분에서 다룬다. 시편에 전반적으로 익숙해지고 싶어 하는 사람들을 위해 주제별 목록을 아래에 소개한다. 시편에서 자기 상황에 맞는 표현이나 기도에 필요한 표현을 찾을 때 유용할 것이다. 물론 어느 특정한 순간에 하고 싶은 말을 모두 다 대변해 줄 수 있는 시편은 있을 수 없다. 하지만 어떤 구절은 우리가 마주친 순간, 또는 친숙한 상황에 아주 잘 들어맞아서 우리 마음속에 영원히 남게 되기도 한다. 우리는 구약성경의 다른 모든 책들과 마찬가지로 시편도 진실로 하느님으로부터 영감을 받은 것이고, 바로 그 때문에 하느님 말씀의 독특한 특성이 담겨 있다고 믿음으로 단언한다. 따라서 시편이야말로 하느님께서 당신의 사랑하는 자녀인 우리에게 직접 말씀하시는 수단이라고 하겠다.

 아침기도: 3편, 5편, 63편, 143편

 저녁기도: 130편, 141편

 밤기도: 4편, 91편, 134편

하느님을 찬미하는 기도: 8편, 66편, 104편, 135-136편, 145편, 148편, 150편

하느님께 감사하는 기도: 30편, 34편, 92편, 111편, 116편, 118편, 138편

의인을 위한 기도: 1편, 15편, 24편, 37편, 112편

용서를 구하는 기도: 32편, 51편, 80편, 86편

하느님과의 일치를 열망하는 기도: 12편, 27편, 42편, 63편, 139편

인간의 헛된 삶에 관한 기도: 39편, 49편, 73편, 90편

분투하는 삶에 대한 탄원: 22편, 25편, 46편, 89편, 110편, 132편

하느님에 대한 확신의 기도: 4편, 16편, 23편, 25편, 46편, 131편, 139편

메시아 찬가: 2편, 23편, 45편, 89편, 110편, 132편

노년에 바치는 기도: 71편, 90편, 139편

역사 시편: 78편, 105편, 106편, 135편, 136편

위험할 때 드리는 기도: 7편, 28편, 35편, 38편, 54편, 56편, 140편

매일같이 시편을 영감과 기도의 원천으로 삼으면 우리는 예수님이 어릴 적 배우셨던 기도, 예수님이 아빠*Abba*라 부르셨던 그분과의 관계에 큰 영향을 미쳤던 바로 그 기도를 바치는 셈이 된다. 어떤 이들에게는 시편에 나오는 표상과 언어가 언뜻 도전적으로 느껴질 수 있다. 하지만 시편의 언어는 연상의 언어다. 오랜 세월이 흐르는 동안 표상과 은유에 의해 탄생하여, 이제 우리 앞에 놓여 있는 그 깊은 의미를 곱씹게 만든다. 이 체험은 우리 안에 진심으로 만족스러운 기도, 곧 풍요로운 '마음의 기도'를 일으킨다. 부디 여러분도 그렇게 되기를 기원한다.

제1권

시편 1

두 갈래 길

시편 1편은 기도문인 동시에 가르침입니다. 시편집을 여는 첫 관문인 1편은 우리가 따라야 할 바가 무엇인지 아주 간결히 들려줍니다. 따라서 이것은 하느님의 정의와 의로움에 부합하게 사는 길을 모아 놓은 기도문입니다. 잎이 무성히 우거지고 열매가 주렁주렁 달린 나무의 모습은 하느님의 길에 온전히 뿌리내린 삶이 축복임을 강조합니다. 성 아우구스티누스는 이 편에서 이야기하는 의인이 예수 그리스도라고 말합니다. 그분은 우리에게 바르게 사는 길을 보여 주는 모범이십니다. 성 히에로니무스는 이 나무가 세례로 깨끗해지고 예수 그리스도처럼 되라는 부르심을 받은 모든 남성과 여성을 나타낸다고 말합니다. 우리는 시편 1편에서 묘사하는 악인의 모습에 주목하지 않을 수 없습니다. 그들은 마치 바람에 흩날리는 버려진 검불과 같습니다. 그들은 하느님의 말씀에 뿌리내리지 않아 결국 멸망에 이릅니다. 사도행전에서는 그리스도인의 삶을 "길", 즉 복음을 실천하는 길이라고 말합니다(사도 9,2; 18,25-26; 19,9.23; 22,4; 24,14.22; 시편 1,6). 그리스도인은 이 길을 따르면서 세례 때 약속을 매일같이 새롭게 합니다. 시편 1편은 매일 걸어갈 이 길의 이정표를 보여 줍니다. 성 바오로는 이 주제를 다음과 같이 확장합니다. "그러므로 여러분은 하느님에게 선택된 거룩하고 사랑받는 사람답게 자비로운 동정심, 친절, 겸손, 온유, 인내를 입으시오. 누가 누구를 탓할 것이 있다 해도 서로 참고 서로 은혜로이 용서하시오. 주님께서 여러분을 은혜로이 용서하신 것같이 여러분도 그렇게 하시오. 이 모든 것 위에 사랑을 더하시오. 사랑은 완덕의 끈입니다"(콜로 3,12-14).

1

¹ **행복하여라!**
  악인의 뜻에 따라 걷지 않는 사람,
 죄인의 길에 들어서지 않으며
 오만한 자의 자리에 앉지 않는 사람,
² 오히려 주님의 가르침을 좋아하고
 밤낮으로 그 가르침을 되새기는 사람.
³ 그는 시냇가에 심은 나무 같아
 제때에 열매 맺고
 잎이 아니 시들어
 하는 일마다 모두 잘되리라.
⁴ 악인은 그렇지 않으니
 바람에 흩날리는 검불 같아라.
⁵ 악인은 심판 때에 바로 서지 못하고
 죄인은 의인들 모임에 감히 서지 못하리라.
⁶ 의인의 길은 주님이 아시고
 악인의 길은 멸망에 이르리라.

기도합시다

공정하고 의로우신 하느님, 당신의 말씀이 저희 안에 살게 하소서. 그 말씀이 변함없는 우리 힘의 근원이 되고, 우리 삶의 이상이 되며, 평화를 구하는 우리의 희망이 되게 하소서. 또한 우리가 당신의 말씀 위에 세워진 민족이 되게 하소서. 그리하여 우리가 영원히 살아 계시며 다스리시는 우리 주 예수 그리스도의 모습처럼 살아 있는 말씀이 되게 하소서. 아멘.

시편 2

하느님의 기름부음받은이

그리스도인은 구약성경과 신약성경을 모두 받아들이는 백성으로서 시편 2편을 두 가지 차원에서 이해합니다. 먼저 역사적인 배경에서 다윗과 그 후손들에 관한 이야기로 이해하며, 또한 다윗의 아들, 하느님의 아들, 메시아가 예수 그리스도의 모습으로 오신다고 이해하는 것입니다. 역사적으로 보자면 이 시편은 다른 나라 통치자들의 압력에 직면한 다윗왕이 보호받기를 기원하는 기도였습니다. 그래서 그 통치자들에게 보내는 경고가 담겨 있습니다. 악인이 멸망하듯이(시편 1,6) 하느님의 기름부음받은이를 거스르려 드는 자들도 멸망하리라(시편 2,12). 여기서는 다윗의 가문이 하느님의 선택을 받아 하느님의 백성을 통치할 혈통으로 뽑혔음을 보여 줍니다. 한편, 신약성경 저자들은 이 시편에 예수님이 하느님의 기름부음받은이로서 오실 것이라는 예언이 담겨 있다고 보았습니다. 그래서 히브리인들에게 보낸 서간을 보면 예수님의 신성을 보여 주기 위한 말씀을 구약성경에서 끌어오며 시편 2편 7절을 인용합니다. "그분이 천사들 가운데 누구에게 '너는 내 아들이다. 내가 오늘 너를 낳았다'라고 하신 적이 있습니까?"(히브 1,5) 시편 1편과 2편은 나란히 함께 작용하는 것으로 보입니다. 1편이 "행복하여라"로 시작하고 2편이 "행복하여라"로 끝맺음하는 것을 보면 알 수 있습니다. "그러니 이제 주님, 그들의 협박을 살피시고 당신 종들로 하여금 온전한 확신으로 당신의 말씀을 전하게 하소서. 손을 펴시어 당신의 거룩한 종 예수의 이름으로 치유와 표징과 기적을 이루어 주소서"(사도 4,29-30).

1 **2** 어찌하여 민족들은 술렁거리며
　　　겨레들은 헛된 일을 꾸며 대는가?
2 주님을 거슬러, 그분의 메시아를 거슬러
　　세상의 임금들이 들고일어나며
　　군주들이 모여 음모를 꾸미는구나.
3 "저들의 오랏줄을 끊어 버리고
　　저들의 사슬을 벗어 던지자."
4 하늘에 앉아 계신 분이 웃으신다.
　　주님이 그들을 비웃으신다.
5 마침내 진노하시어 꾸짖으시고
　　분노하시어 그들을 떨게 하시리라.
6 "나의 거룩한 산 시온 위에
　　내가 나의 임금을 세웠노라!"
7 주님의 결정을 나는 선포하리라.
　　주님이 나에게 말씀하셨다.
　　"너는 내 아들, 내가 오늘 너를 낳았노라.
8 나에게 청하여라.
　　내가 민족들을 너의 재산으로,
　　땅끝까지 너의 소유로 주리라.
9 너는 그들을 쇠지팡이로 부수고
　　옹기그릇 바수듯 바수어 버리리라."
10 임금들아, 이제는 깨달아라.
　　세상 통치자들아, 경고를 받아들여라.
11 경외하며 주님을 섬기고

떨며 그분 발에 입 맞추어라.
12 자칫하면 그분의 진노 타오르리니
노하시면 너희는 길에서 멸망하리라.
그분께 피신하는 이 모두 행복하여라!

기도합시다

예수 그리스도, 다윗의 후손, 하느님의 아들, 기름부음 받은 거룩하신 분이시여, 저희는 당신께서 모든 피조물과 당신을 신뢰하는 모든 백성의 주님이심을 믿습니다. 당신께서 아버지의 뜻을 이루고 파스카의 신비를 완성하심으로써 아버지를 섬기셨듯이 우리도 믿음으로 충만하여 당신을 따르게 하소서. 그리하여 당신과 더불어, 언젠가는 당신께서 영원히 살아 계시고 다스리시는 왕국에서 영광에 이르게 하소서. 아멘.

시편 3

나는 두려워하지 않으리라

수세기 동안 이 시편은 칠흑 같은 밤에 일어나 성무일도를 바치는 수도자들이 매일 드리는 기도였습니다. 6절의 "누워 잠들어도 나는 깨어나니"라는 구절 덕에 하느님의 은총 안에서 하루를 시작할 때 바치기 가장 적합합니다. 이 시편을 읽다 보면 자신을 해치려고 거슬러 일어난 원수들에 둘러싸여 있다고 호소하는 시편저자의 암시에 놀라게 됩니다. 그렇지만 그는 두려움을 표현하는 가운데 하느님에 대한 믿음을 표현합니다. "주님, 당신은 저의 방패"(4절), "응답하시네"(5절), "주님이 나를 지켜 주시기에"(6절), "주님께만 구원이 있사오니"(9절). 이제와 항상 영원히 살아 계신 하느님의 보살핌과 보호에 대한 이 같은 신뢰는 신약 성경에서 가장 자주 등장하는 예수님의 명령, "두려워하지 마시오"로 구현됩니다. 정도의 차이는 있겠지만 우리는 저마다 삶의 안팎에서 힘든 상황에 직면합니다. 하지만 힘든 정도와 상관없이 인내를 가지고 믿음과 신뢰 안에서 기도를 드리면 복음의 가르침을 충실히 실천하며 살 수 있습니다. 우리는 예수님께서 돌아가시고 부활하신 뒤 그분의 마음속에서 이 시편이 메아리치는 모습을 상상해 볼 수도 있을 것입니다. "주님이 나를 지켜 주시기에 누워 잠들어도 나는 깨어나니"(6절).

3

1 [시편. 다윗. 그가 자기 아들 압살롬에게서 달아날 때]

2 주님, 저를 괴롭히는 자들 어찌 이리 많사옵니까?
  저를 거슬러 일어나는 자들 많기도 하옵니다.
3 "하느님이 저런 자를 구원하실까 보냐?"
  저를 빈정대는 자들 많기도 하옵니다. 셀라
4 그러나 주님, 당신은 저의 방패, 저의 영광
  제 머리를 들어 높이는 분이시옵니다.

5 내가 큰 소리로 주님께 부르짖으면
  당신의 거룩한 산에서 응답하시네. 셀라
6 주님이 나를 지켜 주시기에
  누워 잠들어도 나는 깨어나니
7 나를 둘러싼 수많은 무리도

나는 두려워하지 않으리라.

8 일어나소서, 주님.
　저를 구하소서, 저의 하느님.
　당신은 제 원수들의 턱을 치시고
　악인들의 이빨을 부수시리이다.
9 주님께만 구원이 있사오니
　당신 백성 위에 복을 내리소서. 셀라

기도합시다

구원의 주님, 삶의 여정에서 우리를 지키고 보호해 주소서. 우리가 삶의 도전에 직면했을 때, 죄의 유혹에 휩싸였을 때, 또 두려움에 떨고 있을 때 당신의 신실한 자비와 너그러운 보살핌이 함께하리라는 믿음을 그 어느 때보다 강하게 가짐으로써 평화에 이르는 길을 우리에게 보여 주소서. 우리 주 그리스도를 통하여 비나이다. 아멘.

시편 4

평안히 살게 하소서

3편이 이른 아침에 드리는 기도로 좋다면 4편은 밤기도에 맞습니다. 오랫동안 교회는 이 시편을 하루의 끝에 바치는 성무일도, 즉 끝기도 또는 밤기도에 썼습니다. 이 시편으로 기도를 드리면 우리는 하느님의 섭리에 의지하면서 하루를 끝맺게 됩니다. 시편 4편에는 애가의 요소가 일부 보이지만, 여기서 사용된 강렬한 언어의 특징은 하느님의 보살 핌에 대한 확신과 믿음, 신뢰의 목소리입니다. 시편저자는 우리가 적절한 희생을 하고 주님을 믿으면 그분께서 우리에게 필요한 것을 마련해 주신다고 단언합니다. 이 시편은 산상설교에서 예수님의 말씀으로 메아리가 되어 다시 들려옵니다. 예수님은 당신을 따르는 이들에게 하느님은 세상의 미물도 돌보시니 그분께서 우리를 보살피는 것은 더욱 확실하다는 사실을 다시 한번 일깨우십니다. "하늘의 새들을 눈여겨보시오. 그것들은 씨를 뿌리지도 않고 추수하지도 않을뿐더러 곳간에 모아들이지도 않습니다. 그러나 여러분의 하늘 아버지께서는 그것들을 먹여 주십니다. 여러분은 그것들보다 더 귀하지 않습니까?"(마태 6,26). 우리는 다윗의 말처럼 우리에게 희망을 품을 이유가 많다고 주장할 수 있습니다.

4

1 [지휘자에게. 현악기와 더불어. 시편. 다윗]

2 저를 의롭다 하시는 하느님
제가 부르짖을 때 응답하소서.
곤경에서 저를 구해 내셨으니
자비를 베푸시어 제 기도를 들으소서.

3 사람들아, 언제까지 내 명예를 짓밟고
헛된 것을 사랑하며 거짓을 찾으려느냐? 셀라

4 너희는 알아라.
주님은 당신께 충실한 이에게 기적을 베푸신다.
내가 부르짖으면

주님이 들어 주신다.
5 너희는 무서워 떨어라, 죄짓지 마라.
잠자리에서도 속으로 새기며 침묵하여라. 셀라
6 의로운 희생 제물을 바치며
주님을 신뢰하여라.

7 많은 이가 말하나이다. "누가 우리에게 좋은 일을 보여 주랴?"
주님, 저희 위에 당신 얼굴 밝은 빛을 비추소서.
8 저들에게 곡식과 햇포도주가 푸짐할 때보다
당신은 더 큰 기쁨을 제 마음에 베푸셨나이다.
9 주님, 당신만이 저를 평안히 살게 하시니
평화로이 자리에 누워 잠드나이다.

기도합시다

시편저자가 하느님께 충실한 분으로 예견한 주 예수님, 사랑이라는 당신의 새로운 율법에 따라 진실한 믿음에 이르는 길을 우리에게 가르쳐 주소서. 우리가 희망과 신뢰의 길에서 성장하는 것처럼, 우리 안에서 당신의 사랑이 더욱 강해지게 하소서. 그리하여 우리도 "주님, 당신만이 저를 평안히 살게 하소서"라며 확신 있게 기도하게 하소서. 거룩하신 당신의 이름으로 기도하나이다. 아멘.

시편 5

주님, 저를 이끄소서

앞서 보았듯이 초기 시편들 가운데에는 하루 중 특정 시간에 사용하려고 만든 작품들이 몇몇 있습니다. 시편 5편은 아침 시편(4절)으로서 두 가지 주제로 나뉩니다. 첫째는 시편저자의 신앙생활을 위한 하느님의 거룩한 성전의 중요성을 이야기하며, 둘째는 하느님과 악인의 대조적인 모습을 노래합니다. 이 시편은 시편저자가 하느님의 현존을 체험하는 곳인 하느님의 집, 성전에 대한 공경을 드러냅니다(4.8절). 12절과 13절은 '감싸다', '덮어 주다'라는 말로 하느님의 집에는 의인을 위한 장소가 있음을 알려 줍니다. 성경의 다른 부분을 보면 성경 시대에는 억압받은 자들이 성전 구역으로 피신할 수 있었음을 알 수 있습니다(탈출 21,13; 1열왕 1,50; 2,28). 시편저자는 이처럼 보호해 주시는 하느님과의 일치를 구하며, 하느님의 현존 속으로 들어가 내면의 힘과 평화를 새롭게 하고자 합니다. 하느님은 자애로우시고 정의로우시며 기쁨과 즐거움을 베푸시는 분으로 묘사되지만, 악인은 사기 치고 아첨하며 거짓을 말하는 자, 거역하고 피에 주린 자로 그려져 있습니다. 사도 바오로는 복음을 위해 거짓말과 학대, 투옥을 견디고 그에게 주어진 하느님의 뜻을 따르며 그리스도께 더 가까워졌다고 합니다. 그는 갈라티아 신자들에게 호소합니다. "그런데 지금 내가 여러분에게 진실을 말한다고 해서 내가 여러분의 원수라도 되었다는 말입니까? … 내 어린 자녀 여러분, 그리스도의 모습이 여러분 안에 갖추어질 때까지 나는 여러분 때문에 다시 산고를 겪고 있습니다"(갈라 4,16.19).

1 5 [지휘자에게. 피리에 맞추어. 시편. 다윗]

2 주님, 제 말씀에 귀를 기울이소서.
 제 탄식을 들어 주소서.
3 저의 임금님, 저의 하느님
 제 외침 소리 귀여겨들으소서.
 당신께 기도하나이다.
4 주님, 아침에 제 목소리 들어 주시겠기에
 아침부터 청을 올리고 애타게 기다리나이다.
5 당신은 죄악을 좋아하는 하느님이 아니시기에
 악인은 당신 앞에 머물지 못하고
6 거만한 자들은
 당신 눈앞에 나서지 못하나이다.
 당신은 나쁜 짓 하는 자 모두 미워하시고
7 거짓을 말하는 자를 없애시나이다.
 피에 주린 자와 사기 치는 자를
 주님은 역겨워하시나이다.
8 그러나 저는 당신의 넘치는 자애에 힘입어
 당신 집으로 들어가
 경외하는 마음으로
 당신의 거룩한 성전에 경배하나이다.
9 주님, 저의 원수들 앞에서
 당신의 정의로 저를 이끄소서.
 제 앞에 당신의 길을 바르게 놓아 주소서.

10 그들 입에는 진실이 없고
   그들 속에는 흉계만 가득하며
   그들 목구멍은 열린 무덤이고
   그들 혀에는 아첨뿐이옵니다.
11 하느님, 그들이 죗값을 받게 하소서.
   제 꾀에 제가 넘어지게 하소서.
   그들이 당신을 거역하였나이다.
   죄악이 많사오니 그들을 내치소서.
12 당신께 피신하는 이들 모두 즐거워하며
   영원토록 환호하리이다.
   당신 이름을 사랑하는 이들
   당신이 감싸시니
   그들은 당신 안에서 기뻐하리이다.
13 주님, 당신은 의인에게 복을 내리시고
   큰 방패 같은 호의로 덮어 주시나이다.

기도합시다

오, 의로우신 하느님, 결코 죄악을 기뻐하지 않으시는 분, 진실과 자비와 평화 안에서 사는 길을 저희에게 보여 주소서. 당신의 말씀을 거역하는 자들을 만났을 때 저희에게 힘을 주시어 저희가 의로운 일만 하고, 당신의 종이 되라는 소명에 기뻐하며, 당신의 뜻을 따르는 가운데 평화를 찾게 하소서. 우리 주 그리스도를 통하여 비나이다. 아멘.

시편 6

탄식으로 기진하나이다

시편 6편은 참회 시편으로 알려져 있는 일곱 편(6편; 32편; 38편; 51편; 102편; 130편; 143편) 중 첫째 시편입니다. 이 시편들은 고통스러운 상황이 닥친 것을 비탄하는 동시에 하느님의 현존과 도움이 없음을 느낍니다. 성경 시대에 숫자 7은 완벽과 완성의 상징이었습니다. 이 기도에서 시편 저자는 "야훼"(본문에는 주님으로 번역되어 있다)란 하느님의 이름을 일곱 차례 부릅니다. 그는 절박한 상황에 놓여 있습니다. 삶의 고통으로 기진해 있고 떨고 있으며 눈물 흘리고 있습니다. 이렇듯 어려운 처지에서 시편저자는 하느님께서 주님의 길을 따르고자 하는 이들과 맺고 있는 관계의 핵심인 사랑의 계약(besed)을 다시 언명해 주십사 호소합니다. "당신의 자애로 저를 구원하소서"(5절)라며 절규합니다. 우리 삶이 이처럼 처참하거나 고뇌에 차 있지 않다면 때때로 우리는 이 같은 시편을 바치기 어려워합니다. 하지만 세상을 둘러보면 그리스도의 지체인 우리 형제들 중에서 고통스럽게도 이러한 처지가 현실인 사람들이 있음을 알 수 있습니다. 이들의 삶은 억압적인 정치체제, 전쟁 위협, 지속적인 폭력 행위로 하루하루 고통받습니다. 그러므로 우리는 아무 잘못이 없는데도 이처럼 위협에 처하여 취약하고 위태로운 삶을 사는 우리 형제자매의 이름으로 이 시편들을 바칠 수 있습니다. 사도 바오로도 그의 젊은 제자 티모테오를 다음과 같이 격려했습니다. "믿음의 훌륭한 싸움을 하시오. 영생을 얻도록 하시오. 이를 위해서 그대는 부르심을 받았고 또 많은 증인들 앞에서 그것을 훌륭하게 고백했습니다"(1티모 6,12). 이 외에도 우리는 저마다 병에 걸리거나 내적 슬픔을 겪거나 다른 이들로부터 배척받을 때 이 시편을 뜻깊게 바칠 수 있습니다. 시편 저자처럼 우리도 노래합니다. "자비를 베푸소서… 저를 구원하소서… 제게 돌아오소서… 저를 구해 주소서."

1 **6** [지휘자에게. 현악기와 더불어 제8도로. 시편. 다윗]

2 주님, 당신의 진노로 저를 벌하지 마소서.
   당신의 분노로 저를 징벌하지 마소서.
3 저에게 자비를 베푸소서, 주님, 저는 쇠약한 몸이옵니다.
   저를 고쳐 주소서, 주님, 제 뼈들이 떨고 있나이다.
4 제 영혼이 몹시도 떨고 있나이다.
   주님, 언제까지이리까?
5 돌아오소서, 주님, 제 목숨 건져 주소서.
   당신의 자애로 저를 구원하소서.
6 죽으면 아무도 당신을 기억할 수 없나이다.
   저승에서 누가 당신을 찬송할 수 있으리이까?
7 저는 탄식으로 기진하고
   밤마다 울음으로 잠자리를 적시며
   눈물로 이부자리를 물들이나이다.
8 시름으로 제 눈은 멀어 가고
   온갖 적들 때문에 어두워지나이다.
9 나쁜 짓 하는 자들아, 내게서 모두 물러들 가라.
   주님이 내 울음소리 듣고 계신다.
10 주님이 내 간청 들어 주시고

주님이 내 기도 받아 주신다.
11 내 원수 모두 부끄러워 몹시 떨리라.
부끄러워 순식간에 물러가리라.

기도합시다

전능하시고 영원하신 하느님, 삶의 시련에서 우리에게 힘을 주시는 분, 복음을 증언하면서 고통받고 있는 모든 이와 함께하소서. 당신의 자애가 증오와 교만을 이긴다는 희망의 소식을 저희가 굳건히 선포하게 하소서. 또한 모든 민족을 자유롭게 하시어 그들이 당신 생명의 말씀과 일치를 이루며 살게 하소서. 우리 주 그리스도의 이름으로 비나이다. 아멘.

시편 7

의로움을 간청하는 기도

우리는 비난을 받을 때, 그리고 그것을 사실로 인정해야 할 때 마음이 씁쓸해집니다. 하지만 잘못된 비난이 가해질 때는 어디에서부터 잘못되었는지, 어떻게 하면 상황을 바로잡을 수 있는지 고민하며 마음 아파합니다. 여기서 시편저자는 혼란스럽고 무력한 상태에서 하느님을 목 놓아 부릅니다. 그렇지만 그에게는 굳건한 믿음이 있습니다. 그러한 불의가 반전될 것이라고 확고히 믿으면서, 전지하신 하느님께 의지할 수 있습니다. 우리 하느님은 의로우시며, 마음과 속을 꿰뚫어 보시어 결국은 정의가 승리하게 하십니다(10절). 우리는 성경의 다윗 이야기에서 이 시편의 표제에 등장하는 쿠스라는 사람이 누구인지 모르지만, 다윗은 사울 앞에서 그의 결백을 알고 있었습니다. 사울이 마음속으로 다윗에 대해 질투와 복수에 사로잡혔을 때, 그는 결백하면서도 포위당한 종 때문에 괴로워했습니다. 결백을 주장하는 다윗의 간청을 듣다 보면, 같은 상황으로 괴로워했던 성경 속 인물들 중 한 사람이 떠오릅니다. 바로 예언자 예레미야입니다. 그는 믿음으로 충만한 예언자로서 하느님의 말씀을 예루살렘 사람들에게 알렸습니다. 그러나 돌아온 것은 조롱과 조소였습니다. 심지어 그의 예언은 예루살렘 지도층을 전복하려는 의도적인 음모로 오해를 받았습니다(예레 18,18-23). 그리스도인에게는 이런 고통스러운 상황이 최고 의회에서 신문을 받으시던 예수님의 모습과 겹쳐지면서 낯설지 않게 느껴질 것입니다. 의로움의 모범이신 예수님은 의로우신 심판자 하느님께서 당신을 자유롭게 하시리라 믿었습니다. "대제관은 예수께 말했다. '살아 계신 하느님을 두고 당신에게 맹세시키거니와 당신이 하느님의 아들 그리스도인지 우리에게 말하시오.' 예수께서 그에게 말씀하셨다. '당신이 그렇게 말했습니다. 그러나 나는 여러분에게 말합니다. 이제부터 여러분은 인자가 전능하신 분의 오른편에 앉아 있는 것을 보고 또한 하늘의 구름을 타고 오는 것을 보게 될 것입니다'"(마태 26,63-64).

1 **7** [시까욘. 다윗. 그가 벤야민 사람 쿠스 일로 주님께 부른 노래]

2 주 하느님, 당신께 피신하오니
  뒤쫓는 모든 자에게서 저를 구하소서, 저를 구해 주소서.
3 사자처럼 이 몸 물어 가지 못하게 하소서.

아무도 구해 주는 이 없나이다.
4 주 하느님
　　　만일 제가 이런 짓을 했다면
　　　만일 제 손에 불의가 있다면
5 만일 제가 친구에게 악행을 저지르고
　　　반대자를 털어 빈털터리로 만들었다면
6 원수가 저를 뒤쫓아 붙잡고
　　　제 목숨 땅에다 짓밟으며
　　　제 명예 흙먼지 속에 내던지게 하소서. 셀라
7 주님, 진노하며 일어나소서.
　　　날뛰는 원수들에게 맞서 몸을 일으키소서.
　　　깨어나 저에게 다가오소서.
　　　당신은 심판을 내리시나이다.
8 겨레들이 무리 지어 당신을 둘러서게 하시고
　　　당신은 그 위에 드높이 앉으소서.
9 주님이 백성들을 심판하신다!
　　　주님, 제 의로움, 제 결백을 보시고
　　　제 권리를 찾아 주소서.
10 이제 악인들의 죄악은 끝내시고
　　　의인들은 굳세게 하소서.

　　　마음과 속을 꿰뚫어 보시는 분
　　　하느님은 의로우시다.
11 하느님은 나의 방패

마음 바른 이들을 구하시는 분.
12 하느님은 의로우신 심판자
　　　하느님은 언제든 진노하시는 분.

13 악인은 여전히 칼을 갈고
　　　활을 당기어 겨누는구나.
14 죽음의 무기를 제 몸에 들이대고
　　　제 화살에 불을 붙이는구나.
15 보라, 죄악을 품은 자가 재앙을 잉태하여
　　　거짓을 낳는구나.
16 함정을 깊이 파 놓고는
　　　제가 만든 구렁에 빠지는구나.
17 제가 꾸며 낸 재앙 제 머리 위로 되돌아오고
　　　제가 휘두른 폭행 제 정수리로 떨어지는구나.
18 주님은 의로우시니 나는 그분을 찬미하리라.
　　　지극히 높으신 주님의 이름 찬송하리라.

기도합시다

오, 의로우시고 올곧으신 하느님, 인간의 마음이 비틀린 길과 같음을 아시는 분, 저희가 모든 것을 올바르게 판단하게 도와주소서. 저희가 두려운 상황에 처했을 때 당신의 자비와 진리를 확신하게 해 주시고, 영원히 살아 계시며 다스리시는 당신 안에서 유일한 희망의 근원을 발견하게 해 주소서. 아멘.

시편 8

크신 이름

이 시편은 하느님의 이름 야훼(본문에는 주님으로 번역되어 있다)를 찬양하는 후렴으로 시작하고 끝납니다. 야훼는 하느님이 모세에게 계시하신 이름이자(탈출 3,13-15), 이스라엘 민족이 그들의 하느님을 인식하고, 그분에게 기도하며, 그분을 찬양할 때 부르는 이름입니다. 성경 속 인물의 이름에는 그의 운명과 임무, 소명이 압축되어 있습니다. 의미를 초월한 주님의 존엄하신 이름은 오직 이스라엘의 하느님께 속한 위대함과 의로움, 힘을 드러냅니다. 사도 바오로는 그의 유명한 그리스도 찬미가에서 하느님의 아드님이신 예수 그리스도의 이름에 담긴 의미를 제시합니다. "예수의 이름 앞에 천상 지상 지하계 모두가 무릎을 꿇고, 모두 입을 모아 예수 그리스도는 주님이시라고 고백하여 하느님 아버지께 영광을 드리게 하셨도다"(필리 2,10-11). 또한 히브리인들에게 보낸 서간에서는 시편 8편을 인용하여 부활하신 그리스도가 겪은 모든 일을 하느님께서 어떤 방식으로 마련하셨는지 설명합니다. "예수께서는 '잠시 동안 천사들보다 낮아지셨다가' 죽음의 고난으로 말미암아 '영광과 존귀의 관을 받으셨습니다'"(히브 2,9; 시편 8,6). 시편 8편은 성탄절과 부활절 전례 모두에 자주 나옵니다. 신약성경 저자들은 이 시편을 때가 되면 오실 그리스도의 신비를 예언하는 말씀으로 해석했습니다. 성탄절에 우리는 하느님이신데도 천사들보다 낮아지셔서(5-6절) 온전히 우리 인간 가운데 오신 분을 찬양합니다. 또 부활절에는 예수님께서 영광과 존귀의 관을 쓰고 하느님의 손으로 지어진 작품들을 다스리게 된 것(6-7절), 만물이 그리스도의 발아래 놓이게 된 것을 찬송합니다(1코린

15,27; 에페 1,22). 처음부터 끝까지 이 시편은 하느님께서 행하신 창조의 기적과 예수 그리스도 안에서 완성된 새로운 창조를 찬양합니다. 또한 이 시편을 보면 하느님께서 창조 계획의 정점에서 남자와 여자를 창조하심으로써 인간이 저마다 위대한 존엄을 지니게 됨을 알 수 있습니다. 인간의 존엄과 존귀를 깨달을 때 우리는 지금도 계속되고 있는 하느님의 창조적인 구속 계획 안에 우리가 수행해야 할 역할이 있음을 믿게 됩니다.

1 **8** [지휘자에게. 기팃에 맞추어. 시편. 다윗]

2 주님, 저희 주님
 온 땅에 당신 이름, 이 얼마나 크시옵니까!
 하늘 위에 당신 영광 높사옵니다.
3 당신의 적들을 물리치시고
 대드는 자와 맞서는 자를 없애시려
 당신은 아기와 젖먹이들의 찬양으로
 요새를 지으셨나이다.
4 우러러 당신 손가락으로 빚으신 하늘하며
 굳건히 세우신 달과 별들을 바라보나이다.
5 인간이 무엇이기에 이토록 기억해 주시나이까?
 사람이 무엇이기에 이토록 돌보아 주시나이까?
6 천사보다는 조금 못하게 만드셨어도
 영광과 존귀의 관을 씌워 주셨나이다.
7 당신 손으로 지으신 작품들을 다스리게 하시고

만물을 그 발아래 두셨나이다.
8 저 모든 양 떼와 소 떼
　　들짐승하며
9 하늘의 새와 바다의 물고기
　　물속 길을 다니는 것들이옵니다.
10 주님, 저희 주님
　　온 땅에 당신 이름, 이 얼마나 크시옵니까!

기도합시다

전능하시고 영원하신 하느님, 당신의 영광으로 세상을 채우시는 분, 저희는 기뻐하고 감사하며 당신의 이름을 찬양하나이다. 저희를 모든 피조물의 우두머리로 빚어 만드실 때, 당신께서는 저희를 이 세상의 당신 모상으로 만드셨나이다. 저희에게 힘을 주시어 예수 그리스도의 복음을 증언하게 하소서. 그리하여 저희가 당신의 새로운 피조물이 되어서, 말하고 행하는 모든 것 안에서 당신께 영광을 드리게 하소서. 이 모든 것 우리 주 예수 그리스도를 통하여 비나이다. 아멘.

시편 9

가난한 이와 억눌린 이의 피난처이신 하느님

시편저자는 이스라엘의 하느님이 가난한 이와 억눌린 이의 하느님이시라고 합니다. 이 시편은 하느님의 보살핌이 필요함을 인정하는 이들 특유의 부드럽고 애정 어린 언어로 이루어져 있습니다. "주님, 당신을 찾는 이들을 버리지 않으시니 당신 이름 아는 이들이 당신을 신뢰하나이다. … 가련한 이들의 울부짖음을 잊지 않으신다"(11.13절). 이 시편은 감사의 말, 온 우주에 퍼져 있는 하느님의 정의를 감사하는 마음에서 우러나온 말로 시작합니다. 하느님은 당신의 보호를 구하는 이들을 결코 버리지 않으시지만, 다른 이들에게 올가미를 놓은 이들은 심판하십니다. 이 시편에서 노래하듯이 "그분은 누리를 의롭게 심판하시고 겨레들을 올바로 다스리"(9절)십니다. 여기서 우리는 루카 복음서에 나오는 참된 행복의 메아리를 듣게 됩니다. "그때에 예수께서 제자들을 향해 눈을 드시고 이렇게 말씀하셨다. '복되어라, 가난한 사람들! 하느님 나라가 그대들의 것이니. 복되어라, 지금 굶주리는 사람들! 그대들은 배부르게 되리니. 복되어라, 지금 우는 사람들! 그대들은 웃게 되리니'"(루카 6,20-21). 예수님은 진정 하느님 정의의 사자이십니다.

9 [지휘자에게. 알뭇 라뺀. 시편. 다윗]

2 주님, 제 마음 다하여 찬송하며
  당신의 기적들을 낱낱이 전하오리다.
3 지극히 높으신 분, 저는 당신 안에서 기뻐하고 즐거워하며
  당신 이름 찬미하나이다.
4 제 원수들이 뒤로 물러가고
  당신 앞에서 비틀거리며 쓰러져 갔으니
5 당신이 제 권리와 이익을 찾아 주시고
  정의의 판관으로 어좌에 앉으셨기 때문이옵니다.
6 당신은 민족들을 꾸짖으시고 악인을 없애셨으며

그 이름을 영영 지워 버리셨나이다.
7 원수들은 영원히 폐허 속에 묻히고
　　그 성읍들은 당신이 짓부수시어
　　그 기억마저 사라졌나이다.

8 주님은 영원히 좌정하여 계시고
　　심판하시려 어좌를 든든히 하셨네.
9 그분은 누리를 의롭게 심판하시고
　　겨레들을 올바로 다스리시네.
10 주님은 억눌린 이에게 피신처,
　　환난 때에 피난처가 되어 주시네.
11 주님, 당신을 찾는 이들을 버리지 않으시니
　　당신 이름 아는 이들이 당신을 신뢰하나이다.

12 너희는 시온에 앉아 계신 주님을 찬미하여라.
　　그분의 업적 백성들에게 전하여라.
13 피 갚음하시는 분이 그들을 기억해 주시고
　　가련한 이들의 울부짖음을 잊지 않으신다.
14 주님, 자비를 베푸소서.
　　미워하는 자들에게 고통받는 저를 굽어보시어
　　죽음의 문에서 끌어 올리소서.
15 찬양하올 당신 행적 낱낱이 전하고
　　딸 시온의 성문에서
　　당신의 구원에 환호하오리다.

16 민족들은 자기네가 파 놓은 함정에 빠지고
　자기네가 쳐 놓은 그물에 제 발이 걸리네.
17 주님이 당신을 드러내 심판하시니
　악인은 제 손이 한 일에 걸려드네. 히까욘 셀라
18 악인들은 저승으로 물러가라.
　하느님을 잊은 민족들은 모두 물러가라.
19 가난한 이는 영원히 잊히지 않고
　가련한 이들의 희망은 영원토록 헛되지 않으리라.

20 주님, 일어나소서. 인간이 우쭐대지 못하게 하소서.
　민족들이 당신 앞에서 심판받게 하소서.
21 주님, 민족들을 두려움에 떨게 하시어
　그들이 한낱 인간임을 깨닫게 하소서. 셀라

기도합시다

오, 의로우시고 자비로우신 하느님, 공정과 사랑으로 세상을 다스리시는 분, 일상의 삶 속에서 정의에 이르는 길을 저희에게 보여 주소서. 저희가 말하고 행하는 것 하나하나마다 예수님의 선의를 비추는 거울이 되게 하시어, 언젠가는 저희가 당신을 찾는 이들에게 약속하신 평화를 깨닫게 하소서. 이 모든 것 우리 주 그리스도를 통하여 비나이다. 아멘.

시편 10

악인의 흉계

9편과 10편은 원래 하나의 시편이었던 것으로 보입니다. 하나의 시편에서 각 행이 히브리어 알파벳 글자 순서로 시작되어 이어진다는 점에서 시편 10편은 시편 9편을 잇고 있음을 알 수 있습니다. 또한 두 시편은 같은 주제를 공유합니다. 가난하고 도움이 필요한 이들에 대한 염려를 드러내는 한편, 악인의 사악한 음모에 분노를 표현합니다. 히브리어 성경의 그리스어 번역본 중 가장 오래된 성경인 칠십인역을 보면 시편 9편과 10편이 하나의 시편으로 되어 있습니다. 그리고 성 히에로니무스는 불가타 성경을 작업하며 이 전통을 그대로 따랐습니다. 시편 9편과 10편의 차이가 무엇인지 주목해 본다면, 시편 10편은 악인의 음모와 계략에 중점을 두면서 이를 생생히 묘사했음을 알 수 있습니다. 악인은 죄 없는 사람을 몰래 죽이려 은밀한 곳에 숨어 기다리고(8절), 덤불 속의 사자처럼 으슥한 곳에서 가련한 이를 노리다가 그물로 잡아채 끌어당기며(9절), 하느님을 잊었고 그분의 정의로운 길을 버렸다고 마음속으로 말합니다(11절). 사도 바오로는 그가 개종시킨 사람들이 그의 가르침과는 다른 삶의 길로 인도되어 괴롭힘을 당하자 한탄합니다. "오! 어리석은 갈라티아인들이여, 예수 그리스도께서 십자가에 달리신 분으로 엄연히 여러분의 눈앞에 그려져 있는데 누가 여러분을 호렸다는 말입니까?"(갈라 3,1). 이 시편에서는 주님께서 어서 빨리 잘못된 것을 바로잡아 도움이 필요한 이들을 보호해 주시기를 기도합니다.

1 **10** (9의 계속) 주님, 어찌하여 멀리 서 계시나이까?
　　　어찌하여 환난 때에 숨어 계시나이까?
2 가련한 이는 악인의 교만에 애가 타고
　그들이 꾸민 흉계에 빠져드나이다.
3 악인은 뽐내며 탐욕을 부리고
　강도는 악담을 퍼부으며 주님을 업신여기나이다.
4 악인이 콧대를 세워 말하나이다.
　"하느님은 벌하지 않는다. 하느님은 없다!"
　그는 이렇게만 생각하나이다.
5 그의 길은 언제나 탄탄대로
　당신의 심판 높이 있어 그에게 미치지 않으니
　그는 반대자들을 모두 조롱하며
6 '나는 영원히 흔들리지 않으리라!' 마음속으로 말하나이다.
　재앙을 모르는 그자
7 저주만 퍼붓나이다.
　그 입은 거짓과 위협으로 가득 차 있고
　그 혓바닥 밑에는 재앙과 환난이 도사리고 있나이다.
8 마을 은밀한 곳에 숨어 앉아
　죄 없는 사람을 몰래 죽이려
　그의 눈은 힘없는 이를 살피나이다.
9 그는 덤불 속의 사자처럼 으슥한 곳에서
　가련한 이를 잡아채려 노리다가
　그물로 잡아채 끌어당기나이다.
10 가련한 이는 두들겨 맞아 쓰러지고

힘없는 이는 그 폭력에 넘어지나이다.
11 악인은 마음속으로 말하나이다. '하느님은 잊고 있다.'
'얼굴을 감추고 영영 보지 않는다.'
12 주님, 일어나소서. 하느님, 손을 쳐드소서.
가련한 이들을 잊지 마소서.
13 악인이 어찌 하느님을 업신여기며
당신은 벌하지 않는다고 할 수 있나이까?
14 당신은 재앙과 재난을 보시고
손수 나서시려 살피고 계시나이다.
힘없는 이가 당신께 몸을 맡기고
당신은 친히 고아를 돌보시나이다.
15 죄인과 악인의 팔을 부러뜨리소서.
그 죄악 벌하시어 모조리 없애소서.

16 주님은 영영 세세 임금이시니
민족들이 그분 땅에서 사라지리라.

17 주님, 당신은 가난한 이의 소원을 들으시고
그 마음 굳세게 하시며 귀를 기울이시니
18 고아와 억눌린 이의 권리를 찾아 주시고
세상 인간이 다시는 올러대지 못하게 하심이옵니다.

기도합시다

세상 모든 이의 심판자이시며, 가난한 이들의 수호자이신 하느님, 저희의 진심 어린 기도를 들어주소서. 언제나 당신 구원의 손길을 기다리는 이들에게 도움을 주소서. 당신께서는 언제나 자비로우시니 과부와 고아가 어려움에 처했을 때 이들이 정의를 찾을 수 있게 도와주시고, 믿음 안에서 당신을 부르짖는 모든 이에게 영원토록 주님이신 그리스도를 통하여 도움의 손길을 주소서. 아멘.

시편 11

의로우신 주님은 의로운 일을 사랑하시니

때로는 위기의 순간들이 우리가 사는 세상의 질서를 뒤흔드는 것처럼 보입니다. 정의와 올곧음이 무시될 때면 정치권력과 도덕적인 청렴에 의문이 제기됩니다. 이 시편에서는 바로 이러한 상황에 대해 이야기합니다. 그런데 이 같은 상황이 벌어지면, 즉 '힘이 곧 정의가 되고' 이것이 잘못된 일임을 알게 되면 우리도 다음과 같이 의문을 던집니다. "의인들이 무엇을 할 수 있을까?" 그렇습니다. 때때로 우리는 세상 권력이 우리 손 밖에 있음을 느낍니다. 하지만 우리가 할 수 있는 일은 "공정을 실천하고 신의를 사랑하며 겸손하게 네 하느님과 함께 걷는 것"(미카 6,8)입니다. 우리는 하느님의 정의가 결국 승리할 것을 믿어야 합니다. 이 시편 5-7절에서 드러나는 모습을 보면 그분의 심판은 실로 모든 이에게 닥칠 것이며 악을 행한 자들은 그분 분노의 잔을 마시게 될 것임을 알 수 있습니다. 이 모습은 성경의 다른 부분에도 등장하여 악인들에게 죽음을 약속하는 내용을 전합니다(시편 75,9; 에즈 23,32). 우리는 이 시편이 예수님께서 세상 끝 날에 행하실 심판을 예시하고 있음을 간파합니다. 이는 마르코 복음서에도 나와 있습니다. "그러나 그 무렵, 그 환난에 뒤이어 해는 어두워지고 달은 제 빛을 내지 않으며 별들이 하늘에서 떨어지고 하늘에 있는 권세들이 흔들릴 것입니다. 그때에 사람들은 인자가 구름에 싸여 큰 권능과 영광을 갖추고 오는 것을 보게 될 것입니다. 그때에 인자는 천사들을 파견하여, 땅끝에서 하늘 끝까지 사방에서 선민들을 모을 것입니다"(마르 13,24-27). 그날이 되면 이 시편의 마지막 행에서 결론을 내리듯이 올곧은 이가 그분 얼굴을 뵈올 것입니다.

11 (10) [지휘자에게. 다윗]

1 나 주님께 피신하는데
너희는 어찌 내게 이리 말하느냐?
"새처럼 산으로 도망쳐라."
2 보라, 악인들이 활을 당겨 잡고
화살을 시위에 메겨
마음 바른 이들을 어둠 속에서 쏘려 한다.
3 바탕까지 허물어지는데
의인인들 무엇을 할 수 있으랴?
4 주님은 당신의 거룩한 성전에서
하늘에 있는 주님의 옥좌에서
당신 눈으로 살피시고
당신 눈동자로 사람들을 가려내신다.
5 주님은 의인도 악인도 가려내시고
그분의 얼은 폭행을 즐기는 자를 미워하신다.

6 악인들 위에 불과 유황 비를 퍼부으시니
   불타는 바람이 그들 잔을 채우리라.
7 의로우신 주님은 의로운 일을 사랑하시니
   올곧은 이는 그분 얼굴 뵈오리라.

기도합시다

전능하시고 영원하신 하느님, 세상을 심판하는 의로우신 분, 오늘날 당신의 정의를 세우고자 하는 당신 백성의 기도를 들으소서. 악의 세력을 몰아내시고, 교만한 자들의 마음을 누그러뜨리소서. 또한 성부와 성령과 함께 영원히 살아 계시는 부활하신 그리스도께서 약속하신 바로 그 평화를 저희가 사는 세상에 내리소서. 아멘.

시편 12

간사한 말과 진실한 말

이 시편에서 시편저자는 훗날 야고보의 편지에 담기게 될 가르침을 먼저 노래합니다. 바로 악과 선을 모두 말할 수 있는 혀의 힘에 관한 강력한 교훈입니다. "이와 같이 혀도 하나의 작은 지체에 지나지 않지만 자랑만은 대단합니다. 보시오, 그토록 작은 불이 그토록 큰 숲을 태우지 않습니까? 혀도 하나의 불입니다. 그 혀는 우리 지체 가운데에 불의의 세계로서 들어앉아 온몸을 더럽히고 인생의 수레바퀴를 태우면서 스스로도 지옥 불에 타고 있습니다"(야고 3,5-6). 이 시편에서는 악을 행하는 자의 말과 하느님의 말씀을 날카롭게 대조합니다. "간사한 입술"과

"허황된 말을 하는 혀"(4절)가 "흙 도가니 속에서 일곱 번이나 정제된 순은"(7절)과 같은 주님의 말씀과 대조를 이룹니다. 성경에서 숫자 7은 완벽과 완성, 전체의 상징으로 빈번히 사용됩니다. 이 시편에서는 두 가지 교훈을 얻을 수 있습니다. 첫째, 사악하고 간사한 말은 두 마음을 가지게 합니다. 하느님의 길과 거리가 멉니다. 또한 사악하고 교만한 혀를 가진 자들은 마지막에 자멸합니다. 아담의 자손들 사이에서 사라져 버릴 자들이 바로 그들입니다(2절). 둘째, 하느님의 순수하고 더럽힐 수 없는 말씀이 구원을 불러옵니다. 이 시편 중간에는 비록 짧지만 생명을 주는 주님의 말씀이 나옵니다. "가련한 이, 핍박당하고 가난한 이 신음하니 이제 내가 일어서리라. 그가 갈망하는 대로 나 그를 구원으로 이끌리라"(6절). 이것이 바로 이 시편이 담고 있는 위대한 희망의 소식입니다. 즉, 그분 구원의 손길이 부도덕한 자들의 악한 혀에 억눌린 이들을 들어 올릴 것입니다. 이는 하느님의 약속이므로 확실히 이루어질 것입니다.

1 **12** (11) [지휘자에게. 제8도로. 시편. 다윗]

2 주님, 구원을 베푸소서. 충실한 이는 하나도 없고
　진실한 이는 사람들 사이에서 사라져 버렸나이다.
3 저마다 이웃에게 거짓을 말하고
　두 마음 간사한 입술로 말하나이다.

4 주님은 간사한 모든 입술과
　허황된 말을 하는 혀를 잘라 버리시리라.

5 그들은 말하는구나.
"혀는 우리의 힘, 입술이 우리 것인데 누가 우리의 주인이랴?"
6 주님이 이르신다.
"가련한 이 핍박당하고 가난한 이 신음하니
이제 내가 일어서리라."
"그가 갈망하는 대로 나 그를 구원으로 이끌리라."
7 주님의 말씀은 순수한 말씀
흙 도가니 속에서
일곱 번이나 정제된 순은이어라.

8 주님, 당신이 저희를 지켜 주시고
이 세대로부터 영원히 보호하소서.
9 악인들이 사방으로 쏘다니고
야비한 사람들이 판을 치나이다.

기도합시다

주 예수 그리스도여, 영원히 살아 계신 하느님의 말씀이시여, 저희가 하는 말 안에서 진리와 자비, 선의와 연민에 이르는 길을 저희에게 보여 주소서. 저희가 당신을 본떠서 생명의 말씀을 말할 수 있게 해 주시어, 이 말씀을 당신께서 영원히 살아 계시고 다스리시는 당신 왕국을 건설하는 도구로 쓰게 해 주소서. 아멘.

시편 13

주님, 언제까지?

한 시편에 담겨 있는 의미를 재빨리 파악하는 방법은 첫 행과 마지막 행부터 읽는 것입니다. 두 행이 비슷합니까, 아니면 서로 대조를 이룹니까? 시편 13편의 경우에는 두 행 사이에 현저한 차이가 있습니다. 시편저자는 기도 첫머리를 낙심과 좌절, 그리고 절망에 가까운 심정으로 시작합니다. "주님, 언제까지?"라는 물음이 네 차례나 반복됩니다. 이같은 수사적 반복을 통해서 시편에 담겨 있는 의미와 힘과 절박함이 강조됩니다. 요컨대 시편저자는 하느님께서 자신을 잊으셨다고 느끼고 있습니다. 그는 자신이 하느님의 현존에서 분리되고(2절: "언제까지 제게서 당신 얼굴 감추시렵니까?"), 소원해져 개인적인 괴로움에 빠진 채로(3절: "제 영혼에 고통을", "제 마음에 번민을"), 원수들에게 짓밟혀(3절) 있다고 느낍니다. 이것은 순전한 고뇌와 괴로움의 표현입니다. 과연 무엇이 시편저자에게 희망에 이르는 출구가 되겠습니까? 바로 하느님의 자애에 대한 믿음입니다. 자애는 충실하고 불변하며 굳건하고 헌신적인 하느님 사랑의 계약을 표현하는 개념입니다. 우리가 누군가로부터 한결같은 사랑과 선의를 체험한 적이 있다면, 이 체험은 우리가 힘겹고 절박한 상황에 직면할 때도 생명선이 되어 지속적인 희망에 집중하게 해 줍니다. 이와 마찬가지로 사도 바오로는 도전적인 상황에 직면했을 때 하느님의 충실함에 대해 이야기합니다. "여러 차례 여행하는 동안에도 강물의 위험, 강도들의 위험, 동족들로부터의 위험, 이방인들로부터의 위험, 도성에서의 위험, 광야에서의 위험, 바다에서의 위험, 가짜 형제들 가운데서의 위험 등을 당해야 했고 수고와 고역, 수많은 밤새움, 굶주림과 목마름, 수많은 단식, 추위와 헐벗음"(2코린 11,26-27)이 있습니다. 하느님께 믿음을 가지면 우리는 이런 신뢰 가운데에서 예상 밖의 너그러움이 뒤따르는 기적을 체험합니다. 이것이 바로 축복의 원천이며, 우리가 이에 응답하여 하느님께 찬양의 희생 제물을 바치는 이유입니다.

¹ 13 (12) [지휘자에게. 시편. 다윗]

2 주님, 언제까지 마냥 저를 잊고 계시렵니까?
  언제까지 제게서 당신 얼굴 감추시렵니까?
3 언제까지 제 영혼에 고통을
  날마다 제 마음에 번민을 품어야 하리이까?
  언제까지 원수가 제 위에서 우쭐대야 하리이까?
4 주 하느님, 살펴보소서, 저에게 대답하소서.
  죽음의 잠에 빠지지 않게 제 눈을 비추소서.
5 제 원수가 "내가 이겼다" 하지 못하게
  제가 흔들려 적들이 날뛰지 못하게 하소서.
6 저는 당신 자애에 의지하며
  제 마음 당신 구원으로 기뻐 뛰리이다.
  은혜를 베푸신 주님께 노래하리이다.

기도합시다

우리 구원의 주 하느님, 저희는 어려움에 처할 때마다 당신에게 의지하나이다. 언제나 저희에게 힘을 주시어 당신의 너그러운 자비와 연민에 대한 믿음을 굳건하게 하소서. 그리하여 당신 구원의 은총이 지닌 힘을 체험하고 당신의 충실한 사랑을 찬양하게 하소서. 이 모든 것 우리 주 그리스도를 통하여 비나이다. 아멘.

시편 14

그 누가 하느님을 찾는가?

때로는 특정 시편의 본문 전체나 일부가 다른 시편에 나오기도 합니다. 시편 14편이 그렇습니다. 시편 14편과 53편의 유일하게 큰 차이점은 53편에서는 전능하신 분을 언급할 때 일관되게 "하느님"이라고 하는 반면, 14편에서는 "하느님"과 "주님"을 함께 쓰는 것입니다. 바로 이 차이가 — 번역 과정에서 흔히 누락될 수 있는 — 미묘하지만 중요한 히브리어 문체의 한 요소를 드러냅니다. 시편저자는 먼저 "하느님은 없다"라고 하는 어리석은 자의 말을 인용합니다. 그 뒤로 "하느님"이나 "주님"이란 이름이 일곱 차례 나옵니다. 히브리어 시편에서 숫자 7은 흔히 충만과 완벽, 완전을 가리킵니다. 이처럼 시편저자는 기도문의 구조를 통해 어리석은 자를 미묘히 반박하면서, 이스라엘의 하느님께서 살아 계시고 활동하시며 그분 안에서 안식을 찾는 모든 이들을 구원하신다고 주장합니다. 시대를 막론하고 우리는 하느님의 존재와 행위, 세상에서의 현존이라는 궁극적인 물음에 대한 해답을 찾기 위해 고심하는 것 같습니다. 여기서 시편저자는 하느님의 존재를 부정하는 이를 "어리석은 자"라고 부릅니다. 사도 바오로도 코린토 신자들에게 보낸 첫째 서간의 첫머리를 바로 이 물음으로 시작하면서, "세상의 지혜"(바오로는 이를 "어리석음"이라고 한다)와 영원한 생명으로 이끄는 하느님의 지혜를 구별합니다. "하느님이 어리석다 치더라도 사람들보다 지혜로 우시며 하느님이 약하다 치더라도 사람들보다 강하십니다"(1코린 1,25). 이 시편에 따르면 하느님을 찾는 이들은 지혜로운 이들 가운데 있습니다(2절). 비록 하느님을 찾는 일은 평생 계속되겠지만, 이것이 바로 우리를 구원하신다는 그분의 약속입니다.

¹14 (13) [지휘자에게. 다윗]

  어리석은 자 마음속으로
  '하느님은 없다' 하네.
  모두 타락하여 악행만 일삼고
  좋은 일 하는 이가 없구나.
2 누군가 깨달은 이 있어
  하느님을 찾는지 보시려고
  주님은 하늘에서
  사람들을 굽어살피신다.
3 모두 빗나가
  온통 썩어 버려
  좋은 일 하는 이가 없구나.
  하나도 없구나.
4 나쁜 짓 하는 모든 자들
  밥 먹듯 내 백성을 집어삼키는 자들
  주님을 부르지 않는 저자들은
  어찌하여 깨닫지 못하는가?

5 하느님이 의인의 무리와 함께 계시기에
　저들은 겁에 질려 벌벌 떨리라.
6 가련한 이의 뜻을 너희가 수치스럽게 하지만
　주님은 그의 피신처시다.
7 누가 시온에서 이스라엘에 구원을 베푸시리오?
　주님이 당신 백성의 운명을 되돌리실 때
　야곱이 기뻐하고 이스라엘이 즐거워하리라.

기도합시다

지혜와 진리의 하느님, 당신 백성의 삶 속에서 여전히 진행되고 있는 창조의 아름다움 안에 숨어 계신 분, 저희가 저희 삶과 세상 속에서 당신의 현존을 분명히 인식하게 해 주소서. 경이로운 당신의 충실한 사랑을 저희에게 드러내시어, 하루하루 저희 삶에 내려 주시는 당신의 축복을 저희가 찬양하고 감사하게 해 주소서. 이 모든 것 우리 주 그리스도를 통하여 비나이다. 아멘.

시편 15

의로운 길

이 시편에서 시편저자가 그리고 있는 장면을 상상해 봅시다. 성전 앞에 모여든 군중이 그들 앞에 서 있는 사제의 목소리를 빌려 주님께 묻습니다. "주님, 당신의 천막에 누가 머물리이까? 당신의 거룩한 산에서 누가 지내리이까?" 백성들은 하느님과 그들 사이의 관계에 관해 질문을 던지지만, 이에 들려오는 대답은 하나같이 백성들 서로가 어떤 관계를 맺어야 하는지에 관한 것입니다. 다시 말해 십계명의 두 번째 계명인 이웃을 사랑하라는 대답이 주어집니다. 이 시편에서는 하느님과 친교를 맺으면, 사람들이 자신에게 무엇인가를 바랄 때 그대로 해 주는 것을 당연히 여기게 된다는 사실을 다시 또 일깨웁니다. 예수님은 이 태도를 너무도 완벽히 실천하신 분입니다. 어려움에 처한 사람들이 찾아오자 그분께서 어떻게 대하셨는지 숙고해 봅시다. "예수께서 배에서 내리시며 많은 군중을 보시고는 그들을 측은히 여기셨다. 그들이 목자 없는 양들과 같았기 때문이다. 예수께서는 그들을 여러모로 가르치기 시작하셨다"(마르 6,34). 이 시편에서 이야기하는 선의와 자비, 정의를 행동에 옮길 때, 우리는 선의의 도구가 되어 하느님께 선사받은 사랑, 즉 우리 안에 머무시는 성령(로마 5,5)을 다른 이들에게 베풀게 됩니다.

¹ 15 (14) [시편. 다윗]

주님, 당신의 천막에 누가 머물리이까?
당신의 거룩한 산에서 누가 지내리이까?

2 흠 없이 걸어가고
   의로운 일을 하며
   마음속 진실을 말하는 이,
3 함부로 혀를 놀리지 않고
   친구를 해치지 않으며
   이웃을 모욕하지 않는 이라네.

4 그는 악인을 업신여기지만
   주님을 경외하는 이들은 존중한다네.
   손해 보는 맹세라도 바꾸지 않고
5 이자를 받으려 돈놀이 않으며
   죄 없는 이를 해치는 뇌물 받지 않는다네.
   이 모든 것 행하는 그 사람
   영원토록 흔들림 없으리라.

기도합시다

언제나 충실하신 하느님, 당신 아드님을 저희 모범으로 보내시며 당신 사랑의 깊이를 보여 주신 분, 저희에게 힘을 주시어 그리스도의 제자로서 그분을 따르게 하소서. 또한 그분처럼 말하고 그분처럼 행하며 그분처럼 사랑하는 것이 저희 기쁨이 되게 하소서. 거룩하신 그리스도의 이름으로 기도하나이다. 아멘.

시편 16

제 몫의 유산, 저의 잔

이 시편은 하느님을 향한, 언제나 깊고 흔들리지 않는 신뢰를 긍정합니다. 시편저자는 우상을 숭배하고 경배하는 자들로 근심합니다. 그는 우상에 희생 제물을 바치거나, 심지어 그 이름을 언급하는 일조차 거부합니다. 그에게는 진정하고 유일하신 하느님만이 행복과 안전, 위로의 근원이십니다. 권력을 제안하는 우상을 만들고 싶은 유혹은 시대를 막론하고 남녀 누구에게나 항상 있습니다. 돈과 소유, 위신, 성공, 지배 따위가 그렇습니다. 이 시편에서는 하느님을 믿으며 그분 말씀을 우리 희망으로 삼음으로써 얻는 내적 행복을 우리 앞에 보여 줍니다. 신약성경 저자들은 이 시편의 마지막 부분에 부활의 전조가 예시되어 있다고 보았습니다(9-11절). 사도 베드로는 오순절 설교에서 이 부분을 인용하며 이것이 부활의 약속을 증언하는 것이라고 주장합니다. "그러나 하느님께서는 그분을 죽음의 진통에서 풀어 주어 되살리셨습니다. 그분이 죽음에 사로잡혀 있을 수는 없었기 때문입니다. 사실 그분에 관해서 다윗은 이렇게 말합니다. … '과연 당신은 나의 영혼을 저승에 버려두지 않으시고 당신의 거룩한 자를 썩지 않게 하시리라. 당신은 나에게 생명의 길을 알려 주셨으니 나로 하여금 당신 얼굴 앞에서 기쁨에 넘치도록 하시리다'"(사도 2,24-25.27-28). 사도 바오로 역시 안티오키아의 회당에서 설교를 할 때 이 시편을 인용하여 유다인들에게 그들의 성경 속에 감추어져 있는 부활의 신비가 이제 그리스도 안에서 완성되고 있다고 설명합니다. "그러기에 또 다른 시편에서도 말했습니다. '당신은 당신의 거룩한 이가 썩지 않게 하시리라'"(사도 13,35). 또한 이 시편은 성토요일 밤 부활 전야 전례 때 제2독서(창세 22,1-18 또는 22,1-2.9-13.15-18)에 대한 화답송으로 사용되어, 부활은 하느님의 구원 계획을 믿는 모든 이들을 위한 미래의 영광이라고 우리의 믿음을 표현합니다.

1 16 (15) [믹탐. 다윗]

하느님, 저를 지켜 주소서. 당신께 피신하나이다.
2 주님께 아뢰나이다. "당신은 저의 주님,

저의 행복 당신밖에 없나이다."

3 이 땅의 거룩한 이들, 위대한 이들
 저의 큰 기쁨이옵니다.

4 다른 신들 붙좇는 자들의 고통이 크기에
 저는 그 신들에게 피의 제사를 바치지 않으며
 그 이름 제 입술에 올리지도 않나이다.

5 주님은 제 몫의 유산, 저의 잔
 당신이 제 운명의 제비를 쥐고 계시나이다.

6 제 차지로 좋은 땅에 측량줄 내려오니
 저의 재산에 제 마음이 흐뭇하옵니다.

7 저를 타이르시는 주님 찬미하오니
 한밤에도 제 양심이 저를 깨우나이다.

8 언제나 제가 주님을 모시어
 당신이 제 오른쪽에 계시니 저는 흔들리지 않으리이다.

9 제 마음 기뻐하고 제 영혼 뛰노니
 제 육신도 편안히 쉬리이다.

10 당신은 제 영혼 저승에 버려두지 않으시고
 당신께 충실한 이에게 구렁을 보지 않게 하시나이다.

11 당신이 저에게 생명의 길 가르치시니
 당신 얼굴 뵈오며 기쁨에 넘치고
 당신 오른쪽에서 길이 평안하리이다.

기도합시다

주 하느님, 제가 받을 몫이며 제가 마실 잔이신 분, 행복과 평화는 오로지 당신 안에서만 충만하나이다. 당신의 자애에 대한 저의 믿음을 더욱 강하게 하시어, 스스로 당신 종이라 일컫는 모든 이들의 삶 속에서 작용하고 있는 당신 은총의 힘을 증언하게 하소서. 저희의 위대한 희망이 성실하고 꾸준하게 당신의 아드님 예수 그리스도를 따르는 모든 이들에게 주시는 미래의 영광이 되게 하소서. 예수 그리스도의 이름으로 비나이다. 아멘.

시편 17

제 마음 떠보시고 저를 달구소서

시편저자는 무고로 말미암아 인간들이 판결을 내리는 법정에 서는 고통을 겪습니다. 그는 자신을 비방한 자들 앞에 서기 전, 밤잠을 이루지 못하고(3절), 하느님께 그저 자신의 사연을 들어 달라고 호소합니다. 여기서 가장 중요한 점은 시편저자가 하느님께 직접 하소연한다는 것입니다. 그를 구원하고 그에게 의로운 자비를 베풀어 줄 진정한 심판자는 하느님이십니다. 우리는 누구나 한두 번쯤 고의적으로 오해를 받거나, 악의적으로 의도가 잘못 전달되거나, 심하게 잘못된 판단을 받은 경험이 있을 것입니다. 이런 우리에게 이 시편에서는 우리 삶에서 가장 중요하고 유일한 심판자이신 하느님께 대한 불굴의 믿음을 고수하라 외칩니다. 여기서 우리는 성경 속 인물들 중 한 사람, 즉 누구보다 심한 학대와 혹사를 당한 영웅들 중 한 사람인 예레미야 예언자를 떠올립니다. 예레미야 예언자가 남긴 유산 가운데는 "예레미야의 고백록"이라고 알려져 있는 구절들이 있습니다. 이 위대한 탄식 기도 안에서 그는 속내를 털어놓습니다. 누구나 이 구절들을 읽으면 얼마나 그가 아픔과 신앙, 고통과 믿음, 실패와 희망 사이에서 몸부림치고 있는지 똑똑히 목격할 수 있습니다(예레 11,18; 12,6; 15,10-21; 17,14-18; 18,18-23; 20,7-18). 또한 바로 앞의 시편 16편과 마찬가지로 이 시편 역시 결국 하느님 면전에서 하느님의 현존 체험에 참여하리라는 기도로 마무리됩니다. 현재의 순간에 세상의 부를 추구하는 자들은 그냥 내버려 둘 일입니다. 시편저자에게는 앞으로 다가올 것이 중요합니다. 그에게는 하느님께 대한 확고한 믿음에 바탕을 둔 이상이 있습니다.

17 (16) [기도. 다윗]

1 주님, 의로운 사연을 들어 주소서.
제 부르짖음을 귀여겨들으소서.
거짓 없는 입술로 드리는
제 기도에 귀 기울이소서.
2 당신 앞에서 저에게 승소 판결 내리소서.
당신 눈으로 올바름을 보아 주소서.
3 제 마음 떠보시고 밤중에도 캐 보시며
저를 달구셔도 부정을 찾지 못하시리이다.
4 저의 입은 사람들이 하듯 죄짓지 않고
저는 당신 입술 그 말씀을 따랐나이다.
5 계명의 길 꿋꿋이 걷고
당신의 길에서 제 발걸음 비틀거리지 않았나이다.
6 하느님, 당신이 응답해 주시니

제가 당신께 부르짖나이다.

귀 기울여 제 말씀 들어 주소서.

7 놀라우신 당신 자애를 베푸소서.

당신 오른쪽으로 피신하는 이들을

적에게서 구해 주시는 분.

8 당신 눈동자처럼 저를 보호하소서.

당신 날개 그늘에 저를 숨겨 주소서.

9 악인들이 저를 억누르고

원수들이 미친 듯 저를 에워쌌나이다.

10 그들의 마음은 비곗덩이로 닫혀 있고

그들의 입은 오만을 내뿜나이다.

11 그들은 이제 달려들어 저를 둘러싸고

땅바닥에 메치려 노려보나이다.

12 으슥한 곳에 도사린 힘센 사자처럼,

그 모습 사자처럼 약탈하려 노리나이다.

13 주님, 일어나소서. 붙잡아 그를 내던지소서.

악인에게서 당신 칼로 제 영혼을 구하소서.

14 주님, 당신의 손으로 저 사내들에게서,

세상살이 제 몫만 챙기는 사내들에게서 저를 구하소서.

당신이 숨겨 놓으신 벌로 그들의 배를 채우시어

자식들도 배불리고

나머지 벌은 대대손손 물려주게 하소서.

15 저는 의로움으로 당신 얼굴 뵈옵고

깨어날 때 당신 모습에 흡족하리이다.

기도합시다

주님, 당신 눈동자처럼 저희를 사랑하시는 분, 당신께서는 저희의 이해력을 넘어선 자비를 드러내시며 저희를 지켜 주십니다. 비오니 제가 오해받을 때 인내심을 갖게 해 주시고, 무고히 비난받을 때 마음에 평화를 주소서. 그리하여 제가 하느님의 길에 대한 믿음을 새롭게 하여 당신을 영원히 살아 계시고 다스리시는, 정의와 진리의 하느님으로 선포하게 하소서. 아멘.

시편 18

주님, 저의 반석, 저의 산성, 저의 구원자

이 시편의 시작(2-4절)과 끝(47-51절) 부분은 마치 메아리처럼 시편저자의 피난처이자 구원의 뿔이신 하느님께 찬양을 드리고 감사를 표합니다. 여기서는 '나의/저의'라는 1인칭 소유격을 반복함으로써 시편저자와 하느님 사이의 밀접하고 개인적인 관계를 드러냅니다. 이는 3절에서만도 여덟 차례나 나올 정도입니다. "저의 반석, 저의 산성, 저의 구원자, 저의 하느님, 저의 바위, 저의 방패, 제 구원의 뿔, 저의 성채." 이 시편은 모든 구절들이 다윗과 그의 가문, 그리고 당신과 계약을 맺은 이스라엘 백성 전체와 친밀한 유대를 맺고 계시는 "살아 계신 하느님"을 선포하며 찬양합니다. 특히 표제 부분(1절)에는 하느님께서 사울의 손에서 다윗을 건져 주셨다는 언급이 나옵니다. 이는 하느님의 기름부음받은이인 다윗이 그분의 도움으로 악의 세력에 승리했다는 내용입니다. 하지만 이 같은 표제가 신빙성 있는 역사적 자료로 해석되어야 하는 경우는 극히 드뭅니다. 그보다는 각 시편을 낭독하는 데 적합한 어조가 무엇인지 제안하는 역할을 하는 경우가 대부분입니다. 이러한 시편은 하느님께서 이스라엘을 구원하심을 상기시키는 용도로 국가 행사에서 사용되었을 것입니다. 이 시편의 내용을 들으면, 하느님께서 온 우주의 힘을 조정해서 다윗의 번영과 성공에 일조하게 하셨다는 인상을 받게 됩니다. 이 시편에는 신화에 쓰일 법한 표현들이 가득합니다. 여기 나오는 정복 활동에 동참하기 위해 하느님께서 하늘을 기울여 천상 왕좌에서 내려오셔서 바람 날개를 타고 날아가셨다고 묘사되어 있습니다(10-11절). 또한 고대에는 깊고 어두운 물이 생명을 위협하는 위험을 상징했습니다. 그래서 시편저자는 이런 위협을 누그러뜨리기 위해 하느님께서 몸소 개입하시는 모습을 표현합니다(16-18절). 시편 후반에는 우리에게 위태로운 위험들을 지배하는 하느님의 힘을 상징하기 위해 오늘날도 사용할 수 있는 표현들이 나옵니다. "주님, 당신이 저의 등불 밝히시나이다. 하느님이 저의 어둠 밝혀 주시나이다. 당신 도우심으로 저는 적진에 뛰어들고 하느님 도우심으로 성벽을 뛰어넘나이다"(29-30절). 이 모든 표현들은 우리가 삶에서 도전에 직면할 때, 하느님께서 돌보시고 이끄시며 지켜 주시리라는 신뢰를 보여 줍니다. 우리는 이 시편에 담겨 있는 풍부하고 다양한 시적 비유를 통해 삶의 축복과 도전 한가운데에서 하느님의 현존을 깊이 생각하게 됩니다.

18

1 (17) [지휘자에게. 주님의 종 다윗. 주님께서 그의 모든 원수들의 손아귀와 사울의 손에서 그를 건져 주신 날, 그가 이 노래로 주님께 아뢰었다.

2 그는 말하였다.]

저의 힘이신 주님, 당신을 사랑하나이다.
3 주님은 저의 반석, 저의 산성, 저의 구원자
　저의 하느님, 이 몸 숨는 저의 바위
　저의 방패, 제 구원의 뿔, 저의 성채시옵니다.

4 찬양하올 주님 불렀을 때
　나는 원수에게서 구원되었네.
5 죽음의 오랏줄이 나를 두르고
　멸망의 급류가 나를 삼키며
6 저승의 오랏줄이 나를 휘감고
　죽음의 올가미가 나를 덮쳤네.
7 곤경 중에 나 주님 부르고
　하느님께 도움 청하였더니
　당신 성전에서 내 목소리 들으셨네.
　부르짖는 내 소리 그분 귀에 다다랐네.
8 이에 그분이 진노하시니
　땅이 흔들리며 요동치고
　온 산이 소스라쳐 뿌리까지 흔들렸네.
9 그분 코에서는 연기가 오르고
　삼킬 듯 입에서는 불길이 치솟으며
　그분에게서 숯불이 타올랐네.
10 하늘 기울여 그분이 내려오시니
　그분 발밑 먹구름이 휘덮었네.

11 커룹 위에 올라 떠가시고
　　바람 날개 타고 날아가셨네.
12 어둠을 가리개로 둘러치시고
　　비구름 먹구름을 덮개로 삼으셨네.
13 그분 앞 광채에서 뿜어 나오니
　　우박과 불타는 숯덩이였네.
14 주님이 하늘에 우렛소리 내시고
　　지극히 높으신 분 목소리 높이셨네.
　　우박과 불타는 숯덩이 내리셨네.
15 화살을 쏘시어 그들을 흩으시고
　　번갯불 내리쳐 혼란에 빠뜨리셨네.
16 바다의 맨바닥이 드러나고
　　땅의 밑바탕이 벗겨졌네.

　　주님, 당신의 질타로
　　진노의 숨결로 그리되었나이다.

17 높은 곳에서 손을 뻗쳐 나를 붙드시고
　　깊은 물에서 그분은 나를 건져 주셨네.
18 힘센 원수에게서,
　　나보다 힘센 적에게서 나를 구하셨네.
19 환난의 날에 원수가 나를 덮쳤지만
　　주님은 내 버팀목 되어 주셨네.
20 내가 그분 마음에 들었기에

넓은 들로 이끄시어 나를 구하셨네.
21 주님이 내 의로움대로 상을 주시고
　　　내 손의 결백함대로 갚아 주셨으니
22 내가 주님의 길 굳게 지키고
　　　내 하느님 배반하지 않았으며
23 그분의 모든 법규 가까이하고
　　　그분의 규범 내 앞에 둔 까닭이네.
24 나 그분 앞에 흠 없이 살았고
　　　죄에 떨어질까 조심하였네.
25 주님이 내 의로움대로 나에게 갚아 주셨네.
　　　당신 눈앞에서 내 손의 결백함대로 갚아 주셨네.

26 당신은 충실한 이에게는 충실한 분으로,
　　　결백한 이에게는 결백한 분으로 다가오시고
27 깨끗한 이에게는 깨끗한 분으로 대하시지만
　　　그릇된 자에게는 지엄한 분으로 드러내시나이다.
28 당신은 가련한 백성은 구하시지만
　　　거만한 눈들은 낮추시나이다.
29 주님, 당신이 저의 등불 밝히시나이다.
　　　하느님이 저의 어둠 밝혀 주시나이다.
30 당신 도우심으로 저는 적진에 뛰어들고
　　　하느님 도우심으로 성벽을 뛰어넘나이다.

31 하느님의 길은 결백하고

주님의 말씀은 순수하며
당신께 피신하는 모든 이에게 그분은 방패가 되신다.
32 정녕 주님 아니시면 어느 누가 하느님이며
우리 하느님 아니시면 누가 반석이 되리이까?
33 하느님은 내게 힘을 실어 주시고
내 길을 온전히 닦아 주셨네.
34 내 발을 사슴같이 날래게 하시고
높디높은 곳에 나를 세우셨으며
35 내 손에 전투를 익혀 주시고
내 팔로 청동 활을 당기게 하셨네.

36 당신은 저에게 구원의 방패 주시고
당신 오른손으로 받쳐 주시며
손수 보살피시어 저를 키우셨나이다.
37 제 발걸음 닿는 곳 넓히시어
제 발목이 흔들리지 않았나이다.
38 저는 원수들을 뒤쫓아 붙잡고
무찌르기 전에는 돌아오지 않았나이다.
39 제가 그들을 내리치자 일어서지 못하고
제 발아래 쓰러졌나이다.
38 저는 원수들을 뒤쫓아 붙잡고
무찌르기 전에는 돌아오지 않았나이다.
39 제가 그들을 내리치자 일어서지 못하고
제 발아래 쓰러졌나이다.

40 당신은 저에게 싸울 힘을 실어 주시어
　제게 맞서 일어선 자들 무릎 꿇게 하셨나이다.
41 원수들을 달아나게 하시고
　저를 미워하는 자들을 없애게 하셨나이다.
42 도와 달라 외쳐도 그들 돕는 이 없고
　주님께 청하여도 응답하지 않으셨나이다.
43 바람 앞의 먼지처럼 저는 그들을 쳐부수고
　오물처럼 바깥으로 쏟아 버렸나이다.
44 당신이 백성의 다툼에서 저를 구하시어
　민족들의 우두머리로 세우셨으니
　제가 모르던 백성마저 저를 섬기고
45 제 말을 듣자마자 저에게 복종하며
　이방인들이 저에게 아첨하였나이다.
46 이방인들이 기진맥진하여
　성곽에서 기어 나왔나이다.

47 주님은 살아 계시다!
　나의 반석 찬미받으시리니
　내 구원의 하느님 드높으시다.
48 하느님이 내 원수 갚아 주시고
　백성들 내 발아래 굴복시키셨네.

49 당신은 원수들에게서 저를 구하시고
　제게 맞서 일어선 자들에게서 들어 높이셨으며

포악한 자들에게서 구출하셨나이다.
50 주님, 제가 민족들 앞에서 당신을 찬미하고
당신 이름 찬송하나이다.

51 주님은 당신 임금에게 큰 구원 베푸시고
당신의 메시아 다윗과 그 후손에게
영원토록 자애를 베푸신다.

기도합시다

전능하시고 영원하신 하느님, 저희 피난처이며 구원의 뿌리이신 분, 당신께서 저희 삶에 관여하시는 방법을 깨닫게 하시어, 저희 가운데에서 저희를 구원하시는 당신의 현존에 확신을 갖게 하소서. 또한 당신께서는 모든 피조물에게 당신의 은혜로운 자비와 연민을 보여 주시나이다. 비오니 당신께 드리는 저희의 응답이 이러한 자비와 연민을 드러내시는 당신의 경이로운 힘에 대한 감사와 찬양으로 언제나 가득하게 하소서. 모든 찬미와 영광이 주님께 이제와 항상 영원히. 아멘.

시편 19

두 가지 계시에 관한 이야기

이 시편은 언뜻 보더라도 별개의 두 시편(2-7절과 8-15절)이 하나로 합쳐진 것이 명백해 보입니다. 두 부분은 시적 문체나 사용한 비유가 서로 다릅니다. 하지만 양쪽 모두 같은 주제를 다룬다는 공통점이 있습니다.

바로 인간의 상상력이라는 범위 안에서 어떤 형태로 하느님의 모습이 드러나는지를 다루고 있습니다. 2-7절 부분에서는 하느님의 모습이 드러나심을 경이로운 피조물들, 특히 해와 하루의 주기를 통해 인식할 수 있습니다. 8-15절 부분에서는 이를 하느님의 말씀인 모세의 율법을 통해 알 수 있습니다. 하늘, 창공, 낮과 밤이 바뀌는 것 등 모든 것이 하느님께서 어떤 분이신지를, 바로 온 세상의 창조자이시자 온 우주의 주인이시며 경이와 위엄의 하느님이심을 드러냅니다. 시편저자는 여기 나오는 피조물들 가운데 어느 것도 말을 할 수는 없지만, 우리는 이들의 존재와 우주에서 차지하는 위치를 통해 이들을 창조하신 분에 대해 많은 것을 알 수 있다고 합니다. 그뿐 아니라 우리는 율법이라는 놀라운 선물 안에서 하느님의 계시 양식을 알아볼 수 있습니다. 이 율법은 계약관계를 맺고자 하시는 하느님의 초대에 대한 인간의 응답이며, 바로 이 율법 안에서 우리는 율법을 내려 주신 분에 대해 많은 것을 인식할 수 있습니다. 이처럼 하느님의 율법은 최상의 표현으로 기술되어 있어서 누구든 이 율법이 주는 축복의 수혜자가 되고자 할 것입니다. 이 율법이 완벽하고 변함없으며 의롭고 분명하고 순수하고 진실할 뿐 아니라, 수많은 금보다도 귀하고 꿀보다도 달콤하기 때문입니다. 우리가 이 율법을 충실히 지키면 생명의 보상을 얻기 위해 우리가 따라야 하는 길이 무엇인지 배울 수 있습니다. 여기서 묘사한 하느님의 드러나심에 대한 두 가지 비유, 즉 해와 율법은 생명을 약속합니다. 해는 땅을 덥혀서 모든 형태의 생명을 낳으며, 율법은 우리가 계약으로부터 얻은 축복에 이르는 길을 밝혀 줍니다. 마지막으로 교회가 이 시편을 그리스도론에 입각해서 어떻게 활용하는지 살펴보는 것도 좋습니다. 성탄시기 동안 우리는 이 시편을 낭독하면서 육화의 신비를 내다봅니다. 마치 신랑이나 경기의 승자처럼 하늘에서 오시는 분이 바로 태양으로 묘사되는 성자이십니다. 이와 마찬가지로 옛 계약의 율법은 예수 그리스도 안에서 살아 있는 말씀이 됩니다. 예수님은 당신의 가르침과 행동으로 이 율법에 생명을 불어넣어 이 율법을 완성하셨습니다. 산상설교에서 예수님은 친히 말씀하십니다. "내가 율법이나 예언자들의 말을 혁파하러 온 줄로 여기지 마시오. 혁파하러 온 것이 아니라 오히려 완성하러 왔습니다"(마태 5,17). 그분은 (하느님의 뜻을 이루고 치유와 사랑을 통해서) 하느님 사랑과 이웃 사랑이라는 가장 큰 계명을 완수하셨습니다.

1 19 (18) [지휘자에게. 시편. 다윗]

2 하늘은 하느님의 영광을 말하고
　창공은 그분의 솜씨를 알리네.
3 낮은 낮에게 말을 건네고
　밤은 밤에게 앎을 전하네.
4 말도 없고 이야기도 없으며
　목소리조차 들리지 않지만
5 그 소리 온 누리에 퍼져 나가고
　그 말은 땅끝까지 번져 나가네.
　거기에 해를 위해 천막 치시니
6 해는 신방에서 나온 신랑 같고
　용사처럼 길을 달리며 즐거워하네.
7 하늘 끝에서 솟아 나와
　하늘 끝으로 돌아가니

아무것도 그 열기 피할 길 없네.

8 주님의 법은 완전하여
 생기 돋우고
 주님의 가르침은 참되어
 어리석음 깨우치네.
9 주님의 규정 올바르니
 마음을 기쁘게 하고
 주님의 계명 밝으니
 눈을 맑게 하네.
10 주님을 경외함 순수하니
 영원히 이어지고
 주님의 법규들 진실하니
 모두 의롭네.
11 금보다 순금보다
 더욱 값지며
 꿀보다 참꿀보다
 더욱 달다네.

12 당신의 종도 이 가르침 익히리니
 이를 지키면 큰 상급 받으리이다.
13 저도 모르는 허물 누가 아오리까?
 숨겨진 저의 잘못 씻어 주소서.
14 오만한 자에게서 당신 종을 지켜 주소서.

제 위에 군림하지 못하게 하소서.
　　그러면 제가 흠 없이 살며
　　크나큰 죄악에서 깨끗해지리이다.
15 저의 반석, 저의 구원자이신 주님
　　제 입으로 드리는 말씀, 제 마음속 생각
　　당신 마음에 들게 하소서.

기도합시다

영원하신 하느님의 말씀이신 그리스도여, 저희의 인성을 온전히 나누기 위해 저희 가운데 오신 분, 저희가 사랑이라는 당신의 새로운 율법을 깨닫고 실천하게 도우소서. 그리하여 저희가 언제나 당신의 선의와 자비를 전하는 사절이 되게 하소서. 당신께서는 영원히 살아 계시고 다스리시나이다. 아멘.

시편 20

전투에 임하기 전 바치는 기도

시편 20편과 21편에는 서로 연결되는 공통 주제가 있습니다. 20편은 전투를 치르기 전에 바치는 기도로 되어 있고, 21편은 전투에서 승리한 후 올리는 기도를 담고 있습니다. 20편에서는 하느님께서 그들의 요청에 응답해 주시기를 애원합니다. 시편의 시작과 중간과 끝에 세 차례나 '응답'해 달라고 반복하면서 이 호소가 얼마나 절박한지 강조합니다. "주님이 당신께 응답하시고"(2절), "주님이 거룩한 하늘에서 응답하시리라"(7절), "주님, 저희가 부르짖는 날 응답하소서"(10절). 우리는 반복되는 가운데 점점 더 호소의 강도가 짙어짐을 알 수 있습니다. 처음에는 희망을 말하더니, 다음에는 사실을 주장하고, 급기야 하느님의 이름을 부르며 직접 호소합니다. 이때 시편저자는 '응답'이라는 말을 매번 하느님의 이름과 연결합니다(2절과 6절, 8절에서는 "주님"으로 말한다). 성경에서 하느님의 이름을 언급하는 것은 하느님의 본성과 정체성에 호소한다는 의미를 내포합니다. 무엇을 요청하더라도 이를 들어줄 수 있는 힘과 능력, 활력이 하느님의 이름에 있음을 전제하기 때문입니다. 또한 여기서 우리는 하느님께서 어려움에 처한 이들을 위해 해 주신 일을 찬미하고 감사하기 위해 그분의 이름을 사용할 수 있음도 알게 됩니다. 인간의 힘과 자원, 특히 무력은 하느님의 힘에 비견되어 미미할 뿐입니다. 적들은 병거와 기마의 힘을 믿지만, 믿음에 충실한 자들은 오직 주님의 이름에 의지합니다. 사도 바오로 역시 에페소 신자들에게 보낸 서간에서 우리가 천상 왕국으로 가는 지상 순례 여정에서 만나는 반발에 대해 전쟁에 빗대어 이야기합니다. "실상 우리의 싸움은 피와 살을 가진 인간을 상대하는 것이 아니라, 권력과 권세의 악신들, 이 어두운 세계의 지배자들, 천공에 있는 악한 영들을 상대하는 것입니다. 그러므로 여러분은 악한 날에 그것들을 대적하여 모두 눌러 이긴 다음에 의연히 서 있을 수 있도록 하느님의 무기를 잡으시오"(에페 6,12-13). 매일같이 직면해야 하는 악의 세력을 떠올려 보면, 전쟁이란 생각보다 가까운 곳에 있을지도 모름을 우리는 깨닫게 됩니다. 그것은 그리스도 안에서 주어진 은총을 놓치지 않기 위해 우리가 벌이는 내적 전쟁입니다. 이렇듯 시편 20편은 삶이란 때때로 전쟁터 같음을 다시 일깨웁니다.

1 **20** (19) [지휘자에게. 시편. 다윗]

2 환난의 날에 주님이 당신께 응답하시고
　야곱의 하느님 그 이름이 당신을 보호하시리이다.
3 성소에서 당신께 도움을 보내시고
　시온에서 당신을 받쳐 주시며
4 당신의 모든 제물을 기억하시고
　당신의 번제를 즐거이 받으시리이다. 셀라
5 당신 마음이 바라는 대로 베푸시고
　당신의 모든 소망 채우시리이다.
6 당신의 구원에 우리가 환호하며
　하느님 이름으로 깃발을 높이리니
　주님이 당신 소원을 모두 채워 주시리이다.

7 나 이제 아노라,
　주님은 당신 메시아를 구원하셨네.
　주님이 거룩한 하늘에서
　당신 오른손이 이루신 구원으로 그에게 응답하시리라.
8 이들은 병거를 믿고 저들은 기마를 믿지만
　우리는 우리 하느님이신 주님의 이름을 부르노라.
9 그들은 넘어지고 쓰러지지만
　우리는 일어나 굳게 서리라.

10 주님, 임금에게 구원을 베푸소서.

저희가 부르짖는 날 응답하소서.

기도합시다

앞날을 내다보시며 언제나 충실하신 하느님, 저희가 삶 속에서 고군분투할 때 당신께서 이끄시고 도우시며 의지가 되어 주신다는 믿음을 더 굳건히 해 주소서. 또한 당신께서 평화와 믿음의 길로 이끄실 때 저희가 저희 삶을 위한 당신의 거룩한 계획을 완성하겠다고 마음먹게 해 주소서. 이 모든 것 우리 주 그리스도를 통하여 비나이다. 아멘.

시편 21

하느님의 구원으로 기뻐하나이다

시편 21편에는 왕을 대신하여 하느님의 승리를 감사한 마음으로 찬미하는 내용과 함께 하느님의 구원 활동에 대한 왕의 한결같은 신뢰가 담겨 있습니다. 그리고 여기에 덧붙여 왕의 원수들이 끔찍한 멸망에 이르는 모습이 생생히 표현되어 있습니다(9-13절). 이 시편의 시작과 끝은 하느님의 힘을 언급하는 내용으로 이루어져 있습니다. 왕은 환난에 처했을 때 구원받기 위해 바로 이런 하느님의 힘에 의지하고 이를 기뻐합니다. 사실, 성경 시대의 이교 문명에서는 그들이 섬기는 신들의 신성 가운데 일부가 왕에게 주어졌습니다. 하지만 시편 21편에 분명히 나와 있듯 이스라엘은 그렇지 않았습니다. 이스라엘의 왕은 많은 축복을 누렸지만 그 축복들은 모두 오직 한 분이신 이스라엘의 하느님, 즉 주님(야훼)과의 관계에서 직접 나온 것이었습니다. 왕은 하느님의 선택을 받은 자로서 하느님의 호의를 누렸으나, 신성을 공유하지는 않았습니다. 이 시편을 통해 알 수 있듯 오히려 모든 축복의 근원이신 하느님으로부터 왕의 성공과 승리가 나왔습니다. 8절에서는 왕에게 주어지는 좋은 것들이 모두 하느님의 자애로부터 나온다는 사실을 간명히 표현합니다. 자애는 특히 하느님의 충실하신 사랑과 변함없는 자비를 나타냅니다(시편 13편). 사도 바오로 또한 하느님의 선의와 축복을 받을 자격이 없음에도 그 수혜자가 된 자신의 경험에 대해 똑같이 해석합니다. "우리는 이 보화를 질그릇 속에 지니고 있습니다. 그러므로 그 엄청난 힘은 하느님의 힘이며 결코 우리에게서 솟아나는 것이 아닙니다"(2코린 4,7). 사도 바오로의 위대한 업적은 그 자신의 능력이 아니라, 사도 안에서 일하시는 하느님의 은총 덕분입니다. 결국 우리는 우리가 가지고 있는 모든 것이 하느님의 선물 — 그렇습니다. 받을 자격은 없지만 그래도 감사히 받은 하느님의 선물 — 임을 깨달아야 합니다.

1 **21** (20) [지휘자에게. 시편. 다윗]

2 주님, 임금이 당신 힘으로 기뻐하나이다.
   당신 구원으로 얼마나 즐거워하나이까!
3 당신은 그 마음의 소원 이루어 주시고
   그 입술의 소망 내치지 않으셨나이다. 셀라
4 은혜로운 복으로 그를 맞이하시고
   그 머리에 순금 왕관을 씌우셨나이다.
5 그가 당신께 살려 달라 빌었더니
   영영 세세 긴긴날을 주셨나이다.

6 당신 구원으로 그 영광 크오며
　당신이 존귀와 영화를 내리시나이다.
7 그를 영원한 복이 되게 하시고
　당신 앞에서 기쁨이 넘치게 하시나이다.
8 임금이 주님을 신뢰하오니
　지극히 높으신 분의 자애로 흔들리지 않나이다.

9 임금님 손이 원수를 모두 찾아내시리이다.
　당신 오른손이 적들을 찾아내시리이다.
10 당신 얼굴이 드러날 때에
　주님이 그들을 불가마처럼 태우시리이다.
　당신 분노로 그들을 없애시고
　불길로 그들을 삼켜 버리시리이다.
11 당신은 이 땅에서 그 자손을 없애시리이다.
　그 후손을 사람들 가운데서 없애시리이다.
12 그들이 당신께 불행을 쏟으려 해도,
　흉계를 꾸민다 해도 이루지 못하리이다.
13 당신의 활로 그들의 얼굴을 겨누시어
　그들을 도망치게 하시리이다.

14 주님, 당신의 힘 떨치며 일어나소서.
　당신의 권능 노래하며 찬미하오리다.

기도합시다

전능하신 하느님, 모든 좋은 선물과 축복의 근원이신 분, 저희가 당신께서 주신 좋은 것들에 대해 끊임없이 감사하게 하소서. 당신께서 저희에게 당신의 은혜로운 보살핌을 끊임없이 베푸시는 것처럼 계속해서 저희의 믿음의 비전을 확장해 주소서. 그리하여 저희가 저희 삶 속에서 일하시는 당신의 손을 더 뚜렷이 보게 해 주소서. 모든 찬미와 영광, 감사가 당신께 이제와 항상 영원히. 아멘.

시편 22

죽음에서 삶으로

이 시편을 읽으면서 독자는 깊디깊은 괴로움에서 벗어나 찬양의 단계에 이르는 시편저자의 여정에 함께합니다. 시편저자는 많은 위험이 도사리고 있는 자신의 처지를 표현하기 위해 다양한 비유를 사용합니다. "저는 사람들의 우셋거리이며"(7절), "수많은 수소들이 저를 에워싸고"(13절), "포효하는 사자처럼 입을 벌리며"(14절), "당신께서 저를 죽음의 흙에 눕히시고"(16절), "악당의 무리가 둘러싸며"(17절), 피골이 상접하고(18절), 칼의 위협을 받는다(21절)라고 합니다. 이 비유들은 그가 얼마나 심각한 생명의 위협에 처해 있는지 강한 언어로 강조합니다. 그리고 이처럼 끔찍한 처지 한가운데에서 시편저자는 두 번이나 거듭 애원합니다. "멀리 떠나 계시지 마소서"(12.20절). 견디기 힘든 번민이 닥쳤을 때 하느님께서 먼 곳에 계시기에 오실 수 없다는 비탄의 마음이 잘 표현되어 있습니다. "저의 하느님"(2.3.11절)이라고 거듭 애원함으로써 하느님께서 계시지 않는다는 불안이 더 처절하게 다가옵니다. 이는 예전에는 친밀했던 관계가 지금은 달라지고 멀어졌음을 암시합니다. 이 시편의 첫 대목은 마태오 복음서에서 십자가에 매달리신 예수님의 입을 통해 반복되면서 가슴을 시리게 합니다. "나의 하느님, 나의 하느님, 어찌하여 나를 버리셨습니까?"(시편 22,2/마태 27,46). 이와 같이 인상적인 구절만 아니라, 다른 구절도 예수님의 수난사화에 여럿 나옵니다(시편 22,8/마태 27,39; 시편 22,9/마태 27,43; 시편 22,19/마태 27,35). 시편저자는 자신의 처지를 묘사하면서 삶의 한계에 도달해 있는 심정을 강조합니다. "인간도 아닌 구더기"(7절), "엎질러진 물"(15절), 메마른 입(16절), 못 쓰게 된 손과 발(17절), 적들 앞에 벌거벗긴 몸(19절)이란 표현들이 그렇습니다. 그런 다음 이 상황이 최악에 치달아 바닥을 치자 무언가 갑자기 달라집니다. 이 시편의 마지막 부분으로 넘어가면(23-32절), 첫 부분에서 절망에 빠져 울부짖던 바로 그 사람이 이제는 자신을 고립에서 건져내시고 무리 한가운데 있게 해 주신 하느님을 찬양합니다(23.26절). 이 새로운 상황은 성경적 인간학의 뜻깊은 교훈을 시사합니다. 즉, 공동체 안에서 제 위치가 없으면 하찮은 존재가 된다는 뜻이며, 공동체로 돌아오면 인간성이 회복된다는 뜻입니다. 시편저자는 정체성과 안전을 모두 보장해 주는 공동체에 다시 통합되었습니다. 이때 그의 복권은 오직 하느님에 의해 이루어졌습니다. 이제 시편저자는 야곱의 후손들만 아니라 하느님 앞으로 와서 그분을 경배하는 모든 민족의 비전, 심지어 죽어서 흙으로 돌아간 모든 이들의 비전을 선포합니다(30절). 오늘날 우리가 사는 세상에서도 이 시편은 의미가 있습니다. 형언할 수 없을 정도로 심한 고통을 겪고 있는 많은 이들의 울부짖음을 분명하게 표현하고 있습니다. 시편 22편은 괴로움에 의미를 부여하는 동시에 위대한 희망의 약속을 전합니다. 우리가 삶 속에서 파스카의 신비를 실천할 때 인간의 불행은 때가 되면 역전될 수 있으며, 또 그렇게 될 것입니다.

1 **22** (21) [지휘자에게. '새벽 암사슴' 가락으로. 시편. 다윗]

2 하느님, 저의 하느님, 어찌하여 저를 버리셨나이까?
 소리쳐 부르건만 구원은 아득하옵니다.
3 하느님, 온종일 외치건만 들은 체 않으시니
 밤에도 뒤척이며 잠 못 이루나이다.
4 그러나 당신은 거룩하신 분
 이스라엘의 찬양 받으며 앉아 계신 분.
5 저희 선조들은 당신을 믿었나이다.
 믿었기에 당신이 구해 주셨나이다.
6 당신께 부르짖었기에 구원을 받았고
 당신을 믿었기에 망신을 당하지 않았나이다.
7 저는 인간도 아닌 구더기
 사람들의 우셋거리, 백성의 조롱거리.
8 보는 사람마다 저를 비웃어 대고
 입술을 비쭉거리며 머리를 내젓나이다.
9 "주님께 의탁했으니 구하시겠지.
 그분 마음에 드니 구해 내시겠지."
10 당신은 저를 어미 배 속에서 내신 분
 어미 젖가슴에 포근히 안겨 주신 분.
11 저는 모태에서부터 당신께 맡겨졌고

어미 배 속에서부터 당신은 저의 하느님이시옵니다.

12 제게서 멀리 떠나 계시지 마소서.
　환난이 닥치는데 도와줄 이 없나이다.

13 수많은 수소들이 저를 에워싸고
　바산의 황소들이 저를 둘러싸며

14 약탈하고 포효하는 사자처럼
　저를 향해 입을 벌리나이다.

15 저는 엎질러진 물과 같고
　뼈마디는 온통 어그러졌으며
　마음은 밀초가 되어
　제 속에서 녹아내리나이다.

16 제 입은 옹기 조각처럼 메마르고
　제 혀는 입천장에 들러붙었나이다.
　당신은 저를 죽음의 흙에 눕히셨나이다.

17 개들이 저를 에워싸고
　악당의 무리가 둘러싸
　제 손발을 묶었나이다.

18 제 뼈는 마디마디 셀 수 있게 되었고
　그들은 저를 보며 좋아라 하나이다.

19 제 옷을 저희끼리 나눠 가지고
　제 속옷 놓고는 제비를 뽑나이다.

20 주님, 멀리 떠나 계시지 마소서.
　저의 힘이신 주님, 어서 저를 도우소서.

21 제 생명을 칼에서,

제 목숨을 개들의 발에서 구하소서.
22 사자의 입에서,
들소의 뿔에서 저를 살려 내소서.
당신은 저에게 응답하셨나이다.
23 저는 당신 이름을 형제들에게 전하고
모임 한가운데에서 당신을 찬양하오리다.
24 주님을 경외하는 사람들아, 주님을 찬양하여라.
야곱의 모든 후손들아, 주님께 영광 드려라.
이스라엘의 모든 후손들아, 주님을 두려워하여라.
25 그분은 가련하고 가여운 이들을
업신여기지도 싫어하지도 않으시고
당신 얼굴 감추지도 않으시며
당신께 도움 청할 때 들어주신다.
26 큰 모임에서 드리는 나의 찬양도 그분에게서 오는 것
그분을 경외하는 이들 앞에서 나의 서원 채우리라.
27 가난한 이들은 배불리 먹고
주님 찾는 이들은 그분을 찬양하리라.
너희 마음 길이 살리라!
28 온 세상 땅끝마다 생각을 돌이켜 주님께 돌아오고
만 민족 모든 가문 그분 앞에 경배하리니
29 주님께 왕권이 있음이로다.
민족들의 지배자이심이로다.
30 세상 모든 권세가들 그분께만 경배하고
흙으로 돌아가는 모든 이들 그분께 무릎 꿇으리라.

내 영혼 주님 위해 살고
31 후손은 그분을 섬기리라.
　　다가올 세대에게 주님 이야기 전해져
32 태어날 백성에게 그 의로움 알리리라.
　　주님이 이렇게 하셨음이로다.

기도합시다

가난한 사람들의 가난을 결코 얕보지 않으시는 하느님, 삶 속에서 당신의 현존을 의심할 정도로 심한 고통을 겪고 있는 모든 이들을 연민의 눈으로 바라보소서. 당신 백성의 찬양과 경배를 받으시어, 믿음 안에서 당신께 부르짖는 모든 이들의 애원을 들어주소서. 그들의 기도에 귀를 기울이시고, 사랑의 손길을 내미시어 그들을 새롭게 하소서. 우리 주 그리스도를 통하여 비나이다. 아멘.

시편 23

목자와 집주인

시편 4편과 마찬가지로 시편 23편은 신뢰 시편으로 분류됩니다. 이 시편은 선한 목자의 모범이신 하느님으로부터 나오는 안도와 신뢰, 축복을 떠올리게 하는 표현과 비유로 가득합니다. 오늘날은 '목자'라는 상징이 구식이라거나 아득히 먼 옛 문화와 시대의 산물이라며 비판적으로 보는 시각들도 있습니다. 그럼에도 우리는 구약성경과 신약성경에서 매우 빈번하게 등장하는 이 풍부한 신학적 상징을 감히 무시하거나 거부할 수 없습니다. 성경의 상상력 안에서 목자의 역할과 책임을 해석해 보면 영적 성찰을 위한 풍부한 개념과 발상을 얻을 수 있습니다. 고대 근동 문화권에서 목자의 표상은 신과 왕을 비유하는 데 사용되었습니다. 권위자나 지도자에게 양 떼를 보호하고 인도하며 세심히 돌보는 목자의 개념을 끌어 쓰는 것은 탁월한 선택이었습니다. 그들의 보호 아래에 놓인 사람들에게 필요한 모든 것이 충족될 것이라는 확신을 심어줄 수 있었기 때문입니다. 시편 23편에 접근하는 한 가지 방법은 이 시편을 22편과 비교하는 것입니다. 두 시편은 모두 하느님과 시편저자가 맺고 있는 유대를 이야기합니다. "저의 하느님"과 "나의 목자" 같은 표현들이 이 관계를 분명히 보여 줍니다. 그런데 시편 22편을 보면 처음에는 하느님의 부재에 따른 고뇌를 표출하다가 뒤에 가서야 용솟음치는 찬양으로 끝을 맺습니다. 반면 23편에서 시편저자는 시종일관 확신에 찬 목소리로 그와 하느님의 친밀함과 그를 돌보시는 하느님의 모습을 노래합니다. 위태로운 "어둠의 골짜기"를 건널 때, 시편저자는 "당신 함께 계시오니"라고 단언함으로써 그 관계가 신뢰를 바탕으로 함을, 믿음과 밀접함이 그 특징임을 보여 줍니다. 그러다가 5-6절에 이르면 비유가 달라지면서 주님이 전형적인 근동 지역 집주인으로 묘사됩니다. 찾아온 손님을 환대하고 가족처럼 따뜻하게 맞이하는 일에 큰 가치를 두는 문화에서 집주인은 중요한 의미가 있습니다. 상을 차려 주고, 머리에 향유를 발라 주며, 술잔을 가득 채워 주는 모습은 모두 셈족의 환대와 친절함을 나타냅니다. 초기 그리스도교에서는 이 시편에 풍부한 상징이 담겨 있다고 생각해서 여기에 나오는 표상들을 입문 성사에 관한 교리 교육에 썼습니다. 즉, 물은 세례성사, 향유는 견진성사, 음식은 성체성사를 뜻했습니다. 그뿐 아니라 이 시편의 마지막 절은 오래전부터 사랑하는 이를 잃었을 때 올리는 기도로 사용되며 많은 사람에게 희망의 원천이 되고 있습니다. 한편, 신약성경 저자들은 이 시편에서 예수 그리스도의 근본적인 모습, 다시 말해 자신의 양 떼를 항상 돌보면서 결코 곁을 떠나지 않는 교회의 선한 목자를 발견했습니다(마태 9,35-38; 마르 6,34-44; 루카 15,4-7; 요한 10,1-42; 히브 13,20-21; 1베드 2,24-25;5,1-4). 이리하여 시편 23편은 믿음을 지닌 사람들에게 꾸준히 생생한 울림을 전해 줍니다.

1 23 (22) [시편. 다윗]

주님은 나의 목자, 아쉬울 것 없어라.
2 푸른 풀밭에 나를 쉬게 하시고
  잔잔한 물가로 나를 이끄시어
3 내 영혼에 생기 돋우어 주시고
  당신 이름 위하여
  나를 바른길로 이끌어 주시네.
4 어둠의 골짜기를 간다 하여도
  당신 함께 계시오니
  두려울 것 없나이다.
  당신의 막대와 지팡이
  저에게 위안이 되나이다.
5 원수들 보는 앞에서
  제게 상을 차려 주시고
  머리에 향유를 발라 주시니

제 술잔 넘치도록 가득하옵니다.
6 제 한평생 모든 날에
은총과 자애만이 따르리니
저는 오래오래
주님 집에 사오리다.

기도합시다

목자이신 주 예수님, 당신께서는 친절하고 성실하게 저희를 인도해 주시나이다. 또한 사랑으로 돌보시고 헌신하시며 당신의 양 떼 모두가 필요로 하는 것을 살피시나이다. 비오니 당신의 선의를 보고 당신 양 떼가 당신 뒤를 따라 당신 같은 헌신과 사랑으로 다른 이들을 돌보게 하소서. 저희의 변함없는 감사와 찬미가 당신께 영원히. 아멘.

시편 24

깨끗한 손과 결백한 마음을 위한 기도

시편 24편은 성전 입장 의례와 관련되어 있어서 시편 15편과 곧잘 비교됩니다. 이 시편에서는 '누가'라는 물음으로 시작하는 두 구절이 눈에 띕니다. 바로 "누가 주님의 산에 오를 수 있으랴? 누가 그 거룩한 곳에 설 수 있으랴?"(3절)와 "영광의 임금님 누구이신가?"(8.10절)가 그렇습니다. 이 시편은 세 부분으로 나뉠 수 있습니다. 첫 부분에서는 이스라엘의 하느님을 창조의 하느님으로 칭송하며 그분께서 세상을 세우셨고 세상 안에 있는 모든 것이 그분의 소유라고 합니다(1-2절). 둘째 부분에서는 누가 거룩한 곳에 들어가는 것이 적합한지 수사적인 질문을 던진 다음, 이에 대한 대답으로서 진실로 하느님을 찾는 이들의 특징인 의롭고 윤리적인 행동들을 열거합니다(3-6절). 끝부분에서는 한 걸음 더 나아간 질문을 던진 뒤, 그 답으로 바로 전에(6절) 명명된 야곱의 하느님이 영광의 임금이시라고 환호합니다(7-10절). 고대 이스라엘 백성은 역사적으로 군주제 아래에 놓여 있던 시대가 있었지만, 예언자들이 이스라엘 백성에게 유일한 임금, 진정한 임금은 오직 하느님뿐이심을 늘 상기시켰고 전례를 통해서도 항상 이를 회상했습니다(시편 95-99편). 이 마지막 부분에는 이스라엘 백성이 생명과 축복, 번영을 주시는 한 분이신 분을 열렬히 찬미하는 의식이 나옵니다. 이 시편에서 말하는 '깨끗한 손과 결백한 마음'은 산상설교에서 그리스도께서 열거하신 참된 행복과 연결됩니다(마태 5,3-10). 이때 예수님은 구약성경 말씀 속에 존재하나 숨어 있던 율법, 곧 사랑이란 새로운 율법을 당신 제자와 군중에게 드러내셨습니다. 이 시편의 중간에는 하느님의 거룩한 곳에 들어가기 위해 요구되는 것들이 차례로 나오고, 이러한 가르침을 따르는 사람들이 "그분 얼굴을 찾는"(6절) 이들이라 결론짓습니다. '그분 얼굴을 찾는 일'은 하느님의 현존 안에 머무르고 싶다는 바람을 키우고, 자신의 삶 속에서 하느님의 계획을 실천하며, 의로우신 분 앞에서 의롭게 행할 때 받는 축복을 체험하는 것입니다.

1 24 (23) [시편. 다윗]

주님의 것이라네, 온 땅과 그 안에 가득 찬 것들
온 누리와 그 안에 사는 것들.

2 그분이 물 위에 세우시고
   강 위에 굳히셨네.
3 누가 주님의 산에 오를 수 있으랴?
   누가 그 거룩한 곳에 설 수 있으랴?
4 손이 깨끗하고 마음이 결백한 이
   헛된 것에 정신을 팔지 않고
   거짓으로 맹세하지 않는 이라네.
5 그는 주님께 복을 받으리라.
   구원의 하느님께 의로움을 얻으리라.
6 이들이 야곱이라네.
   그분을 찾는 세대,
   그분 얼굴을 찾는 세대라네. 셀라
7 성문들아, 머리를 들어라.
   영원한 문들아, 일어서라.
   영광의 임금님 들어가신다.
8 영광의 임금님 누구이신가?
   힘세고 용맹하신 주님,
   싸움에 용맹하신 주님이시다.
9 성문들아, 머리를 들어라.
   영원한 문들아, 일어서라.
   영광의 임금님 들어가신다.
10 영광의 임금님 누구이신가?
   만군의 주님
   그분이 영광의 임금님이시다. 셀라

기도합시다

온 우주의 주인이신 하느님, 만물이 존재하게 하시고 저희를 당신 모상으로 만드신 분, 깨끗한 손과 결백한 마음을 갖고자 하는 바람이 저희 일상에서 결실을 맺게 해 주시어, 저희가 당신께 언제나 찬미를 드리게 하소서. 우리 주 그리스도를 통하여 비나이다. 아멘.

시편 25

제 영혼을 들어 올리나이다

시편 25편은 특별히 '알파벳 시편'으로 분류됩니다. 알파벳 시편에서는 각 행(또는 각 절이나 한 모둠의 절)의 첫 글자가 히브리어 알파벳 순서에 따라 배열됩니다. 이런 히브리어 수사법은 충만이나 완전이란 개념을 표현합니다. 알파벳의 모든 글자가 사용되면 폭넓음, 포괄적임, 풍부함이라는 개념을 상징합니다. 알파벳 시편은 때때로 여러 개념이나 모티브의 복잡한 상호작용을 표현하는 경우도 있습니다. 알파벳 시편은 지혜 전승과 연관되어 있습니다. 격언과 마찬가지로 이런 시편도 겉으로 보기에는 무관해 보이지만, 바른 행동과 충실한 삶과 관련된 폭넓고 다양한 문제들에 대해 가르침을 줍니다. 지혜문학에 빈번히 등장하는 한 요소가 이 시편의 14절에도 나와 '주님의 신비'를 암시합니다. 풍요로운 축복에 이르게 하는 신비는 바로 한평생 지혜를 추구하는 것입니다. "지혜의 길은 감미로운 길"(잠언 3,17)처럼 말입니다. 시편저자는 하느님께 완전한 신뢰를 표현하면서 이 시편을 시작합니다. "주님, 당신께 제 영혼 들어 올리나이다"(1절). "영혼"(*nefesh*)은 한 사람에게 있어서 생명과 활력이 흘러나오는 생명력으로 표현되었습니다. 따라서 '영혼을 들어 올리면' 한 사람에게 생명을 주는 모든 것, 그 사람의 존재에 활력을 주는 모든 것, 그 자신의 활력을 북돋우는 모든 것을 하느님 앞에 내어 놓게 됩니다. 시편저자는 하느님의 길을 알 수 있도록 이끌어 주시고 가르침을 내려 주시기를 요청합니다. 히브리인들에게 '안다는 것'은 어떤 물건이나 사람을 직접 체험하는 일입니다. 이렇게 하면 만남의 충격으로 느낌이 지속되고 심오하게 알게 됩니다. 그런 다음 시편저자는 하느님의 선하심이 어떻게 알려지게 되었는지 표현합니다. 바로 연민과 자애, 진실, 정의를 통해서입니다(7-10절). 여기부터 끝까지는 하느님께 드리는 다양한 요청이 나옵니다. 그리고 그 모든 것이 시편저자가 하느님과 얼마나 친밀한 관계인지 보여 줍니다. 우리는 시편 25편에서 마음을 연 기도, 사려 깊은 기도란 어떤 것인지 참으로 아름다운 모범을 만나게 됩니다. 이러한 기도는 선의와 진리의 하느님 현존 안에 언제나 머무르고자 하는 사람의 마음에서 일어납니다.

25 (24) [다윗]

1 주님, 당신께
제 영혼 들어 올리나이다.
2 저의 하느님
당신께 저를 맡기오니 수치를 당하지 않게 하소서.
원수들이 저를 보고 좋아라 날뛰지 못하게 하소서.
3 당신께 바라는 이는 아무도 수치를 당하지 않으나
터무니없이 배신하는 자들은 망신을 당하리이다.

4 주님, 당신의 길을 알려 주시고
　당신의 행로를 가르쳐 주소서.
5 저를 가르치시어 당신 진리로 이끄소서.
　당신은 제 구원의 하느님
　날마다 당신께 바라나이다.
6 주님, 예로부터 베풀어 오신
　당신의 자비와 자애 기억하소서.
7 제 젊은 날의 죄악과 잘못은 잊어 주소서.
　주님, 당신의 자애에 따라
　당신의 어지심으로 저를 기억하소서.

8 주님은 어질고 바르시니
　죄인들에게도 길을 가르치신다.
9 가련한 이 올바른 길 걷게 하시고
　가난한 이 당신 길 알게 하신다.
10 주님의 계약과 법규를 지키는 이들에게
　주님의 모든 길은 자애와 진실이라네.

11 주님, 저의 죄 크고 크오니
　당신 이름 위하여 용서하소서.

12 주님을 경외하는 이 누구인가?
　그가 선택할 길 가르치시리라.

13 그의 영혼은 행복 속에 머물고
　 그의 후손은 땅을 차지하리라.
14 주님은 당신을 경외하는 이와 사귀시고
　 당신의 계약 그들에게 알려 주신다.
15 내 발을 그물에서 빼내 주시리니
　 내 눈은 언제나 주님을 바라보네.

16 저를 돌아보시어 자비를 베푸소서.
　 외롭고 가련한 몸이옵니다.
17 제 마음 곤경에서 풀어 주시고
　 저를 고난에서 빼내 주소서.
18 비참한 저의 고통을 돌아보시고
　 저의 죄악 낱낱이 없애 주소서.
19 보소서, 저의 원수 많기도 하옵니다.
　 모질게도 저를 미워하나이다.
20 제 영혼 지키시고 저를 구원하소서.
　 당신께 피신하오니 부끄럼 없게 하소서.
21 당신께 바라오니
　 흠 없고 올곧게 저를 지켜 주소서.
22 하느님, 이스라엘을 구하소서.
　 모든 곤경에서 구해 주소서.

기도합시다

주 하느님, 선하시고 의로우시며, 자비하시고 정의로우신 분, 당신께서는 매일같이 저희 구원의 근원으로 당신 모습을 드러내시니 저희는 곤경에 처할 때마다 당신께 의지하나이다. 저희를 당신 진리로 인도해 주시는 것이 당신의 기쁨이듯, 저희를 정의와 자비의 길로 이끌어 주소서. 그리하여 저희 마음이 당신께 이르는 순례의 길을 나서게 하소서. 당신께서는 영원히 살아 계시고 다스리시나이다. 아멘.

시편 26

결백하게 살아가오니

시편저자는 시편 26편의 도입부와 종결부에서 "저는 온전히 살았다(걸었다)"고 주장합니다. 지혜문학 특유의 격언들과 마찬가지로 시편저자는 일생 동안 나아가는 일에 대해 말하고자 '걷기'라는 은유를 사용합니다. 특히 여기서는 하느님의 교훈을 소중히 받아들여 구현하려 애쓰는 사람이라면 어떤 식으로 살아야 하는지 가르쳐 줍니다. 히브리인들의 정신세계에서 '걷기'란 행동하는 것, 삶의 목적과 방향을 설정하는 것을 뜻합니다. 시편 26편은 삶에서 온전하고 올곧으며 의롭게 걷고 있다고 주장하는 사람의 선언문과 같습니다. 시편저자는 의롭게 살았다는 주장과 함께, 하느님께 자신의 행동이 의로움을 확인하시고 그 정당성을 입증해 주시기를 청하면서 그분께 의존하는 내용을 나란히 둡니다. "제 권리를 되찾아 주소서"(1절). "저를 시험하고 살피시며 제 속과 마음 달궈 보소서"(2절). 이런 문구와 모습은 마치 메아리가 울리듯이, 악인과의 결탁을 끊어 버리는 사람에게 주어지는 축복들을 묘사한 시편 1편의 내용을 떠올리게 합니다. 여기 시편 26편에서 시편저자는 자신이 바로 그렇게 행했다고, 거짓을 말하는 자나 위선자, 악을 행하는 자, 피에 굶주린 자와 함께하지 않았다고 주장합니다. 이 같은 삶의 방식은 성전 전례에 참여하는 사람에게 적합한 것입니다. 이곳에서는 결백함으로 자신의 손을 씻고(6절) 하느님의 기적들을 알리기 위해 큰 소리로 찬미 노래를 부를 수 있습니다. 시편저자는 "당신 영광이 깃드는 곳"(8절)인 성전에 대해 이야기하면서 더욱 깊이 생각할 거리를 제공합니다. 히브리인들의 상상력 안에서 "영광"(*kabod*)에는 다면적 의미가 있습니다. 이 말에는 중대하거나 의미심장한 어떤 것에 대한 관념이 들어 있습니다. 이 시편에서 영광이라는 말에는 하느님의 현존이란 어마어마한 의미가 있습니다. 하느님의 현존 안에 있다는 것은 신앙인에게 참으로 중대한 문제입니다. 주님 앞에 서기 위해서는 하느님의 규율에 따라 살아갈 때 자연스레 배어나는 태도와 자세가 있어야 합니다. 시편저자에게는 예배 모임(성스러운 모임)의 일원이 되는 것이 매우 중요한 일입니다. 하느님께서 당신 백성에게 베푸신 선의와 자애로 신앙 공동체의 축복을 받으시는 장소가 바로 그곳이기 때문입니다. 이 시편은 우리에게 자신의 삶을 시험하고, 자신의 행동을 평가하며, 하느님의 길에 부합하게 살고, 우리 구원의 하느님을 축복하는 데 동참하라고 재촉합니다.

¹26 (25) [다윗]

주님, 제 권리를 찾아 주소서.
저는 결백하게 살아왔고
주님께 의지하여

흔들리지 않았나이다.
2 주님, 저를 시험하고 살피시며
　제 속과 마음 달궈 보소서.
3 정녕 당신 자애가 제 눈앞에 있어
　저는 당신 진실에 따라 걸어왔나이다.
4 그릇된 자들과 함께 앉지 않았고
　음흉한 자들과 어울리지 않았나이다.
5 악인들의 모임을 멀리하였고
　악한들과 함께 앉지 않았나이다.
6 주님, 깨끗하게 제 손을 씻고
　당신의 제단을 도나이다.
7 소리 높여 감사 노래 부르며
　당신의 기적들을 알리나이다.
8 주님, 당신이 계시는 집
　당신 영광이 깃드는 곳 사랑하나이다.
9 제 영혼 죄인들과 함께,
　제 생명 살인자들과 함께 거두지 마소서.
10 그들의 손에는 부정이,
　그들의 오른손에는 뇌물이 넘치나이다.
11 저만은 결백하게 살아가오니
　저를 구하소서, 자비를 베푸소서.
12 제 발은 올바른 길에 서 있나이다.
　거룩한 모임에서 주님 찬미하오리다.

기도합시다

하느님, 당신의 성전과 당신의 모든 피조물을 당신 영광으로 채우시는 분, 저희의 가슴과 마음을 시험하시고 저희를 온전한 길로 인도하소서. 그리하여 저희의 생각과 말과 행동이 당신 현존을 깊이 갈망하는 저희의 마음을 반영하게 하소서. 또한 저희 가운데 당신의 나라를 세우소서. 우리 주 그리스도를 통하여 비나이다. 아멘.

시편 27

주님, 제가 당신 얼굴을 찾고 있나이다

시편 26편과 27편은 성전(26,6.8; 27,4-5)과 그곳에서 소리 높여 부르는 감사와 찬미의 노래(26,7.12; 27,6)를 언급한다는 점에서 서로 연결되어 있습니다. 시편 26편은 성전에서 하느님 앞에 설 준비가 되어 있어야 한다고 주장합니다. 이에 비해 시편 27편은 적의 위협에 직면했을 때 하느님의 도움이 필요하다(2.6.12절)는 내용과 함께 하느님과의 친밀감을 더 높이고 싶다는 애정 어린 갈망(4-6절)을 담고 있습니다. 8-9절에서는 "얼굴"이란 단어를 세 번이나 사용하면서 "당신 얼굴을 찾고" 싶은, 다시 말해 당신 현존 안에 머물고 싶은 바람을 강조합니다. "마음"으로 번역되는 히브리어 표현에는 감정의 요람이라고 하는 현대적 개념 그 이상의 의미가 내포되어 있습니다. 성경에서 쓰고 있는 "마음"이라는 말 안에는 오늘날 우리가 정신과 마음으로 이루어져 있다고 보는 것, 즉 인간 의지가 포함됩니다. 따라서 성경 속의 마음이라는 말은 하느님과 함께하고 싶다는 강한 바람, 다시 말해 성전에서 예배자 공동체와 한편이 되고 싶고, 하느님의 현존 안에서 기도하고 성찰하며 공유하고 싶은 바람을 표현합니다. 그런데 4절에 한 가지 흥미로운 단어가 등장합니다. "얻고자 하다"(darash)인데 종종 "찾다", "구하다"로 번역되는 단어입니다. 하지만 구약성경의 다른 맥락에서 이 단어가 사용된 경우들을 살펴보면 성전으로 가서 하느님에 대해 질문하고, 하느님의 위로를 구하고, 하느님의 뜻을 알게 된다는 특정한 의미가 담겨 있음을 알 수 있습니다(이사 58,2; 65,10). 이를 좀 더 친숙하게 표현하자면, 하느님의 의지를 깨닫고 따르고자 한다고 말할 수 있습니다. 이 시편의 첫 부분에 빈번히 나오는 소유격 '나의'는 화자와 하느님의 관계를 암시(나의 빛, 나의 구원, 내 생명의 요새)하면서 양측의 관계가 얼마나 친밀한지 강조합니다. 이런 용법은 시편이 후반으로 치달으면서 또다시 등장합니다. "제 구원의 하느님"(9절). 하느님과의 친밀도는 다윗의 신뢰를 연상시키는 많은 용어들이 사용되면서 점진적으로 높아집니다. "나 누구를 두려워하랴? 나 누구를 무서워하랴?"(1절). "내 마음 두렵지 않으리라. 그래도 나는 안심하리라"(3절). "그분은 나를 숨기시고 감추신다"(5절). "내 부모가 나를 버릴지라도 주님은 나를 받아 주시리라"(10절). "주님의 어지심을 보리라 믿나이다"(13절). 이와 마찬가지로 사도 바오로도 필리피 신자들에게 보낸 서간에서 자신과 그리스도의 친밀함과 하느님의 계획이 이루어지리라는 자신의 믿음에 대해 이야기합니다. "사실 나에게는 사는 것이 곧 그리스도이고 죽는 것이 이익입니다. 그러나 육신을 지닌 대로 계속 사는 것이 내게 보람 있는 일이라면 어느 것을 택해야 할는지 나는 모르겠습니다"(필리 1,21-22). 우리 모두 하느님과 하느님의 의지를 갈망하는 이가 지닌 것과 같은 열렬한 바람을 보고 영감을 얻어야 합니다.

1 27 (26) [다윗]

주님은 나의 빛, 나의 구원.
나 누구를 두려워하랴?
주님은 내 생명의 요새.
나 누구를 무서워하랴?
2 악인들이 달려들어
이 몸 삼키려 해도
나의 적 나의 원수
그들은 비틀거리다 쓰러지리라.
3 나를 거슬러 군대가 진을 쳐도
내 마음 두렵지 않으리라.
나를 거슬러 전쟁이 일어나도
그래도 나는 안심하리라.
4 주님께 청하는 오직 한 가지
나 그것을 얻고자 하니
내 한평생
주님의 집에 살며
주님의 아름다움 바라보고
그분의 성전 우러러보는 것이라네.
5 환난의 날
그분은 나를 당신 초막에 숨기시고
당신 천막 은밀한 곳에 감추시며
바위 위로 나를 올려 세우시리라.

6 나를 둘러싼 원수들 위로
　이제 나 머리를 치켜들리라.
　그분의 천막에서
　환호의 희생 제물 봉헌하고
　노래하며 주님을 찬미하리라.

7 주님, 부르짖는 제 소리 들어 주소서.
　자비를 베푸시어 응답하소서.
8 "내 얼굴을 찾아라" 하신 주님
　당신을 생각하나이다.
　제가 당신 얼굴을 찾고 있나이다.
9 당신 얼굴 제게서 감추지 마시고
　분노하며 당신 종을 물리치지 마소서.
　당신은 저를 돕는 분이시옵니다.
　제 구원의 하느님
　저를 내쫓지 마소서, 버리지 마소서.

10 내 부모가 나를 버릴지라도
　주님은 나를 받아 주시리라.

11 주님, 당신의 길 저에게 가르치소서.
　원수들 앞이오니
　저를 바른길로 인도하소서.
12 탐욕스런 적에게 저를 넘기지 마소서.

거짓 증인들이 저를 거슬러 일어나
폭력을 숨 쉬듯 내뿜나이다.
13 그러나 저는 산 이들의 땅에서
주님의 어지심을 보리라 믿나이다.

14 주님께 바라라.
힘내어 마음을 굳게 가져라.
주님께 바라라.

기도합시다

저희의 빛이시며 구원이신 하느님, 당신을 신뢰하는 모든 이에게 약속하신 자비를 저희가 찾도록 저희에게 영감을 주소서. 저희가 환난에 몸부림칠 때 저희에게 인내심을 주시어, 저희가 현세에서 당신 축복의 달콤함을 깨닫게 하소서. 이 모든 것 영원한 주님이신 그리스도의 이름으로 비나이다. 아멘.

시편 28

하느님께서 말없이 계시오면

이 시편은 주님께 드리는 뜨거운 간청으로 시작합니다. "제 앞에서 침묵하지 마소서." 그러면서 "제 앞에 말없이 계시오면" 일어나게 될 심각한 결과를 구체적으로 거론합니다. 시편저자는 절박한 상황을 잘 표현하면서 하느님께 곧장 도와주시고 인도해 주시라고 요청합니다. 2

절에서는 하느님의 지성소를 향해 "두 손 들어 올리는" 행동이 눈에 띕니다. 두 손을 똑바로 들어 올리는 모습은 익숙한 기도 자세입니다. 이것은 성전의 전례 중에 자주 볼 수 있었던 행동으로, 오늘날에도 그리스도교와 유다교 전례 중에 주례자가 이렇게 하는 모습을 여전히 볼 수 있습니다. 악의적인 소문의 대상이 된 시편저자의 마음속에서는 분노와 공포가 끓어오릅니다. 3-5절에는 거친 저주의 말이 나오는데, 이는 시편 곳곳에서 매우 흔히 볼 수 있는 것입니다. 4절에 두 번 반복되어 나오는 "갚으소서"라는 구절은 적들을 겨냥한 말입니다. 첫 번째는 그들의 행동 속에 내재하는 악의를 갚아 달라는 뜻이며, 두 번째는 이러한 행동이 다른 사람들에게 끼친 해악에 대해 갚아 달라는 것입니다. 이런 종류의 보복성 저주의 말은 시편에 종종 나옵니다. 악인이 다른 이들에게 초래한 해악이 그대로 그들에게 부메랑이 되어 돌아오게 해 달라고 비는 내용입니다. 그런데 영문판 시간 전례서에는 이처럼 극히 폭력적이고 증오에 찬 표현이 삭제되어 있다는 점이 주목할 만합니다. 시편 28편의 3-5절이 바로 그렇습니다. 그리고 6절에 이르면 어조가 돌변합니다. 여기서 시편저자는 태도를 바꾸어 하느님께 찬미를 드리며 간청을 들어주신 주님을 축복합니다. 이제 하느님의 침묵이 끝나자, 시편저자는 갑자기 찬양과 감사를 올립니다. 하느님께서는 "힘"의 원천이라는 언급도 두 차례 등장합니다(7-8절). 그리고 끝으로 이 시편은 네 가지 간청, 곧 당신 백성을 구원하시고 강복하시며 목자가 되시고 이끌어 주시라고 간청을 드리며 마무리됩니다. 이와 같이 무언가를 청하는 기도는 극단적인 상황으로 시작한 뒤, 하느님께서 이루어 주신 것에 대한 감사의 표현으로 이어지고, 뒤이어 구원의 도움을 계속해서 내려 주시기를 청하는 것이 전형적입니다. 8절에 나오는 "메시아"란 표현은 이 시편이 시편집 곳곳에 등장하는 왕, 즉 지상에 있는 하느님 군대의 대장을 위해 드리는 간구임을 보여 줍니다. 우리가 간청을 드려도 하느님이 침묵하고 계신 것처럼 보인다면, 시편저자와 예수님을 본보기로 삼아 다음의 말씀을 기억합시다. "그러므로 여러분에게 말합니다. 청하시오, 여러분에게 주실 것입니다. 찾으시오, 얻을 것입니다. 두드리시오, 여러분에게 열어 주실 것입니다"(루카 11,9).

28 (27) [다윗]

1 주님, 당신께 부르짖나이다.
저의 반석이신 주님, 제 앞에서 침묵하지 마소서.
제 앞에 말없이 계시오면
저는 구렁으로 떨어지는 자 되리이다.
2 당신께 도움 청할 때
당신 지성소로 두 손 들어 올릴 때
간청하는 제 소리 들어 주소서.
3 죄인과 함께,
나쁜 짓 하는 자와 함께 저를 잡아채지 마소서.
그들은 이웃에게 평화를 말하지만
마음에는 악이 도사리고 있나이다.
4 그들의 행실대로,
그들의 악행대로 갚으소서.
그 손의 소행대로 갚으시고
그들의 행위대로 되돌리소서.

5 그들은 주님의 업적과
   손수 이루신 일에 마음 쓰지 않으니
   그들을 무너뜨려 일어나지 못하게 하시리라.
6 간청하는 내 소리 들으셨으니
   주님은 찬미받으시리라.
7 주님은 나의 힘, 나의 방패
   내 마음 그분께 의지하여
   도움을 받았으니
   내 마음 기뻐 뛰놀며
   내 노래로 그분을 찬송하리라.
8 주님은 당신 백성의 힘이시며
   당신 메시아에게는 구원의 요새이시다.
9 당신 백성을 구원하시고
   당신 재산에 강복하소서.
   그들의 목자 되어 영원히 이끄소서.

기도합시다

저희 구원의 피난처이신 주 하느님, 저희가 드리는 간청에 침묵하지 마소서. 저희가 어려움에 처했을 때 저희의 기도에 귀를 기울이시고 응답해 주소서. 당신께서는 당신 백성의 힘이시니, 당신에 대한 저희의 믿음을 불러일으키소서. 저희를 구원하시고, 강복하시고, 목자가 되어 이끌어 주소서. 또한 당신께서 영원히 살아 계시고 다스리시는 곳, 당신의 하늘나라에 이르는 삶의 순례길로 저희를 인도하소서. 아멘.

시편 29

주님의 소리

앞에 나온 시편들이 성전 안에서 하느님의 영광을 묘사했다면, 시편 29편은 자연현상을 통해서 하느님의 영광에 대해 이야기합니다. 시편 29편의 수사적 문체를 보면 이 시편이 전달하고자 하는 메시지가 강하게 드러납니다. 먼저, "주님의 소리"라는 구절이 일곱 번 반복됩니다. 숫자 7은 완벽과 완성을 상징하는 성경 용어입니다(시편 6편; 12편; 14편). 이렇게 반복됨으로써 "주님의 소리"가 이 찬가의 강조점이 됩니다. 또한 모세에게 드러내 주신 하느님의 이름 "야훼"(본문에는 주님)가 열여덟 번 반복됨으로써 온 우주를 주관하는 장엄한 이름, 하느님의 아들들(1절)의 모임 가운데에서 이스라엘의 하느님의 탁월하심이 강조됩니다. 이와 마찬가지로, 이 시편 전체에 등장하는 화려하고 강렬한 다른 표현들과 더불어 "영광"이라는 단어가 네 번 반복됩니다. 다른 시편들은 하느님께 찬미와 영광을 올리라고 이스라엘 백성에게 요구합니다. 반면 이 시편에서는 우주의 운동을 놀랍도록 아름답게 연출하시는 분에게 합당한 영예와 찬송을 하느님께 드릴 것을 하느님의 아들들, 거룩한 메신저와 존재의 모임에게 부탁합니다. 마지막 절에서는 하느님의 백성에게 권능과 평화를 주시라는 기도를 드립니다. 성경에서 사용되는 "평화"라는 용어는 모든 면 — 몸과 마음, 영 — 에서 안녕을 뜻합니다. 성경의 사고방식으로 보면 평화의 축복은 하느님의 가장 위대한 축복인 삶의 완벽함이라고 간주됩니다. 이 시편은 교회 전례에서 주님 세례 대축일에 봉독됩니다. 주님의 목소리, 물, 하느님의 영광 등 이 시편에 나오는 장엄한 비유적 표현이 바로 이 신약성경 속 사건의 중대한 의미에 잘 어울리기 때문입니다. "예수께서 세례를 받고 즉시 물에서 올라오시니 마침 당신에게 하늘이 열리고 또한 그분이 보시니 하느님의 영이 비둘기처럼 내려와 당신 위에 이르렀다. 이때 하늘에서 소리가 울려 '이는 내 사랑하는 아들이니, 나는 그를 어여삐 여겼노라' 하였다"(마태 3,16-17; 또한 마르 1,9-11; 루카 3,21-22; 요한 1,29-34). 이렇듯 영광의 하느님은 인간의 마음속 폭풍을 지배하고 잠재우시는 분이시며, 우리는 바로 이 영광의 하느님께 "평화를 주시리라"라며 부르짖습니다.

1 29 (28) [시편. 다윗]

하느님의 아들들아, 주님께 드려라.
영광과 권능을 주님께 드려라.
2 그 이름의 영광 주님께 드려라.
거룩한 차림으로 주님께 경배하여라.
3 주님의 소리 물 위에 머물고
영광의 하느님 천둥 치시네.
주님이 넓은 물 위에 계시네.
4 주님의 소리는 힘차고
주님의 소리는 장엄도 하네.
5 주님의 소리는 향백나무 부러뜨리네.
주님이 레바논 향백나무 부러뜨리시네.
6 레바논을 송아지처럼,
시르욘을 들송아지처럼 뛰게 하시네.
7 주님의 소리는 불꽃을 내뿜고

8 주님의 소리는 사막을 뒤흔드네.
   주님이 카데스 사막을 뒤흔드시네.
9 주님의 소리는 암사슴을 전율케 하고
   숲들을 벌거숭이로 만드니
   그분의 성전에서 모두 외치네. "영광이여!"
10 주님이 큰 물 위에 앉아 계시네.
   주님이 영원한 임금으로 앉으셨네.
11 주님이 당신 백성에게 권능을 주시리라.
   주님이 당신 백성에게 강복하여 평화를 주시리라.

기도합시다

우주의 창조주이신 주님, 당신의 말씀에는 충실한 사랑과 끝없는 연민의 메시지가 시공을 초월하여 담겨 있나이다. 비오니 저희 곁에 가까이 계시옵소서. 세상을 휩쓰는 폭력을 종식시켜 주시고, 인간의 마음을 괴롭히는 폭풍을 잠재워 주소서. 그리하여 저희가 당신의 마음으로부터 나오는 평화의 백성이 되게 하소서. 찬미와 영광이 당신께 이제와 항상 영원히. 아멘.

시편 30

기쁨으로 아침을 맞이하리라

시편 30편은 풍부한 대조로 이루어진 성찰의 노래입니다. 첫 시작 절에서 시편저자는 주님께서 원수들이 그를 두고 기뻐하지 못하게 하셨다고 기도했습니다(2절). 그 후 마지막에는 주님께서 그의 비탄을 춤으로 바꾸시고 기쁨으로 띠를 두르셨다고 마무리합니다(12절). 또한 3-4절에서는 시편저자를 들어 올려서 그의 목숨을 건지시는 장면이 깊은 무덤과 구렁에 극명하게 대조됩니다. 6절에서는 잠시뿐인 하느님의 진노와 한평생 지속되는 하느님의 호의가 대립을 이룹니다. 마찬가지로 저녁에 흘리는 눈물과 아침에 오는 환호는 서로 전혀 다릅니다. 그다음 7-8절에서는 평안에 대한 확신과 하느님의 부재에 따른 혼란이 뚜렷이 나뉘는 것을 볼 수 있습니다. 12절에서는 비탄이 춤으로 바뀌고, 자루옷이 벗겨지며, 기쁨으로 둘러싸입니다. 이처럼 수사적으로 대립되는 표현이 증가하면서, 우리는 시편저자의 삶에서 하느님의 중요성이 얼마나 큰지 더욱 쉽게 느낄 수 있습니다. 시작과 끝에서 "주 하느님"(3.13절)이라 불리신 바로 그분은 당신께서 창조하신 사람들이 직면한 고통과 번민을 충분히 인지하고 계십니다. 이러한 대조법은 더 나아가 부활의 신비가 하느님 백성의 삶 속으로 진전되는 것을 보여 줍니다. 질병에서 건강으로, 슬픔에서 기쁨으로, 혼란에서 확신으로, 두려움에서 신뢰로, 눈앞의 죽음에서 새로운 삶으로 변화하는 것, 이 모든 것이 인간의 삶 속에서 작용하고 있는 부활의 은총을 체험하는 것입니다. 하지만 이 시편에서는 우리 스스로 선택한 길을 과신하는 인간들의 성향도 간과하지 않습니다. "나는 영원히 흔들리지 않으리라"(7절)라는 대목은 구렁으로 떨어지기 전에 인간이 가지고 있는 자만심을 보여 줍니다. 그리고 시편저자가 하느님께 "먼지가 당신을 찬송할 수 있으리이까?"(10절)라고 묻는 것은 '저를 죽게 내버려 두신다면 누가 당신을 찬송하겠습니까?'라는 의미입니다. 솔직한 인간성이 이와 같은 말로 표현되어 있기에 이 시편은 그 누구든 기도로 사용하기에 적합합니다. 교회 전례에서는 이 시편의 시작 부분인 "당신은 저를 구하시어"라는 구절을 두고 그리스도론적 관점에서 부활을 예견한 것으로 해석합니다. 그래서 이 시편을 부활 전야 미사 때 제4독서(이사 54,5-14)에 대한 화답송으로 사용합니다.

1 **30** (29) [시편. 성전 봉헌 노래. 다윗]

2 주님, 당신을 높이 기리나이다.
   당신은 저를 구하시어
   원수들이 저를 보고 기뻐하지 못하게 하셨나이다.
3 주 하느님
   제가 당신께 애원하자
   저를 낫게 하셨나이다.
4 주님, 당신이 제 목숨 저승에서 건지시고
   구렁에 떨어지지 않게 살리셨나이다.

5 주님께 충실한 이들아, 주님께 찬미 노래 불러라.
   거룩하신 그 이름 찬송하여라.
6 그분의 진노는 잠시뿐이나
   그분의 호의는 한평생이니
   울음으로 한밤을 지새워도
   기쁨으로 아침을 맞이하리라.

7 평안할 때 저는 말하였나이다.

"나는 영원히 흔들리지 않으리라."
8 주님, 당신 호의로 저를 튼튼한 산성에 세우셨어도
당신 얼굴 감추시자 저는 겁에 질렸나이다.
9 주님, 제가 당신께 부르짖고
주님께 자비를 간청하였나이다.
10 "제가 죽은들, 구렁으로 떨어진들 무슨 이득이 되리이까?
먼지가 당신을 찬송하고 당신 진실을 알릴 수 있으리이까?
11 들으소서, 주님, 저에게 자비를 베푸소서.
주님, 저의 구원자 되어 주소서."
12 당신은 저의 비탄을 춤으로 바꾸시고
제 자루옷 벗겨 저를 기쁨의 띠로 두르셨나이다.
13 제 영혼 소리 높여 당신을 노래하오리다.
주 하느님, 영원히 당신을 찬송하오리다.

기도합시다

생명의 주님이신 그리스도 예수님, 당신의 십자가와 부활로 당신께서는 저희를 죄와 죽음의 어둠으로부터 벗어나게 해 주셨나이다. 비오니 저희가 자신을 버림으로써 당신의 파스카 신비에 동참하게 하소서. 그리하여 저희 안에서 작용하는 당신 구원의 은총을 보면서, 한 분이신 하느님, 성부와 성령과 함께 영원히 살아 계시고 다스리시는 당신께 끝없는 찬미의 시편을 노래하게 하소서. 아멘.

시편 31

당신은 저의 하느님!

시편 31편은 루카가 전하는 주님의 수난사화에서 예수님께서 십자가 위에서 낭독하신 말씀의 원문(6절)이라고 전해집니다. "예수께서는 큰 소리로 부르짖어 '아버지, 제 영을 당신 손에 맡기옵니다' 하셨다. 이렇게 말씀하시고 숨지셨다"(루카 23,46). 여기서 우리는 예수님께서 원래 시편에 나오는 하느님을 뜻하는 "주님"이라는 호칭 대신 "아버지"를 넣어 원문을 살짝 바꾸었다는 사실에 주목하게 됩니다. 이렇듯 예수님은 극한의 고통 한가운데에 계시면서도 아빠, 곧 아버지라는 사실을 깨닫게 된 그분께 믿음 안에서 큰 소리로 외칩니다. 히브리 시문학에서는 열쇠가 되는 중요한 모티브를 가리키기 위해 특정한 단어와 문장을 배치할 수 있습니다. 바로 시편 31편의 중간 부분에서 우리는 "당신은 저의 하느님"이라는 표현과 마주합니다(15절). 시련과 고난, 두려움과 근심, 나쁜 건강과 내적 혼란 한가운데에서 시편저자는 하느님을 모든 희망과 신뢰와 확신의 근원이라고 찬송합니다. 이것은 우리가 처한 환경이 어떠하건, 우리가 어디에 있건 우리는 혼자가 아니라는 굳건한 신념에서 나온 강력한 믿음의 찬송입니다. 다시 말해 우리를 창조하시고 빚어 만드신 하느님께서 우리와 함께하신다는 신념을 바탕으로 한 것입니다. 이와 동시에, 계약의 주님께서는 당신께서 우리에게 보여 주신 충실함에 대해 충실하게 응답하라고 요구하십니다. 7절에서는 하느님께서 "헛된 우상"을 섬기는 모든 이를 "미워한다"는 사실을 환기시켜 줍니다. 우리는 오늘날 얼마나 손쉽게 수많은 것들을 이런 "허된 우상"으로 삼을 수 있는지 잘 알고 있습니다. 부귀, 성공, 승진, 개인 소유, 유행, 성취 등이 모두 우상이 될 수 있습니다. 만약 그렇게 한다면, 우리가 가진 모든 것을 하느님께서 주셨으며 우리는 그저 하느님의 선물을 관리하는 관리인에 불과하다는 사실을 깨닫지 못하게 됩니다. 그런데 바로 이러한 깨달음으로 하느님께서 주신 가장 위대한 선물은 자비와 충실함, 꾸준한 사랑, 하느님의 인도하심이라는 우리의 믿음을 확인하게 되고 깊어만 가는 우리의 믿음에 생기가 돋는 것이 아닐까요? 시편 31편은 우리에게 한없이 사랑을 베푸시어 구원하신 하느님께 드리는 감사와 찬미의 말씀입니다. 예수님은 가장 고통스러운 순간에 이 시편 말씀을 인용해서 말씀하셨습니다. 이는 우리가 극히 힘든 처지에 놓였을 때 믿음에 관한 이 시편에서 심오한 진리를 얻을 수 있다는 충분한 증거가 아니겠습니까?

1 31 (30) [지휘자에게. 시편. 다윗]

2 주님, 제가 당신께 피신하오니
 다시는 수치를 당하지 않게 하소서.
 당신의 의로움으로 저를 구하소서.
3 제게 당신 귀를 기울이시고
 어서 저를 구하소서.
 이 몸 보호할 반석 되시고
 저를 구원할 성채 되소서.
4 당신은 저의 바위, 저의 성채이시니
 당신 이름 위하여 저를 이끌어 주소서.
5 숨겨진 그물에서 저를 빼내소서.

당신은 저의 피신처이시옵니다.
6 제 목숨 당신 손에 맡기오니
　주님, 진실하신 하느님, 저를 구원하소서.
7 저는 헛된 우상 섬기는 자 미워하고
　오로지 주님만 믿나이다.
8 당신 자애로 저는 기뻐하고 즐거워하리이다.
　당신은 가련한 저를 굽어보시어
　제 영혼의 곤경을 살펴 아시고
9 저를 원수의 손에 넘기지 않으시며
　제 발을 넓은 곳에 세우셨나이다.
10 주님, 자비를 베푸소서. 제가 짓눌리나이다.
　제 눈이 시름에 짓무르고
　제 몸도 넋도 시달리나이다.
11 정녕 저의 생명은 근심으로,
　세월은 한숨으로 다해 가며
　저의 죄로 기력은 빠지고
　뼈들은 쇠약해졌나이다.
12 모든 원수들 때문에 저는 조롱거리가 되고
　이웃들을 소스라치게 하나이다.
　아는 이들도 저를 무서워하고
　길에서 보는 이마다 저를 피해 가나이다.
13 저는 죽은 사람처럼 마음에서 잊히고
　깨진 그릇처럼 되었나이다.
14 정녕 저는 많은 이들의 비방을 듣나이다.

사방에서 두려움이 밀려드나이다.

저에게 맞서 그들이 함께 모의하고

제 목숨 빼앗을 음모를 꾸미나이다.

15 그러나 주님, 저는 당신만 믿고 아뢰나이다.

"당신은 저의 하느님!"

16 제 운명 당신 손에 달렸으니

원수와 박해자들 손에서 구원하소서.

17 당신 얼굴 이 종에게 비추시고

당신 자애로 저를 구하소서.

18 주님, 제가 당신을 불렀으니 부끄럽지 않게 하소서.

악인들은 수치를 당하여 말없이 저승으로 사라지게 하소서.

19 뽐내고 업신여기며 의인에게 맞서 함부로 지껄이는

거짓된 입술을 벙어리로 만드소서.

20 당신을 경외하는 이들 위해 간직하신 그 선하심

얼마나 크시옵니까!

주님은 당신께 피신하는 이들에게

사람들 보는 데서 그 선을 베푸시나이다.

21 당신 앞 피신처에 그들을 감추시어

사람들의 음모에서 구해 내시고

당신 거처 안에 숨기시어

사나운 구설에서 구하시나이다.

22 포위된 성읍에서

당신 자애로 내게 기적을 베푸셨으니

주님은 찬미받으소서.

23 겁에 질린 나머지 제가 말씀드렸나이다.
"저는 당신 눈앞에서 쫓겨났나이다."
그러나 당신께 도움 청할 때
애원하는 제 소리 들어 주셨나이다.
24 주님께 충실한 모든 이들아, 주님을 사랑하여라.
주님은 진실한 이들은 지켜 주시나
거만한 자에게는
호되게 갚으신다.
25 주님께 희망을 두는 모든 이들아
힘을 내어라, 마음을 굳게 가져라.

기도합시다

평화와 정의의 하느님, 당신의 너그러운 선의로 저희에게 의로움의 길을 뚜렷이 보여 주시는 분, 저희에게 영감을 주시어 당신의 관대함을 본받게 하시고, 우리가 만나는 모든 이에게 당신의 자비를 전달하는 사절로 봉사하게 하소서. 우리 주 그리스도를 통하여 비나이다. 아멘.

시편 32

용서받은 사람의 행복

죄는 우리의 삶에 막대한 영향, 심지어 죽음에 이르게 하는 영향을 미칩니다. 우리가 잘못을 저지르면, 우리 내면 깊은 곳에 있는 무언가가 고개를 들고 우리는 — "내가 죄인"이라는 — 자각을 하게 됩니다. 하지만 우리는 습관적으로 이러한 자각을 억누르거나 부정합니다. 우리의 양심은 의롭고 선한 것과 의롭지 않고 악한 것을 구별하는 내적 지침 역할을 합니다. 하지만 우리는 양심의 소리를 무시하는 경우가 너무나 많습니다. 시편 32편을 통해 우리는 죄에 맞서는 인간의 고군분투와 용서의 필요성에 대한 통찰을 얻을 수 있습니다. 우리는 시편저자가 느꼈던 내적 갈등을 고스란히 느낍니다. "제가 입을 다물고 있으려니 제 뼈가 마르나이다"(3절). "저의 진이 다 빠져 버렸나이다"(4절). 우리는 죄라는 것을 우리가 저지르는 일로 한정해서 생각하지만, 죄가 미치는 영향은 우리에게서 생명을 앗아 가는 짐이 될 수도 있습니다. 우리가 저지른 잘못은 우리의 마음과 정신, 영혼을 감염시킵니다. 우리는 우리를 슬픔과 좌절에 빠뜨리는 죄의 힘을 너무도 잘 알고 있습니다. 죄악 앞에서 교만하게 침묵하면 우리가 선을 행하고 희망을 품으며 사랑하게 해 주는 영적 에너지가 약해집니다. 반면, 시편저자가 자신의 죄를 인정하자 새로운 내적 자유와 축복을 얻게 됩니다(5절). 우리는 그의 말을 통해 분명히 알 수 있습니다. 우리가 정말로 죄를 지었으니 용서가 필요하다고 솔직히 인정할 때, 자기 회의와 두려움이라는 내적 혼란이 우리에게 미치는 영향은 약해집니다(6절). 하느님 앞에 나와 정직하고 진실하게 자신의 죄를 인정하고 '다시 시작'하고 싶어 할 때, 우리는 하느님께서 어떤 분이신지 깊이 체험할 수 있습니다. 새로운 신념과 영적 자유를 얻은 시편저자가 말합니다. "당신은 저의 피신처. 곤경에서 저를 보호하시고 구원의 환호로 저를 감싸시나이다"(7절). 그가 새로 발견한 용서는 하느님과의 화해를 구하는 사람들에게 하느님께서 주신 굉장한 선물입니다. 사도 바오로는 이러한 선물은 다른 사람들과 나누어야 한다고 주장합니다. "과연 하느님은 그리스도 안에서 세상을 당신과 화해하게 하시고 저들에게 그 범법 행위를 따지지 않으시고 우리에게 화해의 말씀을 맡겨 주신 분입니다. 그러므로 우리는 그리스도를 대리하여 사절 구실을 합니다. 하느님께서 우리를 통해서 권고하시는 것입니다. 우리는 그리스도를 대리하여 여러분에게 간청합니다. 하느님과 화해하시오"(2코린 5,19-20). 우리가 하느님의 용서 안에서 발견한 것 덕분에 우리는 다른 사람들과 하느님 사이에서 화해의 사절이 됩니다. 시편 32편의 마지막 절은 용서받는 기쁨과 함께, 우리 스스로 다른 사람들에게 용서의 근원이 되는 축복을 매우 잘 표현합니다. "의인들아, 주님 안에서 기뻐하고 즐거워하여라. 마음 바른 이들아, 모두 환호하여라"(11절).

¹ **32** (31) [다윗. 마스킬]

행복하여라, 죄를 용서받고
잘못을 씻은 이!
2 행복하여라, 주님이
허물을 헤아리지 않으시고
그 영에 거짓이 없는 사람!

3 제가 입을 다물고 있으려니
날마다 신음으로 제 뼈가 마르나이다.
4 밤이나 낮이나

당신 손이 저를 짓누르시니
여름날 한더위에
진이 다 빠져 버렸나이다.
5 제 잘못을 당신께 아뢰며
제 허물을 감추지 않았나이다.
"주님께 저의 죄를 고백하나이다."
당신은 제 허물과 잘못을 용서하셨나이다. 셀라
6 당신께 충실한 모든 이들이
곤궁할 때 기도드리나이다.
큰물이 닥친다 하여도
그에게는 미치지 못하리이다.
7 당신은 저의 피신처.
곤경에서 저를 보호하시고
구원의 환호로
저를 감싸시나이다. 셀라

8 나 너를 이끌어 네가 가야 할 길 가르치고
너를 지켜보며 타이르리라.
9 어리석은 노새나 말처럼 되지 마라.
재갈과 고삐라야 그 극성을 꺾느니.
그러지 않으면 네게 어찌 가까이 오랴?

10 악인은 온통 고통뿐이나
주님을 신뢰하는 이는 자애가 에워싸리라.

11 의인들아, 주님 안에서 기뻐하고 즐거워하여라.
　　마음 바른 이들아, 모두 환호하여라.

기도합시다

거룩하신 하느님, 충실함과 자비로 다스리시는 당신께서는 당신의 선하심에 죄로 맞서는 이들조차 과분한 용서로 맞아 주시나이다. 저희에게 용서와 화해의 길을 계속 가르쳐 주시어, 저희가 당신의 사절이 되어 다른 사람들에게 당신의 용서를 깨달음으로써 얻게 되는 평화를 전하게 하소서. 이 모든 것 우리 주 그리스도를 통하여 비나이다. 아멘.

시편 33

대대로 이어지는 하느님의 마음

"모두 환호하여라"라는 시편 32편의 마지막 명령은 시편 33편의 시작 부분에서 다시 반복되어, 경이로운 하느님의 축복에 새로운 찬미와 감사의 노래를 부르도록 이끕니다. 이렇듯 시편 33편은 찬가입니다. 여기에는 하느님께서 행하신 놀라운 일들이 소개되어 있는데, 이는 시편 저자가 매우 개인적인 차원에서 체험했던 것입니다. 시편 33편은 하느님의 마음(11절)에 대해 이야기한다는 점에서 독특합니다. 이것은 시편집의 다른 어디에서도 발견할 수 없는 표상입니다. 히브리인들의 상상력 안에서 마음은 그저 감정의 요람으로만 여겨진 것이 아니라, 지성과 의지와 이성적 능력이 위치한 신체 기관으로도 인식되었습니다. 이 시편은 하느님께서 세상을 위한 계획을 가지고 계신다는 믿음을 보여 줌니다. 이 계획은 영원히 실행되는 것이며 우리들 각자가 사는 시대에도 계속해서 진행되는 것입니다. 하느님의 계획에 대한 언급과 함께, 지상을 가득 채우는 하느님의 자애(5.18.22절)에 대한 이야기가 나옵니다. 따라서 세상과 그 안에 살고 있는 하느님 백성에 대한 그분의 계획이란 상호 신뢰와 기대를 약속한 가운데 자애와 충실함을 베푸는 것입니다. 하느님께서는 사람들의 마음을 빚으시고(15절), 사랑과 염려로 가득한 눈으로 우리를 계속 지켜보십니다. 이렇듯 주의 깊은 하느님의 모습은 단 한 마디 말로 세상을 창조하고 이를 유지시키고 있는 위엄과 힘(9절; 창세 1장)을 계속 보여 줍니다. 창조의 위대함 안에서 하느님의 영광스러운 위엄과 힘은 분명히 드러납니다. 이에 비해 시편저자는 하느님께서 우리들 각자를 진실하고 친밀하게 염려하신다는 사실을 상기시켜 주기 위해 주의를 기울입니다(14-15절). 하느님을 이렇게 이해하는 것이 예수님의 소명과 계시의 중심입니다. 그리스도 안에서 우리는 우리의 하느님께서 우리 각자를 친밀하게 사랑하고 보살펴 주시는 것을 알 수 있습니다. "수고하고 짐을 진 여러분은 모두 내게로 오시오. 그러면 내가 여러분을 쉬게 하겠습니다. 여러분은 내 멍에를 메고 나에게서 배우시오. 나는 온유하고 마음이 겸손하기 때문입니다. 그러니 여러분의 영혼이 안식을 얻을 것입니다"(마태 11,28-29). "그분은 군중을 보시고 그들을 측은히 여기셨다. 그들이 목자 없는 양들처럼 지쳐서 풀이 죽어 있었기 때문이다"(마태 9,36). 예수님은 마음이 여리고 모든 것을 다 아시는 아빠, 아버지의 모습을 우리에게 드러내십니다. 아버지께서는 우리에게 필요한 모든 것을 보살피시고, 우리의 기도에 귀를 기울이시며, 우리 마음속에 사시는 성령을 통하여 계속해서 우리에게 가르침을 주시는 분이십니다.

1 **33** (32) 의인들아, 주님 안에서 환호하여라.
올곧은 이에게는 찬양이 어울린다.
2 비파 타며 주님을 찬송하고
열 줄 수금으로 찬미 노래 불러라.
3 주님께 노래하여라, 새로운 노래.
고운 가락을 내며 환성 올려라.
4 주님의 말씀은 바르고
그 하신 일 모두 진실하다.
5 주님은 정의와 공정을 좋아하시네.
그분의 자애가 온 땅에 가득하네.
6 주님은 말씀으로 하늘을 여시고
당신 입김으로 천상 만군 만드셨네.
7 그분은 둑을 쌓아 바닷물을 모으시고
깊은 물을 곳간에다 넣으신다.
8 온 땅이 주님을 경외하고
온 세상 사람이 그분을 두려워하리라.
9 그분이 말씀하시자 이루어지고
그분이 명령하시자 생겨났네.
10 주님은 민족들의 의지를 꺾으시고
백성들의 계획을 흩으신다.
11 주님의 뜻은 영원히 이어지고
그 마음속 계획은 대대로 이어진다.
12 행복하여라, 주님을 하느님으로 모시는 민족
그분이 당신 소유로 뽑으신 백성!

13 주님은 하늘에서 굽어보시며
　　모든 사람을 살펴보신다.
14 당신 머무시는 곳에서
　　땅에 사는 모든 이를 지켜보신다.
15 그들의 마음을 하나하나 빚으시고
　　그들의 행위를 속속들이 헤아리신다.
16 병력이 많다고 임금이 승리하랴?
　　힘이 세다고 용사가 제 몸 살리랴?
17 기마로 승리한다는 것 환상이며
　　제아무리 힘이 세도 구원을 이루지 못하네.
18 보라, 주님의 눈은 당신을 경외하는 이들에게,
　　당신 자애를 바라는 이들에게 머무르신다.
19 죽음에서 그들의 목숨 건지시고
　　굶주릴 때 살리려 하심이네.
20 주님은 우리 도움, 우리 방패.
　　우리 영혼이 주님을 기다리네.
21 그분 안에서 우리 마음 기뻐하고
　　거룩하신 그 이름 우리가 신뢰하네.
22 주님, 저희가 당신께 바라는 그대로
　　당신 자애를 저희에게 베푸소서.

기도합시다

창조주이시며 구원자이신 하느님, 희망과 신뢰의 근원이신 분, 당신께서 저희에게 베풀어 주신 선의에 찬미와 감사를 드립니다. 당신께서 우리들 하나하나를 창조하시고 사랑으로 돌보며 지탱해 주시듯, 저희가 당신 사랑의 현존을 알아볼 수 있게 도와주소서. 그리하여 당신의 축복에 대한 저희의 감사와 신뢰가 우리 주 그리스도를 통하여 나날이 커지게 하소서. 아멘.

시편 34

평화를 찾아라

시편 25편과 마찬가지로 시편 34편도 각 절의 첫 글자가 히브리어 알파벳 순서에 따라 배열되는 형식의 '알파벳 시편'입니다. 이러한 문학적 장치는 후기 구약 시대의 지혜 전승과 연관되어 있음을 암시합니다. 지혜 전승에 있는 다른 성경 본문들처럼, 지혜 시편들은 간결하지만 함축적인 지시와 명령을 사용해서 지혜가 깊어지게 하는 법과 잘 사는 법을 가르쳐 줍니다. 하느님께서 만드시고 빚으신 모든 피조물 안에는 사람들을 위해 어떤 메시지가 담겨 있다고 지혜 전승은 보았습니다. 즉, 세상을 이루는 모든 부분 안에서 세상의 조화를 유지시키는 바로 그런 지혜를 우리에게 가르쳐 주신다는 메시지입니다. 시편 본문에서 따온 이번 시편 제목은 지혜 전승의 핵심을 표현하고 있습니다. "평화를 찾아라"(15절). 이 시편은 시종일관 명령과 지시 같은 지혜 문체로 되어 있습니다. "주님을 칭송하여라"(4절), "주님을 바라보아라"(6절), "맛보고 깨달아라"(9절), "주님을 경외하여라"(10절), "아이들아, 와서 내 말을 들어라"(12절), "네 혀는 악을 조심하여라"(14절), "악을 피하고 선을 행하며, 평화를 찾고 또 찾아라"(15절). 여기에는 이 같은 가르침만 아니라 하느님의 율법에 맞게 사는 법을 알려 주는 격언도 많습니다. 그 모든 것이 바로 지혜입니다. 예수님께서도 기도 중에 이런 표현들을 사용하십니다. "그때에 예수께서 입을 열어 이렇게 말씀하셨다. '하늘과 땅의 주님이신 아버지, 슬기롭고 똑똑한 사람들에게는 이것을 감추시고 철부지 같은 사람들에게는 이것을 계시하셨으니 아버지를 찬양하나이다'"(마태 11,25-26). 그러나 하느님의 말씀이 가르쳐 주는 지혜는 참으로 단순하고 직접적이고 분명한 경우가 너무도 많습니다. 믿음과 확신 안에서 이 지혜를 따르는 것이 바로 우리의 몫입니다. 그래야 그 지혜가 약속하는 축복을 얻을 수 있습니다. 시편 34편은 초기 교회에서 중요했습니다. 이 시편은 전례에 빈번히 나오는데, 특히 영성체송으로 많이 쓰입니다. "주님이 얼마나 좋으신지 너희는 맛보고 깨달아라." 요한 복음서에 따르면 시편 21편에는 예수님께서 십자가에 못 박히실 때 완성되는 예언이 들어 있습니다. "이런 일들이 일어난 것은 '그의 뼈가 상하지 않으리라'고 한 성경 말씀이 이루어지게 하려는 것이었다"(요한 19,36). 이렇듯 시편 34편에는 지혜 전승에 따라 성찰하고 기도할 수 있게 해 주는 자료가 풍부합니다.

34 (33)

[다윗. 그가 아비멜렉 앞에서 정신이 나간 체하여 아비멜렉이 내쫓자 그가 떠나갈 때에]

2 나 언제나 주님을 찬미하리니
  내 입에 늘 찬양이 있으리라.
3 내 영혼 주님을 자랑하리니
  가난한 이는 듣고 기뻐하여라.

4 나와 함께 주님을 칭송하여라.
　우리 모두 그 이름 높이 기리자.
5 주님을 찾았더니 응답하시고
　온갖 두려움에서 나를 구하셨네.
6 주님을 바라보아라. 기쁨이 넘치고
　너희 얼굴에는 부끄러움이 없으리라.
7 가련한 이 부르짖자 주님이 들으시어
　그 모든 곤경에서 구원해 주셨네.
8 주님을 경외하는 이들 그 둘레에
　그분의 천사가 진을 치고 구출해 주네.
9 주님이 얼마나 좋으신지 너희는 맛보고 깨달아라.
　행복하여라, 그분께 몸을 숨기는 사람!
10 주님을 경외하여라, 주님의 성도들아.
　그분을 경외하는 이에게는 아쉬움 없으리라.
11 부자들도 궁색해져 굶주리게 되지만
　주님을 찾는 이에게는 좋은 것뿐이리라.
12 아이들아, 어서 와 내 말을 들어라.
　주님 경외를 가르쳐 주리라.
13 삶을 즐기고 복을 누리려
　장수를 바라는 이 누구인가?
14 네 혀는 악을 조심하고
　네 입술은 거짓을 삼가라.
15 악을 피하고 선을 행하며
　평화를 찾고 또 찾아라.

16 주님의 눈은 의인들을 굽어보시고
　 그분의 귀는 그 부르짖음 들으신다.
17 주님의 얼굴은 악행을 일삼는 자들에게 맞서
　 그들의 기억을 세상에서 지우려 하시네.
18 의인들이 울부짖자 주님이 들으시어
　 그 모든 곤경에서 구해 주셨네.
19 주님은 마음이 부서진 이를 가까이하시고
　 영혼이 짓밟힌 이를 구원해 주신다.
20 의인이 몹시 불행할지라도
　 주님은 그 모든 불행에서 구하시리라.
21 그의 뼈를 고스란히 지켜 주시니
　 뼈마디 하나도 꺾이지 않으리라.
22 악인은 악행으로 죽음을 맞고
　 의인을 미워하는 자 죗값을 받으리라.
23 주님이 당신 종들의 목숨 건져 주시니
　 그분께 피신하는 이 모두 죗값을 벗으리라.

기도합시다

천상 지혜의 하느님, 저희를 기만과 악에서 벗어나 생명을 주는 길로 인도하시니 당신께 영광을 드립니다. 저희가 당신을 찾는 사람들에게는 축복이 가득하다는 확신을 가지고 매일매일 당신의 선하심을 보고 맛보게 해 주소서. 당신께서는 저희에게 의로움의 길을 가르쳐 주시니, 당신께서 인도하시는 손길에 대한 저희의 믿음을 새롭게 하소서. 저희가 모든 행동 안에서 평화를 구하게 하시어, 당신께서 영원히 살아 계시고 다스리시는 당신 나라의 환희에 이르게 하소서. 아멘.

시편 35

제 영혼에게 말씀하소서, "나는 너의 구원이로다"

이 시편은 괴로운 처지에서 나오는 애가로 분류되기는 하나, 정말로 하느님께서 오셔서 화자가 직면한 전투에서 싸워 주시리라는 희망의 표현으로 가득합니다. 성경 속의 히브리 시문학을 보면, 그 저자들이 같은 히브리어 어원에서 파생된 단어들을 매우 밀접하게 반복하는 말놀이와 언어유희에 능함을 알 수 있습니다. 보통 이 같은 반복은 표현 ― 과 그 표현을 사용한 청원 ― 을 상대의 기억 속에 강하게 심어 주는 기능을 합니다. 이 시편의 경우, 시편저자는 하느님께서 그의 애원을 듣고 기억해 주시기를 바랍니다. "주님, 저와 다투는 자와 다투시고 저와 싸우는 자와 싸워 주소서"라는 첫 번째 절에서 시편저자는 "다툼"과 "싸움"으로 번역된 단어들의 여러 형태를 반복해서 사용합니다. 시편저자는 하느님께서 "(그와) 다투는 자와 다투시고, (그와) 싸우는 자와 싸워 주셔야" 자신이 안도할 수 있다고 생각합니다. 역설적이게도 그는 자신과 싸우고 있지만 실제로는 주님과 싸우고 있는 자들을 놀라게 합니다(4-6,8절). 이 시편은 화자의 생명이 위협받고 있으며(4절) 오직 하느님만이 개입하시어 상황을 반전시키실 수 있다는 두려운 마음을 진실하게 표현합니다. 두려움과 위험을 나타내는 모든 비유적 표현들 가운데에서도 시편저자는 전능하시고 막강하신 하느님께서 개입하시어 상황을 뒤집으시리라는 진정한 믿음과 신뢰를 세 번이나 피력합니다

(9-10,18,27-28절). 이것은 하느님께서 시편저자와 함께하시고, 그의 앞에 놓인 시련을 잘 알고 계시며, 그를 이 고난의 시간에서 건져 주실 것이라는 신앙에 대한 심오한 긍정입니다. 우리는 시편 35편에서 "사악한 증인들이 들고일어나 저도 모르는 일을 캐묻나이다. 그들이 선을 악으로 갚으니 저는 외로운 홀몸이옵니다"(11-12절)라는 대목을 발견합니다. 그리고 복음서의 수난사화를 떠올리게 됩니다. 예수님께서 당신의 대답에 따라 당신을 함정에 빠뜨리려는 고발자들 앞에 끌려와 계신 장면 말입니다. 예수님께 이 순간은 당신의 인격과 가르침과 실천했던 모범과 관련해 궁극적인 진실이 드러나는 시간이었습니다. 루카 복음서에서는 이 장면을 다음과 같이 해석합니다. "그들은 말했다. '만일 당신이 그리스도라면 우리에게 말하시오.' 예수께서 그들에게 말씀하셨다. '내가 여러분에게 말하더라도 여러분은 믿지 않을 것이며 내가 물어보아도 여러분은 대답하지 않을 것입니다. 지금부터 인자는 전능하신 하느님의 오른편에 앉게 될 것입니다.' 그러자 모두 '그러니까 당신이 하느님의 아들이오?' 하니 그분은 그들에게 '내가 그이라고 여러분이 말합니다' 하셨다. 이에 그들은 '이제 우리에게 증언들이 무슨 필요가 있습니까? 제 입으로부터 우리가 직접 들었으니까요' 하였다"(22,67-71). 하느님에 대한 그리스도의 신뢰는 올바른 것입니다. 이는 우리에게도 마찬가지입니다. 두려움과 극도의 외로움을 느낄 때, 주님께서는 우리의 피난처이자 우리의 힘이 되어 주실 것입니다. 이 시편에 나오는 시편저자의 사례는 예수님 안에서 완벽해진 경우를 보여 주는 본보기가 되어, 우리를 구원하시는 하느님께 모든 신뢰를 바치라고 간원하는 듯합니다.

1 35 (34) [다윗]

주님, 저와 다투는 자와 다투시고
저와 싸우는 자와 싸워 주소서.
2 둥근 방패 긴 방패 잡으시고
3 저를 뒤쫓는 자에게 맞서
창을 빼 들고 막아 주소서.
제 영혼에게 말씀하소서.
"나는 너의 구원이로다."

4 내 목숨 노리는 자들
수치를 당하고 부끄러워하리라.
내 불행 꾸미는 자들
모욕을 당하여 물러나리라.
5 주님의 천사가 몰아내리니
그들은 바람 앞의 검불처럼 흩어지리라.
6 주님의 천사가 뒤쫓으리니
그들의 길은 미끄럽고 캄캄하리라.
7 나 몰래 까닭 없이 그물을 치고
까닭 없이 구렁을 파 놓은 탓이라네.
8 파멸이 불시에 덮치리니
자기가 몰래 친 그물에 걸려
그들은 파멸에 떨어지리라.
9 내 영혼 주님 안에서 기뻐하고

그분의 구원에 즐거워하리라.
10 나는 온몸으로 아뢰리라.
　　"주님, 누가 당신 같으오리까?
　　힘센 자에게서 힘없는 이를
　　약탈자에게서 가난한 이와 불쌍한 이를
　　당신은 구해 주시나이다."

11 사악한 증인들이 들고일어나
　　저도 모르는 일을 캐묻나이다.
12 그들이 선을 악으로 갚으니
　　저는 외로운 홀몸이옵니다.
13 그들이 병들어 아팠을 때
　　저는 자루옷을 걸치고
　　단식으로 고행하며
　　제 가슴을 기도로 채웠나이다.
14 저는 그들의 친구처럼, 형제처럼
　　제가 어미 상을 당한 것처럼
　　애처롭게 고개를 숙이고 돌아다녔나이다.
15 그러나 제가 비틀거릴 때 그들은 기뻐하며 모였나이다.
　　저를 거슬러 모여들었나이다.
　　영문도 모르는 저를
　　끊임없이 치고 잡아 찢었나이다.
16 야비하게 비아냥거리며
　　저에게 이를 갈았나이다.

17 주님, 언제까지 보고만 계시렵니까?

그들이 꾸민 파멸에서 제 영혼 건져 주소서.

사자에게서 제 목숨 구해 주소서.

18 저는 큰 모임에서 당신을 찬송하며

뭇 백성 앞에서 당신을 찬양하오리다.

19 음흉한 원수들 저를 보고 기뻐하지 못하게 하소서.

까닭 없이 미워하는 자들 서로 눈짓하지 못하게 하소서.

20 그들은 평화를 말하지 않고

이 세상 온순한 사람들에게 간계를 꾸미나이다.

21 저에게 맞서 입을 벌려 말하나이다.

"옳거니, 우리 눈으로 보았지!"

22 주님, 당신이 보셨으니 침묵하지 마소서.

주님, 제게서 멀리 계시지 마소서.

23 깨어 일어나시어 제 권리를 찾아 주소서.

저의 하느님, 저의 주님, 제 송사를 이끄소서.

24 주 하느님, 당신은 의로우시니 제 권리를 찾아 주소서.

그들이 저를 보고 기뻐하지 못하게 하소서.

25 "옳거니, 우리 소원대로 되었구나!"

그들이 속으로 말하지 못하게 하소서.

"우리가 저자를 집어삼켜 버렸다!"

그들이 말하지 못하게 하소서.

26 저의 불행을 기뻐하는 자 모두

부끄러워 얼굴을 붉히게 하소서.

저를 두고 우쭐대는 자들

수치와 모욕을 뒤집어쓰게 하소서.
27 저의 의로움을 좋아하는 이들 환호하게 하소서.
언제나 즐거워하며 말하게 하소서.
"주님은 위대하시다!
당신 종의 평화를 바라신다."
28 제 혀도 당신 의로움을 기리며
날마다 당신 찬양을 전하오리다.

기도합시다

모든 것을 사랑하시는 전능하신 하느님, 저희는 언제나 당신의 보호가 필요한 당신의 종입니다. 비오니 이 삶의 위험 중에서 저희를 인도하소서. 저희가 저희 믿음의 선구자이신 예수님만 바라보게 도와주소서. 그리하여 저희가 어떤 고난을 겪더라도 그분의 용기가 저희의 유일한 힘과 희망의 원천이 되게 하소서. 이 모든 것 우리 주 그리스도를 통하여 비나이다. 아멘.

시편 36

하느님, 당신께는 생명의 샘이 있나이다

시편 36편은 깊이에 대해 이야기합니다. 사람의 마음속에 있는 죄의 깊이와 하늘에서부터 깊은 바닷속(본문에는 심연)까지 이르는 하느님의 자비의 깊이에 대해서 말입니다. 시편저자는 우리 삶에 영향을 미칠 수 있는 말의 압도적인 힘에 대해 인상적으로 표현하면서 시편을 시작합니다. 아첨하는 말은 악의적인 의도에서 나온 것임을 우리는 알 수 있습니다(3절). 야고보 서간에서는 사람의 혀를 이와 같은 파괴적인 말을 하는 도구로 이야기합니다. "보시오, 그토록 작은 불이 그토록 큰 숲을 태우지 않습니까? 혀도 하나의 불입니다. 그 혀는 우리 지체 가운데에 불의의 세계로서 들어앉아 온몸을 더럽히고 인생의 수레바퀴를 태우면서 스스로도 지옥 불에 타고 있습니다. … 그러나 어떤 사람도 혀를 길들일 수는 없습니다. 혀는 쉴 새 없이 움직이는 고약한 것이며 죽이는 독약으로 가득 찬 것입니다. 혀로써 우리는 주님이신 아버지를 찬양하기도 하며 같은 혀로써 우리는 하느님의 모상대로 만들어진 인간들을 저주하기도 합니다. 같은 입에서 찬양과 저주가 나오는데, 나의 형제 여러분, 그래서는 안 됩니다"(야고 3,5-10). 다윗은 혀에서 나오는 것과 행동에 뒤따라오는 것이 직접 연결되어 있다고 주장합니다. "죄를 꾸미는" 자가 바로 그릇된 길에 "서서" 악을 물리치지 않는 자입니다(5절). 달리 표현하자면, 입에서 나오는 말은 마음에서 우러나온다는 이야기입니다. 그리고 마음에서 우러나오는 것은 우리의 행동에서 생겨납니다. 이러한 악의 본보기에 대조되는 것이 우주의 꼭대기에서 바다까지 전체를 관통하는 하느님의 자애입니다. 여기서 하느님의 정의를 묘사하기 위해 드높은 산줄기(본문에는 태산)와 깊은 바닷속이라는 두 가지 표상을 사용한 것은 '대유법'이란 시적 장치입니다. 이것은 두 가지 상반된 극단의 것을 가져와서 충만하고 완전한 개념을 표현하여, 그렇게 다루고 있는 대상을 차고 넘칠 정도로 보여 주는 방법입니다. 다시 말해 하느님의 모든 백성과 피조물을 위한 하느님의 정의가 미치는 범위는 높은 곳에서부터 깊은 곳까지입니다(7절). 이러한 비유적 표현은 하느님의 무한한 사랑과 배려의 신비에 이르는 길을 반영해 줍니다. 우리는 하느님의 선하심과 악의 세력, 이 두 가지 모두의 영향권 아래에 있는 세상을 살고 있습니다. 날마다 우리는 선한 하느님의 섭리 안에 우리의 삶을 보존할 수도, 악의 횡포 아래 우리를 가두어 버릴 수도 있는 결정의 순간들에 직면합니다. 이때 두 갈래 길 중 어느 쪽을 따를 것인지는 우리의 선택에 달려 있습니다.

1 36 (35) [지휘자에게. 주님의 종 다윗]

2 악인은 마음속 깊이
　죄악을 즐긴다.
　그 눈은
　하느님을 무서워하지 않는다.
3 죄를 지어 대고 미움을 일삼으려
　제 눈앞만 잘도 닦아 놓았다.
4 그 입에서 나오느니 죄와 간계.
　슬기와 선행은 아예 그만두었다.
5 잠자리에서는 죄를 꾸미고
　그릇된 길에 서서
　악을 꺼리지 않는다.

6 주님, 당신 자애는 하늘에 닿으며
　당신 진실은 구름까지 이르나이다.
7 주님, 당신 정의는 태산처럼 높고

당신 공정은 심연처럼 깊어
　　사람과 짐승을 다 지켜 주시나이다.
 8 하느님, 당신 자애가 얼마나 존귀하옵니까!
　　모든 사람들이
　　당신 날개 그늘에 피신하나이다.
 9 그들은 당신 집의 잔치로 흠뻑 취하고
　　당신이 주시는 기쁨의 강물을 마시나이다.
10 정녕 당신께는 생명의 샘이 있고
　　저희는 당신 빛으로 빛을 보나이다.
11 당신을 아는 이들에게 자애를 베푸시고
　　마음 바른 이들에게 정의를 펼치소서.
12 거만한 발길에 제가 짓밟히지 않게 하시고
　　사악한 손길에 제가 내쫓기지 않게 하소서.
13 나쁜 짓 하는 자들은 쓰러져 넘어지고
　　다시는 일어서지 못하리이다.

기도합시다

공정하시고 자비로우신 하느님, 당신의 충실한 사랑이 하늘에 이르고 당신의 진리가 구름에 닿나이다. 비오니 당신을 알고 당신의 이름을 부르며 간청하는 모든 이들이 당신의 의로움 안에서 살아가게 하소서. 죄의 영향력이 우리 삶을 지배하지 않게 하시고, 자비로운 당신의 선의로 당신께서 영원히 살아 계시는 나라 안에서 생명과 빛에 이르는 길로 저희를 이끌어 주소서. 아멘.

시편 37

가난한 이들이 땅을 차지하리라

시편 25편과 34편에서 알파벳 시편 형식을 채택한 것은 확장된 알파벳 시편 형식으로 이루어진 이번 시편을 준비한 것이라고 할 수 있습니다. 앞의 두 시편에서는 각 절의 첫 글자가 히브리어 알파벳 순서에 따라 배열되었습니다. 이에 비해 시편 37편에서는 두 절이 한 쌍을 이루어서 각 쌍의 첫 글자가 히브리어 알파벳 순서를 따르게 합니다. 앞의 두 알파벳 시편과 마찬가지로, 이 시편에도 좋은 삶을 살기 위한 규칙과 명령, 지시로 이루어진 지혜 전승이 피력되어 있습니다. 시편 37편의 특징은 "땅"을 하느님께서 선택하신 민족에게 주시는 선물이라고 강조하는 것입니다. ("주님을 믿으며 좋은 일 하라"는) 3절의 명령을 따르면 그 결과 하느님께서 주신 땅에서의 안전한 삶이 약속되어 있습니다. 마찬가지로 9절에서도 주님께 희망을 두는 이들은 땅을 상속받을 것이라고 약속합니다. 다시 한번 11절에서도 가난한 이들은 땅을 차지하고 그곳에서 큰 평화를 누릴 것이라고 합니다. 이 시편에 나오는 땅의 소유에 대한 모든 주장은 구약성경 안에서 오랫동안 이어져 온 전통을 따릅니다. 창세기 12장에서 하느님께서는 아브라함에게 그의 땅을 떠나 앞으로 그에게 보여 주실 땅으로 가라고 하십니다. 모세는 히브리 노예들을 이집트에서 탈출시켜 하느님께서 그들의 선조들에게 주셨던 땅으로 돌아오게 하기 위해 뽑힌 인물입니다. 그 후 다시 바빌론 침략자들에게 땅을 빼앗긴 뒤에, 하느님께서는 바빌론 유배 시대의 예언자 에제키엘의 입을 통해 하느님께서 그들의 선조들에게 주셨던 땅, 그 땅이 주는 많은 축복을 또다시 받을 수 있는 그곳으로 돌아가라며 다시 한

번 초대하십니다(에제 36,22-30). 훗날, 선택받은 백성의 땅이 로마의 수중에 들어간 점령기 동안, 예수님은 이 문제에 관해 새로운 통찰을 드러내십니다. "복되어라, 온유한 사람들! 그들은 땅을 상속받으리니"(마태 5,5). 참된 행복에 대한 그리스도의 가르침은 땅의 소유에 새로운 의미를 부여합니다. 그리스도께서는 땅을 새로운 사랑의 율법을 따르는 사람들이 평화와 희망, 안전을 누리며 살 수 있는 곳으로 생각하셨습니다. 시편 37편 속에는 격언과 가르침이 한데 섞여 있습니다. 그 속에서 우리는 하느님 나라에 도달하기 위해 많은 성찰과 기도를 할 가치가 있는 규칙을 발견합니다.

37 (36) [다윗]

1 악을 저지르는 자에게 격분하지 말고
　불의를 일삼는 자에게 흥분하지 마라.
2 그들은 풀처럼 이내 마르고
　푸성귀처럼 시들어 버린다.
3 주님을 믿으며 좋은 일 하고
　이 땅에 살며 신의를 지켜라.
4 주님 안에서 즐거워하여라.
　네 마음이 청하는 대로 주시리라.
5 주님께 네 길을 맡기고 신뢰하여라.
　그분이 몸소 해 주시리라.
6 빛처럼 네 정의를 빛내시고
　대낮처럼 네 공정을 밝히시리라.

7 주님 앞에 고요히 머물러라.
　그분을 간절히 기다려라.
　제 악한 길에서 성공하는 자에게,
　음모를 꾀하는 사람에게 격분하지 마라.
8 성내지 말고 화를 가라앉혀라.
　격분하지 마라. 해악이 될 뿐이다.
9 악을 저지르는 자는 뿌리째 뽑히고
　주님께 희망을 두는 이는 땅을 차지하리라.
10 머지않아 악인은 없어지리라.
　아무리 찾아보아도 그 자리에 없으리라.
11 가난한 이들은 땅을 차지하고
　큰 평화를 누리며 기뻐하리라.
12 악인이 의인을 해치려 계교를 꾸미고
　의인을 향하여 이를 가는구나.
13 악인의 마지막 날을 아시기에
　주님이 그를 비웃으신다.
14 악인들이 칼을 빼 들고
　활시위를 당겨
　가련한 이와 불쌍한 이를 쓰러뜨리고
　옳은 길 걷는 이를 죽이려 하는구나.
15 그들의 칼은 제 가슴을 찌르고
　그들의 활은 부러져 버리리라.
16 악인의 큰 재산보다
　의인의 가난이 더 낫다.

17 악인의 팔은 부러질 것이나
　　의인은 주님이 지켜 주시리라.
18 주님이 흠 없는 이들의 삶을 아시니
　　그들의 소유는 길이길이 남으리라.
19 환난의 때에 어려움을 당하지 않고
　　기근이 닥쳐와도 굶주리지 않으리라.
20 그러나 악인들은 멸망하리라.
　　초원의 푸르름 스러지듯
　　주님의 원수들은
　　연기처럼 사라지리라.
21 악인은 꾸어만 가고 갚지 않으나
　　의인은 너그러이 베풀기만 한다.
22 그분께 복을 받은 이는 땅을 차지하고
　　그분께 저주받은 자는 뿌리째 뽑히리라.
23 주님은 사람의 발걸음 지켜 주시며
　　그 길을 마음에 들어 하시리라.
24 주님이 그 손을 잡아 주시니
　　비틀거려도 쓰러지지 않으리라.
25 어리던 내가 이리 늙도록
　　버림받은 의인을 보지 못했네.
　　구걸하는 그 자손을 보지 못했네.
26 의인은 언제나 너그러이 빌려 주어
　　그 자손이 복을 받아 누린다.
27 악을 피하고 선을 행하여라.

그러면 너는 길이 살리라.

28 주님은 올바른 것을 사랑하시고
　당신께 충실한 이들 버리지 않으신다.
　그들은 영원히 보호받지만
　악인의 자손은 멸망하리라.

29 의인들은 땅을 차지하리라.
　거기에서 길이 살아가리라.

30 의인의 입은 지혜를 자아내고
　그의 혀는 올바른 것을 말한다.

31 하느님의 가르침 그 마음에 있으니
　걸음걸음 하나도 흔들리지 않는다.

32 악인은 의인을 엿보며
　그를 죽이려 꾀하지만

33 주님은 그를 악인 손에 버려두지 않으시고
　심판 때에 단죄하지 않으시리라.

34 너는 주님께 바라고
　그 길을 따라라.
　그분은 너를 들어 올려 땅을 차지하게 하시고
　너는 뿌리째 뽑히는 악인들을 보게 되리라.

35 나는 악인이 폭력을 휘두르며
　푸른 월계수처럼 뻗는 것을 보았지만

36 그는 지나가자마자 이내 사라져
　아무리 찾아보아도 눈에 띄지 않았다.

37 흠 없는 이를 지켜보고 올곧은 이를 살펴보아라.

평화를 이루는 이는 후손이 이어지리라.
38 죄인들은 모두 멸망하고
악인들은 후손이 끊기리라.
39 의인들의 구원은 주님에게서 오고
그분은 어려울 때 피신처가 되신다.
40 의인들이 주님께 몸을 숨겼으니
그분은 그들을 도와 구하시고
악인에게서 빼내 구원하시리라.

기도합시다

온 우주의 주인이신 하느님, 이 땅과 그 위에 있는 모든 것을 창조하신 분, 비오니 당신께서 당신의 백성으로 삼으신 사람들에게 강복하소서. 예전에 당신께서 한 백성을 노예살이에서 구하셨듯이, 세례의 물로 새로운 백성을 어둠에서 빛으로 인도하소서. 저희에게 이 땅과 이 땅이 주는 축복을 잘 사용할 수 있는 지혜를 주시어, 저희가 당신께서 영원히 살아 계시고 다스리시는 약속의 땅으로 직행하게 해 주소서. 아멘.

시편 38

당신 앞에 제 모든 소원 펼쳤나이다

시편에는 인간이 겪는 극심한 괴로움에 대한 날카로운 통찰이 많이 깃들어 있습니다. 히브리 시인들은 소외, 모욕, 배신, 우정의 상실, 육체적 질병, 숨이 막힐 듯한 두려움에 따른 고통에 대해 목소리를 냈습니다. 물론 우리는 이처럼 무거운 시련을 피할 수 있기를 희망합니다. 그럼에도 이런 시련이 닥친다면 우리는 시편에서 위안을 받을 수 있습니다. 왜냐하면 시편을 보면 다른 사람들이 바로 이러한 슬픔을 만나서 이를 겪어 내면서 살았고, 마지막에는 그들이 환난에 처했을 때 하느님께서 그들을 보호하여 지탱해 주셨고, 그들이 이 환난을 헤쳐 나가도록 이끌어 주셨으며, 그 환난을 견딤으로써 지혜를 얻을 수 있게 해 주신 데 대해 감사드릴 수 있었음을 알 수 있기 때문입니다. 시편 38편에서는 위로가 가득한 밀접한 관계, 즉 눈에 띌 정도로 가까운 하느님과의 친밀한 관계를 표현합니다. 다윗이 "주님, 당신 앞에 제 모든 소원 펼치고 저의 탄식 당신께 감추지 않았나이다"(10절)라고 말할 때, 이것은 우주의 창조주, 즉 전능하신 초월자이시면서 동시에 믿음과 신뢰를 가지고 청하는 이에게 아주 가까이 계시는 그분께 드리는 말씀입니다. 시편 저자는 하느님 앞에서 개인적 죄의식(5절)과 비통한 마음(9절), 기력 상실(11절), 그에게 간계를 꾸미는 자들에 대한 두려움(13절)을 순박한 표현으로 드러내고 자신의 죄를 인정합니다(19절). 다윗은 우리가 드린 말씀을 주님께서 귀 기울여 들으시어 그에 대한 응답을 주실 것이라는 확실한 믿음, 철저한 신뢰와 확신을 가지고 하느님 앞에 나아가려면 어떻게 해야 하는지 우리에게 본보기를 보여 줍니다. 이때 그분의 응답은 때로는 신비하고 때로는 분명하게 예견할 수 없지만, 그래도 언제나 하느님의 변함없는 사랑을 보여 줍니다. 예수님도 산상설교에서 우리를 격려하십니다. "청하시오, 여러분에게 주실 것입니다. 찾으시오, 얻을 것입니다. 두드리시오, 여러분에게 열어 주실 것입니다. 누구든지 청하는 이는 받고, 찾는 이는 얻고, 두드리는 이에게는 열어 주실 것입니다"(마태 7,7-8). 그런데 그리스어 원문에 나와 있는 이 구절의 의미를 따져서 좀 더 온전히 번역해 보면 "계속 청하고, 멈추지 말고 찾을 것이며, 문을 두드리는 일을 절대 그만두지 마십시오"라고 할 수 있습니다. 그러니까 그리스도께서는 우리에게 중단하지 말고, 우리 마음과 정신, 영혼, 의지를 온전히 동원하여 기도하라고 격려하시는 것입니다. 이 시편 마지막 절에서는 하느님을 "주님, 저의 구원이시여"라고 부릅니다. 그렇습니다. 우리 하느님은 몇 번이고 구원해 주시는 분이십니다. 우리는 이와 같은 확신으로 무장하면 신뢰를 가지고 기도할 수 있습니다.

1 38 (37) [시편. 다윗. 기념으로]

2 주님, 당신의 진노로 저를 꾸짖지 마소서.
　당신의 분노로 저를 벌하지 마소서.
3 당신의 화살들 쏟아져 내리고
　당신 손이 저를 짓누르나이다.
4 제 살은 당신의 분노로 성한 데 없고
　제 뼈는 저의 죄로 온전한 데 없나이다.
5 제가 지은 죄악이 머리 위로 넘치고
　무거운 짐이 되어 버겁기만 하옵니다.
6 제 미련한 탓에
　제 상처가 썩어 악취를 풍기나이다.
7 저는 허리가 굽고 꺾일 대로 꺾이어
　온종일 슬퍼하며 떠도나이다.
8 제 허리는 곪아 욱신거리고
　저의 살은 성한 데가 없나이다.

9 저는 더없이 까라지고 으스러져
　제 속에서 애끓는 신음 소리 흐르나이다.
10 주님, 당신 앞에 제 모든 소원 펼치고
　저의 탄식 당신께 감추지 않았나이다.
11 제 심장은 겨우 팔딱이고 기운도 다했으며
　제 눈조차 밝은 빛을 잃었나이다.
12 저의 재앙을 보고 동무도 이웃도 저를 멀리하며
　친척도 멀찍이 물러서 있나이다.
13 제 목숨을 노리는 자 덫을 놓고
　제 불행을 꾀하는 자 파멸을 말하며
　온종일 간계를 꾸미고 있나이다.
14 귀머거리처럼 저는 듣지 못하고
　벙어리처럼 입을 열지 못하나이다.
15 저는 듣지도 못하는 사람이 되고
　대꾸도 못하는 사람이 되었나이다.
16 주님, 저는 당신께 바라나이다.
　주 하느님, 당신이 대답해 주소서.
17 '저들이 나를 두고 기뻐하면 어쩌나?
　내 발이 흔들릴 때 우쭐대면 어쩌나?'
　저는 걱정하였나이다.
18 저는 지금 넘어질 지경이며
　고통이 언제나 제 앞에 있나이다.
19 정녕 저는 죄악을 고백하며
　저의 죄 때문에 괴로워하나이다.

20 까닭 없이 제게 맞서는 자들 기세등등하고
　부당하게 저를 미워하는 자들 많기도 하옵니다.
21 선을 악으로 갚는 자들은
　제가 선을 따른다고 공격하나이다.
22 주님, 저를 버리지 마소서.
　저의 하느님, 저를 멀리하지 마소서.
23 주님, 저의 구원이시여
　어서 저를 도우소서.

기도합시다

희망의 하느님, 저의 주님, 저의 구원이시여, 당신께서는 제가 마음의 외침에 목소리를 입히기도 전에 그 외치는 소리를 들으셨나이다. 삶의 환난 속에서도 제게 힘을 주시어, 당신에 대한 저의 신뢰가 당신 은총의 승리 안에서 떠오르리라는 확실한 희망을 갖게 하소서. 그때 저는 모든 찬미를 마땅히 받으셔야 하는 당신을 기뻐하며 찬양하리다. 우리 주 그리스도를 통하여 비나이다. 아멘.

시편 39

하느님, 저는 당신 집에 사는 이방인입니까?

'지나고 나야 확실히 보인다'라는 속담이 있습니다. 시편 39편의 말씀을 들으면 누군가 인생을 되돌아보며 그동안의 잘못된 선택들을 후회하고 있다는 생각이 들 수 있습니다. 하지만 화자는 자신의 잘못을 고백하면서도 하느님께서는 자비로운 분이실 것이라고 희망을 놓지 않습니다. 이 시편은 밤기도를 위한 공적 기도문에는 해당되지 않지만, 시간 전례 중에 그날의 끝기도를 시작하며 행하는 양심 성찰 단계에서 읽으면 좋습니다. 이 시편은 인생은 짧다는 사실을 환기시키며 정신이 번쩍 들게 만듭니다. 그러므로 짧은 인생의 하루하루를 하느님으로부터 받은 기회로 여겨서 선을 행하고 친절히 말하며 남을 너그럽게 도와주며 살라고 합니다. 여기서 주목할 부분은 시편저자가 자신의 혀가 죄의 근원이 될 수 있는 잠재성이 있다며 스스로에게 조심하라고 단단히 충고하는 대목입니다(2절). 특히 두려움을 유발하거나 악을 행할 조짐을 보일 수 있는 사람 앞에서 더욱 조심해야 한다고 마음속으로 생각합니다. 그런 다음 시편저자는 갑자기 입을 열고 말하기 시작하더니 우리 인간존재의 덧없는 본성을 인정합니다. 때는 이미 늦었고, 인생을 잘 살지 못했다고 인정하면서 그의 기도는 계속됩니다. 그는 삶에 대해 "몇 뼘으로"(6절) 정해졌고, "한낱 입김"(6-7.12절)이며, "그저 그림자"(7절)라고 묘사합니다. 이와 마찬가지로 예수님께서도 제자들에게 인간존재의 신비와 주어진 나날들을 어떻게 보내는지에 대해 곰곰이 생각해 보라고 하셨습니다. 많은 추수를 거둔 뒤 경솔한 행동을 한 부자의 비유에 담긴 메시지는 분명합니다. "그러나 하느님께서는 그에게 '어리석은 자야, 이 밤에 너에게서 네 영혼을 되찾아 가리라. 그러면 네가 마련해 둔 것이 누구의 차지가 되겠느냐?' 하고 말씀하셨습니다. 자기 자신을 위해서는 보물을 모으면서 하느님 앞에 부요하지 못한 사람은 이와 같습니다"(루카 12,20-21). 우리들 인간의 삶이 지닌 덧없는 본성에 대해 성찰하는 원천이 된다는 점에서 시편 39편은 시편 90편과 비교됩니다. 두 시편 모두 그 안에 품고 있는 가장 중요한 교훈은 같습니다. 바로 진정한 믿음과 순수한 신뢰를 바탕으로 하느님께 의존하기에 너무 늦은 경우는 절대로 있을 수 없다는 것입니다.

¹ 39 (38) [지휘자에게. 여두툰. 시편. 다윗]

2 나는 말하였네.
 "내 혀로 죄짓지 않도록
 나의 길을 지켜 가리라.
 악인이 내 앞에 있는 동안
 내 입에 재갈을 물리리라."
3 나는 벙어리 되어 잠자코 있었네.
 행복에서 멀리 떨어져 침묵하였네.
 내 아픔이 솟구쳐 오르고
4 내 마음이 속에서 달아오르며
 탄식으로 울화가 치밀어
 내 혀가 말문을 터뜨렸네.
5 "알려 주소서, 주님, 제 마지막 날을.
 살날이 얼마인지 알려 주소서.
 제 삶이 얼마나 덧없는지 알리이다.
6 보소서, 제가 살날 몇 뼘으로 정하시니
 당신 앞에 저의 수명 없는 듯하옵니다.
 사람은 모두 한낱 입김일 따름. 셀라
7 인간은 그저 그림자로 지나가고
 부질없이 소란만 피우나이다.

누가 거둘지 모르면서 쌓아만 두나이다.
 8 주님, 이제 제가 바랄 게 무엇이리까?
　　　저의 희망 오직 당신께 있나이다.
 9 제 모든 죄악에서 저를 구해 주소서.
　　　미련한 자의 놀림감으로 저를 내주지 마소서.
10 당신이 하신 일이옵기에
　　　저는 벙어리 되어 입을 다무나이다.
11 당신의 재앙을 제게서 거두소서.
　　　당신 손이 내리치시니 저는 시드나이다.
12 당신은 죗값으로 인간을 벌하시어
　　　그의 보배 좀 먹듯 슬게 하시니
　　　사람은 모두 한낱 입김일 뿐이옵니다. 셀라
13 제 기도를 들어 주소서, 주님.
　　　제 부르짖음에 귀 기울이소서.
　　　제 울음 못 들은 체하지 마소서.
　　　저는 당신 집에 사는 이방인,
　　　제 조상들처럼 나그네일 뿐이옵니다.
14 제게서 눈길을 돌려 주소서.
　　　제가 떠나가 없어지기 전에
　　　다시 한번 생기를 찾으리이다."

기도합시다

생명의 주님이시며 구원의 하느님이시여, 비오니 저희 곁에 계시옵소서. 저희에게 정의와 평화의 길을 보여 주소서. 과거의 실패를 후회하는 마음을 주시고 믿음 안에서 앞으로 나아갈 용기를 내려 주소서. 짧은 인생을 사는 저희가 당신께서 주신 영원의 선물이 당신을 신뢰하는 모든 이를 위한 것임을 언제나 유념하게 하소서. 우리 주 그리스도를 통하여 비나이다. 아멘.

시편 40

주 하느님, 저는 당신 뜻 즐겨 이루나이다

시편 40편은 꾸준한 믿음과 깊은 감사의 마음을 표현한 노래입니다. 이 시편은 하느님께서 이미 시편저자의 외침을 들으시고 그 외침에 응답하기 위해 내려오셔서 그를 단단한 반석 위에 올려놓으셨다는 내용으로 시작합니다. 하느님께서 "멸망의 구렁"(3절)에 대한 공포를 산산이 부수시자, 시편저자는 당장 그 이야기를 선포하고, 하느님께 감사를 돌리며, 다른 사람들에게도 구원자이신 이 하느님을 신뢰하라고 격려합니다. 흔히 초월적이고 전능한 존재로 표현되는 하느님께서는 모든 곳에 내재하시고 우리에게 친밀하게 현존하시기도 하면서 우리가 곤경에 처해 외치는 소리에 귀를 기울이십니다(2절). 하느님께서 구원받은 자의 입에 담아 주신 "새로운 노래"(4절)는 찬양의 노래 — 지금껏 한 번도 경험한 적 없는 하느님의 행위, 즉 그 어느 것과도 다른 구원에 대한 찬양의 노래 — 입니다. 그런 다음 시편저자는 하느님께서 행하신 "기적과 계획"에 대해 웅변적으로 이야기합니다. 그런데 그 수가 너무도 많아서 헤아릴 수도, 결코 견줄 수도 없을 정도입니다(6절). 그 뒤로 우리는 감사에 대한 성경의 표현으로서는 색다른 것을 접하게 됩니다. 보통 하느님의 선하심에 대한 찬양은 희생 제사로, 즉 성전에서 바치는 봉헌으로 행해집니다. 하지만 이 시편에서는 그렇지 않습니다. 오히려 시편저자는 희생에 대한 새로운 교리를 제안합니다. 즉 개인에게 있어서 내면적이고 영성적인 무언가를 봉헌하자고 합니다. 바로 주님의 명령에 귀를 여는 것입니다(7절). 이렇듯 "열린 귀"로 두루마리에 적힌 하느님의 말씀을 읽고 받아들여서 그 말씀을 따르고 그리하여 하느님의 뜻을 수행하면 우리는 내적 기쁨을 느끼게 됩니다. "주 하느님, 저는 당신 뜻 즐겨 이루나이다"에 이어서, 곧장 "당신 가르침 제 가슴속에 새겨져 있나이다"라는 구절이 나옵니다(9절). 히브리식으로 해석하자면 '가슴속'이라는 표현은 문자 그대로 보면 내장을 뜻합니다. 영어에서도 가끔 이와 유사하게 '내장 속 느낌'이란 표현을 써서 우리를 특정한 방향으로 움직이게 만드는 내적 감성을 나타냅니다. 또한 여기에 나오는 '가르침'이란 히브리어로 하느님의 이끄심을 시사하는 용어인 토라를 지칭합니다. 한편, 히브리인들에게 보낸 서간에서는 이 구절을 예수님에게 적용합니다. "그래서 그분은 세상에 오실 때에 이렇게 말씀하셨습니다. '당신은 제사와 제물을 원하지 않으셨습니다. 그러나 저에게 몸을 마련해 주셨습니다. 당신은 번제와 속죄(제사)를 기꺼워하지 않으셨습니다. 그래서 제가 말했습니다. `보십시오, 하느님! 저는 제게 대하여 (성경) 책에 기록되어 있는 대로 당신의 뜻을 행하러 왔습니다'"(히브 10,5-7). 이렇게 예수님은 시편저자의 말에 영감을 받아 이를 실행하여 하느님의 의지를 실현하셨습니다. 시편저자는 구원의 순간을 연민, 자애, 성실이라는 세 가지 용어로 묘사합니다(11-12절). 이처럼 굉장한 구원의 체험을 통해 한 명의 인간으로서 그는 하느님의 손길을 깨닫게 됩니다. 그리고 이러한 경험으로부터 변치 않는 깊은 감사의 마음이 생겨납니다(12절). 시편 40편은 "바라고 또 바랐더니"라는 반복으로 시작하여, "저의 하느님, 더디 오지 마소서"라는 애원으로 끝을 맺습니다. 우리는 하느님께서 베푸시는 구원의 도움을 깨닫게 되면, 어려운 상황에 처할 때마다 주님께서는 언제나 우리를 생각하신다는 굳은 믿음을 계속 지니게 됩니다(18절).

1 40 (39) [지휘자에게. 다윗. 시편]

2 주님께 바라고 또 바랐더니
　나를 굽어보시고
　외치는 내 소리 들어 주셨네.
3 나를 멸망의 구렁에서,
　더러운 수렁에서 꺼내 주셨네.
　반석 위에 내 발을 세워 주시고
　발걸음도 든든하게 잡아 주셨네.
4 새로운 노래, 하느님께 드리는 찬양을
　내 입에 담아 주셨네.
　많은 이들이 보고 두려워하며
　주님을 신뢰하리라.
5 행복하여라,
　주님을 신뢰하는 사람!
　오만한 자들과 어울리지 않고
　거짓된 자들을 따르지 않는 사람!

6 주 하느님,
　당신은 저희를 위하여
　놀라운 기적과 많은 계획을 이루셨으니
　아무도 당신께 견줄 수 없나이다.
　제가 알리고 말하려 해도
　너무 많아 헤아릴 길 없나이다.
7 당신은 희생과 제물을 즐기지 않으시고
　도리어 저의 귀를 열어 주셨나이다.
　번제물과 속죄 제물을 바라지 않으셨나이다.
8 제가 아뢰었나이다.
　"보소서, 제가 왔나이다.
　두루마리에 저의 일이 적혀 있나이다.
9 주 하느님, 저는 당신 뜻 즐겨 이루나이다.
　당신 가르침 제 가슴속에 새겨져 있나이다."
10 저는 큰 모임에서
　정의를 선포하나이다.
　보소서, 제 입술 다물지 않음을.
　주님, 당신은 아시나이다.
11 당신 정의를 제 마음속에
　감추어 두지 않고
　당신 진리와 구원을 이야기하며
　자애와 진실을 큰 모임에서 숨기지 않나이다.
12 주님, 당신은 저에게서 자비를
　거두지 않으시니

당신 자애와 진실이

언제나 저를 지켜 주리이다.

13 셀 수 없는 불행들이

저를 둘러쌌나이다.

저는 제 죄악에 사로잡혀

아무것도 볼 수 없나이다.

머리카락보다 많은 죄악에

저는 용기를 잃었나이다.

14 주님, 기꺼이 저를 구하소서.

주님, 어서 저를 도우소서.

15 이 목숨 잡아채려 노리는 자들

모두 수치를 당하고 부끄러워하며

저의 불행을 즐기는 자들

치욕을 느끼며 물러나게 하소서.

16 "옳거니, 옳거니!" 저를 놀려 대는 자들

부끄러워 몸이 굳어지게 하소서.

17 그러나 당신을 찾는 이는 모두

당신 안에서 기뻐 즐거워하리이다.

당신 구원을 열망하는 이는 언제나 외치게 하소서.

"주님은 위대하시다."

18 나는 가련하고 불쌍하지만

주님은 나를 기억하시네.

저의 도움, 저의 구원 당신이시니
저의 하느님, 더디 오지 마소서.

기도합시다

연민과 자비, 충실의 하느님, 당신의 정의는 가늠할 수 없나이다. 저희는 당신께서 저희를 위해 마련하신 기적과 계획에 감사드리며, 필적할 자가 없으신 당신께 의존하나이다. 비오니 저희가 당신의 선하심을 마음에 새기게 하소서. 그리하여 저희가 당신의 한없는 사랑에 대한 찬미 노래를 당신께 매일 새롭게 올리게 하소서. 우리 주 그리스도를 통하여 비나이다. 아멘.

시편 41

제 벗마저 발꿈치를 치켜들며 대드나이다

성경의 사고방식에 따르면 아픔이나 질병, 불행은 개인이 저지른 죄의 결과로 생겨납니다. 시편을 보면, 불행이나 병에 대한 불만을 토로한 뒤에 죄나 잘못에 대한 고백이 뒤따르는 경우가 자주 있습니다. 악은 반드시 악행을 저지른 자에게 되돌아온다는 성경의 믿음을 설명하는 것이 바로 이와 같은 인과응보에 입각한 정의라는 개념입니다. 그러므로 죄는 온갖 불행을 낳는 씨앗인 것입니다. 시편 41편은 하느님의 호의는 가련한 사람들을 항상 마음에 두는 사람들에게 베풀어진다는 말로 시작합니다. 왜냐하면 하느님께서는 그런 사람들에게 시련이 닥쳤을 때 이들을 구해 주실 것이기 때문이라고 합니다. 하느님께서는 그들이 아플 때 치료하실 것이며(4절), 그들을 원수에게서 구하실 것입니다(3절). 이렇게 일반적인 의견을 피력한 다음, 시편저자는 자신의 개인적인 죄를 고백하고 자비를 구합니다(5절). 병의 고통만으로는 부족하기라도 하듯, 계속해서 그의 원수들이 그에게 내뱉은 말, 즉 그들이 어떻게 그의 죽음을 기다리며 그에 대한 거짓을 퍼뜨리고 있는지를 설명합니다(6-9절). 성경의 사고에서는 가족이나 친구의 배신을 특히 부정적인 시각으로 보았습니다. 우리는 우리와 가장 가까운 사람들, 우리의 가장 깊은 마음속 생각까지 알고 있는 사람들에게는 특별한 의리와 신의를 기대합니다. 따라서 이러한 유대 관계를 배신하는 행위는 진정 엄청난 모욕과 공격이 됩니다. 10절에 바로 이러한 배신행위가 묘사되어 있습니다. 히브리 문화에서는 누군가와 함께 식사를 하는 행위는 순수한 동맹 관계를 표현합니다. 문자 그대로 "함께 빵(본문에는 밥)을" 나눈다는 것은 '동료애'의 표현입니다. 시편저자가 빵을 쪼개어 나눔으로써 신뢰를 표현했음에도 발꿈치를 치켜들며 그에게 대드는 친구의 모습이 배신의 표상을 보여 줍니다. 오늘날에는 "뒤통수를 얻어맞다"라는 표현에 비유될 수 있습니다. 요한 복음서에서 예수님은 최후의 만찬 자리에서 유다의 배신을 예고하시면서 바로 이 구절을 인용하십니다. "어차피 '내 빵을 먹는 자가 나를 거슬러 그 발꿈치를 들었다'고 한 성경 말씀은 이루어져야 할 것입니다"(요한 13,18). 시편저자는 이 시편의 결말을 향해 가면서, 바로 자기 자신의 상황을 시편 첫 부분에서 했던 주장과 연결시킵니다. 즉, 가련한 사람을 돌보아서 그의 적들로부터 구해집니다(2절). 시편저자는 공정하고 올바른 자들 가운데 한 명이므로, 하느님께서는 그를 일으키시고(11절) 원수로부터 구해 주십니다.

하느님께서 부활 때 예수님께 해 주시기로 되어 있는 것처럼 말입니다. 14절의 영광송은 시편집 제1권이 끝났음을 알립니다. 제2권의 마지막(72,18-19), 제3권의 마지막(89,53), 제4권의 마지막(106,48)도 동일한 영광송으로 마무리됩니다.

41 (40) [지휘자에게. 시편. 다윗]

2 행복하여라, 가련한 사람을 돌보는 이!
 불행한 날에 주님이 그를 구하시리라.
3 주님이 보살피고 살리시니
 그는 이 땅에서 복을 받으리라.
 그를 원수들의 탐욕에 내주지 않으시리라.
4 주님이 그를 병상에서 일으키시고
 아플 때 온갖 고통 없애시리라.

5 저는 아뢰었나이다.
 "주님, 저에게 자비를 베푸소서.
 저를 고쳐 주소서. 당신께 죄를 지었나이다."
6 원수들이 저에게 모진 말을 하나이다.
 "저자가 언제 죽어 그 이름 사라질까?"
7 찾아와서는 거짓을 이야기하며
 속으로는 못된 것을 품고 있다가
 밖에 나가 나쁜 말을 퍼뜨리나이다.
8 저를 미워하는 자들 모두 수군거리며

저에게 해로운 일을 꾸미나이다.
9 "불운이 덮쳐 드러누운 저자
다시는 일어나지 못하리라."
10 제가 믿어 온 친한 벗마저,
저와 함께 밥을 먹던 그 친구마저
발꿈치를 치켜들며 대드나이다.
11 주님, 자비를 베푸시어 저를 일으키소서.
제가 그들에게 앙갚음을 하오리다.
12 원수가 제 꼴 보고 환호하지 않는다면
당신이 저를 좋아하시는 줄 알리이다.
13 당신은 저를 온전토록 붙들어 주시고
당신 앞에 영원히 세워 주시나이다.

14 주 이스라엘의 하느님은 찬미받으소서.
영원에서 영원까지!
아멘, 아멘!

기도합시다

마음과 정신을 시험하시는 하느님, 저희의 생각과 바람, 저희의 행동과 의도를 모두 알고 계시는 분, 비오니 저희가 당신의 말씀으로 옳은 일을 행하고, 저희의 소명에 충실하며, 당신의 자애에 언제나 감사하게 하소서. 우리 주 그리스도를 통하여 비나이다. 아멘.

제2권

시편 42

주님을 목말라하나이다

한때는 시편 42편과 43편을 묶어서 한 시편으로 간주했습니다. 두 시편에서 같은 후렴구가 반복되면서 하나로 묶이기 때문입니다(42,6.12; 43,5). 게다가 시편 43편에는 대부분의 시편에서 확인할 수 있는 표제가 없어서, 원래는 42편과 연속된 부분이라는 추측이 가능합니다. 42편과 43편, 두 시편은 모두 바람과 갈망에 관한 내용입니다. 여기에 나오는 비유적 표현을 보면 화자가 예루살렘 성전에서 멀리 떨어져 있다는 추정을 할 수 있습니다. 헤르몬산(7절)은 왕국 최북단에 위치한 반면, 예루살렘은 남부에 있습니다. 5절에서 예루살렘에 있는 하느님의 집을 언급하는 부분 역시 화자가 거룩한 도성 예루살렘으로부터 얼마나 떨어져 있는지 그 거리를 함축해서 보여 줍니다. 이스라엘은 하느님을 살아 계시는 하느님, 즉 계약을 통해 그들과 개인적인 관계를 맺고 있는 분으로 이해했습니다. 이 시편에서 저자는 이러한 하느님과의 친밀감, 다시 말해 상호 신뢰와 확신을 바탕으로 한 동맹 관계를 더 깊게 체험하고 싶다는 바람을 표현합니다. 이러한 바람은 목마름(3절), 얼굴(3절), 눈물(4절), 북받쳐 오른 영혼(5절), 신음(6절), 잊음(10절), 슬픔(10절), 치명적 상처(11절)와 같은 인간의 뿌리 깊은 욕구에 비유됩니다. 우리 가운데 그 누가 이러한 단어로 표현된 깊은 감정에 공감을 느끼지 못하겠습니까? 우리는 여기서 '영혼'이란 말이 얼마나 자주 나오는지 주목해야 합니다(2-3.5.6.7.12절). 영혼은 인간 내면의 생명 원천을 의미합니다. 영혼은 우리가 계속해서 살아 있고 활기차며 호응하게, 적극적 상태를 유지하게 해 줍니다. 영혼이 없다면 우리는 활기와 에너지, 힘, 활력의 원천을 잃습니다. 복음서를 보면 예수님도 제자의 배신과 당국의 분노, 당신의 임박한 죽음에 직면할 때 이 시편에 나오는 것과 같은 바람과 갈망을 표현하십니다. "지금 제 영혼이 몹시 산란합니다. 무슨 말씀을 드릴까요? '아버지, 이 시간을 면하게 저를 구원해 주소서' 할까요? 아니, 저는 바로 이 시간을 위해서 왔습니다"(요한 12,27). 우리는 하느님과 일치를 이루기 위해 창조되었습니다. 개인적인 괴로움을 겪게 될 때, 하느님의 모상으로 창조된 우리의 갈증과 갈망은 하느님과의 일치를 통해서만 온전히 누그러질 수 있습니다.

¹ **42** (41) [지휘자에게. 마스킬. 코라의 자손들]

² 사슴이 시냇물을
  그리워하듯
  하느님, 제 영혼이
  당신을 그리나이다.
³ 제 영혼이 하느님을,
  생명의 하느님을 목말라하나이다.
  하느님의 얼굴을
  언제 가서 뵈오리이까?
⁴ "너의 하느님 어디 있느냐?"
  사람들이 온종일 빈정거리니
  밤낮으로 흘린 제 눈물
  저의 빵이 되나이다.
⁵ 영광의 초막,

하느님의 집까지
　　　환호와 찬미 소리 드높은 가운데
　　　축제의 무리와 행진하던 일 되새기며
　　　제 영혼이 북받쳐 오르나이다.
　6　내 영혼아, 어찌하여 시름에 잠겨
　　　내 안에서 신음하느냐?
　　　하느님께 바라라. 나 다시 그분을 찬송하리라.
　7　나의 구원, 나의 하느님을 찬송하리라.

　　　제 영혼이 시름에 잠겨
　　　요르단 땅, 헤르몬, 미츠아르산에서
　　　당신을 생각하나이다.
　8　당신의 폭포 소리에 따라
　　　너울이 너울을 부르나이다.
　　　당신의 파도와 물결
　　　모두 제 위를 지나갔나이다.

　9　낮 동안 주님이
　　　자애를 베푸시니
　　　나는 밤에 그분께 노래 부르고
　　　내 생명의 하느님께 기도드리네.
10　나의 반석 하느님께 말씀드렸네.
　　　"어찌하여 이 몸 잊으셨나이까?
　　　어찌하여 원수의 핍박 속에

슬피 울며 걸어가야 하나이까?
11 '너의 하느님 어디 있느냐?'
　　적들이 온종일 빈정거리며
　　제 뼈가 으스러지도록
　　저를 모욕하나이다."

12 내 영혼아, 어찌하여 시름에 잠겨 있느냐?
　　어찌하여 내 안에서 신음하느냐?
　　하느님께 바라라. 나는 다시 그분을 찬송하리라.
　　나의 구원, 나의 하느님을 찬송하리라.

기도합시다

자비와 정의의 하느님, 당신께서는 저희 가운데 하나가 되시어 저희 마음속 바람과 저희 약점을 온전히 공유하셨나이다. 저희가 당신과 더욱 깊은 일치를 이루고자 고군분투할 때, 지상 순례의 도전들을, 당신 아들 예수 그리스도께서 겪어 내신 그 도전들을 잘 헤쳐 나가게 이끄시어, 당신께서 약속하신 평화를 저희에게 주소서. 모든 찬미와 영예, 영광과 감사가 당신께 이제와 항상 영원히. 아멘.

시편 43

하느님의 빛과 진실에 대한 요청

시편 43편에서 곧장 눈에 띄는 것은 두 가지입니다. 대체로 시편 시작

부분에서 헌정이나 저자를 알려 주는 역할을 하는 표제가 여기에는 없다는 점과 5절이 42편의 후렴구를 다시 반복한 것이라는 점입니다. 이 때문에 시편 42편과 43편은 한때 하나의 시편으로 간주되었습니다. 시편 43편은 시편저자가 고향에서 먼 곳에서 살고 있거나 적어도 하느님의 거룩한 거처(3절)에서 멀리 떨어져 살고 있음을 암시하는 표현들로 시작합니다. 이렇게 멀리 떨어진 곳에서부터 시편저자는 "거짓되고 불의한 자"로 이루어진 "불충한 백성"을 비난합니다. 3-4절에서 그는 자신이 말하고자 하는 주제를 발전시켜서, 다시 한번 하느님의 거룩한 산으로 돌아가고 싶은 바람을 표현합니다. 이곳은 예루살렘 성전에서 하느님의 제단이 있는 곳입니다. 3절에서는 "빛과 진리"를 간청하면서, 성경에서 구원을 요청하기 위해 빈번히 사용하는 "빛"의 표상을 다시 사용합니다. 즉, 빛의 표상으로 우리 삶에 구원과 구속을 가져다주시는 하느님의 행동을 나타냅니다. 이러한 표상은 이사야서 60장에 아름답게 펼쳐져 있습니다. 하느님 백성은 막 유배살이에서 귀환하지만 고향의 삶에서는 희망과 기대를 갖기 어렵습니다. 이런 상황에서 이사야서는 백성의 삶으로 파고드는 구원을 영광스럽고 눈부시게 묘사하고 있습니다. 이 시편에서 저자는 이사야서에 나오는 것과 같은 구원의 빛을 하느님께 청합니다. 다시 말해 여기서 "당신의 진리"라고 표현된 하느님의 신의를 약속하는 그분의 놀라운 계획 안에 포함시켜 주시기를 청합니다. 구약성경에 나오는 이러한 표상들 덕분에 우리는 예수님이 "나는 세상의 빛입니다. 나를 따라오는 이는 어둠 속을 걷지 않고 오히려 생명의 빛을 얻을 것입니다"(요한 8,12)라고 하신 말씀을 이해하게 됩니다. 구약성경의 예언적 본문들도 메시아의 도래를 말하기 위해 빛의 표상을 사용합니다(이사 9,2-7). 예수님은 우리의 구원이요 구속이며 해

방입니다. 우리는 하느님께서 우리가 환난에 빠져 있을 때 희망을 주시고, 고난에서 허덕일 때 힘을 주시며, 방황할 때 평화를 주시는 빛을 주시리라 기대합니다. 시편저자와 마찬가지로 우리도 하느님의 거처로 돌아가고 싶어 하는 유배자입니다. 구원의 빛을 구하는 우리는 그리스도 안에서 이 빛을 발견합니다.

43

1 (42) 하느님, 제 권리를 찾아 주소서.
　　불충한 백성에게 맞서
　제 소송을 이끌어 주소서.
　거짓되고 불의한 자에게서
　저를 구해 주소서.
2 당신은 저의 하느님, 저의 피신처
　어찌하여 저를 버리셨나이까?
　어찌하여 제가 원수의 핍박 속에
　슬피 울며 걸어가야 하나이까?
3 당신의 빛과 진리를 보내시어
　저를 인도하게 하소서.
　당신의 거룩한 산,
　당신의 거처로 데려가게 하소서.
4 저는 하느님의 제단으로 나아가오리다.
　제 기쁨과 즐거움이신 하느님께 나아가오리다.
　하느님, 저의 하느님
　비파 타며 당신을 찬송하오리다.

5 내 영혼아, 어찌하여 시름에 잠겨 있느냐?
어찌하여 내 안에서 신음하느냐?
하느님께 바라라. 나는 다시 그분을 찬송하리라.
나의 구원, 나의 하느님을 찬송하리라.

기도합시다

저희의 빛, 저희의 진리이신 주 예수님, 당신께로 가는 길을 저희에게 비추소서. 저희가 방황하며 당신의 의로움과 정의의 길에서 벗어날 때 저희를 다시 돌아오게 하시어, 저희 삶 안에서 당신 구원의 현존을 선포하게 하소서. 모든 찬미와 영광과 감사, 영예와 축복과 지혜가 당신께 영원히. 아멘.

시편 44

하느님, 어찌 된 일이옵니까?

시편 44편은 크게 두 부분으로 나눌 수 있습니다. 2-9절에서는 하느님의 백성이 찬송과 감사를 드려야 하는 오래된 역사적 이유를 나열합니다. 반면 10-22절에서는 비극적인 상황에 처한 이 백성이 충격을 받고 상황을 납득하지 못하는 모습을 묘사합니다. 하느님의 백성으로서 수많은 축복을 누렸던 그들은 갑작스럽게 패배와 수치, 죽음과 마주치면서 망연자실하고 맙니다. 시편저자는 이러한 상황을 만드신 분이 하느님이시라고 분명하게 추정합니다. 예전에 그들을 높이 들어 올리시고 강복하신 분도 하느님이셨으니, 이제 그들을 낮추시는 분도 하느님일 수밖에 없다는 이야기입니다. 특히나 그분께서는 그들이 가능하다고 생각했던 것보다 훨씬 더 낮은 곳으로 그들을 낮추셨습니다. 시편 44편은 이스라엘 역사의 암흑기를 되짚어 보는 기도인 집단적 애가로 분류됩니다. 하느님께서 "나의 소유, 사제들의 나라, 거룩한 민족"(탈출 19,3-6)이라 부르셨던 이스라엘 백성에게서 당신의 호의를 거두어들이신 것 같은 시기가 바로 이 암흑기입니다. 10-14절에서 하느님께 드리는 말씀은 직설적이고 단도직입적입니다. "당신은 저희를 버리시고 치욕스럽게 하셨나이다. 저희를 적에게 쫓기게 하셨나이다. 잡아먹힐 양들처럼 저희를 넘기셨나이다. 당신 백성을 헐값에 팔아 버리셨나이다. 저희를 이웃에 우셋거리로 삼으셨나이다." 이 같은 도발적 표현은 24-25절로도 이어져서, 하느님께 그들이 처한 상황에 눈을 뜨시어 그들을 지켜 주는 행동을 취해 주시고 다시 한번 그들에게 하느님의 얼굴을 보여 주시기를 애원합니다. 26절에서는 "영혼"과 "배"에 대한 주장을 병렬적인 구조로 다룸으로써, 존재 전체가 육체적으로도 정신적으로도 모두 최저에 이르러 먼지 속에 쓰러지고 땅바닥에 붙게 되었음을 암시합니다. 27절에서는 하느님의 자애에 마지막으로 호소합니다. 자애란 하느님께서 그들과 맺은 계약관계에서 나오는 사랑입니다. 하느님은 충실한 분이십니다. 따라서 그들은 하느님의 충실함이 다시 한번 그들에게 전력을 다해 발휘되기를 기원하는 것입니다. 마르코 복음서를 보면 공생활이 끝날 무렵 예수님께서 이와 같은 전쟁과 패배, 재난에 대한 말씀을 하시는 대목이 나옵니다. 이것은 단지 익숙했던 세상이 이제 사라질 것이라는 주장을 하시기 위해서였습니다. "그리고 여러분이 전쟁 소식과 전쟁에 관한 뜬소문을 듣게 되더라도 당황하지 마시오. 그런 일들이 생기게 마련이지만, 아직 종말은 아닙니다. 사실 민족이 민족을 거슬러 일어나고 나라가 나라를 거슬러 일어나며 곳곳에 지진이 발생하고 기근이 들 것입니다. 이런 일들은 진통의 시작입니다"(마르 13,7-8). 역사적으로 보면 우리가 사는 세상은 끊임없이 전쟁의 진통을 겪었으며 지금도 겪고 있습니다. 이러한 고통과 투쟁에 눈을 뜬 우리가 전쟁이나 재난 한가운데 있는 사람들과 기도 안에서 일치를 이루고 우리의 시선을 하늘의 일과 우리의 위대한 희망에 고정시키기 위해서는 더욱 깊은 믿음을 가져야 합니다.

44 (43) [지휘자에게. 코라의 자손들. 마스킬]

2 하느님, 저희는 두 귀로 들었나이다.
　저희 조상들이 이야기하였나이다,
　그 시대에 당신이 이루신 위업을.
3 그 옛날에 당신이 손수 이루셨나이다.
　민족들을 쫓아내어 조상들을 심으시고
　겨레들을 멸망시켜 조상들을 번성하게 하셨나이다.
4 정녕 조상들은 자기 칼로 땅을 얻지도 못하고
　자기 팔로 승리하지도 못했나이다.
　오로지 당신이 그들을 좋아하셨기에
　당신의 오른손과 팔로,
　당신 얼굴 그 빛으로 이루어 주셨나이다.
5 하느님, 당신이 바로 저의 임금님.
　야곱에게 구원을 베풀어 주소서.
6 저희는 당신 힘으로 적들을 물리치고

당신 이름으로 원수들을 짓밟나이다.

7 정녕 저는 제 화살을 믿지 않나이다.
제 칼이 저를 구하지도 못하나이다.

8 당신만이 저희를 적들에게서 구하시고
저희를 미워하는 자들에게 망신을 주셨나이다.

9 저희가 날마다 하느님을 찬양하고
당신 이름 길이 찬송하리이다. 셀라

10 그러나 당신은 저희를 버리시고 치욕스럽게 하셨나이다.
저희 군대와 함께 출정하지 않으셨나이다.

11 당신이 저희를 적에게 쫓기게 하시어
저희를 미워하는 자들이 노략질하였나이다.

12 잡아먹힐 양들처럼 저희를 넘기시고
민족들 사이로 흩어 버리셨나이다.

13 이문 한 푼 남기지 않으시고
당신 백성을 헐값에 팔아 버리셨나이다.

14 당신은 저희를 이웃에 우셋거리로,
주위에 비웃음과 놀림감으로 삼으셨나이다.

15 저희를 민족들의 이야깃거리로,
겨레들의 조솟거리로 삼으셨나이다.

16 저는 온종일 치욕에 떨고
창피하여 얼굴을 들 수 없으니

17 모독하는 자가 욕설을 퍼붓고
원수가 복수하려고 노려보기 때문이옵니다.

18 이 모든 것이 저희를 덮쳤나이다.
그러나 저희는 당신을 잊지 않았고
당신 계약을 어기지도 않았나이다.

19 저희 마음은 당신에게서 떠나지도 않았고
저희 발걸음은 당신 길을 벗어나지도 않았나이다.

20 그런데도 당신은 저희를 부수시어
승냥이들의 소굴로 만드시고
저희를 암흑으로 덮으셨나이다.

21 저희가 하느님의 이름을 잊고
낯선 신에게 손을 펼쳤다면

22 하느님은 마음속에 숨긴 것도 아시는데
그런 것을 찾아내지 못하시리이까?

23 그러나 저희는 도살되는 양처럼 여겨지며
당신 때문에 온종일 죽임을 당하나이다.

24 깨어나소서, 주님, 어찌하여 주무시나이까?
일어나소서, 저희를 영영 버리지 마소서!

25 어찌하여 당신 얼굴을 감추시나이까?
어찌하여 가련하고 비참한 저희를 잊으시나이까?

26 정녕 저희 영혼은 먼지 속에 쓰러지고
저희 배는 땅바닥에 들러붙었나이다.

27 일어나소서, 저희를 도우소서.
당신 자애로 저희를 구원하소서.

기도합시다

저희의 평화의 원천이시며 영속적인 희망이신 하느님, 환난 때 드리는 저희의 기도를 들으시어 당신 치유의 사랑으로 저희 마음을 어루만져 주소서. 세상에 당신의 평화를 정착시키고자 애쓰는 사람들을 인도하시고, 저희가 폭력과 증오, 전쟁의 슬픔에 신음하는 저희 형제자매들을 언제나 마음에 새겨 두게 하소서. 세상을 새롭게 할 수 있는 저희의 유일한 희망은 하느님 안에 있나이다. 우리 주 그리스도를 통하여 비나이다. 아멘.

시편 45

하느님의 기름부음받은이를 위한 혼인 찬가

시편 45편은 두 부분으로 나뉩니다. 2-10절은 하느님의 기름부음받은이인 왕에 대한 이야기이며, 11-18절에서는 왕의 신부에게 내리는 명령과 함께 그에게 주어질 의무와 특권을 나열합니다. 성경의 원래 맥락에서 보면 이 찬가는 이스라엘 왕가의 혼인 잔치와 관련된 것입니다. 하지만 이 시편을 그리스도교적 관점에서 해석하면 이러한 의미는 하느님의 기름부음 받은 왕을 완벽하게 구현하는 그리스도의 인성과 연관됩니다. 그리스도인들은 신부에게서 교회와 마리아의 표상을 연상합니다. 히브리인들에게 보낸 서간 첫째 장은 하느님의 기름부음받은이, 즉 하느님의 아들인 예수 그리스도의 신비를 설명하기 위해 이 시편 7-8절을 인용합니다. "그러나 아들에 관해서는 '하느님, 당신의 옥좌는 영원무궁하시며 정의의 지팡이는 당신 통치의 지팡이입니다. 당신은 정의를 사랑하시고 불의를 미워하셨습니다. 그러므로 하느님, 당신의 하느님은 당신의 동료들을 제쳐 놓고 기쁨의 기름으로 당신을 바르셨습니다' 하고 말합니다"(히브 1,8-9). 히브리인들에게 보낸 서간의 저자는 교회에게 예수 그리스도가 어떤 분이신지 설명합니다. 그분은 바로 오래전부터 기다려 왔던, 구약에서 이야기하던, 의롭고 공정한 행위를 바탕으로 그 위에 왕국을 세우시는 구세주 메시아이십니다. 다른 한편으로 에페소 신자들에게 보낸 서간에서는 혼인 찬가 기능을 하는 시편 45편이 그리스도인들에게는 또 다른 의미가 있다고 제안합니다. 즉, 여기서 혼인은 그리스도와 그의 신부인 교회의 관계에 대한 은유라는 주장입니다. "이렇게 남편들도 또한 자기 아내를 자기 몸처럼 사랑해야 합니다. 자기 아내를 사랑하는 이는 자기 자신을 사랑하는 것입니다. 사실 우리는 자기 육신을 미워하지 않고, 오히려 기르고 돌봅니다. 그리스도께서도 교회를 이와 같이 대하십니다. 우리는 그분 몸의 지체들이기 때문입니다"(에페 5,28-30). 마지막으로 시편 45편은 성모 마리아와 관련된 축일 전례 때 자주 사용됩니다. 성모승천 대축일에 우리는 화답송으로 11-17절을 노래합니다. 승천하신 성모님은 이제 그곳에서 여왕으로서 통치하시니, 시편 45편의 말씀은 성모님의 위풍당당한 모습과 지고한 아름다움을 적절히 그리고 있습니다. 이리하여 이 시편은 우리가 기도 중에 묵상해야 할 뜻깊은 세 가지 표상, 즉 하느님의 기름부음받은이 그리스도, 그리스도의 신부 교회, 천상 모후 마리아를 제시합니다. 이 세 가지 표상 모두 우리에게 열린 마음으로 충실하게 그리고 기쁜 마음으로 의탁하면서 하느님의 뜻에 따라 살라고 하는 도전을 던집니다.

1 **45** (44) [지휘자에게. 나리꽃 가락으로. 코라의 자손들. 마스킬. 사랑 노래]

2 아름다운 말이 마음에서 우러나와
  임금님께 제 노래 읊어 드리나이다.
  제 혀는 능숙한 서기의 붓이옵니다.
3 누구보다 수려하신 당신
  은총이 넘치는 당신의 입술
  하느님이 영원히 강복하셨나이다.
4 용사시여, 허리에 칼을 차소서.
  당신의 엄위와 영화를 두르소서.
5 영화롭게 나아가 이루소서.
  진실과 자비와 정의를 이루소서!
  당신 오른팔이 놀라운 일을 하리이다.
6 당신의 화살은 날카로워
  원수들의 심장을 꿰뚫고
  민족들은 당신 발아래 쓰러지나이다.
7 하늘 같은 분! 당신의 왕좌는 영원무궁하며
  당신의 왕홀은 공정의 홀이옵니다.
8 당신이 정의를 사랑하고 불의를 미워하시니
  하느님이, 당신의 하느님이 기쁨의 기름을 부으셨나이다.
  당신 동료들 앞에서 당신께 부어 주셨나이다.
9 몰약 침향 계피로 당신 옷들이 모두 향기롭고
  상아궁에서 흐르는 비파 소리 당신을 즐겁게 하나이다.

10 당신 사랑을 받는 여인들 가운데
　제왕의 딸들이 있고
　오피르 황금으로 단장한 왕비
　당신 오른쪽에 서 있나이다.

11 들어라, 딸아, 보고 네 귀를 기울여라.
　네 백성, 네 아버지 집안을 잊어버려라.
12 임금님이 너의 미모에 사로잡히시리라.
　임금님은 너의 주인이시니
　그분 앞에 엎드려라.
13 티로의 딸이 예물을 가져오고
　부유한 백성들이 네게 경배하는구나.

14 화사하게 한껏 꾸민 임금님 딸이
　금실로 수놓은 옷에 싸여 안으로 드는구나.
15 오색 옷 단장하고 임금님께 나아가는구나.
　처녀들이 뒤따르며
　동무들도 오는구나.
16 기쁨과 즐거움에 이끌려
　임금님 궁전으로 들어가는구나.

17 당신 아들들이 조상의 뒤를 이으리니
　당신이 그들을 온 땅의 제후로 삼으시리이다.
18 저는 당신 이름을 세세 대대 전하리니

백성들이 당신을 영원무궁 찬송하리이다.

기도합시다

교회의 신랑이신 그리스도님, 지상에 있는 당신 몸인 저희를 강하게 하시어 저희가 충실한 종으로서 당신 뜻을 실현하게 하소서. 저희에게 영감을 주시어 당신의 정의에 대한 사랑과 당신 신의와 온유를 따르게 하소서. 당신의 이름을 모든 말과 행동으로 찬미하고 싶은 저희의 바람이 커지게 해 주소서. 거룩하신 당신의 이름으로 기도하나이다. 아멘.

시편 46

너희는 멈추고 알아라

시편 42편, 43편과 마찬가지로 시편 46편도 다음과 같은 후렴구가 반복되는 것이 눈에 띄는 특징입니다. "만군의 주님이 우리와 함께 계시네. 야곱의 하느님이 우리의 산성이시네." 이 후렴구는 4절, 8절, 12절에서 반복되면서, 이 시편의 핵심 의미를 전달합니다. 즉, 하느님께서 우리와 함께 계시기 때문에 두려워할 이유가 없다는 것입니다. 땅을 산산이 부수어 버릴 듯한 사건들이 어떤 때에는 자연재해로, 또 어떤 때에는 원수들이 행한 일을 통해 일어날 수 있습니다. 이러한 모든 경우에, 우리는 하느님의 현존을 어떠한 상황에서도 우리를 지탱해 주시는 산성이라고 확신해야 합니다. 이 시편에서 사용하는 언어는 생생하고 힘이 있습니다. 땅이 뒤흔들리고, 산들이 떨며, 바닷물이 울부짖고, 땅이 녹아 흐른다고 합니다. 그런데 이러한 표현들은 문자 그대로 보면 자연재해를 가리키지만, 우리가 일상에서 마주치는 고역과 도전에 대한 은유로도 볼 수 있습니다. 가령 가족과 생계에 대한 책임, 실패할지 모를 사업상 모험, 예기치 못한 질병 등이 그렇습니다. 이 같은 경험들은 우리를 시험에 들게 합니다. 그리고 이와 동시에 우리의 예상이나 예측을 벗어난 길로 우리를 이끄시는 하느님의 힘에 대해 우리가 다시금 확신을 가질 수 있는 기회를 마련해 주기도 합니다. 확실히 이 시편 저자에게 안전은 중요 주제입니다. 한편으로는 강물 덕분에 안전이 보장되지만(5절), 거룩한 도성의 안전을 보장하는 진정한 토대는 바로 하느님의 현존입니다. "멈추어라, 너희는 알아라, 내가 하느님이다"라는 명령은 다른 나라 군대가 공격하기 위해 전열을 정비하던 때에 이사야가 전해 준 예언을 떠올리게 합니다. "이스라엘의 거룩하신 분, 주 하느님께서 이렇게 말씀하신다. '회개와 안정으로 너희가 구원을 받고 평온과 신뢰 속에 너희의 힘이 있다'"(이사 30,15). 이러한 이사야 예언자의 말씀과 갈릴래아 호수에서 폭풍을 잠재우신 예수님의 말씀은 다르지 않습니다. "그래서 예수께 다가가서 깨우며 '스승님, 스승님, 우리가 죽게 되었습니다' 하였다. 그러자 예수께서 일어나 바람과 사나운 물결을 꾸짖으시니 곧 그치어 고요해졌다. 그리고 나서 그분은 그들에게 '여러분의 믿음이 어디 있습니까?' 하고 말씀하셨다. 그들은 두려워하고 놀라워하면서 서로 말하기를 '도대체 이분이 누구인데 바람과 물에 명령하시니 그것들조차 이분에게 순종할까?' 하였다"(루카 8,24-26). 저마다 삶의 폭풍 한가운데에 있는 우리에게는 우리의 인성을 온전히 공유하셔서 우리의 몸부림을 잘 아시는 오직 한 분이 계십니다. 그러니 매일 그리스도 예수님에 대한 우리의 신뢰를 새롭게 합시다. 그분께서는 우리 구원의 선구자이십니다.

1 **46** (45) [지휘자에게. 코라의 자손들. 알 알라못. 노래]

2 하느님은 우리의 피신처, 우리의 힘.
　어려울 때마다 늘 도와주셨네.
3 우리는 두려워하지 않네.
　땅이 뒤흔들린다 해도
　산들이 바다 깊이 빠진다 해도.
4 바닷물이 울부짖고 소용돌이쳐도
　그 위력에 산들이 떨어도 두려워하지 않네.
　(만군의 주님이 우리와 함께 계시네.
　야곱의 하느님이 우리의 산성이시네. 셀라)
5 강물이 줄기줄기 하느님의 도성을,
　지극히 높으신 분의 거룩한 거처를 즐겁게 하네.
6 하느님이 그 안에 계시니 흔들리지 않네.
　하느님이 동틀 녘에 구해 주시네.
7 민족들이 울부짖고 나라들이 들썩이지만
　그분의 큰 소리에 땅이 녹아 흐르네.
8 만군의 주님이 우리와 함께 계시네.
　야곱의 하느님이 우리의 산성이시네. 셀라
9 와서 보아라, 주님의 업적을
　이 세상에 이루신 놀라운 일을!
10 그분은 땅끝까지 전쟁을 없애시고
　활을 꺾고 창을 부러뜨리시며
　병거를 불살라 버리시네.

11 "멈추어라, 너희는 알아라, 내가 하느님이다.
 나는 민족들 위에 우뚝 섰노라, 세상 위에 우뚝 섰노라."
12 만군의 주님이 우리와 함께 계시네.
 야곱의 하느님이 우리의 산성이시네. 셀라

기도합시다

바람과 폭풍의 창조주요 주인이신 하느님, 요동치는 저희의 마음에 저희가 갈구하는 평화를 주소서. 삶의 도전 한가운데에서 당신의 변함없는 자애를 확신하게 하소서. 저희에게 가르침을 주시어, 저희가 멈추어 서서 당신께서 영원히 저희의 하느님이심을 인정하게 하소서. 아멘.

시편 47

임금께서 오르시네

우리는 성경 속 주요 사건들 — 구약성경에서는 과월절과 이집트 탈출, 신약성경에서는 최후의 만찬과 주님의 수난과 죽음, 부활 사건 — 을 전례 때 기념합니다. 이와 마찬가지로 이스라엘 형성에 중요한 역할을 한 특정 축일을 반영한 시편들도 있습니다. 일부 학자들에 따르면 고대 이스라엘에서는 매년 축제를 열어, 주 야훼를 그들의 임금으로 상징적으로 인정했습니다. 이 임금은 의례에 따라 자신이 다스릴 백성들 앞에서 어좌에 올랐습니다(6,9절). 이스라엘에는 지상의 임금이나 지도자가 분명히 있었지만, 그들은 이런 축제를 통해 하느님께서 충실하고 영원하며 진실하신 임금이심을 확인했습니다. 시편 47편은 야훼가 왕좌에 앉으시는 것을 비유한 노래입니다. "온 세상의 위대하신 임금"(3절), "하느님이 오르신다"(6절), "하느님이 거룩한 어좌에 앉으신다"(9절)와 같은 구절은 하느님께서 온 우주의 임금이심을 온 천하에 알립니다. 초기 그리스도인들이, 복음서와 사도행전에 기록되어 있는 것처럼, 이 시편을 부활하신 예수 그리스도의 승천과 어떻게 연결시켰는지는 쉽게 상상할 수 있습니다(마르 16,19-20; 루카 24,50-53; 사도 1,6-11). 그리스도는 승천하시어 하느님 오른편에 앉으십니다. 이처럼 고양된 지위에서 그분께서는 성부 앞에서 우리를 위해 선처를 호소하실 수 있습니다. 이리하여 그분께서는 제물로 바쳐진 황소와 염소의 피가 아니라, 당신께서 십자가 위에서 흘리신 피로 인간의 손으로 짓지 않은 피난처로 들어가셨습니다. 그리스도의 위대한 희생은 한 해의 죄악을 없애려고 매년 속죄일에 대사제가 거행하는 것과 같은 연례 의식이 아닙니다. 오히려 그리스도는 당신을 믿는 모든 이들을 죄로부터 영원히 구원하기 위해 최종적으로 천상 피난처에 들어가셨습니다(히브 4,14-5,10; 9,11-28). 예수님은 우리의 연약하고 깨질 것 같은 인성을 온전히 공유하시기에, 성부 앞에서 우리의 죄를 참아 내고 우리를 위해 선처를 호소하는 완벽한 대사제이십니다. 따라서 신뢰와 확신을 가지고 다가가면 반드시 그분께서 측은한 마음으로 우리에게 귀를 기울이실 것입니다.

47 (46)

1 [지휘자에게. 코라의 자손들. 시편]

2 모든 민족들아, 손뼉을 쳐라.
   기뻐 소리치며 하느님께 환호하여라.

3 주님은 지극히 높으신 분, 경외로우신 분,

온 세상의 위대하신 임금이시다.

4 그분은 민족들을 우리 밑에,
　　겨레들을 우리 발아래 굴복시키셨네.

5 우리에게 상속의 땅을 골라 주셨네.
　　사랑하시는 야곱의 영광을 주셨네. 셀라

6 환호 소리 가운데 하느님이 오르신다.
　　나팔 소리 가운데 주님이 오르신다.

7 노래하여라, 하느님께 노래하여라.
　　노래하여라, 우리 임금님께 노래하여라.

8 하느님이 온 누리의 임금이시니
　　찬미의 노래 불러 드려라.

9 하느님이 민족들을 다스리신다.
　　하느님이 거룩한 어좌에 앉으신다.

10 뭇 민족의 귀족들이 모여 와
　　아브라함의 하느님 그 백성이 된다.
　　세상 방패들이 하느님의 것이니
　　그분은 지극히 존귀하시어라.

기도합시다

주 예수 그리스도여, 천상 왕좌 앞에 계신 자애로우시고 인정 많으신 대사제이시여, 저희를 도와주시어 저희에 대한 당신의 애정이 얼마나 깊은지 깨닫게 하소서. 지난날 당신께서 저희 죄의 짐을 짊어지셨던 것처럼, 지금은 저희를 이 삶의 순례길로 인도하소서. 그리하여 저희가 결국에는 당신의 의로움과 정의, 평화가 영원히 다스리는 왕국에 도달하게 하소서. 이 모든 영예와 영광이 당신께, 이제와 항상 영원히. 아멘.

시편 48

시온을 두루 돌아라

여러 시편에서 시온산은 예수살렘의 또 다른 이름으로 사용됩니다. 시편 47편이 왕의 대관식에 대한 이야기라면, 시편 48편은 나중에 이스라엘의 진정한 통치자로 불릴 하느님의 도성, 즉 "위대한 임금의 도읍"에 관한 내용입니다(3-4절). 시온산의 왕이신 하느님은 당신의 힘을 보여 주시어 다른 나라 임금들을 질겁하게 만드시고(5-6절), 그들이 당신의 힘과 능력을 언제나 인정하게 만드십니다(7-8절). 10절에서는 하느님의 성전에서 하느님의 자애를 생각한다는 언급이 나옵니다. 하느님께서 계약을 통해 약속하신 사랑은 영원히 충실하고, 영원히 진실하며, 영원히 다정합니다. 시편 48편 전체를 통틀어 보면 시온산의 영속적인 힘은 곤경에 처했을 때 하느님께 의지하는 사람들에게 언제나 현존하는 하느님의 사랑과 자비에 대한 증거로 제시되어 있습니다. 여기서 주목할 점은 '도성'을 뜻하는 히브리어 단어가 여성명사라는 사실입니다. 따라서 12절의 "유다의 딸들"은 예루살렘과 유다 영토 안에 있는 예루살렘 주변의 도성들을 지칭합니다. 이 도성들에 살고 있는 사람들은 하느님의 규정과 판결을 기뻐하며 반깁니다. 그 사람들은 하느님께서 그들을 위해 선언하시고 명령하신 것은 올곧기에 그들에게 축복을 가져올 것이라 믿습니다. 이 시편이 끝으로 주장하는 내용은 미래를 향해 나아갈 때 하느님께서 이끌어 주시리라는 믿음이 그들에게 있다는 것입니다. 여러분 중에는 여기에서 루카 복음서의 감동적 장면을 떠올리는 분들도 있을 것입니다. 예수님께서 올리브산에서 내려오시며 성전이 또렷이 보이는 예루살렘을 바라보시고 눈물지으십니다. "이날 너역시 평화를 얻는 길을 알았더라면 얼마나 좋을까! 그러나 지금 네 눈에는 그것이 보이지 않는구나!"(루카 19,41-42). 한 도성이나 그 도성에 사는 사람들이 어떠한 칭찬이나 축복을 받을 자격이 있는지 몰라도, 그들이 진정한 평화를 알려면 그들의 마음을 하느님의 법과 규정에 바쳐야 합니다. 하느님의 말씀은 언제나 가르침을 주시고, 그분의 가르침은 평화를 가져옵니다.

1 48 (47) [노래. 시편. 코라의 자손들]

2 주님은 위대하시고
   드높이 찬양받으실 분,
   우리 하느님의 도성,
   당신의 거룩한 산에서.
3 아름답게 솟아오른 그 산은
   온 누리의 기쁨이요
   북녘 끝 시온산은
   위대한 임금의 도읍이라네.
4 하느님은 그 궁궐 안에 계시며
   당신을 요새로 드러내신다.
5 보라, 임금들이 몰려와
   함께 들이쳤으나

6 보자마자 질겁하고
　허둥지둥 달아났네.
7 해산하는 여인의 진통처럼
　공포가 그들을 덮쳤네,
8 타르시스의 배들을
　들부수는 샛바람처럼.
9 만군의 주님 그 도성에서
　우리 하느님의 도성에서
　우리가 들은 대로
　우리는 보았네.
　하느님이 그 도성을 영원히 굳히셨네. 셀라

10 하느님, 저희가 당신의 성전에서
　　당신의 자애를 생각하나이다.
11 하느님, 당신을 찬양하는 소리
　　당신 이름처럼
　　땅끝까지 울려 퍼지나이다.
　　당신 오른손에는 의로움이 넘치나이다.
12 당신의 심판으로
　　시온산은 기뻐하고
　　유다의 딸들은 춤추게 하소서.

13 너희는 시온을 두루 돌며
　　그 탑들을 세어 보아라.

14 그 성루를 살펴보고
　그 궁궐을 돌아보아
　다가올 세대에게 전해 주어라.
15 이분이 하느님이시다.
　영원무궁 우리 하느님
　이분이 우리를 이끌어 주신다.

기도합시다

하느님, 당신의 자애는 저희에게 변치 않는 위대한 희망이나이다. 저희가 많은 축복을 헤아리면서 당신의 선의에 감사로 응답해야 함을 명심하게 해 주소서. 부디 저희가 당신의 선물을 결코 당연하게 생각하지 않게 하소서. 또한 저희 삶이 당신의 은혜로운 사랑에 영원히 응답하게 하시고, 저희에게 베푸신 당신의 사랑을 본받아 저희도 이웃에게 연민과 용서, 인내를 실천하는 삶을 살게 하소서. 모든 찬미와 영광이 당신께 이제와 항상 영원히. 아멘.

시편 49

저울 위에 놓인 삶과 죽음

인간이 경험이란 것을 처음 시작했을 때부터 사람들은 삶과 죽음의 신비에 대해 생각했습니다. 어떤 삶은 축복으로 가득한 반면, 또 어떤 삶은 축복이라곤 찾아볼 수 없는 이유는 도대체 무엇일까요? 왜 어떤 사람은 일찍 죽고 또 어떤 사람은 오래 사는 것일까요? 어떤 삶은 고통이 압도적인 반면, 다른 삶은 왜 이보다 덜한 것일까요? 구약성경의 지혜 전승에서는 깊은 관심을 가지고 이와 같은 질문들을 던졌습니다. 시편 49편은 인간도 다른 모든 피조물과 마찬가지로 죽음을 경험한다고 분명히 밝힙니다. 이 구절은 후렴으로 두 번 나옵니다(13,21절). 이 시편은 모든 사람이 죽음을 직면해야 하며 그 어떤 인간존재도 다른 사람을 덧없는 지상의 삶으로부터 구해 줄 수는 없다는 가르침을 줍니다. 만약 사람의 목숨에 값을 매기려 하는 자가 있다면 그는 심한 조롱거리가 될 것입니다(8-10절). 또한 시편저자는 우리가 너무도 가치 있게 여기는 재산에 대해 냉철히 생각할 기회를 줍니다. 재산은 우리와 무덤까지 함께 가지는 않으며(11-12절), 무덤 이후에는 재산이 차지할 자리도 없습니다. 시편저자는 영광은 남을 것이라는 믿음도 오류라고 말합니다. 다른 모든 것과 마찬가지로, 무덤이 우리 집이 되면 영광은 뒤에 남겨지고 맙니다(17-19절). 하지만 16절에서는 감탄 안에 아주 흥미로운 희망의 빛이 한 줄기 비춥니다. 그리고 이 감탄 뒤로 영원한 삶에 관한 그리스도교 교리가 나옵니다. "하느님은 내 영혼을 구원하시고 저승의 손아귀에서 기어이 빼내시리라." 예수님은 어리석은 부자의 비유를 들려주시면서, 이승과 저승을 대하는 우리의 자세와 관련된 지혜 문제를 꺼내십니다. 지상의 상황에 대해 너무 많은 염려를 하지 말라고 경고하십니다. "그러고서 내 영혼에게 말하리라. '영혼아, 너는 여러 해 동안 사용할 많은 재물을 쌓아 두었으니 쉬고 먹고 마시고 즐겨라.' 그러나 하느님께서는 그에게 '어리석은 자야, 이 밤에 너에게서 네 영혼을 되찾아 가리라. 그러면 네가 마련해 둔 것이 누구의 차지가 되겠느냐?' 하고 말씀하셨습니다"(루카 12,19-20). 재물은 지상의 삶에서 하나의 축복입니다. 하지만 우리가 가진 모든 것은 너그럽고 은혜로운 하느님의 손으로부터 주어진 것임을 결코 잊어서는 안 됩니다. 또한 우리가 가진 모든 것은 지상의 삶이 아니라 천상의 삶에서 완전히 실현된다는 것도 명심해야 합니다.

49 (48) [지휘자에게. 코라의 자손들. 시편]

2 모든 백성들아, 잘 들어라.
　세상 모든 사람들아, 귀를 기울여라.
3 천한 사람 귀한 사람
　부유한 자 가난한 자 다 함께 들어라.
4 내 입은 지혜를 말하리라.
　내 마음속 생각은 슬기롭다.
5 나는 잠언에 귀를 기울이고
　비파 타며 수수께끼 풀어내리라.
6 뒤쫓는 자들이 악행으로 나를 에워쌀 때
　그 불행한 날 내가 무엇을 두려워하랴?
7 그들은 자기 재산만 믿고
　재물이 많다고 자랑한다.
8 사람이 사람을 어찌 구원하랴?
　하느님께 제 몸값을 치를 수도 없거늘.
9 그 영혼의 값 너무 비싸
　언제나 모자란다,
10 그가 영원히 살기에는
　구렁을 아니 보기에는.

11 정녕 그는 보리라, 지혜로운 이도 죽고
어리석은 자도 미욱한 자도 사라진다.
재산을 남들에게 남겨 둔 채 모두 사라지리라.
12 그들은 속으로 제 집이 영원하고
제 거처가 대대로 이어지리라 여기며
땅에다 제 이름을 붙여 부르지만
13 사람의 영화는 오래가지 못하니
도살되는 짐승과 다를 게 없다.
14 이것이 자신을 믿는 어리석은 자들과
그 말을 좋아하며 따르는 자들의 운명이다. 셀라
15 그들은 양들처럼 저승에 버려져
죽음이 그들의 목자 되리라.
아침에는 올곧은 이들에게 짓밟히고
저마다 그 모습이 썩어
머나먼 저승으로 사라지리라.
16 하느님은 내 영혼을 구원하시고
저승의 손아귀에서 기어이 빼내시리라. 셀라
17 누군가 부자가 된다 하여도
제 집의 영광을 드높인다 하여도
부러워하지 마라.
18 죽을 때는 아무것도 가져갈 수 없으며
영광도 그를 따라 내려가지 못한다.
19 "네가 잘한다고 사람들이 칭찬한다."
사는 동안 스스로에게 말할지라도

20 조상들이 모인 데로 내려가
   다시는 빛을 보지 못하리라.
21 영화를 누려도 지각없는 사람은
   도살되는 짐승과 다를 게 없다.

기도합시다

우리 주 하느님, 모든 좋은 선물을 주시는 분이시자 모든 축복의 원천이시여, 저희가 당신께서 베푸신 많은 축복을 지혜롭게 사용할 수 있도록 도와주소서. 또한 저희가 당신께서 주신 풍요로운 물질적 선물에 늘 감사하며, 절대로 이 선물에 저희 자신이 소유되는 일 없이, 오히려 이 선물을 더욱 위대한 당신 영광과 당신의 나라를 위해 사용하게 하소서. 우리 주 그리스도를 통하여 비나이다. 아멘.

시편 50

하느님 앞에서 정직하라

신앙인은 누구나 눈에 보이지 않는 하느님 앞에서 정직하게 살기 위해 분투합니다. 하느님은 모든 것을 다 아십니다. 하지만 때로는 일부러 눈을 감고 자신을 속이면서 오래도록 자만하며 사는 사람들도 있습니다. 하지만 인간의 시각에서 보면 자신의 마음이 진실로 하느님의 길을 따르는지 아닌지를 파악할 수 있는 것은 오직 자기 자신뿐 아닐까요? 시편 50편에서는 하느님과 우리의 관계를 평가할 때 자신의 실패를 얼버무리고 그냥 넘어가는 경향에 대해 직접 이야기합니다. 하느님께서는 신탁을 내리듯 엄숙하게 말씀하십니다. "너는 도둑의 친구가 되면서 마치 내가 상관하지 않는 것처럼 구는구나. 네 입에서는 기만의 말이 쏟아져 나오지만 너는 모든 일이 다 잘되어 간다고 여기는구나. 너는 네 가족을 비방하면서도 이것이 아무 의미 없다고 생각한다. 너는 입으로는 내가 내린 계명을 외우지만 그뿐이고 내 말을 귓등으로 흘려 버린다. 그러면서 너는 이런 행동이 나에게 충성하는 것이라고 생각하는구나!" 이와 같은 행동은 모두 인간의 마음속 분열을 보여 줍니다. 사실 이런 분열된 마음은 하느님과의 진정한 관계 안에서는 지속될 수 없습니다. 더 정확히 말하면, 하느님께서 마음속에 심어 주신 진리가 사람이 말하고 행동할 때 방향을 잡아 주어야 합니다. 7절에서 주님께서는 계약 당사자 양측의 기대가 담겨 있는 계약관계를 하느님과 공유하는 것이 무엇을 의미하는지 세심하고 깊이 있게 생각해 보라고 하십니다. 이 계약관계 안에서 하느님께서는 여전히 충실하시지만, 우리는 우리 몫을 다하기 위해 분투합니다. 그리스도인들 역시 예수님께서 가르쳐 주신 새로운 사랑의 율법이 제시하는 요구 사항들을 곰곰이 생각해야 합니다. 예수님의 산상설교(마태 5-7장)와 평지설교(루카 6,20-49)를 살펴보면 이 문제에 관한 특별한 통찰을 얻을 수 있습니다. 특히 산상설교의 맺음말은 이러한 가르침이 무엇을 의미하는지 잘 요약해 줍니다. "누구든지 나더러 '주님, 주님' 하는 사람마다 하늘나라에 들어가는 것이 아니고 하늘에 계신 내 아버지의 뜻을 행하는 사람이라야 들어갈 것입니다. … 그러므로 누구든지 나의 이 말을 듣고 그대로 행하는 사람은 반석 위에 제 집을 지은 슬기로운 사람과 같을 것입니다. 비가 내려 큰물이 닥치고 또 바람이 불어 그 집을 들이쳤으나 무너지지 않았습니다. 그 집은 반석 위에 세워졌기 때문입니다"(마태 7,21.24-25). 시편저자는 우리가 드리는 최선의 노력이 "찬양 제물"이라는 형태로 구체화되는 이야기를 합니다. 우리의 말과 행동은 바로 이 찬양 제물을 통해 우리의 가장 깊은 믿음을 선포합니다.

50 (49) [시편. 아삽]

1 하느님, 주 하느님이 말씀하시네.
해 뜨는 데서 해 지는 데까지
온 땅을 부르시네.
2 더없이 아름다운 시온에서
하느님은 찬란히 빛나시네.
3 우리 하느님은 조용히 아니 오시니
삼킬 듯 불길이 그분 앞에 타오르고
무서운 폭풍이 그분 둘레를 에워싸네.
4 그분은 당신 백성 심판하시려
저 높은 하늘과 온 땅을 부르시네.
5 "내 앞에 모여라, 나에게 충실한 자들아
제사로 나와 계약을 맺은 자들아!"
6 하늘이 그분의 의로움을 알리네.
하느님, 그분이 심판자이시네. 셀라
7 "들어라, 내 백성아, 내가 말하노라.
이스라엘아, 나 너를 고발하노라.
나는 하느님, 너의 하느님이다.
8 제사 때문에 너를 벌하지는 않으리라.

너의 번제야 언제나 내 앞에 있다.
9 나는 네 집의 수소도,
네 우리의 숫염소도 받지 않는다.
10 숲속의 모든 동물
수많은 산짐승들이 다 내 것이다.
11 산속의 새들을 나는 모두 안다.
들에 사는 것들도 다 내 것이다.
12 나 배고파도 너에게는 말하지 않으리라.
온 누리와 그 안에 가득 찬 것들 다 내 것이다.
13 내가 황소의 고기를 먹는단 말이냐?
숫염소의 피를 마신단 말이냐?
14 하느님에게 찬양 제물을 바치고
지극히 높은 분에게 너의 서원을 채워라.
15 불행한 날에 나를 불러라.
나는 너를 구해 주고 너는 나를 공경하리라."
16 하느님이 악인에게 말씀하신다.
"어찌하여 내 계명을 늘어놓으며
내 계약을 너의 입에 담느냐?
17 너는 훈계를 싫어하고
내 말을 뒷전으로 팽개치지 않느냐?
18 너는 도둑을 보면 함께 어울리고
간음하는 자들과 한패가 된다.
19 너의 입은 악행을 저지르고
너의 혀는 간계를 꾸며 낸다.

20 너는 앉아서 네 형제를 헐뜯고
　네 친형제에게 모욕을 준다.
21 네가 이런 짓들 저질러도 잠자코 있었더니
　내가 너와 똑같은 줄 아는구나.
　나는 너를 벌하리라.
　너의 행실 네 눈앞에 펼쳐 놓으리라.
22 하느님을 잊은 자들아, 깨달아라.
　내가 잡아 찢어도 구해 줄 자 없으리라.
23 찬양 제물을 바치는 이는 나를 공경하리라.
　올바른 길을 걷는 이는 하느님의 구원을 보리라."

기도합시다

언제나 충실하시고 언제나 공정하신 하느님, 당신께서는 인간의 마음을 시험하시며 저희에게 언행일치를 요구하시나이다. 저희의 목표인 충만한 기쁨을 발견하려면 당신의 길을 따라야만 하오니, 저희가 걸어야 할 길이 무엇인지 깨닫게 도와주소서. 또한 힘을 주시어 저희가 마음의 평화와 확신을 가지고 그 길을 따르게 하소서. 우리 주 그리스도를 통하여 비나이다. 아멘.

시편 51

죄악 대신 자애를

시편 51편은 죄와 회심, 구원의 체험에 관해 깊이 있게 다루는 일곱 편의 참회 시편 가운데 가장 유명한 시편입니다. 개개의 시편들 대부분이 4주에 한 번만 성무일도에 등장하는 데 반해, 이 시편은 교회력의 매주 금요일 아침기도에서 기도문으로 사용됩니다. 진심 어린 회개의 마음을 잘 표현하고 있는 이 시편에서는 죄에 대한 인간의 투쟁을 보여 주고 있습니다. 그러면서 우리를 재창조하시고 우리를 온전하게 만드시는 하느님께 우리의 구원에 대한 희망을 둡니다. 시편 51편에서는 잘못을 저지르는 것을 표현하기 위해 미묘하게 의미가 다른 여러 용어를 사용합니다. 죄악, 잘못, 허물, 죄 등인데 히브리어로 모두 다른 단어들입니다. 우리가 '죄악'이라고 번역하는 단어는 가장 무거운 죄를 가리킵니다. 이것은 마음속에서 시작되어 생각을 거친 뒤 행동으로 옮겨집니다. 따라서 심사숙고한 끝에 고의로 잘못을 저지르는 것을 암시합니다. 다시 말해 충분히 생각한 뒤 의식적으로 계산해서 의도적으로 선택하여 행동하는 것입니다. 우리는 살면서 많은 경우에 서투른 습관이나 상황 대처에 실패함으로써 죄를 짓습니다. 이를 가리켜 태만의 죄라고 합니다. 이에 비해 3절과 5절, 15절에서 사용된 것처럼 '죄악'은 죄를 저지르는 사람이 마음속에 어떤 목적이 있어서 계획된 의도로 저지른 죄를 말합니다. 죄악은 죄에 빠져서 하느님과 이웃으로부터 떨어져 나오게 만드는 사악하고 비뚤어진 마음을 나타냅니다. 시편저자는 내면에 이렇듯 통탄할 악이 현존함을 인정합니다. 그러면서 이러한 내적 기질을 인식하고 깨달으면 구원과 회복의 길이 드러날 것이라는 진심 어린 희망을 기도로 표현합니다. 시편저자는 새로워지고 정화된 마음, 하느님의 거룩함으로 회복된 내적 정신이 필요함을 인정합니다. 그리고 하느님 구원의 은총을 다른 사람들에게 알리는 사자로 다시 시작할 수 있게 기회를 주시라고 애원합니다. 그런데 이러한 내용은 루카 복음서

15장에 있는 되찾은 아들의 비유와 완벽하게 일치하지 않습니까? 예수님은 일생을 통해 자비와 화해, 평화를 전하는 성부의 사자였습니다. 매주 이 아름다운 시편은 우리가 예수님의 부활에 대한 희망을 통해 하느님의 자비에 이르는 길을 찾을 수 있게 초대합니다.

1 **51** (50) [지휘자에게. 시편. 다윗.
2 그가 밧 세바와 정을 통한 뒤 예언자 나탄이 그에게 왔을 때]

3 하느님, 당신 자애로 저를 불쌍히 여기소서.
  당신의 크신 자비로 저의 죄악을 없애 주소서.
4 제 허물을 말끔히 씻어 주시고
  제 잘못을 깨끗이 지워 주소서.
5 제 죄악을 제가 알고 있사오며
  제 잘못이 언제나 제 앞에 있나이다.
6 당신께, 오로지 당신께 잘못을 저지르고
  당신 눈앞에서 악한 짓을 하였사오니
  판결을 내리셔도 당신은 의로우시고
  심판을 내리셔도 당신은 떳떳하시리이다.
7 보소서, 저는 죄 중에 태어났고
  허물 중에 제 어미가 저를 배었나이다.
8 그러나 당신은 가슴속 진실을 기뻐하시고
  남몰래 저에게 지혜를 주시나이다.
9 우슬초로 정화수를 뿌리소서. 제가 깨끗해지리이다.
  저를 씻어 주소서. 눈보다 더 희어지리이다.

10 기쁨과 즐거움을 맛보게 하소서.

　　당신이 부수신 뼈들이 춤을 추리이다.

11 저의 허물에서 당신 얼굴을 돌리시고

　　저의 모든 죄를 없애 주소서.

12 하느님, 제 마음을 깨끗이 만드시고

　　제 안에 굳건한 영을 새롭게 하소서.

13 당신 앞에서 저를 내치지 마시고

　　당신의 거룩한 영을 제게서 거두지 마소서.

14 구원의 기쁨을 제게 돌려주시고

　　순종의 영으로 저를 받쳐 주소서.

15 저는 악인들에게 당신의 길을 가르치리니

　　죄인들이 당신께 돌아오리이다.

16 하느님, 제 구원의 하느님, 죽음의 형벌에서 저를 구하소서.

　　제 혀가 당신 의로움에 환호하오리다.

17 주님, 제 입술을 열어 주소서.

　　제 입이 당신을 찬양하오리다.

18 당신은 제사를 즐기지 않으시기에

　　제가 번제를 드려도 반기지 않으시리이다.

19 하느님께 드리는 제물은 부서진 영.

　　부서지고 뉘우치는 마음을

　　하느님, 당신은 업신여기지 않으시나이다.

20 당신의 자애로 시온을 돌보시어

　　예루살렘의 성을 쌓아 주소서.

21 그때에 당신이 의로운 희생 제사, 제물과 번제를 즐기시리이다.

그때에 사람들이 수소를 당신 제단 위에 바치리이다.

기도합시다

충실함과 자비의 하느님, 무한한 사랑 안에서 당신의 선하심을 드러내시는 분, 당신의 구원에 대한 지식이 저희 안에 스며들게 하시어, 이로써 우리 자신의 삶을 경험하게 하소서. 또한 당신의 충실한 사랑과 지치지 않는 자비의 깊이를 헤아림으로써, 저희가 서로에게 당신의 화해를 전달하는 사절이 되게 하소서. 우리 주 그리스도를 통하여 비나이다. 아멘.

시편 52

날카로운 혀와 푸른 올리브 나무

시편 52편의 시작과 끝부분에는 날카로운 대조를 이루는 표상들이 나옵니다. 잔인한 기만의 도구로서 악행을 저지르는 자의 혀가 나오는가 하면, 희망찬 마음으로 하느님께 감사드리는 데 빠져 있는 시편저자의 입이 나오는 식입니다. 이 시편은 혀에는 악을 행할 수 있는 강력한 잠재력이 있다고 우리에게 가르쳐 줍니다. 거짓되고 기만적인 말들은 파괴적입니다. 이런 말들은 삶의 구조 자체를 갈기갈기 찢어 버리고, 선함과 사랑을 위해 창조된 마음속에 악의 씨를 뿌립니다. 시편저자는 이렇게 혀를 잘못 사용한 데 대한 하느님의 판결이 악인들에게는 무엇을 의미하는지 잘 압니다. 이것은 인간의 삶을 와해시키고 악인들을 산 자의 땅, 즉 현세에서 몰아냅니다. 하느님께서는 말을 하게 해 주는 신체 기관인 혀를 삶을 긍정하는 선을 행하기보다 파괴적인 악을 행하는 데 사용하는 자들에게 죽음을 초래하는 치명적 타격을 가하십니다. 마지막으로 시편지자는 이 모든 것이 믿음의 문제라고 주장합니다. 즉, 모든 상황에서도 하느님을 신뢰하는 것을 말합니다. 그는 힘과 활력의 표상으로 올리브 나무를 언급합니다. 처음에는 어색하게 보일 수도 있지만, 하느님의 집에서 자라는 올리브 나무는 땅에 심은 지 몇 년이 지나도 계속해서 열매를 맺기에, 사실 강인하고 뿌리 깊고 오래 지속되는 것을 묘사합니다. 하느님 집은 하느님의 이름이 합당한 영예와 숭배를 받는 곳을 말합니다. 하느님을 믿고, 무언가를 찢어 없애기보다 세워 올리는 데 혀를 사용하는 사람은 복을 받아서 하느님의 현존 안에 머물 수 있는 장소를 얻습니다. 예수님은 "누구든지 나를 사랑하면 내 말을 지킬 것입니다. 그러면 내 아버지께서도 그를 사랑하시겠고 우리는 그에게로 가서 그와 함께 살 것입니다"(요한 14,23)라고 제자들에게 말씀하시면서 하느님께서 머무시는 집이라는 표상에 심오함을 더하십니다. 우리가 하느님의 말씀을 지키는 가운데 우리의 사랑을 드러낼 때, 하느님께서는 우리 안에 머물기 위해 오십니다. 이렇게 우리 안에 하느님께서 현존하시면, 우리가 하느님의 자녀로 자라서 행복해지는 데 위협이 될 수 있는 악을 몰아내 주십니다.

52

1 (51) [지휘자에게. 마스킬. 다윗.

2 에돔 사람 도엑이 사울에게 와서 "다윗이 아히멜렉의 집에 들어갔습니다" 하고 알렸을 때]

3 권세가야, 너 어찌 악을 자랑하느냐?

하느님의 자애는 한결같은데.

4 파멸을 꾸미는 너, 거짓을 일삼는 자야
　　네 혀는 날카로운 칼날 같구나.

5 너는 선보다 악을
　　의로운 말보다 속임수를
　　더 사랑하는구나. 셀라

6 거짓을 꾸미는 혀야
　　온갖 파멸의 말을 사랑하는구나.

7 하느님은 너를 영원히 없애 버리시리라.
　　천막에서 잡아채 끌어내시고
　　생명의 땅에서 뽑아 버리시리라. 셀라

8 의인들이 보고 두려워하며
　　그를 비웃으리라.

9 보라, 이 사람!
　　하느님을 피신처로 삼지 않고
　　제 큰 재산만을 믿으며
　　악행으로 권세를 부리던 사람.

10 그러나 나는 하느님 집에서 자라는
　　푸른 올리브 나무.
　　길이길이
　　하느님 자애에 의지하리라.

11 주님이 하신 일
　　저는 영원히 기리나이다.

당신께 충실한 이들 앞에서
좋으신 당신 이름을 바라나이다.

기도합시다

거룩하신 당신의 이름 자체가 진리와 선함으로 충만하신 하느님, 저희가 당신께서 저희 안에 현존하심을 더욱더 깨닫게 해 주소서. 저희를 당신께서 머무시는 집으로 만드시는 세례의 은총으로 저희가 당신의 부활하신 아들의 몸으로 살게 하시어, 당신 구원의 힘을 세상에 보여 주게 하소서. 이 모든 것 우리 주 그리스도를 통하여 비나이다. 아멘.

시편 53

누군가 깨달은 이 있는가?

만약 우리가 물질주의 문화와 신앙 없는 삶이라는 문제가 오늘날 우리가 사는 세상에 처음 생겨난 문제이자 세속화된 현대사회의 산물이라고 생각한다면, 이는 우리 스스로를 기만하는 것입니다. 시편 53편을 보면 하느님을 부인하고 우상을 숭배하는 문제가 고대 근동 문화권에서 이미 존재했음을 알 수 있기 때문입니다. 시편저자는 영원히 존재하는 이 문제에 대해 깊이 생각하기 위해 대조를 이루는 두 가지 질문을 던집니다. 어리석음이란 무엇이며, 진정한 지혜란 무엇인가? 시편저자의 마음속에는 하느님을 부인하는 것이 참으로 어리석은 일이라는 생각이 자리하고 있습니다. 그렇게 되면 부패와 타락에 이를 뿐 아니라 인간의 선의를 잃게 되기 때문입니다. 우리는 3절의 내용을 바탕으로 미루어 보아, 지혜란 하느님을 찾는 일, 다시 말해 우리의 삶 안에 하느님이 계실 자리를 찾고 또 찾으면서 결코 뒤로 물러서지 않고 계속하는 것과 같음을 알 수 있습니다. 하느님을 찾는 일은 한평생 계속해야 하는 일이며 우리를 위대한 신비로 이끌어 주는 일입니다. 그 목표는 우리의 이해력을 넘어서는 것이지만 그래도 지속적으로 우리에게 모습을 드러냅니다. 마치 꽃잎을 펼친 장미가 천천히 꽃잎의 아름다움과 모양, 질서를 드러내는 것과 같습니다. 우리가 하느님을 찾는 동안, 하느님의 신비가 우리에게 모습을 드러내며 우리 존재의 핵심 그 자체인 구원에 대한 경이롭고도 불가해한 계획을 보여 줍니다. 하지만 오직 하느님께서 우리의 이해력의 중심에 계실 때라야 이 구원 계획을 진실로 인식하기를 희망할 수 있습니다. 하느님의 지혜는 인간의 인식이 미치는 범위를 넘어서는 것이기에, 우리는 삶이 어떻게 진행되어야 한다고 감히 추정할 수 없습니다. 이에 관해서 사도 바오로는 놀라운 통찰력을 보여 줍니다. "우리는 성숙한 사람들 가운데서는 물론 지혜를 말합니다마는 이 지혜는 현세의 것도 아니요 멸망할 현세 통치자들의 것도 아닙니다. 오히려 우리가 말하는 것은 하느님의 심오하고 감추어져 있던 지혜로서, 하느님께서 우리의 영광을 위하여 현세 이전에 예정하신 것입니다"(1코린 2,6-7). 사도 바오로는 계속해서 하느님의 지혜가 예수님의 부활의 신비 안에서 어떻게 가장 온전히 드러나는지 설명합니다. 즉, 부활의 영광 안에서 모습을 드러내는 고통과 죽음에 대해 이야기합니다. 시편 53편은 영광의 희망으로 이끄는 바로 이 하느님의 지혜에 우리의 시선을 정확히 고정시키고 초점을 맞추어야 한다고 말합니다. 그리고 시편저자는 만약 우리가 그렇게 하지 않으면 타락과 죽음에 이르게 된다고 주장합니다.

1 **53** (52) [지휘자에게. 알 마할랏. 마스킬. 다윗]

2 어리석은 자 마음속으로
  '하느님은 없다' 하네.
  모두 타락하여 불의만 일삼고
  좋은 일 하는 이가 없구나.

3 누군가 깨달은 이 있어
  하느님을 찾는지 보시려고
  하느님은 하늘에서
  사람들을 굽어살피신다.

4 모두 빗나가
  온통 썩어 버려
  좋은 일 하는 이가 없구나.
  하나도 없구나.

5 나쁜 짓 하는 자들
  밥 먹듯 내 백성을 집어삼키는 자들
  하느님을 부르지 않는 저자들은
  어찌하여 깨닫지 못하는가?

6 너를 포위한 자들의 뼈를
  하느님이 흩으시리니
  겁낼 것 없던 거기에서
  저들은 겁에 질려 벌벌 떨리라.
  하느님이 그들을 물리치시리니
  너는 그들에게 창피를 주리라.

7 누가 시온에서 이스라엘에게 구원을 베푸시리오?
  하느님이 당신 백성의 운명을 되돌리실 때
  야곱이 기뻐하고 이스라엘이 즐거워하리라.

기도합시다

지혜의 하느님, 사랑과 정의, 진리 안에서 창조를 명하시는 분, 비오니 저희가 당신께서 저희 가운데 행하신 놀라운 일들을 신앙의 눈으로 볼 수 있게 해 주소서. 또한 매일 저희에게 당신의 위대한 구원 계획을 드러내시어, 저희가 그 안에서 저희 자신과 저희 교회, 저희 세상이 당신을 향해 나아가는 모습을 발견하게 하소서. 당신의 영광은 저희의 희망이나이다. 이 모든 것 우리 주 그리스도를 통하여 비나이다. 아멘.

시편 54

하느님, 당신의 이름으로 저를 구하소서

성경에서는 등장인물의 이름을 그 인물의 가장 깊은 정체성에 다가가는 첫 관문으로 간주합니다. 게다가 등장인물에게 새로운 임무가 주어지면 그의 이름이 바뀌는 경우도 종종 있습니다. 가령 아브람은 그가 많은 민족들의 아버지가 될 것이라는 말씀을 들으면서 이름이 아브라함이 됩니다(창세 17,4-5). 탈출기를 보면 온통 신비롭고 경이로운 일들이 일어나는 가운데 하느님께서 당신 이름을 모세에게 계시하시는 장면이 등장합니다(탈출 3,13-15). 이 구절에서 계시받은 신성한 이름인 야훼는 이집트로부터 탈출하고, 바다를 통과하며, 약속의 땅으로 들어가는 구원 사건과 밀접하게 관련된 것입니다. 야훼는 계약을 맺은 백성을 대신하여 구원의 힘과 충실한 현존을 통해 위대한 징조와 기적을 완수하시는 분으로 체험됩니다. 그래서 시편저자는 큰 소리로 외칩니다. "하느님, 당신 이름으로 저를 구하소서." 이때 이 외침은 하느님께 당신의 힘과 위엄, 권력으로 이루어진 모든 것을 동원하여 참으로 어려운 상황에 놓인 화자를 구원해 주시라는 간청입니다. 하지만 시편저자는 자신의 기도를 들어달라는 구체적인 간청을 드리기 전에도, 오직 하느님만이 하실 수 있는 방법으로, 즉 구원의 힘과 권능으로 행동을 취해 주시기를 요청합니다. 시편저자는 자신의 삶 자체가 위험에 처해 있으며, 그가 몰락하기를 원하는 이들은 하느님을 경외하지 않는 자들이라 확신합니다. 하느님을 경외하지 않는 이 오만한 자들은 하느님께 탄원하는 시편저자의 몰락을 위해 수단 방법을 가리지 않을 것입니다. 하지만 시편저자는 도움을 주시는 하느님이 계시기에 끄떡없을 것입니다. 또한 하느님의 이름은 시편 첫머리에 나왔던 것처럼 마지막 부분에도 다시 등장합니다. 다만 이번에는 하느님께서 구해 주신 것을 찬송하는 내용입니다(8절). 이와 마찬가지로, 예수님은 제자들에게 기도하는 법을 가르쳐 주실 때, "아버지의 이름을 거룩히 드러내소서"라고 외면서 하느님께서 구원자이자 구세주, 성부로서 행하신 모든 일에 영광을 돌리라고 하십니다. 필리피 신자들에게 보낸 서간에서 사도 바오로는 예수님의 이름에 하느님의 신성함과 이에 수반되는 모든 것이 있다고 생각합니다(필리 2,9-11). 이제 예수님의 이름은 모든 이름 위에 뛰어나며, 죽음에서 부활과 영광에 이르는 과정을 통해 그분의 이러한 지위가 드러납니다.

54 (53)

1 [지휘자에게. 현악기와 더불어. 마스킬. 다윗.

2 지프인들이 사울에게 와서 "다윗이 우리 가운데에 숨어 있습니다" 하고 아뢰었을 때]

3 하느님, 당신 이름으로 저를 구하시고
　당신 권능으로 제 권리를 찾아 주소서.
4 하느님, 제 기도를 들으시고
　제 입이 아뢰는 말씀에 귀를 기울이소서.
5 이방인들이 제게 맞서 일어나고
　포악한 자들이 제 목숨을 노리나이다.
　그들은 하느님이 안중에도 없나이다. 셀라

6 보라, 하느님은 나를 도우시는 분,
　주님은 내 생명을 떠받치는 분이시다.

7 적에게 악이 되돌아가게 하소서.
　당신 진리로 그들을 멸망시키소서.
8 저는 기꺼이 당신께 제물을 바치리이다.
　주님, 좋으신 당신 이름 찬송하리이다.
9 당신의 그 이름이 저를 구원하시어
　제 눈이 원수들을 내려다보리이다.

기도합시다

거룩하고 전능하신 이름의 하느님, 구원과 구속의 힘을 지니신 분, 언제나 충실하고 끝없는 자비를 지니신 분, 저희는 환난에 처할 때 당신께 의지하나이다. 저희의 기도를 들으시어, 당신의 지혜 안에서 저희를 성실과 평화의 길로 이끄시어, 저희가 만나는 모든 이들에게 당신의 충실한 도움에 대해 이야기하게 하소서. 이 모든 것 당신의 거룩한 이름으로 비나이다. 아멘.

시편 55

배신의 고통

시편 55편에서는 잊지 못할 강렬한 표현으로 세 가지 예리한 주제를 제시합니다. 바로 위험으로부터의 도피, 친구의 배신, 하느님에 대한 믿음입니다. 7-9절에서 시편저자는 위협과 공포를 피해 새가 날아서 도망가듯 자신이 현재 처한 상황에서 벗어나고 싶다는 바람을 표현합니다. 포위된 도성의 표상으로 시편저자의 두려움을 형상화합니다. 비탄과 공포가 그의 마음을 압도하고 있으며, 그의 삶이 위협을 받고 있는 듯 보입니다. 그의 머릿속에는 오로지 탈출에 대한 생각뿐이며, 그는 이로부터 자신의 내적 평화가 이제 회복되기를 희망합니다. 그러다가 13-15절에서 그는 자신의 공포의 핵심이 친구라고 생각했던 사람으로부터 배신당했던 고통스러운 사건이라고 밝힙니다. 물론 배신은 인간에게 가장 비윤리적이고 파괴적인 경험 중 하나입니다. 가깝고 친밀한 친구로 소중히 여겼던 사람이건만, 알고 보니 그만큼 깊지도 않고 안심할 수도 없는 관계였음이 드러난 것입니다. "하느님의 집에서 정답게 어울리며 축제의 무리와 함께 거닐던 우리"라는 구절을 통해 시편저자는 가치와 희망, 열망을 공유하며 맺었던 목숨과 같은 유대 관계를 표현합니다. 하지만 이랬던 관계가 이제는 아무것도 아닌 것이 되고 말았습니다. 배신에 따른 고통은 21-22절에서 다시 다루어집니다. 여기서는 배신자를 겉으로는 차분하고 입으로는 위로하는 말을 하지만 마음속에는 싸움만이 도사리고 있는 자라며 강렬하게 묘사합니다. 그렇다면 이러한 이중성과 배신은 어떻게 치유되기를 바랄 수 있을까요? 시편저자의 대답은 전폭적입니다. 하느님에 대한 신뢰, 이것은 도전적인 일이지만 희망을 주기에 우리는 순수하고 단순하게 하느님을 믿어야 한다고 합니다(23-24절). 이러한 메시지는 베드로의 첫째 서간에 다시 등장하여, 마찬가지로 하느님에 대한 신뢰를 촉구합니다. "여러분은 모든 근심을 그분께 내맡기시오. 그분은 여러분을 돌보십니다"(1베드 5,7). 이와 같은 표현은 진정성 없이 그저 상투적인 종교적 수사가 아닙니다. 우리는 하느님의 신비로운 계획을 우리 삶 속에 받아들이고, 우리를 위한 하느님의 뜻 안에서 평화를 발견하는 데 투신해야 합니다. 그렇게 해서 마음속에 깊은 믿음을 품는 일은 우리가 한평생 지속해야 할 도전입니다.

1 **55** (54) [지휘자에게. 현악기와 더불어. 마스킬. 다윗]

2 하느님, 제 기도에 귀를 기울이소서.
제 간청을 외면하지 마소서.

3 굽어살피시어 응답해 주소서.
제가 절망 속에 헤매며 신음하나이다.

4 원수들이 고함을 지르고

악인들이 짓누르나이다.
　　그들은 저에게 환난을 덮어씌우며
　　모질게 저를 공격하나이다.
5 제 마음 애달아 속에서 뒤틀리고
　　죽음의 공포가 밀려드나이다.
6 공포와 전율이 저를 덮치고
　　그 두려움에 저는 몸서리를 치나이다.
7 저는 생각하나이다.
　　'비둘기처럼 날개가 있다면
　　날아가 쉬련마는.
8 멀리멀리 달아나
　　광야에 머물련마는.
9 폭풍우 세찬 바람 피하여
　　은신처로 서둘러 가련마는.'
10 주님, 헝클어 버리소서.
　　악인들의 말을 갈라 버리소서.
　　성안의 폭력과 분쟁을
　　제가 보고 있나이다.
11 그들은 밤낮으로 성벽 위를 도나이다.
　　그 안에 환난과 재앙이 도사리고
12 파멸과 억압과 사기
　　그 광장을 떠날 줄 모르나이다.
13 원수가 저를 모욕했다면
　　제가 참았으리이다.

저를 미워하는 자가 저에게 우쭐댔다면
　　제가 숨었으리이다.

14 그런데 너였구나, 내 동배,
　　내 벗이며 내 동무인 너.
15 하느님의 집에서
　　정답게 어울리며
　　축제의 무리와 함께 거닐던 우리.

16 파멸은 그들을 덮쳐라!
　　그들 곳간, 그들 속에 죄악뿐이니
　　그들은 산 채로 저승으로 내려가리라.
17 그러나 내가 하느님께 부르짖으면
　　주님은 나를 구해 주시리라.
18 저녁에도 아침에도 한낮에도
　　나는 탄식하며 신음하네.
　　그분은 내 목소리 들으시고
19 내 목숨 구하시어 평화를 주시리라.
　　나를 거슬러 일어난 싸움에서
　　많은 사람들이 대적하여도 나를 구하시리라.
20 처음부터 영원히 좌정하신 분
　　하느님이 들으시고 그들을 꺾으시리라. 셀라
　　그들은 회개할 줄 모르고
　　하느님을 경외하지 않네.

21 친구에게 손을 뻗쳐
　스스로 계약을 깨뜨리네.
22 그의 입은 버터보다 부드러워도
　마음은 싸울 생각뿐.
　그의 말은 기름보다 매끄러워도
　빼어 든 칼과 같다네.
23 너의 근심 걱정 주님께 맡겨라.
　그분이 너를 붙들어 주시리라.
　의로운 사람이 흔들리도록
　결코 버려두지 않으시리라.

24 하느님, 당신은 저들을
　깊은 구렁 속으로 빠져들게 하시리이다.
　피에 주린 자와 사기 치는 자들은
　그 수명을 절반도 못 채우지만
　저만은 당신을 신뢰하나이다.

기도합시다

언제나 충실하신 하느님, 저희 인간의 본성을 취하시었기에 두려움과 배신의 고통이 무엇인지 아시는 분, 비오니 저희를 강하게 하시어 저희가 당신의 종이자 아들이신 예수 그리스도의 충실한 모상이 되게 하소서. 당신께서는 인간의 나약함을 따라다니며 괴롭히는 죄의 세력을 예수 그리스도의 수난과 죽음으로 무찌르셨나이다. 성부와 성자와 성령, 한 분이신 하느님께서 영원히 살아 계시고 다스리시나이다. 아멘.

시편 56

제 눈물을 당신 자루에 담으소서

이 시편은 어려움에 직면했을 때 하느님을 믿으라는 말로 한데 묶여 있습니다. 4절에서 시편저자는 두려움이 엄습할 때 가장 중요한 것은 믿음이라고 인정합니다. 이 주제는 시편이 마무리될 때 다시 한번 반복해서 등장합니다. 원수들이 인간의 마음을 괴롭힐 때, 두려움보다 믿음이 틀림없이 더 강하다고 합니다(12절). 이 시편을 처음 읽으면 놀랍게도 한 구절이 중간에 엉뚱하게 나오는 것처럼 보일 수 있습니다. 바로 9절입니다. 하지만 그 안에 담겨 있는 메시지는 다정함과 사랑에 대한 히브리식 표현으로 이루어져 있습니다. 9절은 앞뒤 절과 어조가 사뭇 달라서 이 절을 빼고 읽으면 오히려 완벽하게 들릴 정도입니다. 실제로 9절은 시편저자가 그의 원수들을 논하고 그 원수들에게 하느님께서 행하셨으면 하고 희망하는 것이 무엇인지 이야기하는 중간에 불쑥 끼어듭니다. 이렇게 끼어든 구절에는 시편저자에 대한 하느님의 애정이 다정하고 친밀한 언어로 표현되어 있습니다. 시편저자는 하느님께서 자신의 눈물을 모아서 자루에 담는다고 합니다. 하느님께는 화자의 눈물이 너무도 소중하기에, 그분의 사랑하는 자녀가 견뎌 낸 고통과 고뇌를 기억하기 위해 이것을 모아서 고이 간직하는 것입니다. 사실 구약성경에서 하느님의 연민과 애정을 이처럼 친밀하게 묘사하는 것은 매우 드문 일입니다. 이처럼 상냥하고 다정한 하느님은 구약성경에 자주 등장하는 분노하는 재판관 하느님과 날카로운 대조를 이룹니다. 마태오 복음서에도 예수님께서 하느님을 겸손하고 선하신 모습으로 표현하는 대목이 나옵니다. "수고하고 짐을 진 여러분은 모두 내게로 오시오. 그러면 내가 여러분을 쉬게 하겠습니다. 여러분은 내 멍에를 메고 나에게서 배우시오. 나는 온유하고 마음이 겸손하기 때문입니다. 그러니 여러분의 영혼이 안식을 얻을 것입니다"(마태 11,28-30). 믿음이 필요하다는 말을 반복한 뒤, 시편은 충실한 사람들에 대한 하느님의 신의를 강하게 주장하는 것으로 결론을 맺습니다. 시편저자는 하느님께 드린 자신의 서원을 실행하기 시작합니다(13절). 그러면서 하느님께서 죽음에서 자신을 구해 주시고 하느님의 현존 안에서 안전하게 살 수 있도록 그에게 다시 길을 열어 주셨다는 믿음을 선포하면서 구세주를 찬양합니다. 원수들을 공격하는 표현들로 가득한 가운데에서 이와 같은 믿음을 표현한 말씀은 우리가 이해할 수 있는 범주를 넘어서 우리에게 사랑을 베푸시는 하느님에 대한 강한 신뢰를 가지라고 우리를 독려합니다.

56

1 (55) [지휘자에게. 알 요낫 엘렘 르호킴. 다윗. 믹탐. 필리스티아 사람들이 그를 갓에서 붙잡았을 때]

2 하느님, 저에게 자비를 베푸소서.
저를 짓밟는 사람들이 온종일 몰아치며 억누르나이다.
3 적들이 온종일 짓밟나이다.
드높으신 하느님, 저를 몰아치는 자들이 많기도 하옵니다.
4 무서움이 덮치는 날
저는 당신께 의지하나이다.

5 하느님 안에서 그분 말씀을 찬양하고
하느님께 의지하여 두려움 없으니

인간이 나에게 무엇을 할 수 있으랴?

6 그들은 온종일 제 말을 트집 잡으며
　온통 저를 해칠 생각만 하나이다.
7 함께 모여 저를 엿보나이다.
　제 목숨 노리며
　제 발자국 살피나이다.
8 이런 죄악에도 그들이 구원되리이까?
　하느님, 진노로 저 무리를 쓰러뜨리소서.
9 저는 뜨내기, 당신이 적어 두셨나이다.
　제 눈물을 당신 자루에 담으소서.
　당신 책에 적혀 있지 않나이까?
10 제가 부르짖는 그날
　그때 원수들은 뒤로 물러가리이다.
　하느님이 제 편이심을 저는 아나이다.

11 하느님 안에서 나는 말씀을 찬양하네.
　주님 안에서 나는 말씀을 찬양하네.
12 하느님께 의지하여 두려움 없으니
　사람이 나에게 무엇을 할 수 있으랴?

13 하느님, 제가 당신께 드린 서원
　감사의 제사로 채우리이다.
14 제 목숨 죽음에서 건져 주시어

제 발걸음 넘어지지 않게 하셨나이다.

하느님 앞에서 걸어가라,

생명의 빛 속에서 걸어가라 하셨나이다.

기도합시다

우리 구원자이시며 구세주이신 하느님, 하루하루 당신께서 저희에게 베푸시는 자비가 얼마나 크오며, 연민이 얼마나 깊으며, 신의가 얼마나 두터운지 모르나이다. 비오니 영감을 주시어 저희가 당신의 다정한 연민을 본받아, 험난한 지상의 삶에서 만나는 모든 사람들의 고통을 덜어 주게 하소서. 이 모든 것 우리 주 그리스도를 통하여 비나이다. 아멘.

시편 57

든든한 마음

시편 57편 6절과 12절에 나오는 짧은 후렴구인 "하느님, 하늘 높이 오르소서. 당신 영광을 온 땅 위에 드러내소서"는 끔찍한 상황에서 빛나는 위대한 믿음을 표현합니다. 시편저자는 생생한 비유를 들어 그의 원수들을 사자로 묘사합니다. 그들의 이빨은 창과 화살, 그들의 혀는 날카로운 칼과 같습니다(5절). 그러나 이러한 위험에 직면했을지라도 그는 하느님을 찬양합니다. 하느님의 영광이 땅 위에 비출 때 축복과 평화가 올 것이며 그가 직면하고 있는 위험도 종결될 것이라고 주장합니다(6절). 그에게 있어서 하느님은 생명을 주시는 분이십니다. 또한 비록 천상에 머물고 계시지만, 지상에서 하느님의 인도와 도움 안에 몸을 피하려는 사람들과 친밀한 유대를 맺고 계신 한 분이십니다. 따라서 우리가 해야 할 일은 믿음을 가지고 하느님께 외치는 것이 전부입니다. 그러면 높은 곳으로부터 구원의 도움이 내려올 것이라는 확신을 즉시 갖게 될 것입니다. 시편저자는 하느님의 응징에 관해서도 짤막하게 언급합니다. 그의 원수들이 사악한 팔을 뻗어 그를 파멸시킬 계략을 꾸미면, 그 결과 그들이 저지르는 폭력이 그들에게 되돌아올 것이라고 설명합니다(7절). 오늘날에는 의인이건 악인이건 모든 피조물을 사랑하시는 하느님께서 이런 행동을 하신다고 하면 많은 사람들이 불편하게 생각할 것입니다. 하지만 고대인들의 시각은 달랐습니다. 그들은 하느님의 정의가 하느님에게 충실한 이들의 원수들에게 가해지는 것이 당연하다고 여겼습니다. 이러한 일들이 어떻게 이해되었건, 이 시편의 내용을 살펴보면 세상을 위한 하느님 계획의 실현과 삶에 대한 개념이 어떠한 성경적 사고방식에서 만들어졌는지 통찰하게 됩니다. 이와 같은 삶의 태도를 지닌 시편저자는 오직 열정적인 찬양을 올릴 수 있을 뿐입니다. 또한 이렇게 찬미하는 모습을 통해 우리는 이 시편저자가 어떻게 자신의 내적 삶과 존재, 즉 그의 마음과 영혼을 총동원하여 자기 자신과 온 세상이 하느님의 선하심의 놀라운 기적을 깨닫게 만드는지 알게 됩니다. 11절에서는 하느님께서 행하시는 행위를 이루는 두 가지 요소, 곧 자애(*hesed*)와 진실(*emeth*)을 천상에서 내려온 하느님의 선물이라고 합니다. 우리는 사도 바오로 또한 하느님의 구원 행위를 이와 같은 방식으로 이해하는 장면을 발견합니다. "오! 하느님의 부요와 지혜와 지식의 깊음이여! 정녕 그분의 판단은 헤아려 짐작할 수도 없고 그분의 길은 더듬어 찾아낼 수도 없도다!"(로마 11,33). 부디 우리도 시편저자나 사도 바오로처럼 우리에게 베푸시는 하느님의 선하심을 열렬히 경탄하고 찬양하기를!

1 **57** (56) [지휘자에게. 알 타스헷. 다윗. 믹탐. 그가 사울을 피하여 동굴로 도망쳤을 때]

2 자비를 베푸소서, 하느님, 저에게 자비를 베푸소서.
제 영혼이 당신께 숨나이다.
재앙이 지나갈 그때까지
당신 날개 그늘로 피신하나이다.

3 하느님께, 지극히 높으신 분께,
나를 위하시는 하느님께 부르짖네.
4 하늘에서 나에게 구원을 보내시어
나를 짓밟는 자를 부끄럽게 하시리라. 셀라
하느님은 자애와 진실을 보내시리라.

5 사람을 잡아먹으려는 사자들 가운데
저는 쓰러져 있나이다.
그 이빨은 창과 화살,
그 혀는 날카로운 칼이옵니다.
6 하느님, 하늘 높이 오르소서.
당신 영광을 온 땅 위에 드러내소서.
7 그들이 제 발길마다 그물을 쳐 놓아
제 영혼 꺾이게 하였나이다.

제 앞에 구덩이를 파 놓았으나
그 속으로 빠진 것은 그들이옵니다. 셀라
8 제 마음 든든하옵니다, 하느님.
제 마음 든든하옵니다.
저는 노래하며 찬미하나이다.

9 내 영혼아, 깨어나라.
수금아, 비파야, 깨어나라.
나는 새벽을 깨우리라.

10 주님, 백성들 가운데에서 당신을 찬송하고
겨레들 가운데에서 당신을 노래하리이다.
11 당신의 자애 크시어 하늘에 이르고
당신의 진실 크시어 구름에 닿나이다.
12 하느님, 하늘 높이 오르소서.
당신 영광을 온 땅 위에 드러내소서.

기도합시다

저희 창조주이신 하느님, 저희의 희망이나 기대, 그 이상으로 저희를 보살펴 주시는 분, 비오니 저희가 언제나 당신의 정의로움과 다정함을 마음에 새기게 하소서. 저희의 믿음을 강하게 하시어, 저희가 당신께서 행하시는 일을 믿음과 신뢰로 이해하여 언제나 충실한 사랑으로 응답하게 하소서. 우리 주 그리스도를 통하여 비나이다. 아멘.

시편 58

명심하라, 하느님께서 심판하시리라

시편 58편은 워낙 폭력적인 언어와 비난하는 어조로 이루어져 있어서 기도문으로 사용하기 꺼려지는 시편 가운데 하나입니다. 더군다나 사도 바오로는 우리에게 이렇게까지 당부합니다. "여러분을 박해하는 자들을 축복하시오. 축복해야지 저주해서는 안 됩니다. … 아무에게도 악을 악으로 갚지 마시오. 모든 사람에게 좋은 일을 해 줄 생각을 품으시오. … 친애하는 여러분, 여러분 스스로 복수하지 말고 하느님의 진노에 맡겨 두시오. 실상 성경에도 ``복수는 내 것이니 내가 갚겠노라' 하고 주님께서 말씀하신다'고 기록되어 있습니다. 오히려 '그대의 원수가 주리거든 그를 먹여 주고 그가 목말라하거든 그를 마시게 해 주시오. 사실 이렇게 함으로써 그대는 그의 머리 위에 불타는 숯을 쌓아 올릴 것입니다.' 그대는 악에 정복당하지 말고 오히려 선으로 악을 정복하시오"(로마 12,14.17.19-21). 하지만 성경적·역사적 맥락에서 이 시편을 바라보면 험한 표현들이 납득되기도 합니다. 이 시편은 의롭지 못한 통치자들에게 들려주는 말로 되어 있습니다. 이들은 다른 사람들에게 행사하는 그들의 권력이 마치 그들에게만 속하는 하느님의 속성인 양 행동하며, 그래서 오직 그들 자신만을 위해 이를 휘두릅니다. 시편저자는 이런 통치자들을 모든 사악함의 근원인 에덴동산의 뱀으로 분류합니다(5-6절; 창세 3,1-5.11-14). 그가 보기에 이런 자들의 행동과 의도는 그들의 권위와 책임의 대상이 되는 사람들에 대한 존중 없이 그들 자신만의 탐욕을 충족시키는 쪽으로만 맞추어져 있는 것이 분명합니다. 사람들은 기본적인 인권이 무시되거나 유린되면, 그들에게 남은 길은 오직 하나, 즉 분노에서 시작해서 폭력에 이르는 길 하나밖에 없다고 추정하는 경우가 너무 흔합니다. 그렇다면 이럴 때 우리는 새로운 사랑의 율법을 고수하면서도 어떻게 이와 같은 시편으로 기도를 할까요? 한 가지 방법은 이 시편을 현재 우리가 사는 세상에서 자신이 지배도, 의지도 하지 않는 불의와 억압의 짐을 지고 살아야 하는 사람들을 대변하는 목소리로 삼아서 기도하는 것입니다. 비록 우리는 그 누구의 몰락이나 폭력을 추구하지는 않지만, 고통받는 우리 형제자매를 위해 하느님 앞에서 그들을 대변하는 목소리를 낼 수는 있습니다. 자유와 희망은 하느님의 자녀가 누릴 수 있는 권리에 해당합니다. 따라서 우리는 이에 대항하는 음모를 꾸미는 그 어떤 규칙이나 체제에 마침표를 찍어 달라는 간청을 드릴 수 있습니다.

1 58 (57) [지휘자에게. 알 타스헷. 다윗. 믹탐]

2 신들아, 너희는 진실로 정의를 말하며
　올바르게 사람들을 심판하느냐?
3 오히려 너희는 마음속으로 불의를 지어내고
　손으로는 세상에 폭력을 퍼뜨리는구나.
4 악인들은 태중에서부터 변절하고
　거짓말쟁이들은 나면서부터 빗나간다.
5 그들은 뱀처럼 독을 지녔구나.
　제 귀를 틀어막아 귀먹은 독사 같구나.
6 능숙하게 외우는 주술사의 주문을,
　요술사의 목소리를 듣지 않는 독사 같구나.

7 하느님, 그들 입에서 이를 뽑아 버리소서.
   주님, 사자들의 이빨을 부러뜨리소서.
8 흘러가는 물처럼 그들은 사라지고
   그들의 화살은 무디어지게 하소서.
9 녹아내려 없어지는 달팽이 같게 하소서.
   햇빛을 못 보고 죽은 태아 같게 하소서.

10 가시나무 불길이 너희 솥에 닿기도 전에
   주님은 날로든 태워서든 없애시리라.
11 의인은 복수를 보며 기뻐하고
   악인의 피로 자기 발을 씻으리라.
12 사람들은 말하리라.
   "과연 의인은 열매를 맺는구나.
   세상에는 심판자 하느님이 계시는구나."

기도합시다

정의와 진리의 하느님, 노예로 지내던 당신 백성의 애원을 들어주신 분, 이번에도 폭력적이고 억압적인 체제 아래 살고 있는 모든 이들의 외침을 들어주소서. 당신 사랑의 율법을 거부한 자들의 마음을 되돌려 주시어, 어디서든 모든 사람이 당신의 선물인 평화와 희망, 자유를 누리게 하소서. 우리 주 그리스도를 통하여 비나이다. 아멘.

시편 59

하느님, 저의 힘이시여

이 시편은 후렴구(10절, 변형된 형태로 18절)에서 하느님께서는 힘과 자애의 원천이라는 내용을 반복합니다. 시편저자는 그의 원수들을 치명적인 위협이라 여기고 있는 것이 분명합니다. 그들이 피에 주린 자들이며(3절), 제 목숨을 노리고 있다고(4절) 묘사하기 때문입니다. 또한 그들을 개에 빗대어 개처럼 먹을 것을 찾아 성안을 쏘다닌다는 표현을 두 차례 반복하고(7.15-16절), 특히 그들의 입에서 나오는 짖어 대는 소리를 두 번 언급합니다(7.16절). 시편저자는 그의 원수들이 입으로 거품을 품고 입술에는 칼을 물고 말한다고 표현하면서 이 주제를 전개합니다(8절). 그러더니 13절에서 다시 한번 원수들의 사악함을 그들이 하는 말, 즉 교만한 말, 저주의 말, 거짓말로 묘사합니다. 이처럼 그가 사용한 말 속에 담긴 파괴적인 힘을 보면 원수들로 인해 받은 두려움을 알 수 있습니다. 히브리어로 '말'은 '다바르' *dabar* 라고 하는데, 흥미롭게도 이 히브리어는 구체적으로 만져 볼 수 있는 물리적이고 물질적인 것을 의미하기도 합니다. 이렇듯 이 단어 속에 담겨 있는 부수적 어감은 말이 인간의 경험에 미치는 영향을 강조합니다. 다시 말해 말은 그 의도에 따라 우리에게 깊은 상처를 줄 수도 있고, 비행기를 태우듯 우리 기분을 좋게 만들 수도 있습니다. 그런데 불행하게도 — 인터넷, 텔레비전, 라디오, 인쇄물 등 — 말이 넘쳐 나고 있는 현대 미디어 사회에서는, 그 과도한 양 때문에 말에 담긴 진정한 힘이 약해질 수 있습니다. 예수님은 말씀의 힘으로 고통받는 이들에게 치유와 새 삶을 주셨습니다. "그분은 온 갈릴래아의 회당들을 찾아다니며 복음을 선포하시고 귀신들을 쫓아내셨다"(마르 1,39). 시편저자는 하느님께서 베푸시는 구원의 도움과 자애에 감사하며 하느님께 찬미를 올리기 위해 말을 사용합니다. 부디 우리가 하는 말도 우리와 얽혀 있는 삶을 사는 이들에게 치유와 힘, 기쁨과 희망의 원천이 되기를 바랍니다.

1 59 (58) [지휘자에게. 알 타스헷. 믹탐. 다윗. 사울이 사람들을 보내어 다윗을 죽이려고 집을 감시할 때]

2 저의 하느님, 원수에게서 저를 구하소서.
   적에게서 저를 보호하소서.
3 나쁜 짓 하는 자에게서 저를 구하시고
   피에 주린 자에게서 저를 구원하소서.
4 보소서, 그들이 제 목숨을 노리며
   힘센 자들은 저를 공격하나이다.
   주님, 저는 잘못이 없고 죄가 없는데도
5 제 탓이 아닌데도 그들은 달려와 진을 쳤나이다.
   깨어나소서. 어서 오시어 저를 보소서.
6 당신은 주 만군의 하느님, 이스라엘의 하느님.
   일어나시어 모든 민족들을 벌하소서.
   사악한 변절자들은 동정하지 마소서. 셀라
7 그들은 저녁이면 돌아와
   개처럼 짖어 대며
   성안을 쏘다니나이다.
8 보소서, 그들은 입에 거품을 품고

입술에는 칼을 물고 말하나이다.
"어느 누가 듣는단 말이냐?"
9 주님, 당신은 그들을 비웃으시며
모든 민족들을 놀리시나이다.
10 저의 힘이시여, 당신만을 바라나이다.
하느님, 당신은 저의 성채이시옵니다.

11 자애로우신 하느님은 나를 찾아오시리라.
하느님은 내가 원수들을 내려다보게 하시리라.

12 제 백성이 잊지 않도록 저들을 죽이지 마소서.
저희의 방패이신 주님
당신 힘으로 흩으시고 쓰러뜨리소서.
13 그들 입술에서 나온 말은 그 입이 저지른 죄이니
그 교만의 덫에 걸려들게 하소서.
저주와 거짓말을 늘어놓았으니
14 진노로 그들을 없애소서, 하나도 남기지 마소서.
하느님이 야곱을 다스리신다는 것
세상 끝까지 알려지리이다. 셀라
15 그들은 저녁이면 돌아와
개처럼 짖어 대며
성안을 쏘다니나이다.
16 먹을 것을 찾아 이리저리 헤매다가
배를 못 채우면 밤새 울부짖나이다.

17 그러나 저는 당신의 힘을 노래하오리다.
　아침이면 당신 자애에 환호하오리다.
　당신은 저의 성채가 되시고
　곤경의 날에 피신처가 되셨나이다.
18 저의 힘이시여, 당신께 노래하오리다.
　하느님, 당신은 저의 성채
　자애로우신 하느님이시옵니다.

기도합시다

자애의 하느님, 구원의 힘이신 주님, 비오니 저희가 어려움에 처했을 때 당신께서 저희 가까이 계심을 알게 하시고, 저희가 두려움과 불확실성 앞에서도 강해지게 하소서. 또한 저희가 하는 말에 힘을 실어 주시어 저희가 하는 모든 말과 행동 안에서 당신 은총의 소식을 전하게 하시어 당신께서 평화와 선하심으로 통치하시는 데 기여하게 하소서. 우리 주 그리스도를 통하여 비나이다. 아멘.

시편 60

하느님과 함께 우리가 큰일을 이루리라

시편 60편의 중심 주제는 두 가지 요소로 되어 있습니다. 즉, 우리는 하느님과 함께라면 어떤 일도 다 해낼 수 있지만, 하느님께서 돕지 않으시면 실패할 수밖에 없는 운명이라고 합니다. 이 시편에 사용된 어휘를 보면, 어떤 민족도 결코 피해 갈 수 없는 재난이나 패배, 실패 뒤에 민족적 차원에서 바치는 기도라는 것을 알 수 있습니다. 몇몇 사회적 또는 정치적 격변이 공교롭게도 지진과 맞물려 일어나자(4절) 이스라엘 민족은 예상치 못한 사건에 당황하게 되어(5절) 적들에게 약점을 드러내게 됩니다. 그러자 그들이 하느님께 여쭙니다. "저희는 하느님의 백성이 아닙니까? 주님의 손길은 어디에 있습니까? 저희 하느님께서 베풀어 주시리라 기대했던 구원의 손길 말입니다. 이제 저희는 노예살이를 눈앞에 두고 있습니다." 분명 시편저자의 의도는 그들의 선조들이 이집트에서 겪었던 일을 언급하는 것입니다. 그때 하느님께서는 그들의 기도를 들으셨고, 그들이 종속되는 모습을 보셨으며, 그들을 억압에서 구하셨습니다. 두려움에 찬 이 애가는 곧이어 하느님의 신탁으로 이어집니다(8-10절). 여기에서 하느님은 당신의 목소리로 당신께서 모든 전쟁의 승리자라고 말씀하십니다. 전리품을 어떻게 나누든, 땅을 어떻게 가르든(8-9절) 모든 것이 그분의 것입니다. 신성한 전사이시자, 당신의 뜻대로 전리품을 처리하는 승리의 투사이신 하느님의 것입니다(9-10절). 이 신탁을 들은 시편저자는 다음과 같은 수사적 질문을 던집니다. "너무나 버거운 전쟁을 치르고 있는데 왜 당신은 저희를 도와주시지 않습니까?" 그런 다음 스스로 물은 것에 곧장 스스로 답합니다. 인간의 도움은 아무런 소용이 없으므로 오직 하느님의 힘만 믿어야 한다는 것입니다(13절). 이 시편에는 열렬한 민족주의적 색채가 묻어 있으나, 그럼에도 우리 모두에게 호소력이 있습니다. 우리는 저마다 옳고 그름, 선과 악 사이에서 선택을 요구받는 전쟁을 치릅니다. 그런데 과연 이때 우리는 온전히 하느님의 도움만을 믿습니까, 아니면 실제로는 오직 하느님의 것일 수밖에 없는 승리를 이루기 위해 자기 자신의 능력을 믿습니까? 예수님께서도 성부와 당신과의 관계를 참포도나무와 농부에 비유하시면서 이 주제를 다루셨습니다. "내 안에 머무는 사람, 그리고 내가 그 안에 머무는 사람, 그런 사람은 많은 열매를 맺습니다. 나 없이는 여러분이 아무것도 할 수 없기 때문입니다"(요한 15,5). 시편저자가 "하느님과 함께 우리가 큰일을 이루리라. 그분이 우리 원수를 짓밟으시리라"(14절)라고 노래를 끝맺듯이, 우리의 위대한 희망, 우리의 유일한 희망은 하느님에 대한 전적이고 분리되지 않은 믿음 안에 있습니다.

1 60 (59) [지휘자에게. 알 수산 애듯. 믹탐. 다윗. 교훈을 위하여. 2 그가 아람 나하라임과 초바의 아람인과 전쟁할 당시 요압이 돌아와 '소금 골짜기'에서 에돔족 만 이천 명을 쳤을 때]

3 하느님, 당신은 저희를 버리고 부수셨나이다.
　분노를 터뜨리셨나이다. 저희를 회복시켜 주소서.
4 당신이 땅을 뒤흔들어 갈라놓으셨나이다.
　흔들리나이다, 그 갈라진 틈새를 메워 주소서.
5 당신 백성에게 모진 시련을 겪게 하시고
　술을 먹여 어지럽게 하셨나이다.
6 당신을 경외하는 이들에게 깃발을 올리시어
　화살을 피해 도망치게 하셨나이다. 셀라
7 당신 오른팔로 도우시어
　사랑하는 이들을 구원하소서.
　저희에게 응답하소서.

8 하느님은 당신 성소에서 말씀하셨네.

"나는 기뻐하며 스켐을 나누고
수콧 골짜기를 측량하리라.
9 길앗도 내 것, 므나쎄도 내 것
에프라임은 내 머리의 투구
유다는 내 왕홀
10 모압은 내 대야.
에돔에 내 신발을 던지고
필리스티아에 승리의 환성을 올리노라."
11 누가 나를 견고한 성읍으로 데려가리오?
누가 나를 에돔까지 이끌어 주리오?

12 하느님, 당신이 저희를 버리지 않으셨나이까?
하느님, 당신은 저희 군대와 함께 출정하지 않으시나이다.
13 저희를 적에게서 구원하소서.
사람의 구원은 헛되옵니다.

14 하느님과 함께 우리가 큰일을 이루리라.
그분이 우리 원수를 짓밟으시리라.

기도합시다

측은한 마음을 지니신 하느님, 저희가 어리석게도 자기 자신의 자원을 믿는 성향이 있음을 잘 알고 계시는 분, 비오니 저희가 가진 모든 것 또는 저희가 할 수 있는 모든 것이 당신의 선물임을 깨닫도록 저희를 도와주소서. 그리하여 저희가 당신 구원의 힘과 충실한 사랑만을 온전히 믿게 하소서. 이 모든 것 우리 주 그리스도를 통하여 비나이다. 아멘.

시편 61

기진하지만 충실한 마음

시편 61편은 로마 시간 전례에서 4주마다 한 번씩만 나옵니다. 반면 수도자들이 바치는 시간 전례에서는 축일 전야와, 특히 사도나 순교자, 사제, 성인을 기념하는 일부 축일에는 이른 아침에 드리는 아침기도로 여러 번 등장합니다. 그렇다면 이 시편의 어떤 특징 때문에 이토록 복음에 충실한 삶을 살았던 성인들을 기억할 때 시편 61편을 기도문으로 사용하는 것일까요? 무엇보다도 시편 61편은 도전적 상황에 적용하기에 적합합니다. 어려운 상황에 대해 일반적 용어로 이야기하기 때문입니다. 시편저자는 삶의 시련에 직면하여 마음이 기진해지자 기도 중에 하느님께 부르짖으면서 자신의 외침에 귀를 기울여 대답해 주십사 간청합니다(2절). 그는 자신에게 원수들이 접근할 수 없는 피신처가 필요하다고 생각합니다(3-4절). 그는 하느님의 현존에 가까이 있는 느낌을 받기 위해 지상에서 그분께서 머무시는 곳인 성전에 가까이 있고자 합니다. 그곳에는 거룩한 곳임을 나타내는 커룹의 안전한 날개 아래 계약 궤가 놓여 있습니다(5절). 여기서 시편저자는 경외(6절)와 찬양(9절)을 드려야 할 신성한 '이름'으로 하느님을 언급합니다. '그 이름'에 대한 경외와 찬양은 그분을 극찬하고 그분께 존경을 드러내는 것으로 표현됩니다. 그분의 자애와 신의는 언제든 어떤 방식으로든 시편저자와 함께했습니다(9절). 시편저자는 비록 개인적인 이유로 기도를 드리고 있지만,

하느님의 기름부음받은이에게 하느님의 도움을 주시기를 간청하면서 임금을 위한 기도도 잊지 않습니다(7절). 이 시편에는 하느님의 도움에 대한 청원이 많이 들어 있어서, 우리는 교회에서 이 시편을 사도나 순교자, 사제, 동정녀, 성인들 — 복음을 위해 반대 세력 앞에서도 굳건하게 믿음을 지켰던 신앙의 모범 — 을 기념하는 데 어떻게 적용할지 쉽게 알 수 있습니다. 같은 이유로 이 시편은 우리들에게도 저마다 적합한 기도문으로 쓰일 수 있습니다. 우리도 매일같이 삶의 도전에 분투하는 가운데, 날마다 우리와 함께 걷고 계신 하느님의 자애와 신의를 믿기 위해 늘 노력하기 때문입니다.

61

1 (60) [지휘자에게. 현악기로. 다윗]

2 하느님, 제 부르짖음 들으소서.
  제 기도 귀여겨들어 주소서.
3 땅끝에서
  기진한 마음으로
  당신을 부르나이다.
  제가 못 오를 바위 위로
  저를 이끌어 주소서.
4 당신은 저의 피신처,
  원수 앞에 굳건한 탑이시옵니다.
5 저는 당신 천막 안에 길이 머물고
  당신 날개 그늘에 피신하오리다. 셀라
6 하느님, 당신은 저의 서원을 들으시어

당신 이름 경외하는 이들의 유산을 제게 주셨나이다.
7 임금의 날들에 날들을 보태시어
그의 치세 대대로 이어 가게 하소서.
8 하느님 앞에서 영원히 왕좌에 앉히시고
자애와 진실을 보내시어
임금을 수호하게 하소서.
9 저는 언제나 당신 이름을 노래하오리다.
나날이 저의 서원을 채우리이다.

기도합시다

자비로우시고 충실하신 하느님, 저희가 기도를 올리기도 전에 저희에게 필요한 것이 무엇인지 다 알고 계시는 분, 비오니 저희에게 당신의 애정 어린 다정함을 드러내시어 당신께서 베푸시는 변함없는 보살핌과 연민에 감사하며 온 세상에 당신 이름을 거룩하게 하소서. 이 모든 것 우리 주 그리스도를 통하여 비나이다. 아멘.

시편 62

오로지 하느님

원래 히브리의 구술시 문화에서는 문장이나 후렴의 반복이 의미심장한 사상을 부각하고 강조하는 역할을 했습니다. 시편 62편에서 후렴(2.6-7절)의 의미는 '오로지 하느님'으로 요약됩니다. 평화와 구원과 안전에 대한 어떠한 기대도, 어떠한 확신이나 의도, 희망도 오로지 하느님을 바탕으로 세워져야 합니다. 오늘날 서구 사회에서는 우리에게 독립적이 되라고, "자신의 기름으로 불을 피우라고", 인생을 사는 동안 자신만의 길을 만들라고 독려합니다. 하지만 신앙인은 삶의 모든 것이 하느님의 선물임을 인정합니다. 우리는 알건 모르건 하느님의 다정한 손길에 저마다 인도됩니다. 이 시편에서는 '구원'이란 단어가 저자의 입에 빈번히 오르내립니다(2-3.7-8절). 아마 오늘날에는 구원이 너무도 흔한 관례가 되어 버려서 이것을 평범한 체험을 넘어선 희소한 하느님의 개입 행위, 경탄과 경외로 가득 찬 눈으로 보아야 하는 것으로 생각하기는 힘들 수 있습니다. 하지만 성경의 사고방식에서는 구원의 개념을 매우 평범한 것, 매일 우리가 하느님의 자애를 믿을 때 우리에게 주어지는 것으로 봅니다. 하느님께서 외적으로 영향을 미치시거나 내적으로 마음을 움직이시는 방법으로 변함없이 우리를 인도하신다는 확신을 가질 때 구원은 우리에게 명백하게 다가옵니다. 우리는 하느님께서 크고 작은 위험으로부터 우리를 보호해 주신다는 확신을 통해 구원을 인정하는 것입니다. 시편저자가 "나는 흔들리지 않으리라"라고 단언할 때, 하느님께서는 미묘하고도 분명한 구원의 힘으로 늘 우리 삶에 다가오신다는 신념 안에서 구원이 일어납니다. 관건은 '우리가 구원을 우리 주변에서 인식할 수 있을까?' '우리가 신앙의 눈으로 볼 수 있을까?'입니다. 뒤이어 이 시편에서는 우리 눈앞에서 갑자기 증발해 버릴 수 있는 덧없는 찰나의 것들에 희망을 두지 말라고 가르칩니다(10-11절). 이와 같은 내용을 예수님은 산상설교에서 다른 방식으로 표현하십니다. "하늘의 새들을 눈여겨보시오. 그것들은 씨를 뿌리지도 않고 추수하지도 않을뿐더러 곳간에 모아들이지도 않습니다. 그러나 여러분의 하늘 아버지께서는 그것들을 먹여 주십니다. 여러분은 그것들보다 더 귀하지 않습니까? … 여러분은 먼저 하느님의 나라와 그분의 의로움을 찾으시오. 그러면 여러분은 이런 것들도 다 곁들여 받게 될 것입니다"(마태 6,26.33). 시편저자는 마지막으로 자애와 권능은 하느님에게 속하며 인간의 행동을 심판하시는 것은 하느님의 권한이라는 사실을 되새겨줍니다. 지금 우리 힘과 희망의 원천은 오로지 하느님인가요?

1 **62** (61) [지휘자에게. 여두툰의 가락으로. 시편. 다윗]

2 오로지 하느님에게서 내 구원이 오리니
   내 영혼 그분을 고요히 기다리네.
3 그분만이 내 바위, 내 구원, 내 성채.
   나는 결코 흔들리지 않으리라.
4 너희 모두 언제까지 한 사람에게 달려들어
   기우는 벽,
   넘어지는 담처럼
   그를 무너뜨리려 하느냐?
5 높은 자리에서 그를 밀어내려 꾀하며
   그들은 거짓을 즐기는구나.
   입으로는 축복하지만
   속으로는 저주하는구나.
6 오로지 하느님에게서 내 희망이 오리니
   내 영혼아, 그분을 고요히 기다려라.
7 그분만이 내 바위, 내 구원, 내 성채.
   나는 흔들리지 않으리라.

8 내 구원, 내 영광 하느님께 있고
   내 든든한 바위, 내 피신처 하느님 안에 있네.
9 백성아, 언제나 그분을 신뢰하여라.
   그분 앞에 너희 마음을 쏟아 놓아라.
   하느님은 우리의 피신처이시다. 셀라
10 사람이란 한낱 숨결
   인간이란 헛된 그림자.
   그들을 모두 저울에 올려놓아도
   숨결보다 가벼울 따름이네.
11 너희는 폭력을 일삼지 말고
   착취를 즐기지 마라.
   재산이 는다 하여
   거기에 마음을 두지 마라.
12 하느님이 한 번 하신 말씀
   내가 들은 것은 이 두 가지.
   하느님께 권능이 있나이다.
13 주님, 당신께 자애가 있나이다.
   당신은 사람마다
   행실대로 갚으시나이다.

기도합시다

저희 구원의 권능과 힘의 원천이신 하느님, 어려움에 처한 저희가 당신의 영원한 사랑을 확신하며 당신 앞에 나왔나이다. 비오니 저희가 오직 당신께만 모든 희망을 두게 도와주시어, 저희가 당신을 충실히 따르겠다는 새로운 의지를 가지게 하소서. 우리 주 그리스도를 통하여 비나이다. 아멘.

시편 63

저희의 가장 깊은 갈망

시편 63편은 첫 구절에서 새벽을 언급하고 있다는 점에서 오랫동안 교회의 아침기도로 가장 사랑받은 시편이었습니다. 하지만 이러한 새벽에 대한 표현은 많은 번역본에서 찾아볼 수 없습니다. 여기에 실린 '찾다'라는 동사는 보통 '새벽'으로 번역되는 명사에 그 어원을 두고 있습니다. 따라서 이 용어에는 '이른 아침에 열심히 찾는다' — 시편저자가 찾는 목표는 하느님입니다 — 라는 복합적 개념이 들어 있습니다. 하느님과 친밀해지기를 갈망하는 그의 표현은 그 뒤로 이어지는 각 절의 비유를 통해 점차 증폭됩니다. 시편저자는 육체적으로도 정신적으로도 자신의 갈망을 모두 표현하기 위해 그의 영혼이 목말라하며 그의 몸이 애타게 그린다고 합니다(2절). 하느님과의 일치를 이루고 싶은 갈망이 어찌나 크던지 그는 소유격을 사용해서 저의 하느님이라 표현합니다. 또한 생생한 표상으로 이러한 바람을 실감나게 묘사합니다. 거의 일 년 내내 물기 없이 메마른 땅에서는 물을 바라는 마음이 간절합니다(2절). 물이 부족하면 삶과 죽음이 저울 위에 올라 있듯 불확실한 상태가 됩니다. 이와 마찬가지로 하느님이 계시지 않는다는 느낌이 지배적일 때 시편저자의 삶도 위험에 처하게 되고 그분께서 돌아오시길 바라는 열망이 모든 것을 빨아들입니다. 시편저자는 하느님의 현존에 대한 확신을 다시 느끼자 이를 풍요로운 음식이 제공되는 온전히 만족스러운 연회에 비유합니다(6절). 풍요로운 축제에는 환희와 찬양이 따르는 것이 당연합니다. 여기서 이 모든 즐거움의 원천은 하느님이시기에, 시편저자가 환희와 찬양의 대상으로 삼은 분은 바로 하느님이십니다(6절). 뒤이어 이렇듯 친밀한 관계를 명백하게 드러내는 구절이 이어집니다. 시편저자는 밤새도록 하느님을 생각하고, 밤이 깊어 가면서 야경이 울릴 때도 깨어 있습니다(7절). 시편저자의 표현을 보면 그가 가진 사랑의 깊이를 가늠할 수 있으며, 친밀함이라는 의미에서 교감과 환희에 대한 열망을 느낄 수 있습니다. "당신 날개 그늘"이란 표상은 (다른 시편에서처럼) 하느님의 신성이 특별히 머무는 곳인 성전 안에 계시는 하느님의 현존을 가리킵니다. 심지어 9절에서는 하느님께 매달려 있는 영혼을 이야기함으로써, 물리적 표상을 통해 창조주요 친한 친구이신 한 분과의 신비한 교감을 표현합니다. 사도 바오로도 하느님의 자애가 생명보다 낫다는 이 시편처럼 하느님과의 일치를 원하는 바오로 자신의 갈망을 다음과 같이 표현합니다. "그분 때문에 나는 모든 것을 잃었지만 그것을 쓰레기로 여깁니다. 그것은 그리스도를 얻기 위함입니다"(필리 3,8). 바로 우리가 창조된 이유라고 할 수 있는 하느님과의 일치에 대해 사도 바오로와 이 시편저자, 두 사람 모두 이렇듯 감동적으로 이야기합니다.

1 **63** (62) [시편. 다윗. 그가 유다 광야에 있을 때]

2 하느님, 당신은 저의 하느님.
저는 새벽부터 당신을 찾나이다.

제 영혼 당신을 목말라하나이다.
물기 없이 마르고 메마른 땅에서
이 몸은 당신을 애타게 그리나이다.

3 당신의 권능과 영광을 보려고
성소에서 당신을 바라보나이다.

4 당신 자애가 생명보다 낫기에
제 입술이 당신을 찬미하나이다.

5 이렇듯 제 한평생 당신을 찬미하고
당신 이름 부르며 두 손 높이 올리오리다.

6 제 영혼이 기름진 음식으로 배불러
제 입술이 환호하며 당신을 찬양하나이다.

7 잠자리에 들어서도 당신을 생각하고
온밤 지새우며 당신을 묵상하나이다.

8 정녕 당신은 저를 도우셨으니
당신 날개 그늘에서 환호하나이다.

9 제 영혼 당신께 매달리오면
당신 오른손이 저를 붙드나이다.

10 내 목숨 노리는 자들은 멸망하리라.
땅속 깊은 곳으로 떨어지리라.

11 칼날에 내맡겨져
여우들의 밥이나 되리라.

12 정녕 거짓을 말하는 입은 틀어막히리니
하느님 안에서 임금은 기뻐하고

하느님을 두고 맹세하는 이는 모두 자랑스러워하리라.
14 목장들은 양 떼로 뒤덮이고
골짜기에는 곡식이 가득 쌓여
환성을 올리며 노래하나이다.

기도합시다

인간의 마음에 당신과의 일치를 바라는 열망을 심어 주신 하느님, 비오니 저희를 당신과의 교감을 추구하게 하는 위대한 신비로 더 깊이 들어가도록 이끌어 주소서. 또한 영원히 저희의 기쁨, 희망, 힘, 평화가 되소서. 우리 주 그리스도를 통하여 비나이다. 아멘.

시편 64

가시 돋친 화살처럼 독한 말

시편 64편은 악의적인 말과 거짓을 말하는 혀, 사악한 음모의 대상이 되었을 때 느끼는 고통과 슬픔을 다룹니다. 다른 시편에서도 찾아볼 수 있는 이 주제는 특히 잠언에서 빈번하게 등장합니다. "말이 많은 데에는 허물이 있기 마련, 입술을 조심하는 이는 사려 깊은 사람이다"(잠언 10,19). "악인들의 말은 사람을 잡는 매복이지만 올곧은 이들의 입은 사람을 구한다"(잠언 12,6). "쓸모없는 사람은 재앙을 엮어 내고 그의 입술은 거센 불길과 같다"(잠언 16,27). 이 시편에서 저자는 악한 말이라는 무기를 피할 피신처를 찾습니다. 악의적인 말을 묘사하기 위해 여기서 사용한 비유는 강력합니다. 혀는 칼에 비유되고(4ㄱ절), 말은 화살처럼 두려움 없이 죄 없는 이를 겨냥합니다(4ㄴ-5절). 시편저자에 따르면 이런 악행에서 최악인 점은 이 같은 말들이 그 말을 하는 자들의 가장 내밀한 곳에서 나왔다는 것입니다. "사람의 속과 마음 헤아릴 길 없나이다"(7절). 8절에서 시편저자는 악한 말에 대한 하느님의 공정한 대응을 표현하기 위해 효과적인 수사적 반복법으로서 바로 조금 전 그가 악인을 묘사하는 데 사용했던 용어와 표상을 다시 사용합니다. 하느님께서 그들을 화살로 쏘실 것이고(4ㄴ.8ㄱ절), 그 행동은 느닷없이 순식간에 행해질 것이며(5ㄴ.8ㄴ절), 두려움 없이 화살을 쏘았던 자들이 이제는 하느님께서 하실 일을 두려워할 것(5ㄴ.10ㄱ절)이라고 말합니다. 이로써 그들이 자기네 혀로 다른 이들에게 초래했던 몰락이 그대로 돌아와 그들을 망하게 할 것입니다(4ㄱ.9ㄱ절). 이 시편은 사도들의 축일에 독서 기도로 읽힙니다. 이 시편은 복음에 반하는 자들이 충실한 증인들에게 가하는 잘못을 조심하라고 경고합니다. 또한 종국에는 하느님께서 당신의 충실한 종들을 위해 정의를 실현하실 것이라고 우리에게 확신을 심어 줍니다. 예수님께서도 말씀하십니다. "여러분은 내 이름으로 말미암아 모든 사람에게 미움을 받을 것입니다. 그러나 여러분의 머리카락 하나도 잃지 않을 것입니다. 여러분이 참고 견디면 여러분의 생명을 얻을 것입니다"(루카 21,17-19). 진실한 말이건 거짓된 말이건 모든 말에는 힘이 있습니다. 그러므로 말을 아끼도록 하고, 늘 진실과 사랑을 말해야 합니다.

64 (63) [지휘자에게. 시편. 다윗]

2 하느님, 비탄 속에 부르짖는 제 소리를 들으소서.
　원수의 위협에서 제 생명을 지켜 주소서.

3 불의한 자들의 음모에서
　악한 자들의 폭동에서
　저를 숨겨 주소서.
4 그들은 혀를 칼날처럼 벼리고
　독한 말을 화살처럼 시위에 메겨
5 죄 없는 이를 숨어서 쏘려 하나이다.
　느닷없이 쏘고도 두려워하지 않나이다.
6 악한 일에 뜻을 굳히고
　덫을 놓자 모의하고는
　누가 우릴 보랴 떠드나이다.
7 불의를 꾸며 놓고 말하나이다.
　"준비가 다 됐다. 계획이 섰다."
　사람의 속과 마음
　헤아릴 길 없나이다.

8 하느님이 그들을 화살로 쏘시리니
　그들은 순식간에 상처를 입으리라.
9 그들을 그 혀로 망하게 하시리니
　보는 사람마다 머리를 흔들리라.
10 모든 사람이 두려워하여
　하느님이 하신 일을 널리 전하며
　이루신 그 업적을 깨달으리라.
11 의인은 주님 안에서 기뻐하며 그분께 피신하고
　마음 바른 이는 모두 자랑스러워하리라.

기도합시다

하느님, 당신의 정의롭고 자비로운 행동은 사람이 되신 말씀 안에서 가장 온전히 표현되나이다. 비오니 저희가 올곧게 말하고 정의롭게 행동할 수 있는 힘을 주소서. 그리하여 저희가 영원히 주님이신 당신의 아들 예수를 본받게 하소서. 아멘.

시편 65

섭리의 저희 하느님

하느님의 용서는 얼마나 강력하고 힘 있는지 모릅니다. 시편저자는 인간이 저지른 죄의 무게를 잘 아는데, 하느님은 간단히 "용서하여 주십니다". 이렇게 시편저자는 하느님의 용서가 지닌 힘을 인정한 후, 하느님 구원의 기적에 대한 감사의 찬가를 부릅니다. 이 찬가는 바로 옆에 있는 성전에서(5절) 머나먼 바다로(6절) 울려 퍼집니다. 동녘에서 서녘까지(9절) 산에서 바다로(7-8절) 하느님의 권능이 온 세상에 분명히 드러나면, 모든 사람이 이 경이로움에 기뻐하며 경탄합니다. 땅과 그 위에서 살거나 움직이는 모든 것은 하느님으로부터 힘을 얻습니다. 하느님의 의지로 강이 흐르고 메마른 땅이 목을 축이게 되는 것입니다. 그런데 인간의 이해력을 넘어설 정도로 이렇게 광대한 것, 즉 신비가 밝혀지고 있는 우주의 질서를 과연 시편저자는 어떻게 단언할 수 있는 것일까요? 그것은 바로 체험으로부터 나온 내재된 믿음, 즉 하느님께서 언제나 현존하시면서 모든 순간 우리의 삶과 존재에 방향을 제시하고 지시를 내리신다는 믿음 때문입니다. 바로 이렇게 무한히 경이로우신 하느님을 인식함으로써 시편저자는 용서가 어떻게 선물이 되었는지 이해할 수 있습니다. 이는 모든 이해력을 뛰어넘는 하느님의 사랑에 대한 심오한 영성적 통찰력입니다. 이와 마찬가지로 사도 바오로 역시 하느님의 선하심에 황홀한 경이로움을 표합니다. "사실 나는 이렇게 확신하고 있습니다. 죽음이나 생명도, 천사들이나 주천사들도, 현재 일이나 장래 일도, 능천사들이나 높이나 깊이도, 다른 어떠한 피조물도 우리 주 예수 그리스도 안에 있는 하느님의 이 사랑에서 우리를 갈라놓을 수 없을 것입니다"(로마 8,38-39). 하느님께서는 모든 피조물에 현존하시기에(10절) 하느님께서 행하신 것의 아름다움과 질서가 믿음의 눈을 뜨게 하여 모든 것을 하느님의 선물로 볼 수 있게 됩니다. 하느님께서는 우리가 가진 모든 것과 우리의 모든 존재를 주시는 분이십니다. 따라서 우리가 온전히 이해할 수 없는 이러한 축복을 찬양하고 감사드리는 것이 바로 우리가 해야 할 단순하지만 깊이 있는 임무입니다.

1 65 (64) [지휘자에게. 시편. 다윗. 노래]

2 하느님, 시온에서
  당신을 찬양함이 마땅하옵니다.
  당신께 서원을 채워 드리리이다.
3 당신은 기도를 들어주시는 분.
  모든 사람이 당신께 오나이다.
4 죄악을 지고 모여 드나이다.
  그 죄 저희에게 너무도 무거우나
  당신은 용서하여 주시나이다.

5 행복하옵니다, 당신이 뽑아 가까이 두신 사람!
그는 당신 뜰 안에 머물리이다.
거룩한 성전, 당신 집의 행복을
저희도 누리리이다.

6 저희 구원의 하느님
당신은 놀라운 정의로 응답하시나이다.
당신은 세상의 모든 끝과
머나먼 바다의 희망이시옵니다.

7 당신은 권능을 허리에 두르시어
당신 힘으로 산과 산을 세우셨나이다.

8 바다의 울부짖음을,
그 파도의 울부짖음을,
민족들의 아우성을 가라앉히셨나이다.

9 땅끝 멀리 사는 이들도
당신 표징에 놀라워하리이다.
동녘에서 서녘까지 환호하리이다.

10 당신은 이 땅에 찾아오시어
넘치는 물로 풍요롭게 하시나이다.
하느님의 강은 물로 가득하고
당신은 곡식을 영글게 하시나이다.
정녕 당신이 장만해 주시나이다.

11 고랑에 물 대시고 이랑을 고르시며
비를 내려 부드럽게 하시어
새싹들에게 복을 내리시나이다.

12 한 해를 은혜로 풍요롭게 하시니

　당신이 가시는 길마다 기름진 땅이 되나이다.

13 사막의 풀밭에도 윤기가 흐르고

　언덕들도 기쁨의 띠를 두르나이다.

14 목장들은 양 떼로 뒤덮이고

　골짜기에는 곡식이 가득 쌓여

　환성을 올리며 노래하나이다.

기도합시다

모든 것을 사랑으로 창조하신 하느님, 비오니 저희가 드리는 감사의 찬양을 받아 주소서. 비오니 저희가 하루하루 당신께서 주시는 선물의 아름다움과 경이로움을 믿음의 눈으로 볼 수 있게 도와주소서. 모든 영광과 찬미가 당신께 이제와 항상 영원히. 아멘.

시편 66

불과 물을 지나 넓은 곳으로

시편 66편은 교회가 공동체 차원(1-12절)이나 개인적 차원(13-20절)에서 파스카 신비를 노래할 때 읽는 아름다운 기도입니다. 이 시편은 하느님께서 히브리 백성을 이집트 노예살이에서 구원하시어(5절) 바다를 지나(6절) 약속의 땅으로(12절) 인도하신 탈출 사건을 들려줍니다. 유다 백성의 파스카 체험은 노예살이에서 자유로, 어둠에서 빛으로, 아무런 의미가 없는 상태에서 하느님의 선택을 받은 백성이라는 정체성으로 옮아간 것이었습니다. 그렇지만 하느님이 주신 이 선물은 아무런 대가 없이 주어지지는 않았습니다. 시험과 단련(10절), 그물과 무거운 짐(11절)을 거쳐야 했습니다. 하지만 이 모든 것을 거쳐 가는 동안 하느님께서 그들과 함께하셨기에 그들 모두 안전하게 통과할 수 있었습니다(12절). 하느님의 구원은 공동체 전체와 그 구성원 개인에게 이루어지는데, 공동체에 속한 각각의 개인은 하느님의 뜻에 따라 모두 똑같이 하느님의 구원에 대해 개인적으로 믿음의 응답을 해야 합니다. 이 시편에서 시편저자는 그 자신이 어떻게 응답했는지 이야기합니다. 그는 번제물을 가지고 하느님의 집으로 들어가 자신의 서원을 채웁니다(13-14절). 이러한 행동은 전례적 성격을 지니는 것으로 여러 시편에서 수차례 등장합니다. 하느님으로부터 특정한 선물을 받았다고 자각한 사람이 공동체 앞에 와서 하느님께서 하신 일을 인정하면서 그의 삶에 찾아온, 기대하지도 받을 자격도 없는 축복에 대해 감사와 찬양을 드립니다. 여기서 시편저자는 기도의 형태로 드린 청원을 하느님께서 들어주시고 받아 주셨다고 주장합니다. 이러한 축복을 체험한 사람에게 이것은 그의 삶에서 활동하시는 하느님의 자애로 인식됩니다. 에페소 신자들에게 보낸 서간에서 사도 바오로도 이와 같은 종류의 기대치 않은 축복에 대해 이야기합니다. "우리 안에 작용하시는 능력에 의해, 우리가 청하거나 생각하는 모든 것보다 훨씬 더 많은 일을 해 주실 수 있는 그분께 영원무궁히 모든 세대에 교회와 그리스도 예수를 통하여 영광이 있으시기를 빕니다. 아멘"(에페 3,20-21). 하느님의 은총을 증언하는, 참으로 훌륭한 증인이 아닐 수 없습니다. 믿음과 희망, 사랑 안에서 우리가 바치는 기도를 물리치지 않으시는 하느님, 찬미받으소서!

66 (65) [지휘자에게. 노래. 시편]

1 온 세상아, 하느님께 환호하여라.

2 그 이름, 그 영광을 노래하여라.
영광과 찬양을 드려라.

3 하느님께 아뢰어라.
"당신이 하신 일들 놀랍기도 하옵니다!
당신의 크신 능력에
원수들도 굴복하나이다.

4 온 세상이 당신 앞에 엎드려
당신을 노래하게 하소서.
당신 이름을 노래하게 하소서." 셀라

5 너희는 와서 보아라, 하느님의 업적을
사람들에게 이루신 놀라운 그 위업을.

6 바다를 바꾸어 마른땅 만드시니
사람들은 맨발로 건너갔네.
거기서 우리는 그분과 함께 기뻐하네.

7 그분은 영원히 권능으로 다스리시며
두 눈은 민족들을 살펴보시니
반항자들은 그분께 대들지 마라. 셀라

8 백성들아, 우리 하느님을 찬미하여라.
찬양 노래 울려 퍼지게 하여라.

9 그분이 우리 영혼에 생명을 주시고
우리 발이 흔들리지 않게 하셨네.

10 하느님, 당신은 저희를 시험하시고
  은을 불에 달구듯 단련하셨나이다.
11 저희를 그물에 걸려들게 하시고
  무거운 짐을 허리 휘게 지우셨나이다.
12 사람들이 저희 머리를 짓밟게 하시어
  저희는 불과 물을 지나야 했나이다.
  그러나 당신은 저희를 넓은 곳으로 이끄셨나이다.
13 저는 번제물을 가지고 당신 집에 들어가
  당신께 저의 서원을 채우리이다.
14 곤경 중에 제 입술로 말씀드리고
  제 입이 아뢰던 것을 채우리이다.
15 숫양을 사르는 연기와
  기름진 번제물을 당신께 봉헌하리이다.
  소와 염소들도 바치리이다. 셀라

16 하느님을 경외하는 이들아
  모두 와서 들어라.
  그분이 나에게 하신 일을 들려주리라.
17 내 입으로 그분께 부르짖었으나
  내 혀 밑에는 찬미 노래 있었네.
18 내 마음속에 죄악을 품었다면
  주님은 들어 주지 않으셨으리라.
19 정녕 하느님은 들으셨네.

내 기도 소리를 새겨들으셨네.
20 내 기도를 물리치지 않으시고
　　당신 자애를 거두지 않으셨으니
　　하느님은 찬미받으소서.

기도합시다

전능하시고 영원하신 하느님, 오직 축복으로 인도하기 위해 저희를 시험하시는 분, 당신의 한없는 사랑과 신의에 감사드리나이다. 저희가 저희 삶과 저희 말, 특히 저희 행동 안에서 활동하시는 당신의 은총을 증언하게 하소서. 그리하여 다른 사람들이 당신의 섭리에 따른 사랑을 인식하고 인정하게 하소서. 우리 주 그리스도를 통하여 비나이다. 아멘.

시편 67

저희와 민족들, 세상 모든 끝을 위한 강복

이 시편의 후렴구는 시편 안에 있는 또 하나의 시편 같습니다. 시편 67편의 주제를 담고 있는 이 구절에서는 모든 민족들에게 하느님을 찬송하라고 간곡히 권하고 있습니다(4.6절). 이 후렴구를 제외한 나머지 부분은 이처럼 감사해야 하는 이유를 명백히 제시합니다. 바로 하느님께서 생명과 정의, 풍부한 축복을 선물로 주셨기 때문입니다. 첫 소절에서는 기도를 바치고 있는 공동체에 하느님의 강복을 청합니다(2-3절). 첫 후렴 다음 연에서는 민족들에게 하느님이 겨레들을 올바로 다스리심을 기뻐하라고 합니다(5절). 그 뒤에 후렴을 반복한 후, 마지막 연(7-8

절)에서는 하느님께서 땅에 가져다주신 풍요로움을 인정하면서, 이 같은 수확이 계속되기를, 그리고 이처럼 이스라엘을 아껴 주신 하느님을 온 땅이 마땅히 경외하기를 기도합니다. 교회의 전례 전통에서 시편 67편은 초대송으로 낭독됩니다. 초대송은 그날의 성무일도를 시작하기 위해 선정한 시편들로, 우리에게 또다시 새날을 선물해 주신 하느님을 찬미하도록 교회를 소환하는 말씀입니다. 수도자들이 드리는 밤기도는 전통적으로 '성찰'이라고 말하는 침묵 묵상으로 시작합니다. 이 시간에 수도자는 그날 자신이 했던 생각과 행동을 되돌아봅니다. 제 경우에도 이 영성 의식을 행하는 동안, 이 시간에 또 다른 어조를 추가하여 그날 받았던 축복을 되짚어 보는 시간도 갖고 있습니다. 이때는 제 개인적인 삶만 아니라 교회와 세계의 삶 안에서 받은 축복 또한 묵상합니다. 바로 이 순간에 저는 자신 안에 차오르는 강한 찬양 충동을 깨닫게 됩니다. 온갖 크고 작은 일들, 특히 다른 사람들이 깨닫지 못할 수도 있는 일들에 감사를 느끼게 됩니다. 이 시편은 바로 이러한 충동을 구체적으로 보여 줍니다. 그저 그날 하루를 되돌아보고 하느님께서 우리 개인의 삶과 교회, 세상 안에서 얼마나 현존하고 계신지를 깨닫는 것만큼 하느님을 찬미할 동기를 부여하는 일이 있을까요? 찬양은 우리 삶이 얼마나 많은 축복을 받았는지 우리가 알고 있다고 인정하는 것입니다. 우리는 실망과 고군분투, 고통의 한가운데에 있더라도 시간을 내서 고개를 들고 바라보기만 하면 어둠을 뚫고 비추는 빛을 얼마든지 볼 수 있습니다! 이와 같은 순간은 예수님도 명백하게 체험하셨습니다. 예수님은 이처럼 하느님의 선하심을 너무도 충만하게 느낀 탓에 목소리를 높여 하느님을 부르며 기도하는 일밖에 할 수 없으셨습니다. "그때에 예수님께서 말씀하셨다. '아버지, 하늘과 땅의 주님, 지혜롭다는 자들과 슬기롭다는 자들에게는 이것을 감추시고 철부지들에게는 드러내 보이시니 감사드립니다'"(마태 11,25). 어린아이들은 찬양과 감사를 쉽게 합니다. 아이들은 마음이 자유로워서 아무런 제한도 받지 않고 삶의 축복에 감사합니다. 존재했던 모든 것과 지금 존재하는 모든 것, 그리고 앞으로 존재할 모든 것에 대해 부디 우리 마음도 철부지들 같은 찬양을 드리기를 바랍니다!

67 (66) [지휘자에게. 현악기와 더불어. 시편. 노래]

2 하느님은 자비를 베푸시고 저희에게 복을 내리소서.
　당신 얼굴을 저희에게 비추소서. 셀라

3 당신의 길을 세상이 알고
　당신의 구원을 만민이 알게 하소서.
4 하느님, 민족들이 당신을 찬송하게 하소서.
　모든 민족들이 당신을 찬송하게 하소서.
5 당신이 민족들을 올바로 심판하시고
　세상의 겨레들을 이끄시니
　겨레들이 기뻐하고 환호하리이다. 셀라
6 하느님, 민족들이 당신을 찬송하게 하소서.
　모든 민족들이 당신을 찬송하게 하소서.

7 온갖 열매 땅에서 거두었으니
　하느님, 우리 하느님이 복을 내리셨네.

8 하느님은 우리에게 복을 내리시리라.
세상 끝 모든 곳이 그분을 경외하리라.

기도합시다

경이로우신 하느님, 비오니 매일같이 갖가지 방식으로 저희에게 다가오시는 당신께 저희 마음을 열어 주소서. 또한 저희가 당신께서 주시는 모든 축복에 감사하는 마음을 키워 주시어, 저희가 진심 어린 마음으로 기쁘게 당신을 찬양하게 하소서. 우리 주 그리스도를 통하여 비나이다. 아멘.

시편 68

고아들의 아버지, 과부들의 보호자

시편 68편은 하느님의 초상을 흥미로운 모습으로 그려 냅니다. 전투에서는 강하고 모든 피조물 위에 군림하는 분이시지만, 그러면서도 사회의 최약자인 고아와 과부를 보살피는 일을 중시하십니다. 힘 있는 자들은 약자와 무방비 상태에 놓인 사람들을 거의 배려하지 않고 이들을 파렴치한 포식자들의 손에 버려두는 일이 너무도 빈번합니다. 하지만 구약성경 전반에 걸쳐서 하느님께서는 낮은 곳에 있는 가련한 이들을 걱정하시는 모습을 보여 주십니다. "고아들의 아버지, 과부들의 보호자"(6절) 같은 별칭을 보면 이스라엘의 하느님께서는 착취당할 위험에 처한 사람들을 특별한 방식으로 돌보아 주심을 명확하게 알 수 있습니다. 다른 시편과 마찬가지로 여기서도 탈출 사건의 비유가 다양하게 묘사되어 있습니다. 가령 백성을 이끄시어 사막을 가로지르게 하시는 모습(8절)이나 시나이산에서 겪는 두려움(9절) 등이 그렇습니다. 이러한 표상들을 미루어 생각하면, 이집트 탈출과 그 뒤에 발생한 사건들은 언제나 진행 중인 사랑의 섭리 안에서 백성에게 필요한 모든 것을 마련해 주시는 하느님의 모습을 보여 주는 긴 역사적 행렬과 같습니다. 하느님의 행위를 표현하고자 여기서 사용한 여러 용어는 어려움에 처한 백성을 염려하는 친밀한 마음과 이들을 구원하고자 하는 힘을 나타냅니다. 하느님은 외로운 이들에게 집을 마련해 주시고(7ㄱ절), 사로잡힌 이들을 행복으로 이끄시며(7ㄴ절), 사막을 건너며 당신 백성에 앞서 나아가시고(8절), 상속의 땅을 다시 일구시며(10절), 가련한 이를 위하여 그 땅을 마련해 주시고(11절), 우리 짐을 지십니다(20절). 이 모든 것을 보면 우리 하느님께서 얼마나 우리와 가까우신지 명확히 알 수 있습니다. 사도 바오로는 이 시편 가운데 특별히 19절의 비유를 인용하여, 우리를 구원하시는 그리스도의 죽음과 부활로 구원받은 사람들의 대행렬을 묘사합니다. "그러므로 이런 말이 있습니다. '그분은 높은 곳으로 올라가시면서 포로들을 사로잡으시고 사람들에게 선물을 주셨도다'"(에페 4,8). 사도 바오로는 그리스도의 승천을 자유를 향해 전진하는 포로들의 행렬로 표현합니다. 이것은 구원의 죽음과 부활을 통해 우리를 천상 왕국으로 인도하시는 위대한 선구자의 파스카 신비에 참여하는 것입니다. 우리는 이제 우리의 노력이 예수 그리스도의 구원의 은총 가운데 한몫을 마련해 주리라는 믿음을 가지고 그분을 따라야 합니다. 심지어 죄인들의 희망조차 이제 얼마나 충만합니까? 예수님의 생명의 선물 가운데에는 이제 우리도 포함되어 있습니다. 시편저자가 들려주듯, "심지어 반역자들에게서도 예물을 받으셨기"(19절) 때문입니다. 시편저자와 함께 우리도 환호합니다. "하느님은 찬미받으소서"(36절).

1 68 (67) [지휘자에게. 다윗. 시편. 노래]

2 하느님이 일어나시니
 그분의 적들은 흩어지고
 원수들은 그 앞에서 도망치네.
3 연기가 흩날리듯 그들은 흩어지고
 불길에 밀초가 녹아내리듯
 악인들은 하느님 앞에서 사라져 가네.
4 그러나 의인들은 기뻐하며 춤을 추리라.
 하느님 앞에서 기뻐하며 즐거워하리라.
5 너희는 하느님께 노래하여라. 그 이름을 찬송하여라.
 구름 타고 다니시는 분께 길을 열어라.
 그 이름 주님이시다. 그분 앞에서 기뻐하며 춤을 추어라.
6 고아들의 아버지, 과부들의 보호자
 하느님은 거룩한 거처에 계시네.
7 하느님은 외로운 이들에게 집을 마련해 주시고
 사로잡힌 이들을 행복으로 이끄시네.
 그러나 반역자들은 불모지에 머무르네.

8 하느님, 당신 백성에 앞장서 나아가실 제
 당신이 사막을 행진하실 제 셀라
9 땅은 흔들리고

하늘은 물이 되어 쏟아졌나이다.
하느님 앞에서
시나이의 하느님,
이스라엘의 하느님 앞에서.

10 하느님, 당신은 넉넉한 비를 뿌리시어
메말랐던 상속의 땅을 일구셨나이다.

11 당신 백성이 그곳에 살고 있나이다.
하느님, 당신은 가련한 이를 위하여
은혜로이 마련하셨나이다.

12 주님이 말씀을 내리시니
기쁜 소식 전하는 이들이 많기도 하네.

13 군대를 이끈 임금들이
도망치는구나, 도망치는구나.
집안의 여인도 전리품을 나누네.

14 너희는 가축우리 사이에서 쉬고 싶으냐?
비둘기 날개는 은으로,
그 깃은 푸른빛이 도는 금으로 덮였네.

15 전능하신 분이 임금들을 흩으실 제
찰몬에는 눈이 왔다네.

16 바산의 산은 드높은 산
바산의 산은 험준한 산.

17 험준한 산들아
어찌하여 흘겨보느냐?

하느님이 기꺼이 머물기로 하신 그 산을.
정녕 거기 주님은 영원히 머무시리라.
18 하느님의 수레는
수천수만 대.
시나이에서 성소로
주님이 오신다.

19 당신은 포로들을 거느리고 높은 데로 오르시어
주 하느님으로 좌정하셨나이다.
사람들에게서, 심지어 반역자들에게서도
예물을 받으셨나이다.

20 주님은 날마다 찬미받으소서.
우리 짐을 지시는 하느님은 우리 구원이시다. 셀라
21 우리 하느님은
구원을 베푸시는 하느님.
죽음에서 벗어나는 길
주 하느님께 있네.
22 정녕 하느님은 부수시리라,
당신 원수들의 머리를,
죄의 길 걷는 자들의
덥수룩한 머리를.
23 주님은 말씀하셨네.
"바산에서 데려오리라.

　　　　바다 깊은 곳에서 데려오리라.
24 원수의 피로
　　　　너는 발을 씻고
　　　　너의 개들도 그 혀로
　　　　원수들에게서 제 몫을 차지하리라."

25 하느님, 사람들이 당신의 행렬을 보았나이다.
　　　　저의 하느님, 저의 임금님
　　　　성소로 드시는 당신의 행렬을 보았나이다.

26 앞서가는 소리꾼 뒤따르는 악사들
　　　　처녀들이 그 가운데서 손북을 치는구나.
27 축제의 모임에서 하느님을 찬미하여라.
　　　　이스라엘의 샘에서 주님을 찬미하여라.
28 작지만 지배자인 벤야민이 거기 있고
　　　　유다의 으뜸들이 무리 지어 있으며
　　　　즈불룬의 으뜸들도 납탈리의 으뜸들도 거기 있네.

29 하느님, 당신의 권능을 베푸소서.
　　　　하느님, 당신의 권능을 드러내소서,
　　　　우리 위하여 이루신 그 권능을.
30 예루살렘의 당신 성전을 위하여
　　　　임금들이 당신께 조공을 바치게 하소서.
31 갈대밭의 맹수와

수소 떼를 꾸짖으소서.
백성들의 송아지들도 꾸짖으소서.

그분은 은덩이를 짓밟으시고
전쟁을 즐기는 백성들을 흩어 버리시네.
32 이집트에서 우두머리들이 찾아오고
에티오피아는 하느님께 선물을 가져오네.
33 세상의 나라들아
하느님께 노래하여라.
주님을 찬송하여라. 셀라
34 하늘로, 태초의 하늘로 오르신다.
보라, 그분이 목소리 높이시니 그 소리 우렁차네.
35 하느님께 권능을 드려라.
그분의 존엄은 이스라엘 위에 있고
그분의 권능은 구름 위에 있네.
36 하느님은 당신 성소에서 경외로우시다.
이스라엘의 하느님은 백성에게 권능과 힘을 주시네.

하느님은 찬미받으소서.

기도합시다

고아들의 아버지, 과부들의 보호자시여, 당신의 은총을 필요로 하는 모든 이에게 너그러이 헌신해 주신 당신을 찬미하나이다. 비오니 저희에게 당신을 충실히 따르는 사람이 될 수 있는 선물을 내려 주소서. 그리하여 저희보다 앞서서 당신을 증언했고 지금은 당신께서 영원무궁토록 다스리시는 왕국의 충만함 속에서 살고 있는 많은 이들과 저희가 일치를 이루며 당신을 찬미하는 노래를 부르게 하소서. 아멘.

시편 69

신 포도주를 마시게 하였나이다

이 시편의 말씀은 예수님의 수난사화가 담겨 있는 복음서에서 메아리처럼 다시 울려 퍼집니다. "까닭 없이 이 몸을 미워하는 자"(5절; 요한 15,25), "그들은 저에게 먹으라 쓸개를 주고"(22ㄱ절; 마태 27,34), "목마를 때 신 포도주를 마시게 하였나이다"(22ㄴ절; 마태 27,48; 루카 23,36). 시편 22편과 함께 시편 69편도 오래전부터 성주간과 성삼일 전례 때 봉독되고 있습니다. 시편저자는 다른 자들의 경멸과 증오(5.11-13.20-21.27절), 가족과 친구들의 배척(9.13절), 그리고 무엇보다도 하느님으로부터 버림받았다는 느낌(4.8.10.18.27절) 때문에 그가 받는 고통을 애처롭게 묘사합니다. 그는 다른 구약성경에서, 특히 다른 시편에서 사용된 탓에 친숙해진 표상과 비유를 들어 자신의 개인적인 괴로움을 토로합니다. 가령 첫 소절은 빠져 죽을 것같이 깊은 물의 표상으로 죽음이 임박했다는 위기감을 표현합니다(2-3절). 그리고 이 표상은 잠시 뒤 다시 반복됩니다(15-16절). 자루옷을 입는 것(11-12절)은 죄를 회개함을 공개적으로 보여 주는 행위입니다. 그러나 시편저자는 고통과 슬픔의 한가운데에 있으면서도 자신을 하느님의 종으로 묘사합니다(18절). 우리는 이 시편 전체에서 하느님께서는 당신 종의 간청을 궁극적으로 들어주시리라는 믿음과 확신의 표현을 발견합니다(6.8.10.14-19절). 시편저자는 기다림 속에서 자신이 버려졌다는 느낌을 받지만(4절), 그럼에도 하느님의 도움을 부르짖고 하느님의 현존을 간청하는 것을 결코 멈추지 않습니다(17-19절). 그런 다음, 시편 22편과 마찬가지로, 이 애가 역시 괴로움과 슬픔이 감사와 찬양으로 변화되는 전환점에 도달합니다(31-37절). 다시 말해, 시편저자는 하느님께서 구원의 도움을 주시면 감사와 찬양이 끊이지 않을 것이라고 합니다. 시편저자가 자신의 비탄을 미래의 감사와 직접 연결시키는 모습은 그의 마음속에서 숨 막힐 듯한 슬픔이 환희에 가득 찬 영광으로 변하는 것을 보여 줍니다. 시련 중에 하느님께 도움을 간청했던 이가 이제 하느님을 자신의 호소에 귀를 기울여 주신 분으로 체험합니다(34절). 앞서 그의 목숨을 위협했던 적이 있는 바로 그 물이 이제는 찬양을 드리는 데 동원됩니다(35절). 그리고 주님께 구원의 도움을 기다렸던 종은 이제 그에게만 아니라 시온과 유다 백성에게도 베풀어진 구원에 감사를 드립니다. 이렇게 시편저자는 우리를 데리고 죽음의 위협에서 새로운 삶으로, 슬픔에서 무한한 기쁨으로, 파스카 신비를 지나갔습니다.

69 (68) [지휘자에게. 나리꽃 가락으로. 다윗]

2 하느님, 저를 구하소서.
  목까지 물이 들어찼나이다.
3 깊은 수렁 속에 빠져
  발 디딜 데 없나이다.
  깊은 물속에 잠겨

급물살이 저를 덮치나이다.
4 소리소리 지르다 저는 지치고
목도 쉬어 버렸나이다.
하느님을 기다리고 기다리다
두 눈마저 흐려졌나이다.
5 까닭 없이 이 몸을 미워하는 자
제 머리카락보다 많사옵니다.
저를 파멸시키려는 자
음흉한 원수들이 힘도 세옵니다.
제가 빼앗지도 않았는데
물어내라 하나이다.
6 하느님, 당신은 제 어리석음을 아시나이다.
당신께는 저의 죄악을 숨길 수 없나이다.
7 주 만군의 주님
당신께 바라는 이들이 저 때문에 부끄럽지 않게 하소서.
이스라엘의 하느님
당신을 찾는 이들이 저 때문에 수치를 당하지 않게 하소서.
8 당신 때문에 제가 모욕을 당하고
제 얼굴이 수치로 뒤덮였나이다.
9 저는 제 형제들에게 낯선 사람이 되었고
제 친형제들에게 이방인이 되었나이다.
10 당신의 집을 향한 열정이 저를 불태우고
당신을 욕하는 자들의 욕이 저에게 떨어졌나이다.
11 제가 단식하며 눈물을 흘린 것이

저에게는 우셋거리가 되었나이다.
12 제가 자루옷을 입은 것이
저들에게는 조롱거리가 되었나이다.
13 성문 가에 앉은 자들 저를 헐뜯고
주정꾼들은 조롱의 노래를 부르나이다.
14 주님, 저의 기도가 당신께 다다르게 하소서.
은총의 때이옵니다.
하느님, 당신의 크신 자애로 제게 응답하소서.
당신은 참된 구원이시옵니다.
15 진창에 빠지지 않게 저를 구출하소서.
원수들에게서, 깊은 물속에서 저를 구출하소서.
16 급물살이 저를 덮치지 못하고
깊은 물이 저를 휩쓸지 못하며
심연이 저를 삼켜도 그 입을 다물지 못하게 하소서.
17 주님, 너그러우신 자애로 저에게 응답하소서.
당신의 크신 자비로 저를 돌아보소서.
18 당신 종에게서 얼굴을 감추지 마소서.
곤경 속에 있사오니 어서 응답하소서.
19 가까이 오시어 저를 구해 내소서.
원수들에게서 저를 구원하소서.
20 당신은 아시나이다, 제가 받은 모욕,
그 창피와 수치를.
저를 괴롭히는 자들이 모두 당신 앞에 있나이다.
21 제 마음이 모욕으로 바수어져

저는 절망에 빠졌나이다.
동정을 바랐건만 헛되었고
위로해 줄 이도 찾지 못하였나이다.

22 그들은 저에게 먹으라 쓸개를 주고
목마를 때 신 포도주를 마시게 하였나이다.

23 그들의 식탁이 그들에게 덫이 되고
태평스런 그들에게 올가미가 되게 하소서.

24 그들의 눈은 어두워져 보지 못하고
그들의 허리는 늘 휘청거리게 하소서.

25 당신의 분노를 그들 위에 쏟아부으소서.
진노의 불길로 그들을 덮쳐 버리소서.

26 그들이 사는 곳은 폐허가 되고
천막에는 사는 사람 없게 하소서.

27 그들은 당신이 때리신 이들을 쫓아가
당신이 입히신 상처에 상처를 더했나이다.

28 그들의 죄에다 죄를 더하시고
당신 구원에 들지 못하게 하소서.

29 그들을 생명의 책에서 지우시고
의인들과 함께 기록하지 마소서.

30 가련한 저는 고통을 받고 있나이다.
하느님, 저를 도우시어 보호하소서.

31 하느님 이름을 노래로 찬양하리라.
감사 노래로 그분을 기리리라.

32 수소들보다

뿔 돋고 굽 갈린 황소들보다

주님께는 찬양이 더 좋다네.

33 가난한 이들아, 보고 즐거워하여라.

하느님 찾는 이들아, 너희 마음에 생기를 돋우어라.

34 주님은 불쌍한 이의 간청을 들어 주시고

사로잡힌 당신 백성을 멸시하지 않으신다.

35 주님을 찬양하여라, 하늘과 땅아

바다와 그 안에 사는 모든 것들아.

36 하느님은 시온을 구하시고

유다의 성읍들을 세우신다.

그들이 거기에 머물며 그곳을 차지하고

37 그분 종들의 후손이 그 땅을 물려받아

그분 이름을 사랑하는 이들이 그곳에 살리라.

기도합시다

가난한 이들과 낮은 곳에 있는 이들의 하느님, 비오니 시련 속에 있는 저희 부르짖음에 귀를 기울이시고 저희를 돌보소서. 오직 당신만이 저희 죄로 산산조각이 난 것을 회복하시고 새로 만드실 수 있사오니, 부디 깨져 버린 저희를 치유하시고 저희 슬픔을 달래소서. 저희는 우리 주 그리스도를 통하여 당신 자애와 충실함을 온전히 신뢰합니다. 아멘.

시편 70

주님, 어서 저를 도우소서

이 시편의 첫 두 행은 시간 전례에서 대부분의 찬미가를 시작할 때 사용하는 친숙한 구절입니다. 간결한 표현이 특징인 이 시편은 하느님의 도움을 필요로 하는 화자의 다급함을 명확하게 전해 줍니다. 특히 시작과 끝 구절에서 "어서"라는 말을 여러 형태로 사용하면서, 죽음의 위험에서 다급히 드리는 간청이 시편 본문을 에워싸고 있습니다(3절). 시편 저자는 하느님께서는 구원자이신 동시에 도움을 주시는 분이시며, 이 위기의 상황에서 그의 유일한 희망이시라고 고백합니다. 마지막 구절 "더디 오지 마소서"에서는 하느님으로부터 구원의 응답을 기다리는 시편저자의 불안한 긴장이 느껴집니다. 이 시편은 비록 길이는 짧지만 신앙의 본질적 자세인 하느님에 대한 기다림을 잘 표현합니다. 우리는 구약성경 전반에 걸쳐서 사람들이 하느님께서 그들을 위해 행동을 취해 주시고, 그들에게 하느님의 호의를 보여 주시기를 기다리는 상황을 만납니다. 모든 사람과 모든 민족이 지녀야 할 근본적인 신앙의 자세란 이런 것이 아닐까요? 우리는 우리가 처한 상황에서 구원되기 위해서는 오로지 인간의 자원에만 의존할 수는 없다는 사실을 알고 있습니다. 우리는 인생을 곤경에 빠뜨리는 재앙처럼 보이는 것들을 피하거나 바꿀 수 없는 상황에 너무나 자주 직면하기 때문입니다. 그때 어찌 된 일인지 우리는 재앙이라고 생각했던 것 때문에 우리가 새로운 빛을 체험할 수 없었다는 사실을 깨닫습니다. 이것이 바로 하느님께서 행하시는 신비로운 일입니다. 결국 우리들 각자의 마음을 잘 알고 우리 마음을 움직여서 믿음의 눈으로 인식하게 만들 수 있는 분은 오직 하느님뿐이십니다. 사도 바오로는 이렇듯 하느님께서 그의 삶 안에 신비한 은총의 작용을 일으키시길 열망하고 기다리는 자세에 대해 잘 알고 있었습니다. 그는 바리사이 사울이었을 때, 자신이 예수님의 새로운 길을 파괴하고 싶은 갈망을 갖게 된 동기는 진정한 종교적 믿음 때문이라는 굳은 신념이 있었습니다. 그러나 많은 시련과 고통을 겪으면서, 더 강력한 은총의 작용으로 그의 마음과 이름이 바뀌었습니다. 그리고 마침내 사도 바오로는 과거에 자신이 반대했던 메시지를 전파하고 설교할 수 있도록 하느님께 "어서 저를 도우소서"라고 기도를 드리게 됩니다. 또한 그를 통해 하느님의 사랑의 메시지를 들은 사람들의 마음속에 그 메시지가 단단히 뿌리내리기를 기도드리게 됩니다.

1 70 (69) [지휘자에게. 다윗. 기념으로]

2 하느님, 저를 구하소서.
　주님, 어서 저를 도우소서.
3 이 목숨 노리는 자들은
　수치를 당하여 부끄러워하고
　저의 불행을 즐기는 자들은
　치욕을 느끼며 물러나게 하소서.
4 "옳거니!" 하며 저를 놀려 대는 자들은
　부끄러워 되돌아가게 하소서.
5 당신을 찾는 이 모두
　당신 안에서 기뻐 즐거워하리이다.
　당신 구원을 열망하는 이들은 언제나 외치게 하소서.

"하느님은 위대하시다!"
 6 저는 가련하고 불쌍하오니
　　하느님, 어서 제게 오소서.
　　저의 도움, 저의 구원은 당신이시니
　　주님, 더디 오지 마소서.

기도합시다

하느님, 당신께서 행하신 놀라운 일과 경이로운 기적들로 저희 마음을 움직여 당신에 대한 확신을 갖게 만드신 분, 비오니 시련을 겪고 있는 저희의 기도를 들어주소서. 또한 어서 저희를 구하시고, 언제나 저희의 빈약한 기대를 넘어서는 당신의 자애를 저희에게 다시 한번 보여 주소서. 우리 주 그리스도를 통하여. 아멘.

시편 71

노년의 신뢰와 확신

시편 71편을 처음으로 읽을 때 가장 먼저 눈에 들어오는 특징은 두 가지입니다. 첫째, 대부분의 시편에서 관례적으로 찾아볼 수 있는 표제가 없습니다. 둘째, 12ㄴ절은 시편 70편의 2ㄴ절을 반복합니다. 사실 시편 70편과 71편은 밀접하게 연결되어 있습니다. 이 외에도 주목할 만한 사항은 이 시편 안에서 특정한 용어가 몇 차례 반복되느냐 하는 것입니다. 가령 구원(2.11.15절), 찬양(6.8.14.16절), 수치(1.13.24절)가 그렇습니다. 다른 많은 시편처럼 이 찬가 역시 원수들에게 압도당한 수치와 하느님께서 삶에 개입하여 구원해 주심을 체험하는 행복을 대조합니다. 시편 저자는 독특한 시각으로 자신의 삶을 되돌아보며 그동안 하느님께서 얼마나 친밀하게 자신의 삶에 개입하셨는지 깊이 생각해 봅니다. 그는 자신의 유년 이야기를 두 번(6-7.17절), 노년 이야기를 두 번(9.18-20절) 들려줍니다. 그리고 이렇게 곰곰이 생각하다 보니 요란하게 찬양과 감사를 표현하게 됩니다. 그는 생명의 위협을 받고 있는 순간에도, 과거에 그와 함께하셨던 분이신 하느님께서는 시련을 겪고 있는 자신과 계속 함께하실 것이라는 대단한 확신을 유지합니다. 시편저자는 하느님의 의로움(2.15.19.24절)을 희망과 위안의 원천이라고 반복해서 주장합니다. 성경적 의미에서 보면 '의로움'은 올바른 관계에 관한 것입니다. 시편저자 자신까지 포함해서 만물의 창조주이신 하느님과 함께라면, 의로움은 하느님께서 보호하시고 돌보시고 지원하시는 모습으로 드러나며, 삶의 축복은 격려를 동반합니다. 과연 하느님 말고 그 누가 이 같은 선하심의 근원이 될 수 있겠습니까? 우리 중 누구라도 불확실하고 무섭고 끔찍했던 순간을 돌아보면 그때 기도함으로써 정신적으로 냉정을 되찾았던 기억이 있을 것입니다. 그리고 이보다 더 중요한 사실은 그때 우리에게는 하느님께서 언제나 우리의 호소를 — 아마도 우리가 선택한 방식이 아니라 당신이 생각하시는 방식과 시간에 따라 — 들어주시리라는 신념이 있었다는 것입니다. 예수님은 이와 같은 신뢰와 확신을 하느님께 감사를 드리는 순간에 표현하셨습니다. "그때에 예수께서 입을 열어 이렇게 말씀하셨다. '하늘과 땅의 주님이신 아버지, 슬기롭고 똑똑한 사람들에게는 이것을 감추시고 철부지 같은 사람들에게는 이것을 계시하셨으니 아버지를 찬양하나이다. 네, 아버지, 아버지의 선하신 뜻이 이처럼 이루어졌나이다'"(마태 11,25-26). 부디 우리가 예수님과 시편저자의 모습에서 영감을 받아 확신을 가지고 기도하며 우리 삶에서 하느님의 축복을 깊이 생각하게 되기를 바랍니다.

71

1 (70) 주님, 제가 당신께 피신하오니
  영원히 수치를 당하지 않게 하소서.
2 당신 의로움으로 저를 건져 구하소서.
  제게 귀를 기울이소서, 저를 구원하소서.
3 이 몸 보호할 반석 되시고
  저를 구할 산성 되소서.
  당신은 저의 바위, 저의 보루시옵니다.
4 저의 하느님, 악인의 손에서
  불의와 폭력의 손아귀에서
  저를 구원하소서.
5 주 하느님, 당신은 저의 희망
  어릴 적부터 당신만을 믿었나이다.
6 저는 태중에서부터 당신께 의지해 왔나이다.
  어미 배 속에서부터 당신은 저의 보호자시니
  저는 언제나 당신을 찬양하나이다.
7 당신은 저의 굳센 피신처
  많은 이에게 저는 기적 같았사옵니다.
8 저의 입은 당신 찬양으로 가득 찼나이다.
  온종일 당신 영광을 찬미하나이다.
9 이제 다 늙어 버린 이 몸을 버리지 마소서.
  제 기운 다한 지금 저를 떠나지 마소서.

10 원수들이 저를 헐뜯고
　제 목숨 노리는 자들이 모여 음모를 꾸미나이다.
11 그들은 말하나이다.
　"하느님이 그를 버리셨다.
　구해 줄 자 없으니 쫓아가 붙잡아라."
12 하느님, 제게서 멀리 계시지 마소서.
　저의 하느님, 어서 저를 도우소서.
13 저를 적대하는 자들이
　부끄러워하며 사라지게 하소서.
　저를 불행으로 내모는 자들이
　모욕과 수치로 뒤덮이게 하소서.
14 그러나 저는 언제나 희망을 가지고
　모든 찬양에 찬양을 더하오리다.
15 이루 다 헤아릴 수 없는
　당신 의로움, 당신 구원의 행적을
　저의 입은 온종일 이야기하리이다.
16 저는 주 하느님의 위업에 둘러싸여
　오로지 당신 의로움만을 기리오리다.
17 하느님, 당신은 저를 어릴 때부터 가르치셨고
　저는 이제껏 당신의 기적을 전하여 왔나이다.
18 제가 늙어 백발이 되어도
　하느님, 저를 버리지 마소서.
　제가 당신 팔의 능력을,
　당신 위력을 다가올 모든 세대에 전하리이다.

19 하느님, 당신 의로움이 하늘까지 닿나이다.
위대한 일을 하신 당신
하느님, 누가 당신 같으리이까?

20 당신은 저에게
온갖 곤경과 불행을 겪게 하셨지만
저를 다시 살리셨나이다.
땅속 깊은 물에서
저를 다시 건져 올리셨나이다.

21 제게 명예를 더해 주시고
저를 다시 위로해 주소서.

22 저의 하느님, 저 또한 수금으로
당신의 진실을 찬송하오리다.
이스라엘의 거룩하신 분이시여
비파 타며 당신께 노래하오리다.

23 당신께 노래할 때
제 입술에 기쁨이 넘치리이다.
당신이 구하신 제 영혼도 흥겨워하리이다.

24 저를 불행으로 내몰던 자들
부끄러워 얼굴을 붉혔사오니
저의 혀도 온종일
당신 의로움을 이야기하리이다.

기도합시다

모든 축복의 근원이신 주 하느님, 당신의 교회와 세상, 그리고 당신의 자비를 필요로 하는 모든 이에게 경이로운 방법으로 당신의 선하심을 드러내시니 감사하나이다. 비오니 저희에게 생명과 축복을 주시는 당신의 신비한 방식을 저희가 더욱 명확하게 이해하게 하소서. 우리 주 그리스도를 통하여, 영광이 당신께 영원히. 아멘.

시편 72

하느님의 기름부음받은이를 위한 정의와 공정

이 시편의 핵심은 첫 시작 부분에 있습니다. 이 시편은 왕을 대신해서 하느님의 공정한 심판과 정의를 구하는 기도이기 때문입니다. 고대 근동 지방의 다른 나라들과 마찬가지로 성경 시대의 이스라엘에서도 왕과 통치자는 하느님의 대리인이자 지상에서 하느님의 질서를 책임지는 사람으로 여겨졌습니다. 예언자들은 하느님의 기름부음받은이가 가련하고 불쌍한 사람들을 보살피고, 정의와 의로운 심판을 구현하고, 공정함과 올곧음을 바탕으로 통치하기를 기대했습니다(이사 26,7-8; 예레 9,24; 아모 5,14-15; 미카 6,8). 이 시편은 예언자들의 이러한 희망과 꿈을 너무도 잘 반영합니다! 이처럼 지혜롭게 통치하는 풍토가 자리 잡으면 땅 위에는 평화가 오고, 원수들로부터 풀려나 자유를 얻고, 모든 이에게 번영이 있을 것이라는 믿음이 있었습니다. 이 시편은 이스라엘이 다윗왕조에 기대했던 모든 희망을 표현하고 있다는 점에서 마땅히 메시아 시편(또는 군왕 시편)으로 분류됩니다. 여기서는 과장법으로 이러한 희망 사항을 표현합니다. 가령 "땅에는 곡식이 풍성하여 산봉우리까지 넘치고"(16ㄱㄴ절), "사람들은 성읍마다 들풀처럼 무성하며"(16ㄹㅁ절), 모든 민족들이 경의를 표하고(10-11절), 적들은 땅에 엎드린다(9절)고 합니다. 이러한 표상들은 모두 오랜 세월 동안 하느님의 마음을 따르는 통치자를 바라고 있는 모습을 암시합니다. 14절에서 "구하다"로 번역된 히브리어 동사에는 특별한 의미가 내포되어 있습니다. 바로 부족의 족장이 혈연관계에 있는 친척들을 위험과 궁핍, 감금으로부터 구해야 하는 가족적 유대를 떠올리게 합니다. 하느님의 군대를 이끄는 왕은 자신이 책임져야 하는 백성들에게 바로 이렇게 행동해야 한다는 기대를 받았습니다. 우리 인간의 몸을 취하시어 자신의 피를 흘림으로써 우리를 구원하신 예수 그리스도 안에서 다윗 왕조에 대한 메시아적 희망이 완수되었다고 보는 그리스도인들에게 이 모든 것은 특별한 의미가 있습니다(로마 3,25; 5,9; 에페 1,7; 2,13; 콜로 1,20; 히브 9,22). 대림시기 전례에서는 이 시편을 자주 사용함으로써, 그리스도께서 다시 돌아오시기를 열망하는 그리스도인들의 마음과 이스라엘 민족의 희망에 찬 갈망을 적절히 상기시켜 줍니다. 복음서들 안에는 예수님께서 가난하고 궁핍한 이들을 가르치고 치유하고 배려함으로써 이 시편의 내용을 수행한 사례들로 가득합니다(마태 14,14-21). 이 시편이 하느님처럼 행동할 사람을 고대하고 있듯, 우리는 사랑과 친절, 자비와 용서가 필요한 이들에게 하느님의 눈과 손, 말씀이 됨으로써 우리 스스로 그리스도와의 일치를 통해 이 시편을 수행할 수 있음을 깨닫게 됩니다.

72 (71) [솔로몬]
[1]

하느님, 당신의 공정을 임금에게,
당신의 정의를 임금의 아들에게 베푸소서.

2 그가 당신 백성을 정의로,
가련한 이들을 공정으로 다스리게 하소서.
3 산들은 백성에게 평화를,
언덕들은 정의를 가져오게 하소서.
4 그가 가련한 백성의 권리를 보살피고
불쌍한 이에게 도움을 베풀며
폭행하는 자를 쳐부수게 하소서.
5 세세 대대로
해처럼 달처럼
살게 하소서.
6 그가 풀밭에 내리는 비처럼,
땅을 적시는 소나기처럼 내려오게 하소서.
7 저 달이 다할 그때까지
정의와 큰 평화가
그의 시대에 꽃피게 하소서.
8 그가 바다에서 바다까지,
강에서 땅끝까지 다스리게 하소서.
9 적들은 그 앞에 엎드리고
원수들은 먼지를 핥게 하소서.
10 타르시스와 섬나라 임금들이
예물을 가져오고
세바와 스바의 임금들이
조공을 바치게 하소서.
11 모든 임금들이 그에게 경배하고

모든 민족들이 그를 섬기게 하소서.

12 그는 하소연하는 불쌍한 이를,
　　도와줄 사람 없는 가련한 이를 구원하나이다.

13 약한 이, 불쌍한 이에게 동정을 베풀고
　　불쌍한 이들의 목숨을 살려 주나이다.

14 그의 눈에는 그들의 피가 소중하기에
　　그는 억압과 폭행에서
　　그들의 목숨을 구하리이다.

15 오래도록 그를 살리시어
　　사람들이 그에게 세바의 황금을 바치고
　　그를 위하여 늘 기도하며
　　날마다 축복하게 하소서.

16 땅에는 곡식이 풍성하여
　　산봉우리까지 넘치고
　　그 열매 레바논 같게 하소서.
　　사람들은 성읍마다
　　들풀처럼 무성하게 하소서.

17 그의 이름 영원히 이어지며
　　그의 이름 해처럼 솟아오르게 하소서.
　　세상 모든 민족들이 그를 통해 복을 받고
　　그를 칭송하게 하소서.

18 주 하느님, 이스라엘의 하느님은 찬미받으시리라.
　　그분 홀로 기적들을 일으키신다.

19 영광스러운 그 이름 영원히 찬미받으시리라.

그 영광 온 누리에 가득하리라.

아멘, 아멘!

20 이사이의 아들 다윗의 기도는 여기에서 끝난다.

기도합시다

연민의 하느님, 당신의 사랑과 보살핌은 우리 구세주 그리스도 안에서 완벽하게 드러나나이다. 비오니 저희에게 힘을 주시어 저희가 그리스도를 본받아 당신의 현존에 굶주린 세상에서 당신의 평화의 도구로 쓰일 수 있게 하소서. 또한 저희가 어려움에 처한 이들에게 당신의 자비를 전할 수 있음에 감사하면서 다른 이들을 위해 봉사할 수 있게 해 주소서. 우리 주 그리스도를 통하여 비나이다. 아멘.

제3권

시편 73

마음이 깨끗한 이의 비전

시편 73편은 마땅히 '욥의 시편'이라 불릴 만합니다. 지혜 전승에서 나온 이 기도는 욥이 맞닥뜨렸던 오래된 물음이자, 오늘날도 여전히 우리를 괴롭히고 있는 한 가지 물음에 대해 답을 구하고자 분투하는 내용을 담고 있습니다. 그 물음이란 바로 '왜 의인들이 고통받고 악인들은 번영하는 것처럼 보이는가?'입니다. 우선 시편집의 세 번째 책이 ― 시편집 전체에서 첫 번째 시편인 시편 1편과 같은 ― 지혜 시편으로 시작하는 것에 주목할 필요가 있습니다. 시편 73편은 삶 속에서 겪는 고통의 신비를 간략히 설명하면서, 눈에 뻔히 보이는 명백한 부조리를 믿음과 진정한 지혜의 관점에서 신뢰를 가지고 받아들이라고 가르칩니다. 시편저자는 먼저 마음이 순수한 자들에 대한 하느님의 선하심을 인정하는 것으로 기도를 시작합니다. 히브리어에서 '마음'이란 말에는 현대적 의미에서 정신과 마음을 모두 아우르는 뜻이 있습니다. 이것은 의지의 중심이자, 추론과 사리 분별이 이루어지는 중심지(시편 27편)입니다. 마음이 깨끗한 이와 악인을 대조하고(1.7절), 마음의 정체를 인간존재 안에서 하느님의 신비한 방식을 파악하는 부분으로 정의하는(26절) 이 시편에서 '마음'은 열쇠 역할을 합니다(1.7.13.21.26절). 시편저자는 악을 일삼는 자들이 축복받은 것처럼 보일 수도 있는 많은 경우를 생생하고 선명하게 묘사합니다. 그들은 자신들이 고통 때문에 괴로워하지 않기에 다른 사람들이 짊어지는 부담을 거의 배려하지 않습니다(4-5절). 또한 이들은 교만하고 잘 먹고 잘살면서, 심술궂게 이야기하며 다른 이들의 숭배를 받습니다(6-10절). 그렇다면 공정하시고 의로우신 하느님 앞에서 우리는 이러한 상황을 어떻게 이해할 수 있을까요? 이처럼 끔찍한 상황에 개입하기를 거부하시는 하느님을 어떻게 믿을 수 있을까요? 바로 16-17절이 이 시편의 전환점이 됩니다. 여기서 시편저자는 인간의 사고방식으로는 인생에서 겪는 뚜렷한 불평등이라고 하는 이처럼 성가신 문제를 해결할 수 없다고 인정합니다. 그래서 시편저자는 성소, 즉 하느님의 거룩한 곳으로 가야만 합니다. 이제 시편저자는 하느님 앞에 서서 마음속으로 깊이 생각합니다. 그리고 마침내 이 괴로운 질문에 대한 하느님의 대답을 발견합니다. 부와 위신, 안위로 가는 길은 변함없이 미끄러운 경사길이 됩니다. 부가 사라지고, 위신이 떨어지며, 안위가 흔들리는 일은 얼마나 쉽게 일어납니까. 이 같은 허영은 수명이 짧은 경우가 워낙 많아서, 이것이 우리 마음속 가장 깊은 곳에 있는 열망과 희망의 초점이 될 수는 없습니다. 시편저자는 삶의 가장 풍부한 의미를 찾는 단 하나의 방법을 확신과 신뢰를 특출하게 표현하면서 기술합니다. 그것은 바로 우리가 진정한 삶을 사는 데 필요한 길잡이가 되어 주시는 하느님의 영속적인 현존을 항상 믿는 것입니다(23-25절). 이 길은 모름에서 앎으로 나아가는 길이라기보다는 모름에서 믿음으로 성장하는 길입니다. "저는 하느님 곁에 있어 행복하옵니다"(28절). 시편저자는 자기중심적인 두려움을 떨쳐 버리고, 충실한 사랑과 자비를 드러내신 하느님에게 모든 신뢰를 드립니다. 이러한 믿음에 대해서 히브리인들에게 보낸 서간에서는 다음과 같이 이야기합니다. "믿음은 바라는 것들의 실상이고 보이지 않는 사물의 근거입니다"(히브 11,1). 하느님께서는 참으로 얼마나 좋으신 분입니까. 하느님께서는 경이로운 인생 여정에 온전히 참여하라고 늘 우리를 초대하십니다. 우리는 이 사실을 알 때 확신을 가지고 그분께 다가갈 수 있습니다.

73 (72) [시편. 아삽]

올바른 이에게 하느님은 얼마나 좋으신가!
　마음이 깨끗한 이에게 하느님은 얼마나 좋으신가!
2 그러나 나는 발이 미끄러져
　하마터면 넘어질 뻔하였네.
3 악인들의 평안을 보고
　어리석은 자를 시새운 탓이네.
4 그들은 아프지도 않은지
　그 몸은 기름지고 건강하네.
5 인생의 괴로움도 맛보지 않고
　남들처럼 고통도 당하지 않네.
6 교만은 그들의 목걸이
　폭행은 그들의 옷이네.
7 그들의 눈은 비계로 불거지고
　그들의 마음에서는 온갖 망상이 흘러나오네.
8 그들은 비웃으며 심술궂게 지껄이네.
　거만하게 을러대며 이야기하네.
9 하늘에 대고 제 입을 놀리며
　혀로는 땅을 헤집고 다니네.
10 백성은 그들 편이 되어
　그들의 말을 물처럼 들이마시네.
11 그들은 말하네.
　"하느님이 어찌 알리오?

지극히 높으신 분인들 어찌 알아채리오?"
12 보라, 바로 이들이 악인들!
　언제까지나 걱정 없이 재산을 늘리네.
13 흠 없이 지킨 내 마음
　깨끗이 씻은 내 손
　이것이 정녕 헛되단 말인가?
14 날마다 고통이나 당하고
　아침마다 벌이나 받으려 그리했던가?

15 "나도 그리 말하리라" 생각하였다면
　당신 아들들을 배신하였으리이다.
16 깊이 생각하여 알아들으려 하였으나
　제 눈에는 괴로움뿐이었사옵니다.
17 마침내 저는 하느님의 성전에 들어가
　그들의 종말을 깨달았나이다.
18 정녕 당신은 그들을 미끄러운 길에 세워
　나락으로 떨어지게 하셨나이다.
19 순식간에 그들은 멸망해 버리고
　공포에 휩싸여 사라져 버리나이다.
20 잠에서 깨어나 꿈을 덧없다 하듯
　주님은 일어나시어
　그들의 모습을 업신여기시나이다.
21 제 마음 쓰라리고
　제 속이 북받칠 때

22 저는 멍텅구리, 알아듣지 못하였나이다.
　당신 앞에 한 마리 짐승이었사옵니다.
23 그러나 저는 늘 당신과 함께 있어
　당신이 제 오른손을 잡아 주셨나이다.
24 당신 뜻에 따라 저를 이끄시고
　훗날 영광으로 저를 받아들이시리이다.
25 저를 위해 누가 하늘에 계시나이까?
　당신과 함께라면
　세상에서 바랄 것 아무것도 없나이다.
26 제 몸과 마음 스러질지라도
　하느님은 제 마음의 반석
　영원히 제 몫이옵니다.
27 보소서, 당신을 떠난 자는 멸망하나이다.
　당신은 배신한 자를 모두 없애 버리시나이다.
28 그러나 저는 하느님 곁에 있어 행복하옵니다.
　주 하느님을 피신처로 삼아
　당신의 모든 업적 알리리이다.

기도합시다

지혜와 진리의 하느님, 당신께서는 만물을 존재하게 만드시고 신비로운 역사의 흐름을 펼치셨나이다. 비오니 저희 마음을 밝게 비추시어 저희에게 당신께 이르는 길을 보여 주소서. 저희가 믿음으로 삶의 변화에 임하게 하소서. 또한 당신의 사랑을 깨달으라고 불러 주신 저희들 각자를 위해 당신께서 마련하신 사랑의 계획을 저희가 신뢰하게 하소서. 이 모든 것 우리 주 그리스도를 통하여 비나이다. 아멘.

시편 74

주님, 당신의 계약을 돌아보시고 일어나소서

최근 수십 년 동안, 우리는 미디어를 통해 사라예보, 르완다, 엘살바도르 같은 멀리 떨어진 곳이 파괴와 유린, 약탈을 당하는 끔찍하고도 잊지 못할 모습들을 접했습니다. 이 같은 모습에 내재된 고통은 너무도 많은 방식으로 너무도 많은 사람의 삶에 영향을 줍니다. 이런 모습을 접하면서 느끼는 고통은 우리의 상상력을 발동시켜 그 고통을 곱씹게까지 합니다. 시간이 지나도 당사자들은 잔인한 적들이 자행한 잔혹 행위를 또렷이 기억하지만 우리는 그들의 고통을 쉽게 잊어버립니다. 우리 미래 세대가 이러한 공포를 겪지 않게 하기 위해서라도 우리가 이를 잊지 않고 기억하는 것이 얼마나 중요하겠습니까. 시편 74편에서 시편저자는 기원전 587년에 바빌론인들에 의해 예루살렘에서 성전이 파괴되고 많은 이들이 목숨을 잃었던 현장을 경험했던 사람들이 살면서 잊지 못했던 공포와 경악을 묘사합니다. 시편저자는 이곳에서 일어났던 일을 미래 세대가 결코 잊어서는 안 된다고 주장합니다. 사람들이 어떻게 고통받았으며 폐허 한가운데에서조차 어떻게 기도를 드렸는지 기억해야 한다고 합니다. 그 모든 일은 도무지 말도 안 되는 것만 같았습니다. 어떻게 이런 일이 우리에게 닥칠 수 있는지 이해할 수가 없었습니다. 바로 이런 심정으로, "어찌하여?"라는 울림과 함께 시편 74편이 시작됩니다. 이 시편 가운데 의미심장한 부분은 탈출기에서 하느님의 연민이 어떻게 이 이스라엘 백성을 탄생시켰는지 — 사막에서 방황한 끝에 약속의 땅으로 들어간 사건을 — 기억해 달라고 하느님께 부르짖는 대목입니다(12-17절). 여기서 시편저자는 마치 "하느님, 당신께서는 만물을 존재하게 만드셨으니, 권능이 당신에게 있나이다. 당신께서는 저희를 인도하시어 갈대 바다를 건너게 하셨으니, 권능이 당신에게 있나이다. 당신께서 저희를 인도하시어 척박한 사막을 건너 약속의 땅에 이르게 하셨으니, 권능은 당신에게 있나이다. 그렇다면 당신의 백성이자 당신께서 구해 주신 양 떼인 저희에게 도대체 왜 이와 같은 공포를 안겨 주셨나이까?"라고 말하는 것 같습니다. 주목할 만한 것은 마지막 대목에서(18-23절) 시편저자가 대담한 주장과 희망에 찬 확신으로 하느님께 명령조로 청한다는 점입니다. 가령 "생각하소서", "내주지 마소서", "계약을 돌아보소서", "수치를 느끼며 돌아가게 하지 마시고", "일어나소서", "당신 적들이 외치는 소리를 잊지 마소서" 등이 그렇습니다. 우리도 기도할 때에 이러한 확신을 가져야만 합니다. 특히 우리가 사는 세상이 우리 주변에서 무너져 내리고 있는 것처럼 보이는 요즘에는 더욱 그렇습니다. 예수님께서 우리에게 말씀하십니다. "찾으시오, 얻을 것입니다. 두드리시오, 여러분에게 열어 주실 것입니다"(루카 11,9). 오늘날 우리가 이 시편으로 기도드릴 수 있는 한 가지 방법은 사회적 갈등이나 부당한 체제, 자연재해로 삶이 뒤죽박죽이 된 사람들을 기억하는 것입니다. 우리는 기도하며 관심을 기울여 그들과 연대함으로써 고통을 겪고 있는 그들과 일치를 이루며, 그들이 모두의 하느님, 한 분이신 하느님 안에서 우리 형제자매임을 다시 기억합니다.

74 (73) [마스킬. 아삽]

1 하느님, 어찌하여 마냥 버려두시나이까?
   당신 목장의 양 떼에 분노를 태우시렵니까?
2 기억하소서, 애초부터 모으신 백성
   당신 소유로 삼아 구원하신 지파
   당신 거처로 정하신 시온산을!
3 이 영원한 폐허로 당신 발걸음을 옮기소서!
   성전의 모든 것을 원수가 파괴하였나이다.
4 당신 성소 한가운데서 적들이 소리소리 지르고
   자기네 깃발을 성소의 표지로 세웠나이다.
5 마치 숲속에서
   도끼를 휘두르는 자 같았사옵니다.
6 그렇게 그들은 그 모든 장식들을
   도끼와 망치로 때려 부수었나이다.
7 당신 성전에 불을 지르고
   당신 이름의 거처를 뒤엎고 더럽히며
8 마음속으로 말하였나이다.
   '모조리 없애 버리자.
   하느님의 성소들을 이 땅에서 모두 불살라 버리자!'
9 이제 저희의 표지는 볼 수 없고
   더 이상 예언자도 없으며
   언제까지 갈지 아는 이 아무도 없나이다.
10 하느님, 적이 언제까지 깔보게 두시렵니까?

원수가 당신 이름 끝없이 업신여겨도 되나이까?
11 어찌하여 당신 손을 사리시나이까?
당신 오른팔을 품에 감추고 계시렵니까?
12 하느님은 예로부터 저의 임금님
이 세상 한가운데서 구원을 이루시는 분.
13 당신은 권능으로 바다를 뒤흔드시고
물 위에서 용의 머리를 부수셨나이다.
14 당신은 레비아탄의 머리를 깨뜨리시어
바다의 상어 떼에게 먹이로 주셨나이다.
15 당신은 샘과 개울을 터뜨리시고
흐르던 강들을 말리셨나이다.
16 낮도 당신의 것, 밤도 당신의 것.
당신이 해와 달을 만드셨나이다.
17 당신이 땅의 경계를 모두 정하시고
당신이 여름과 겨울을 마련하셨나이다.
18 생각하소서, 주님, 적이 깔보나이다.
어리석은 백성이 당신 이름을 업신여기나이다.
19 당신을 찬양하는 영혼 들짐승에게 내주지 마소서.
가련한 이들의 생명을 끝내 잊지 마소서.
20 당신의 계약을 돌아보소서!
온 나라 구석구석 폭행의 소굴이 되었나이다.
21 억눌린 이가 수치를 느끼며 돌아가게 하지 마시고
가련한 이와 불쌍한 이가 당신 이름을 찬양하게 하소서.
22 일어나소서, 하느님. 당신의 소송을 친히 이끄소서.

생각하소서, 어리석은 자 날마다 당신을 깔보나이다.
23 당신 적들이 외치는 소리를,
점점 커지는 원수들의 아우성을 잊지 마소서.

기도합시다

전능하시고 영원하신 하느님, 우주의 주인이시자 날마다 필요한 것을 주시는 분, 비오니 저희 호소에 귀를 기울이시고, 당신 이름을 신뢰하면서 당신에 대한 사랑을 표현하는 당신 백성을 기억하소서. 당신 없이 저희는 아무것도 아니며, 당신과 함께라면 당신의 뜻을 이룰 수 있음을 인정하나이다. 또한 저희를 강하게 하시어 저희에게 필요한 것만 아니라 저희 형제자매들이 당신의 이름을 위해 견디고 있는 도전들도 저희가 기억하게 하소서. 이 모든 것 우리 주 그리스도를 통하여 비나이다. 아멘.

시편 75

하느님 심판의 잔

시편 75편은 창조주 하느님의 다양한 모습을 보여 줍니다. 주님께서는 세상을 존재하게 만드셨으니, 하느님께서 세우신 하느님의 계율에 따라 세상을 심판할 권리도 그분에게 있습니다. 시편저자에 따르면 모든 이가 심판의 대상이 될 것이며, 하느님 앞에서 겸손하고 정직하게 살 수 있는 능력이 있느냐 없느냐가 결정적 요인입니다(미카 6,8). 이 시편은 경이로운 일을 행하시면서 언제나 가까운 곳에 계시는 하느님에 대한 찬양으로 시작합니다. 그리고 하느님께서 땅 위에 기둥들을 세움으로써 당신의 권능을 선포하는 내용의 짧은 신탁이 이어집니다(3-6절). 그런 다음 하느님께서 인간들에게는 거만과 과시가 자리 잡을 곳이 없다고 증언하십니다. 존재하는 모든 것이 다 하느님에게서 나와서 하느님에게로 돌아가기 때문입니다. 죽음을 피할 수 없는 운명인 우리 인간들은 이러한 권능 앞에서 오로지 겸손하고 온화할 뿐입니다. 우리의 능력, 우리의 재능, 우리의 재주 그 모든 것이 하느님에게서 생겨납니다. 생명의 축복은 하느님께서 우리에게 주신 선물이며, 우리가 주님에게서 나오는 것이라고 인정해야만 하는 선물입니다. 9절에 나오는 비유는 해석하기 어려울 수 있습니다. 악인이 마셔야 하는, 거품 이는 포도주 잔은 이스라엘 예언자들의 생생한 언어에서 파생된 표현입니다. 예레미야서를 보면 "주 이스라엘의 하느님께서 나에게 이렇게 말씀하신다. '너는 이 분노의 술잔을 내 손에서 받아라. 내가 너를 보내는 모든 민족들에게 이 잔을 마시게 하여라'"(예레 25,15). 예레미야 예언자에게 이러한 비유는 하느님께서 민족들에게 가하실 심판과 파괴를 암시합니다. 시편 75편에서 시편저자는 거만한 자들에게 이 포도주 잔이 주어질 것이라고 말합니다. 하느님께서 보시기에 악인들의 거만함이 너무도 가공할 만하기에, 심판의 날에 이러한 태도가 가져올 파괴적인 결과를 이들에게 경고하지 않을 수 없을 정도입니다. 겸손은 하느님과 이웃 앞에서 우리가 누구인지 정직하게 돌아보게 해 줍니다. 이것은 심판의 날에 희망에 이를 수 있는 확실한 길입니다. 예수님께서도 당신 자신에 대해 말씀하시면서 겸손을 언급하십니다. "수고하고 짐을 진 여러분은 모두 내게로 오시오. 그러면 내가 여러분을 쉬게 하겠습니다. 여러분은 내 멍에를 메고 나에게서 배우시오. 나는 온유하고 마음이 겸손하기 때문입니다. 그러니 여러분의 영혼이 안식을 얻을 것입니다"(마태 11,28-29). 우리가 일상적으로 겪는 삶의 고난이 우리에게는 겸손을 키울 수 있는 기회가 되는 것이 사실이 아닌가요? 우리는 죄를 짓고 또 지을 뿐 아니라, 같은 잘못을 반복하는 경우도 많습니다. 우리는 유혹에 빠지고, 이에 무릎을 꿇은 뒤, 다시 일어나 다시 한번 충실해지려고 노력합니다. 우리는 자신의 진정한 모습 — 사랑받고 구원받은 죄인의 모습 — 그대로 자기 자신을 볼 때, 가장 고귀한 미덕인 겸손에 이르는 길을 걷게 됩니다.

75 (74) [지휘자에게. 알 타스헷. 시편. 아삽. 노래]

2 하느님, 당신을 찬송하나이다, 저희가 찬송하나이다.
당신 이름 부르며 당신 기적들을 이야기하나이다.

3 "내가 정한 때가 오면
　나는 올바르게 심판하리라.
4 땅이며 사람이며 모두 흔들려도
　내가 세운 기둥들은 굳건히 서 있다. 셀라
5 거만한 자에게 내가 말하였다. '거만하게 굴지 마라.'
악인에게 내가 말하였다. '뿔을 쳐들지 마라.'"

6 너희 뿔을 위로 쳐들지 마라.
　고개를 치켜들고 무례하게 말하지 마라.
7 해 뜨는 데서도 해 지는 데서도,

산에서도 광야에서도 오는 게 아니다.
8 오직 하느님만이 심판하시니
어떤 이는 낮추시고 어떤 이는 높이신다.
9 주님 손에 잔이 들려 있으니
향료 섞어 거품 이는 술이라네.
그 잔을 기울이시니
세상 모든 악인들은 마시리라.
찌꺼기까지 핥아 마셔야 하리라.
10 나는 끝없이 기뻐 춤추며
야곱의 하느님께 노래하리라.
11 "내가 악인의 뿔을 모두 꺾으리니
의인의 뿔은 드높여지리라."

기도합시다

마음이 온유하고 겸손하신 예수 그리스도, 모든 유혹으로 가득한 저희 삶을 참아 주신 분, 비오니 저희가 일상에서 당신을 본받아 모든 것 안에서 무엇보다도 먼저 하느님을 찾고 하루하루 겸손을 키워 가게 하소서. 당신께서는 영원히 살아 계시고 다스리시나이다. 아멘.

시편 76

경외심과 두려움의 하느님

시편 76편에서 하느님의 초상은 경외심과 두려움이라는 두 가지 대조적 표상을 동시에 지니고 있다는 특징이 있습니다. 전리품의 산더미보다 뛰어나시며(5절), 세상의 가난한 사람을 모두 구하시려 하시는(10절) 하느님은 초월적이시면서 모든 곳에 존재하시는 한 분이신 하느님입니다. 하지만 하느님의 위대함은 그분께서 사랑하시고 그분께서 존재하게 만드신 사람들과 그분 사이의 거리를 멀리 떨어뜨리지는 못합니다. 이런 하느님께서는 예루살렘(본문에는 살렘)에 초막을 치시고 시온에 머무시면서(3절) 당신의 백성 가운데에 계십니다. 이와 동시에, 우리와 너무도 가까우신 이 하느님께서는 당신께서 심판을 내리시는(9절) 사람들을 공포에 떨게 하시는 신성한 용사(6-7절)이시기도 합니다. 하느님께서 교만하고 거만한 자들에게 판결을 내리실 때면 어찌나 경외로우시고 두려우신지 땅이 놀라 숨을 죽일 지경입니다. 이러한 결과는 강한 비유로 표현됩니다. 가령 용맹한 전사도 손을 놀릴 수 없고(6절), 수레도 말도 까무러쳤으며(7절), 땅이 놀라 숨을 죽입니다(9절). 복음서에서도 이와 유사한 대조법으로 예수님의 초상을 묘사합니다. 예수님은 당신의 기적과 가르침으로 사람들의 마음속을 경외심으로 채워 주시는 분으로 그려집니다. 하지만 예수님의 힘과 열정은 어떤 상황에서는 공포를 불러오기도 합니다. 먼저, 중풍병자를 치료하시던 예수님께서 이렇게 말씀하십니다. "그대에게 이릅니다. 일어나 그대의 침상을 들고 집으로 가시오"(마르 2,11). 그리고 말씀은 계속 이어집니다. "그러자 그는 일어나 곧 침상을 들고 모든 사람이 보는 앞에서 밖으로 나갔다. 이에 모두 넋을 잃고 하느님을 찬양하며 '이런 일은 일찍이 본 적이 없다' 하고 말했다"(마르 2,11-12). 그런데 이와는 대조적으로 율법학자들과 바리사이들에게 퍼부으시는 '비애'로 가득 찬 예수님의 저주를 듣노라면 그 안에 담겨 있는 분노와 적개심에 놀라게 됩니다. "불행하도다, 너희 율사와 바리사이 위선자들아! 너희는 사람들 앞에서 하늘나라를 닫아 버렸다. 사실 너희가 들어가지 않을뿐더러 들어가려는 사람들마저 들어가도록 가만두지 않는구나"(마태 23,13). 이렇듯 시편 76편의 하느님과 복음서의 예수님을 접한 우리의 응답은 경외심과 두려움으로 나타납니다. 따라서 이 시편을 성탄시기 전례에 봉독하는 것은 어떤 의미에서는 어울리지 않아 보일 수도 있습니다. 하지만 여기서 시편저자는 우리 하느님께서 인간으로 탄생하심을 잘 표현합니다. "그분의 초막은 살렘에, 그분의 거처는 시온에 마련되었네"(3절). 이 문장 안에는 인간의 육신을 취하시어 임마누엘, 즉 우리와 함께 계시는 하느님이 되어 우리 가운데 머무시는 하느님의 신비가 잘 담겨 있습니다. "말씀이 육신이 되시어 우리 가운데서 거처하셨다. 우리는 그분의 영광을 보았다"(요한 1,14). 여기서 "우리 가운데서 거처하셨다"라는 표현을 일부 번역본에서는 문자 그대로에 더 가깝게 "우리 가운데 그분의 초막을 치셨다"라고 옮기기도 합니다. 이렇게 하면 이 시편의 3절에 나오는 말씀을 더 직접적으로 반복해서 반영하는 셈입니다. 놀라우시고 탁월하신 우리 하느님의 현존은 이렇듯 가까이 있으며, 이렇듯 모든 곳에 편재하시기에, 우리는 그저 놀라고 경외할 뿐입니다.

1 **76** (75) [지휘자에게. 현악기와 더불어. 시편. 아삽. 노래]

2 하느님은 유다에 널리 알려지셨네.
　그분 이름 이스라엘에 위대하시네.
3 그분의 초막은 살렘에,
　그분의 거처는 시온에 마련되었네.

4 거기에서 그분은 불화살을,
　방패와 칼과 무기를 들부수셨네. 셀라

5 당신은 영광스러우신 분
　전리품의 산더미보다 뛰어나신 분!
6 대담한 용사도 가진 것 빼앗긴 채
　잠에 떨어졌나이다.
　용맹한 전사도 모두
　손을 놀릴 수 없었나이다.
7 야곱의 하느님, 당신의 호령에
　수레도 말도 까무러쳤나이다.
8 당신은 경외로우신 분
　당신이 진노하실 때
　누가 당신 앞에 서 있으리이까?
9 당신이 하늘에서 심판을 내리시니
　땅이 놀라 숨을 죽였나이다.
10 세상의 가난한 사람 모두 구하시려
　하느님이 심판하러 일어나셨나이다. 셀라
11 분노한 사람도 당신을 찬송하고
　분노에서 벗어난 이도 당신을 찬양하리이다.

12 주 너희 하느님께 서원하고 지켜라.
　그분 둘레에 있는 모든 이들아.
　두려움이신 그분께 예물을 바쳐라.

13 그분은 제후들의 기를 꺾으시는 분
　　세상 임금들에게 경외로우신 분이시다.

기도합시다

전능하신 하느님, 비오니 연민의 마음으로 저희 곁에 가까이 계시어 가련하고 불쌍한 당신의 백성을 돌보소서. 또한 저희가 곤경에 처했을 때 믿음을, 확신을 갖지 못할 때 희망을, 두려워할 때 빛을 주시어, 저희가 사랑으로 친절을 베푸시는 당신의 길을 열심히 따르게 하소서. 모든 찬미와 영광이 당신께 이제와 항상 영원히. 아멘.

시편 77

당신의 발자국은 보이지 않았나이다

"생각하나이다"(12절), "되새기나이다", "묵상하나이다"(13절) 같은 표현은 시편 77편이 어떤 작용을 하는지 보여 줍니다. 이 기도시는 자기 자신과 백성을 위해 고통스러운 상황을 곱씹어 생각하는 자의 마음과 정신으로 우리를 안내합니다. 시편저자의 말에서는 비애가 분명히 느껴지지만, 그가 하느님께 직접적으로 강하게 말씀드리고 있는데도, 많은 시편들과는 달리 참 이상하게도 이 시편에서는 노골적인 요청이나 호소는 찾아볼 수 없습니다. 우리는 이 시편을 가리켜 '하느님과 나누는 마음과 마음의 대화'라고 부를 수도 있습니다. 시편저자의 표현으로 미루어 보면 그는 하느님께서 자신의 기도를 듣지 않으셨거나 최소한 응답하지 않으셨다고 느끼는 것 같습니다. 그는 밤낮으로 부르짖느라 내적 위로를 얻지 못한 상태에서 쉬지 못하고 그저 한숨지으며 신음할 뿐입니다(1-4절). 이처럼 안도하지 못하는 내적 혼란 때문에 간절한 의문들이 고개를 듭니다(8-10절). 주님께서 영영 버리실까? 무엇 때문에 우리 관계가 변했을까? 과거에 교감의 계약을 특징짓던 자비와 연민은 이제 어디에 있는 것일까? 시편저자는 하느님과의 관계가 튼튼했던 과거 속의 하느님을 떠올립니다. "당신은 기적을 이루시는 하느님, 백성들에게 당신 권능을 드러내셨나이다. 당신 팔로 당신 백성을, 야곱과 요셉의 자손들을 구원하셨나이다"(15-16절). 시편저자는 하느님 앞에서 바로 이 구원에 날카로운 초점을 맞춥니다. 그래서 탈출기에서 야곱의 후손들이 경험했던 구원 사건의 기적을 넌지시 이야기합니다. 특히 갈대 바다를 건넜던 일을 언급합니다(17-20절). 이 사건 중에 하느님께서는 자연을 지배하는 당신의 권능을 보여 주셨습니다. 바람이 불고, 하늘이 하느님의 메시지를 말하며, 물이 양쪽으로 갈라지고, 백성들이 마른 땅으로 건너갔습니다(탈출 14-15장). 그런데 여기서 시편저자의 말 중에 중요한 메시지가 나옵니다. 거기서 하느님의 발자국은 보이지 않았지만, 하느님의 권능은 확실히 활동하셨다는 것입니다(20절). 하느님께서 영적 여정 안에서 조용히 잘난 체하지 않으시면서 우리에게 그리고 우리를 위해 행동을 취하시는 경우가 매우 많습니다. 우리는 우리 삶에서 하느님의 은총과 현존에 대한 '눈에 보이는 증거'를 원할지 모릅니다. 하지만 우리는 엘리야가 하느님을 만나던 호렙산 장면을 기억합니다. 그곳에서 엘리야는 하느님의 말씀은 바람이나 지진, 불 속에 있는 것이 아니라 완전한 정적과 침묵 중에 있다는 사실을 알게 되었습니다(1열왕 19,11-12). 이렇듯 우리가 해야 할 일은 하느님의 말씀이 우리에게 계시될 것이라 믿으면서 멈추고 인내하며 기도드리는 것입니다. 이는 때로 고통스러울지라도 성스러운 상태입니다. 하느님께서 마음속 깊은 곳에서 말씀하시기 때문입니다. 사도 바오로는 이것을 영성 생활의 문제로 다루었습니다. "영께서도 우리의 연약함을 떠받쳐 주십니다. 사실 우리는 무어라 기도해야 마땅할지 모르고 있으나 영께서는 말로 다 할 수 없는 탄식으로 몸소 대신 빌어 주십니다"(로마 8,26). 우리가 어떤 길로 하느님을 찾아가건, 우리는 우리를 기다리시어 거룩함의 길로 인도하시는 하느님의 현존을 확신할 수 있습니다.

77 (76) [지휘자에게. 여두툰에 따라. 아삽. 시편]

2 내게 귀를 기울이시라고
　나 하느님께 부르짖네.
　소리 높여 하느님께 부르짖네.
3 곤경의 날에 내가 주님을 찾네.
　밤새 펴 든 손 지칠 줄 모르고
　내 영혼 위로도 마다하네.
4 하느님을 생각하면 한숨만 절로 나고
　생각하면 할수록 내 정신 아뜩하네. 셀라

5 당신이 눈도 못 붙이게 하시니
　저는 불안하여 입도 열지 못하나이다.
6 저는 먼 옛날을 회상하고
　아득한 그 시절을 생각하나이다.
7 밤이면 마음속에 되새기고 묵상하며

정신을 가다듬어 헤아려 보나이다.
8 "주님은 영원히 버리시어
　다시는 호의를 베풀지 않으시려나?
9 당신 자애를 영원히 거두시고
　당신 말씀을 영영 그치셨나?
10 하느님은 불쌍히 여기심을 잊으셨나?
　분노로 당신의 자비를 거두셨나?" 셀라
11 제가 말하나이다.
　"지극히 높으신 분이 오른팔을 거두셨으니
　이것이 나의 아픔이라네!"
12 저는 주님 업적을 생각하나이다.
　그 옛날 당신이 이루신 기적을 생각하나이다.
13 당신의 모든 행적을 되새기고
　당신이 하신 일들을 묵상하나이다.
14 하느님, 당신의 길은 거룩하옵니다.
　하느님처럼 위대한 신이 어디 또 있으리이까?
15 당신은 기적을 이루시는 하느님
　백성들에게 당신 권능을 드러내셨나이다.
16 당신 팔로 당신 백성을,
　야곱과 요셉의 자손들을 구원하셨나이다. 셀라
17 하느님, 물들이 당신을 보았나이다.
　물들이 당신을 보고 요동치며
　깊은 바다마저 떨었나이다.
18 비구름은 물을 퍼붓고

먹구름은 소리를 지르며

　　당신 화살들도 쏟아졌나이다.

19　당신의 천둥소리 회오리 속에 일고

　　번개가 누리를 비추자

　　온 땅이 떨며 흔들렸나이다.

20　당신의 길이 바다를 가로지르고

　　당신의 행로가 큰 물을 건너도

　　당신의 발자국은 보이지 않았나이다.

21　당신은 모세와 아론의 손으로

　　당신 백성을 양 떼처럼 이끄셨나이다.

기도합시다

거룩함의 하느님, 마음 깊은 곳에서 당신을 찾으라며 저희를 각각 부르시는 분, 비오니 저희에게 평화의 길을 드러내소서. 저희가 마음속 가장 깊은 곳에서 필요로 하는 것을 말로 표현하지 못할 때, 부디 당신의 성령께서 저희 안에서 말을 능가하는 표현 방식으로 기도하며 당신의 진리와 지혜의 메시지, 평화, 축복을 표현하신다는 사실을 저희에게 상기시켜 주소서. 이 모든 것 우리 주 그리스도를 통하여 비나이다. 아멘.

시편 78

예로부터 내려오는 금언

총 72절로 이루어져 있는 시편 78편의 가장 큰 특징은 두 번째로 긴 시편이라는 점입니다. 이 시편은 역사 시편으로 분류됩니다. 일련의 짤막한 이야기들 안에는 — 이스라엘이 불충을 반복했음에도 — 하느님께서 사랑의 구원 계획을 실행하시는 이야기가 담겨 있습니다. 시편 78편을 이해하는 열쇠는 바로 첫 시작 부분에 나와 있는 서술 방식에 있습니다. 시편저자는 2절에서 이렇게 단언합니다. "내가 입을 열어 격언을, 예로부터 내려오는 금언을 말하리라." 이 시편은 오늘날에도 우리 삶 안에서 여전히 의미를 지니고 있는 이야기들을 들려줌으로써 가르침을 줍니다. 잘못을 반복하는 일은 너무도 쉽습니다. 이때 자신이 했던 실수에 대해 이야기를 하면 과거의 실수를 피하는 법을 배우는 데 도움이 될 수 있습니다. 성경을 구성하는 처음 다섯 책을 유다인들은 토라라고 부릅니다. 토라는 '가르침'이란 의미입니다. 그래서 가르침이라 하면 해야 할 것과 해서는 안 되는 것들의 목록으로 이루어져 있을 것이라 지레 짐작하게 됩니다. 하지만 이스라엘의 지혜는 삶의 교훈을 가르치는 최고의 방법은 이야기라는 것을 잘 알았습니다. 연대기나 전설, 서사는 우리 마음속에 깊이 박혀서 쉽게 기억할 수 있습니다. 성경의 첫 다섯 가지 책에 실린 이야기들이 교훈을 전하고 있듯, 역사 시편 역시 이스라엘의 과거 경험에 대해 들려주면서 가르침을 줍니다. 시편저자는 시편에 실린 비유들이 부모에게서 자녀들에게 전해져서(5-9절) 다음 세대들도 하느님을 알고 하느님의 은총이 선조들의 삶에 어떠한 영향을 미쳤는지 깨달을 수 있어야 한다고 주장합니다. 그는 백성들이 하느님께서 그들을 위해 하신 일을 기억하지 못하는 것이 어떻게 계약 위반이 되는지 반복해서 설명합니다(7-8.10-11.41-43절). 그가 품었던 원대한 희망은 미래 세대들도 이 이야기들을 들어서 기억하고 거기서 교훈을 배웠으면 하는 것이었습니다. 그는 이스라엘 백성이 하느님께 얼마나 많은 불충을 저질렀는데도, 그들이 공격했던 한 분이신 하느님께서는 어떻게 변함없이 그들을 측은해하시고 그들에게 자비를 보여 주시며 그들을 용서하시고 그들에게 필요한 것을 마련해 주시는지를 상기시켜 줍니다. 시편 78편에서 다시 들려주는 이런 이야기들은 독자들에게 하느님의 백성이라는 소명 아래 인내하며 충실해야 한다는 점을 다시 일깨워 줍니다. 이와 같은 신의는 과거 하느님께서 하신 일과 현재 하고 계시는 일, 그리고 미래에도 계속 하시리라 믿는 일에 대해 감사하는 우리의 마음을 표현합니다. 본디 인간의 본성은 의도적인 반항과 의도치 않은 실수를 모두 계속하는 경향이 있습니다. 믿음을 가졌던 우리 선조들의 이야기는 우리가 우리 자신의 삶을 들여다보는 데 도움이 됩니다. 이를 통해 우리는 진정한 의로움과 거룩함의 길에서 우리가 어떻게 벗어났는지, 그리고 하느님께서 은총과 다정함으로 우리의 부족한 사랑에 응답하시면서 어떻게 우리를 다시 신의의 길로 이끌어 주시는지 알게 됩니다. 시편 78편과 마찬가지로 예수님도 비유를 들려주시며 당신의 생명을 우리와 나누고 싶어 하시는 하느님의 은혜로운 바람을 이야기 속에서 펼쳐 보이십니다. 마태오 복음서에 나오는 왕국의 비유에 관한 긴 이야기는 다음과 같이 끝을 맺습니다. "하늘나라의 제자가 된 모든 율사는 자기 곳간에서 새것도 헌것도 꺼내 주는 집주인과 비슷합니다"(마태 13,52). 여러분에게는 시편 78편이 들려준 보물 같은 옛이야기 중 어떠한 것이 오늘날의 삶을 위한 교훈으로 다가옵니까?

78 (77) [마스킬. 아삽]

1 내 백성아, 나의 가르침을 들어라.

내 입이 하는 말에 귀를 기울여라.
2 내가 입을 열어 격언을,
　예로부터 내려오는 금언을 말하리라.
3 우리가 이미 들어 아는 것을,
　조상들이 우리에게 들려준 것을 전하리라.
4 주님의 영광스러운 행적과 권능을
　그분이 일으키신 기적을
　우리 자손들에게 숨기지 않고
　다가올 세대에게 들려주려 하노라.
5 그분이 야곱에게 법을 세우시고
　이스라엘에게 가르침을 주셨으니
　우리 조상들에게 명령하신 그것을
　자손들에게 알리려 하심이네.
6 다가올 세대, 태어날 자손들도 알아듣고
　그들이 일어나서
　제 자손들에게 들려주라 하심이네.
7 하느님께 희망을 두고
　하느님의 업적을 잊지 않으며
　당신 계명을 지키라 하심이네.
8 고집부리고 반항하던 세대
　그 조상들처럼 되지 말라 하심이네.
　마음이 흔들렸던 그 세대
　그들의 정신은 하느님께 충실하지 않았네.
9 에프라임의 자손들, 활로 무장한 그들이

결전의 날에 등을 돌렸네.
10 그들은 하느님의 계약을 지키지 않고
그 가르침대로 걷기를 마다하였네.
11 그들에게 보여 주신 기적들을,
그분의 위업을 잊어버렸네.
12 그분은 이집트 땅 초안평야에서,
그 조상들 앞에서 이적을 일으키셨네.
13 바다를 갈라 건너가게 하셨네.
물을 둑처럼 세우셨네.
14 낮에는 구름으로 이끄시고
밤이면 불빛으로 인도하셨네.
15 사막에서 바위를 쪼개시어
깊은 샘물처럼 흡족히 마시게 하셨네.
16 바위틈에서 시냇물이 솟게 하시어
강물처럼 흘러넘치게 하셨네.
17 그러나 그들은 끊임없이 죄를 짓고
사막에서 지극히 높으신 분께 반항하였네.
18 마음속으로 하느님을 시험하며
욕심대로 먹을 것을 달라 하였네.
19 하느님을 거슬러 그들은 말하였네.
"하느님이신들 광야에다
상을 차리실 수 있으랴?
20 보라, 바위를 치시니
물이 솟아오르고

시냇물이 넘쳐흘렀지만
당신 백성에게 빵까지 주실 수 있으랴?
고기를 마련해 주실 수 있으랴?"
21 주님이 들으시고 격노하시니
불길이 야곱을 향하여 타오르고
분노가 이스라엘을 향하여 솟아올랐네.
22 그들은 하느님을 믿지 않고
그분 도우심에 의지하지 않았네.
23 그래도 그분은 높은 구름에 명하시고
하늘의 문을 열어 주시어
24 만나를 비처럼 내려 그들에게 먹이시고
하늘의 양식을 그들에게 주셨네.
25 천사들의 빵을 사람이 먹었네.
그들에게 양식을 넉넉히 보내셨네.
26 하늘에서 샛바람 일으키시고
당신 힘으로 마파람 몰아오시어
27 그들 위에 먼지처럼 고기를,
바다의 모래처럼 날짐승을 내리셨네.
28 그들 진영 한가운데에,
천막 둘레에 떨어뜨리셨네.
29 그들은 실컷 먹고 배불렀네.
그들의 욕심을 채워 주셨네.
30 먹을 것이 입안에 들어 있어도
그들은 욕심을 버리지 않았네.

31 하느님의 분노가 치솟아 올라
   건장한 사나이들을 죽이시고
   이스라엘의 젊은이들을 거꾸러뜨리셨네.

32 이 모든 일을 보고도 여전히 죄를 짓고
   그들은 그분의 기적을 믿지 않았네.

33 그분은 그들의 날수를 단숨에 끊으시고
   그들의 햇수를 공포 속에 없애셨네.

34 죽이시던 그때서야 그들은 하느님을 찾고
   그분께 다시 돌아와

35 하느님이 그들의 바위이심을 기억하였네,
   지극히 높으신 하느님이 그들의 구원자이심을.

36 그러나 그 입으로 그분을 속이고
   혀로는 그분께 거짓말을 하였네.

37 그분께 마음을 굳건히 두지 않고
   그분 계약에 충실하지 않았네.

38 그래도 그분은 자비로우시어
   죄인들을 용서하시고 멸망시키지 않으셨네.
   당신 분노를 거듭 돌이키시고
   결코 진노를 터뜨리지 않으셨네.

39 그들은 한낱 살덩어리임을,
   내쉬면 다시 못 올 숨결임을 생각하셨네.

40 그들은 광야에서 얼마나 그분께 대들었고
   사막에서 얼마나 그분을 괴롭혔던가!

41 끊임없이 하느님을 시험하고

이스라엘의 거룩하신 분을 슬프게 하였네.

42 그들은 그분의 손을 기억하지 않았네.
　　적에게서 구해 주신 그날을 잊어버렸네.

43 그날 그분은 이집트에서 표징을 드러내시고
　　초안평야에서 이적을 일으키셨네.

44 저들의 강물을 피로 바꾸시니
　　그 흐르는 물을 마시지 못하였네.

45 등에 떼를 보내시어 저들을 뜯어 먹게 하시고
　　개구리 떼를 보내시어 저들을 망하게 하셨네.

46 저들의 수확을 메뚜기 떼에게,
　　소출을 누리 떼에게 내주셨네.

47 우박으로 저들의 포도나무를,
　　서리로 무화과나무를 죽이셨네.

48 저들의 가축을 우박에게,
　　양 떼를 번개에게 넘기셨네.

49 저들에게 분노의 열기를,
　　격분과 격노와 환난을,
　　재앙의 천사들을 보내셨네.

50 당신 분노의 길을 닦으시어
　　저들의 목숨을 죽음에 맡기시고
　　저들의 생명을 흑사병에 넘기셨네.

51 이집트의 모든 맏아들을,
　　함의 천막 속 정력의 첫 소생을 치셨네.

52 당신 백성 양 떼처럼 이끌어 내시어

광야에서 가축 떼처럼 인도하셨네.
53 안전하게 이끄시니 두려움 사라지고
그 적들을 바다가 뒤덮어 버렸네.
54 당신의 오른팔이 마련하신 이 산으로,
당신의 거룩한 영토로 그들을 데려오셨네.
55 그들 앞에서 민족들을 내쫓으시어
그 땅을 제비 뽑아 유산으로 나누어 주시고
그 천막에 이스라엘 지파들을 살게 하셨네.
56 그들은 지극히 높으신 하느님을 시험하고
그분께 반항하며
그분의 법을 지키지 않았네.
57 그들의 조상들처럼 등 돌려 배신하고
뒤틀린 활처럼 어긋나 버렸네.
58 산당을 지어 그분의 화를 돋우고
우상을 세워 그분을 진노케 하였네.
59 하느님은 들으시고 격노하시어
이스라엘을 아주 버리시고
60 사람들 사이에 치신 그 천막을,
실로의 거처를 내버리셨네.
61 당신의 힘을 적에게 사로잡히게 하시고
당신의 영광을 적의 손에 내주셨네.
62 당신 백성을 칼에 넘기시고
당신 소유에게 격노하셨네.
63 총각들을 불이 삼켜 버리니

처녀들은 사랑 노래 듣지 못했네.
64 사제들은 칼에 쓰러지고
　과부들은 울지도 못했네.
65 주님은 잠에서 깨어난 사람처럼
　술에 달아오른 용사처럼 일어나셨네.
66 당신 적들을 물리치시고
　영원한 수치를 안겨 주셨네.
67 그러나 요셉의 천막을 버리시고
　에프라임 지파를 뽑지 않으셨네.
68 오히려 당신이 사랑하는 시온산을,
　유다 지파를 뽑으셨네.
69 당신 성전을 드높은 하늘처럼,
　영원히 굳히신 땅처럼 지으셨네.
70 당신 종 다윗을 뽑으시고
　양 우리에서 불러내셨네.
71 어미 양을 치던 그를 데려오시어
　당신 백성 야곱을,
　당신 소유 이스라엘을 돌보게 하셨네.
72 그는 온전한 마음으로 백성을 돌보고
　슬기로운 손으로 그들을 이끌었네.

기도합시다

언제나 충실하시고 진실하신 하느님, 삶의 여정을 지나는 저희를 당신 생명의 말씀으로 인도하소서. 믿음의 선조들에 대한 이야기가 곧장 당신께 이르는 길을 저희에게 가르쳐 주게 하시어, 저희가 당신의 넘치는 연민과 자비에 언제나 감사하게 하소서. 이 모든 것 우리 주 그리스도를 통하여 비나이다. 아멘.

시편 79

이토록 불쌍하게 되었나이다

시편 79편과 시편 74편은 둘 다 기원전 587년에 바빌론의 침략으로 파괴된 예루살렘 성전과 그 주변 지역을 묘사하고 있다는 공통점이 있습니다. 여기서 시편 79편의 특징은 이 폐허가 된 경험을 들려줄 때 마치 개인적인 관계를 이야기하듯 한다는 것입니다. 시종일관 등장하는 2인칭 대명사 '당신'과 '당신의'는 하느님과 이스라엘 백성이 무척 가까웠음을 보여 줍니다. "당신 유산의 땅", "당신의 거룩한 성전", "당신 종들", "당신께 충실한 이들", "당신 자비", "당신의 백성", "당신 목장의 양 떼" 같은 표현들은 시편저자가 하느님과의 이러한 유대 관계를 얼마나 깊은 것으로 생각하는지를 나타내는 증거가 됩니다. 바로 이 하느님께서 그들을 불러 백성으로 삼으셨지만, 지금은 그들을 이민족 원수들에게 넘기신 것처럼 보입니다. 시편저자가 보기에 고통과 분투, 수치, 공포로 점철된 이런 상황을 회복할 수 있는 유일한 방법은 하느님께서 이스라엘의 운명을 반전시키시는 것밖에 없습니다. 시편저자는 친밀함과 애정을 담아 말하면서도 "주님, 언제까지 마냥 진노하시렵니까? 언제까지 당신의 격정을 불태우시렵니까?"(5절)라고 묻습니다. 그런 다음 그는 특히 방어적이고 자위적인 방식으로 제안합니다. 하느님의 진노가 방향을 틀어서 믿음 없는 이웃 민족들을 향하기를 바랍니다(6-7절). 이 이민족들은 하느님의 이름도 모릅니다. 즉, 그들은 하느님의 정체성이나 섭리에 따른 보살핌에 대해 체험을 통해 아는 것이 없습니다. 만약 이들이 이스라엘의 하느님을 알았다면, 하느님께서 백성 가운데 머무시는 곳, 그 거룩한 장소를 초토화시키는 일은 결코 일어나지 않았을 것입니다. 그래도 의문은 그대로입니다. '하느님의 격정이 왜 이리 큰 것일까?' '어째서 하느님께서는 이런 일이 벌어지게 하셨을까?' 시편저자는 이러한 재앙 상황을 하느님께서 뒤집으시리라 믿으면서, 그렇게 되면 백성들이 그들에 대한 하느님의 신의에 감사와 찬미를 드릴 수 있으리라 주장합니다(12-13절). 이러한 상황은 우리들 자신의 경험과는 동떨어진 것으로 보일 수 있으나, 발칸반도나 중동처럼 내전이나 전쟁으로 선한 의지를 지닌 사람들이 목숨을 잃었던 곳, 즉 죄 없는 사람들이 죽고 집이 폐허가 된 곳을 떠올리기만 해도 태도가 달라질 것입니다. 그들의 삶은 뒤죽박죽이 되었으며 그들의 희망은 한 줌 재처럼 사그라들었습니다. 시편 79편으로 기도하는 한 가지 방법은, 이와 같은 공포 한가운데에서 하느님께 무엇이라 말해야 할지 거의 알지 못하는 사람들과 연대하여 기도드릴 때 시편 79편을 활용하는 것입니다. 우리는 때가 되면 그들이 비애와 고통 가운데에서 하느님의 지속적인 권능을 알게 될 것이라 믿으면서, 그들을 위해 이 시편의 말씀으로 기도드릴 수 있습니다. 예수님은 언젠가는 하느님의 성전이 있는 도성에 이런 운명이 닥칠 것을 알고 계셨습니다. "예수께서 예루살렘 가까이 이르러 그 도성을 보시고는 그것을 두고 우시며 말씀하셨다. '이날 너 역시 평화를 얻는 길을 알았더라면 얼마나 좋을까! 그러나 지금 네 눈에는 그것이 보이지 않는구나!'"(루카 19,41-42). 시편 79편에 나오는 하느님의 도움에 대한 호소에 따라 우리는 전 세계에 걸쳐 전쟁의 참화 속에서 믿음의 연대감에 의존하며 살고 있는 형제자매들을 위해 기도할 수 있습니다.

79 (78) [시편. 아삽]

1 하느님, 민족들이 당신 유산의 땅에 쳐들어와
    당신의 거룩한 성전을 더럽히고
    예루살렘을 폐허로 만들었나이다.
2 당신 종들의 주검을 하늘의 새들에게
    당신께 충실한 이들의 살을 땅 위의 짐승들에게
    먹이로 내주었나이다.
3 그들의 피를 물처럼
    예루살렘 둘레에 쏟아부었건만
    묻어 줄 이 아무도 없나이다.
4 저희는 이웃에 우셋거리가 되고
    주위에 비웃음과 놀림감이 되었나이다.
5 주님, 언제까지 마냥 진노하시렵니까?
    언제까지 당신의 격정을 불태우시렵니까?
6 당신을 모르는 민족들에게
    당신 이름 부르지 않는 나라들 위에
    당신의 분노를 쏟아부으소서.
7 그들이 야곱을 집어삼키고
    그 거처를 부수었나이다.

8 선조들의 죄를 저희에게 돌리지 마소서.
어서 빨리 당신 자비를 저희에게 내리소서.
저희는 너무나 불쌍하게 되었나이다.

9 저희 구원의 하느님
당신 이름의 영광을 위하여
저희를 도우소서.
저희를 구하소서.
당신 이름 위하여 저희 죄를 용서하소서.

10 "저들의 하느님이 어디 있느냐?"
민족들이 이리 말해서야 되리이까?
당신 종들이 흘린 피를
저희 눈앞에서 민족들에게 갚아 주소서.

11 포로들의 탄식이 당신 앞에 이르게 하소서.
죽을 운명에 놓인 이들을 당신의 힘센 팔로 보호하소서.

12 저희 이웃들의 품에다 일곱 배로 갚으소서.
주님, 저들이 당신을 모욕하였나이다.

13 저희는 당신의 백성
당신 목장의 양 떼.
끝없이 당신을 찬송하고
대대로 당신을 찬양하오리다.

기도합시다

저희 모두의 구세주이신 하느님, 비오니 전쟁의 충격과 폐허로 당신 아들의 상처를 견디고 있는 사람들을 자상한 눈길로 바라보소서. 더 이상 당신의 자애를 보지 못하는 이들에게는 희망을, 삶이 갈기갈기 찢긴 이들에게는 믿음을 다시 안겨 주소서. 또한 저희보다 훨씬 무거운 슬픔을 지닌 채 십자가의 길로 전진하는 형제자매들을 저희가 늘 마음속에 기억하게 하소서. 이 모든 것 우리 주 그리스도를 통하여 비나이다. 아멘.

시편 80

저희를 다시 일으켜 주소서

시편 80편에서 세 번 반복되는 후렴구(4.8.20절)는 이 시편의 중심 주제인 회심의 은총을 이해하는 열쇠입니다. 이 시편은 공동 탄원시로, 하느님으로부터 분리된 탓에 백성들이 느끼는 고통(5-7절)과 하느님의 도움을 청하는 그들의 호소(2-3절)를 표현합니다. "다시 일으켜 주소서"라는 구절은 히브리어로 "다른 방향으로 돌려 주소서", "다른 길로 가게 하소서"라는 뜻의 동사에서 나왔습니다. 그리고 이것이 바로 회심의 진짜 의미입니다. 즉, 우리가 다르게 살고, 다른 식으로 생각하고, 새로운 동기를 가지고 행동할 수 있게 만드는 은총을 하느님으로부터 받아 꼭 움켜쥐는 것을 말합니다. 그런데 회심은 쉽게 일어나는 것이 아닙니다. 여기에는 인간의 의지와 행동도 필요하지만, 더욱 중요한 것은 변화를 완수할 수 있는 은총의 힘입니다. 이 시편의 후렴구에 나타나는 두 가지 표상은 회심의 작용 안에서 은총의 활동을 보여 줍니다. 첫째, 우리는 하느님께 "저희를 다시 일으켜 주소서"라고 청하는데, 이는 다시 말해 우리가 현재 있는 곳이나 지금까지 있었던 곳으로부터 우리를 구해 달라는 것입니다. 우리 힘만으로는 이 일을 완수할 수 없음을 잘 알고 있기에, 이 일을 완수하기 위해 하느님의 도움을 필요로 하는 것입니다. 둘째, "당신 얼굴을 비추소서"라고 간청하면서, 구약성경에 자주 등장하는 비유인 죄의 그림자와 대조적으로 빛의 표상을 구원의 상징으로 삼습니다. 어둠과 실패가 가장 으뜸가는 자리에 오는 경우, 치유가 필요한 것을 하느님의 빛이 변화시킵니다. 이것이 바로 구원입니다. 그래서 "저희가 구원되리이다"(4.8.20절)라는 구절이 덧붙여집니다. 구원이라고 하면 우리는 흔히 하느님의 웅대한 중재 행위로 생각합니다. 하지만 구약성경에서 구원은, '원하는 대로 한다'는 근시안적 태도로 인한 자기 파괴를 피하는 방식으로 우리 삶을 어루만지시는 하느님의 손길을 말합니다. 9-12절에서 시편저자는 중심적인 구원 행위인 이집트 탈출에 대해 상기시킵니다. 이스라엘은 하느님께서 옮겨 심고 양분을 주어 키운 포도나무로 비유됩니다. 그런데 하느님께서는 이렇게 정성을 들여 키우신 포도나무를 지금은 왜 들짐승들의 먹이가 되게 버려두시는 것일까요?(13-14절). 초기 그리스도인들은 '인간의 아들'(16.18절)을 하느님께서 기름을 부어 주신 뒤 사람들을 새로운 회심으로 이끌도록 파견하신 분, 즉 그리스도를 가리키는 것이라고 이해했습니다. 이렇게 회심하게 되면 의로움, 가련한 이들에 대한 보살핌, 이웃에 대한 진정한 사랑이 지배하는 하느님의 통치 아래로 인도될 것입니다. "예수께서는 갈릴래아로 가셔서 하느님의 복음을 선포하시며 이렇게 말씀하셨다. '때가 차서 하느님의 나라가 다가왔습니다. 여러분은 회개하고 복음을 믿으시오'"(마르 1,14-15). 하느님의 백성 전체에게, 회심이란 은총의 기적에 이르기 위해 우리가 일생 동안 걸어가야 하는 여정입니다. 그리하여 우리는 이 은총의 기적이 지니는 힘과 아름다움, 신비 안에 모이게 됩니다.

¹80 (79) [지휘자에게. 나리꽃 가락으로. 증언. 아삽. 시편]

2 이스라엘의 목자시여, 귀를 기울이소서.
  요셉을 양 떼처럼 이끄시는 분
  커룹들 위에 좌정하신 분
  광채와 함께 나타나소서,
3 에프라임과 벤야민과 므나쎄 앞으로!
  당신 권능을 떨치시어
  저희를 도우러 오소서.
4 하느님, 저희를 다시 일으켜 주소서.
  당신 얼굴을 비추소서. 저희가 구원되리이다.
5 주 만군의 하느님
  당신 백성이 드리는 기도에
  언제까지나 노여워하시렵니까?
6 당신은 저희에게 눈물의 빵을 먹이시고
  싫도록 눈물을 마시게 하셨나이다.
7 당신이 저희를 이웃의 싸움거리로 만드시어
  원수들이 저희를 비웃나이다.
8 만군의 하느님, 저희를 다시 일으켜 주소서.
  당신 얼굴을 비추소서. 저희가 구원되리이다.
9 당신이 이집트에서 포도나무 하나를 뽑아 오시어
  민족들을 몰아내고 심으셨나이다.
10 당신이 터를 고르시니
  뿌리를 내려

땅을 채웠나이다.

11 그 그늘에 산들이 덮이고
그 가지로 드높은 향백나무들이 덮였나이다.

12 그 줄기들은 바다까지,
그 햇순들은 강까지 뻗었나이다.

13 어찌하여 당신은 그 울타리를 허물어
지나가는 사람마다 따 먹게 하셨나이까?

14 숲에서 나온 멧돼지가 파헤치고
들짐승이 짓밟아 버리나이다.

15 만군의 하느님, 어서 돌아오소서.
하늘에서 굽어살피시고
이 포도나무를 찾아오소서.

16 당신 오른손이 심으신 나뭇가지를,
당신 위해 키우신 아들을 찾아오소서.

17 그 가지는 불에 타 꺾였나이다.
질책하시는 당신 앞에서 그들은 멸망하리이다.

18 당신 오른쪽에 있는 사람에게,
당신 위해 키우신 인간의 아들에게 손을 얹으소서.

19 저희는 당신을 떠나지 않으오리다.
저희를 살려 주소서. 당신 이름을 부르오리다.

20 주 만군의 하느님, 저희를 다시 일으켜 주소서.
당신 얼굴을 비추소서. 저희가 구원되리이다.

기도합시다

만인의 주 하느님, 저희를 다시 일으켜 주소서. 저희 삶 속에서 활동하시는 당신 은총의 힘을 저희에게 보여 주소서. 그리하여 저희가 당신의 섭리로 보살펴 주시는 놀라운 기적에 찬미와 감사를 드리게 하소서. 저희에게는 당신의 인도와 힘이 절실하나이다. 비오니 저희가 당신의 통치를 전달하는 사자로 기쁘게 봉사하면서 매일 저희 삶 속에서 활동하시는 당신의 구원을 깨닫게 하소서. 당신께 찬미와 영광이 이제와 항상 영원히. 아멘.

시편 81

부디 내 말을 들어라

시편 81편은 두 부분으로 이루어져 있습니다. 2-6ㄴ절은 하느님의 명령에 따라 하느님을 찬송하라는 권유를, 6ㄷ-17절은 백성들을 위한 하느님의 열정적 신탁을 담고 있습니다. 이 시편은 환희에 사로잡혀 백성들을 소환하여 목소리와 악기 소리를 드높여 하느님을 찬양하는 것으로 시작합니다. 이는 이집트 탈출 축제를 기념하기 위해 행해야 하는 신성한 규정에 부합하는 일입니다. 야곱의 후손들을 대신해서 이러한 놀랍고도 삶을 변화시키는 하느님에 대해 서술하기 위해서는 적절한 환호와 찬양이 필요합니다. 야곱과 요셉의 후손들을 위해 인간이 할 수 없는 일을 완수하신 하느님은 "우리의 힘"이라고 불립니다. 그러다가 이 시편의 구조와 어조가 갑자기 돌변합니다. 이제 하느님의 목소리로, 한때 다양하게 뒤섞인 노예 집단이었던 당신의 백성에 대한 당신의 사랑 이야기가 열정적으로 펼쳐집니다. 그리고 당신의 백성이 된 그들이 당신의 사랑을 되돌려 주기를 바라는 하느님의 갈망에 대한 이야기도 나옵니다. 하느님께서는 이 백성들을 노예로 묶어 두었던 짐들로부터 자유롭게 해 주셨던 이야기를 들려주십니다. 그때 이들이 해야 했던 일은 어려움에 처하여 하느님께 부르짖고 간청하는 일이 전부였습니다. 하느님께서는 마치 기다리고 계셨던 것처럼 즉시 응답해 주셨고 그들이 청했던 것, 그 이상을 마련하셨습니다. 단 한 가지 조건은 하느님을 제외한 그 어떤 신도 숭배하지 않는 것이었습니다. 분명 이것은 하느님의 호의에 알맞은 응답이었습니다. 그들을 이집트에서 탈출시켜 주신 하느님만이 그들의 유일한 하느님이 되실 수 있기 때문입니다. 하느님께서 말씀하십니다. '그렇게 하여라. 그러면 내가 너희를 부양하겠다.' "입을 크게 벌려라, 채워 주리라." 하지만 이런 일이 빈번히 일어났는데도 이스라엘 백성들은 하느님의 부르심을 듣지 않았습니다. 그리하여 하느님께서는 그들을 그냥 버려두시어 "제멋대로 제 길을 걸어가게" 하셨습니다. 여기서 우리는 너무도 많은 것을 주셨으나 그 대가로 받은 것이 거의 없으신 하느님께서 얼마나 낙담하셨는지를 들어 알 수 있습니다. 시편저자는 항상 약속을 잘 지키시는 공정하신 하느님께서 백성들에게 그들이 방황하고 있는 길이 하느님의 현존과는 거리가 멀다는 사실을 어떻게 지적하시는지 강조합니다. 그래도 하느님의 마지막 말씀은 은총과 애정 어린 자비로 가득합니다. 그러면서 그분께서는 진노를 잊으시고 용서를 베푸시며 백성들에게 먹을 것을, 기름진 참밀과 바위틈의 석청을 주십니다. 하느님께서 마련해 주시는 음식은 우리 몸에 없어서는 안 될 뿐 아니라, 입에도 달콤합니다. 이 신탁은 하느님의 흘러넘치는 사랑과 끝없는 용서, 당신의 백성들에 대한 한결같은 연민을 분명히 나타냅니다. 신약성경에서도 예수님은 이와 같은 선하심과 사랑을 당신께서 마주치는 사람들에게 표현하십니다. 그들의 완고하고 충실하지 못한 행동에도 불구하고 말입니다. 특히 한 장면은 특별한 온기와 애정이 느껴지는 분위기입니다. "예루살렘아, 예루살렘아! 예언자들을 죽이고 자기에게 파견된 사람들을 돌로 치는 것아! 암탉이 자기 병아리들을 날개 아래 모으듯이 내가 몇 번이나 네 자식들을 모으려 했던가! 그러나 너희는 마다하였다"(마태 23,37). 우리는 하느님의 사랑과 다정함, 즉 창조보다 더 오래된 사랑이라는 넓은 우산 아래에서 살고 있습니다. 우리는 이 사랑을 꼭 움켜쥐고서 이것을 우리들 자신의 사랑으로 받아들여야 합니다.

1 81 (80) [지휘자에게. 기팃에 맞추어. 아삽]

2 환호하여라, 우리의 힘 하느님께!
　환성 올려라, 야곱의 하느님께!
3 드높이 노래하여라, 손북을 쳐라.
　고운 가락 비파와 수금을 타라.
4 나팔을 불어라,
　초하루에, 보름에, 우리의 축제 날에.
5 이것은 야곱의 하느님이 내리신 명령이요
　이스라엘에 세우신 규정이라네.
6 이집트 땅에서 나올 때
　그분이 요셉에게 주신 법이라네.
　전에는 모르던 말씀을 나는 들었네.

7 "내가 그 어깨에서 짐을 풀어 주고
　그 손에서 광주리를 내려 주었다.
8 곤경 속에서 부르짖자 나는 너를 구하였고
　천둥 치는 구름 속에서 너에게 대답하였으며
　므리바의 샘에서 너를 시험하였다. 셀라
9 들어라, 내 백성아, 내가 너희에게 타이른다.
　이스라엘아, 부디 내 말을 들어라.
10 너에게 다른 신이 있어서는 안 된다.
　너는 낯선 신을 경배해서는 안 된다.
11 내가 주님, 너의 하느님이다.
　너를 이집트 땅에서 끌어 올렸다.
　입을 크게 벌려라, 채워 주리라.
12 그러나 내 백성은 내 말을 듣지 않고
　이스라엘은 나를 따르지 않았다.
13 고집 센 그들의 마음을 내버려 두었더니
　그들은 제멋대로 제 길을 걸어갔다.
14 내 백성이 내 말을 듣기만 한다면
　이스라엘이 내 길을 걷기만 한다면
15 나 그들의 원수들을 당장 꺾고
　내 손을 돌려 그들의 적들을 치리라.
16 그들이 주님을 미워하는 자들의 아첨을 받고
　이것이 그들의 영원한 운명이 되리라.
17 내 백성에게 나는 기름진 참밀을 먹이고
　바위틈의 석청으로 배부르게 하리라."

기도합시다

충실하시며 진실하신 하느님, 저희를 용서하시며 측은히 여기시는 하느님, 태초 이래 당신께서 하신 모든 일은 저희에게 당신의 선하심을 분명히 보여 주고 있나이다. 당신의 충실하고 굳건한 사랑으로 저희에게 신의의 길을 가르쳐 주소서. 비오니 저희가 당신의 충실함을 저희 삶 속에서 구현하게 하시며, 특히 가장 어려운 처지에 있는 이들에게 실천하게 하소서. 예수님의 이름으로 기도하나이다. 아멘.

시편 82

쓰러진 신들

시편 82편이 과거와 현재에 전하는 메시지를 올바로 평가하려면, 시편이 지어질 당시, 고대 근동 문화라는 맥락 안에서 이해해야 합니다. 여기서 잠시 욥기의 시작 부분을 살펴보면, 천상 어전에서 사탄이 하느님께 욥의 의로움에 의문을 제기하는 장면이 나옵니다. 이와 마찬가지로 시편 29편의 첫 부분("하느님의 아들들아, 주님께 드려라")도 천상 어전에 하느님과 같은 창조물들이 모여 하느님의 영광과 권능을 찬양하는 장면으로 시작합니다. 또한 나중에 보게 될 시편 89편에서도 수사적 질문이 제기됩니다. "신들 가운데 누가 주님과 같으리이까?"(7절). 물론 "유일하고 진정하신 하느님, 이스라엘의 하느님"이란 대답을 염두에 둔 질문입니다. 이러한 구절들 모두 시편 82편의 장면을 상상하는 데 도움이 됩니다. 여기에서도 하느님께서는 신들을 모이게 하십니다. 이 신들은 하느님께서 이스라엘을 다스리고자 세우신 원칙들에 따라 권능과 심판을 행해야 할 책임이 있습니다. 그런데 이들은 권능을 행사하기에 부족한 것으로 밝혀집니다. 이 '신들'은 비참하게도 책임을 다하는 데 실패하고, 이제 그들 자신이 심판받기 위해 '불려 간' 것입니다. 하느님 께서 특히 염려하시는 사람들 — 힘없는 이와 고아, 고통받는 이, 가난한 이, 불쌍한 이 — 의 행복에 영향을 줄 수 있는 자들이 이들을 방치하고 보살피지 않았기 때문입니다. 하느님의 질책을 받는 이 '신들'은 원래는 어둠에 빛을 가져오고, 그들이 권한을 행사하는 방식을 통해 다른 이들이 하느님의 방식을 깨달을 수 있게 도와주리라는 기대를 받았던 자들입니다. 시편 82편은 심판관이신 하느님에게 가장 가까이 있는 자들을 통해 하느님의 통치가 어떻게 이루어져야 하는지 하나의 모범을 우리에게 제시해 줍니다. 고대 근동 문화가 우리의 현재 상황에는 낯설게 느껴지더라도, 하느님의 통치가 뜻하는 지고의 의미에 관한 메시지는 오늘날에도 우리에게 의의가 있습니다. 우리는 앞으로 심판의 날이 올 것이라는 사실을 알고 있습니다. 그래서 예수님은 그 심판이 어떻게 이루어질지 우리에게 알려 주십니다. "그때에 임금은 자기 오른편에 있는 사람들에게 말할 것입니다. '내 아버지의 축복을 받은 사람들아, 와서 세상 창조 때부터 너희를 위하여 마련해 둔 나라를 상속받아라. 사실 너희는 내가 굶주렸을 때에 내게 먹을 것을 주었고, 내가 목말랐을 때에 내게 마시게 해 주었다. 나그네 되었을 때에 나를 맞아들였다'" (마태 25,34-35). 위대하시고 경이로우신 하느님께서는 참된 사랑을 바탕으로 그 위에서 통치하시는 심판관이십니다. 그 참된 사랑이란 우리에 대한 하느님의 사랑과 하느님과 이웃에 대한 우리의 사랑을 말합니다. 과연 우리는 이 마지막 날에 심판관이신 하느님 앞에서 어떤 모습을 하게 될까요?

82 (81) [시편. 아삽]

1 하느님은 신들의 모임에서 일어서시어
　그 신들 가운데에서 심판하신다.
2 "너희는 언제까지 불의한 심판으로
　악인들의 편을 들어 주려 하느냐? 셀라
3 힘없는 이와 고아의 권리를 찾아 주고
　가난한 이, 불쌍한 이에게 정의를 베풀어라.
4 힘없는 이와 불쌍한 이를 도와주고
　악인들의 손아귀에서 구해 내어라."
5 그들은 알지 못하고 깨닫지 못하며
　어둠 속을 걷고 있으니
　세상 기초들이 모두 흔들린다.
6 "내가 이르노니 너희는 신이며
　모두 지극히 높으신 분의 아들이다.
7 그러나 너희는 사람들처럼 죽으리라.
　세상의 권력자들처럼 쓰러지리라."

8 일어나소서, 하느님, 세상을 심판하소서.
　당신은 모든 민족들의 주인이시옵니다.

기도합시다

산 사람과 죽은 사람을 심판하시는 하느님, 당신의 통치는 영원하며 당신의 자비는 끝이 없나이다. 비오니 매일 저희에게 정의와 의로움에 이르는 길을 보여 주소서. 그리하여 저희가 말로, 특히 행동으로 당신과 당신의 통치를 선포하게 하소서. 이 모든 것 우리 주 그리스도를 통하여 비나이다. 아멘.

시편 83

하느님, 침묵하지 마소서

시편 83편에서는 하느님의 영토가 이스라엘을 둘러싸고 있는 민족들로부터 위협을 받을 수 있다는 두려움을 표현합니다. 하느님께서 침묵을 지키시면서 이스라엘을 지켜 주시지 않는 것처럼 보였기에 위기의 순간이 촉발되었습니다. 하느님의 백성이 위협을 받으면 하느님 역시 위협받기 때문입니다. 계약에 따르면 하느님께서는 이스라엘을 보호하시리라 기대됩니다. 하느님께서 이스라엘을 위해 행동하지 않으신다는 것이 드러나면, 하느님의 영예, 권능, 고귀함은 세상의 민족들 앞에서 취약한 모습으로 노출되기 때문입니다. 이 민족들은 하느님께 오만불손하게 굴며 소란을 피우고 머리를 치켜듭니다(3절). 이스라엘의 이름이 사라질 위험에 처하자, 계약에서는 하느님께 이스라엘을 위해 개입해 주시라고 요청합니다(4-6절). 7-12절에서는 사실상 이스라엘을 가운데 두고 울타리를 두른 듯 이스라엘을 사면초가에 놓이게 한 민족들을 장황하게 나열합니다. 이렇듯 이스라엘은 적에게 포위되었건만 하느님께서는 여전히 침묵을 지키시며 미동도 하지 않고 계십니다. 그런데 이렇게 물리적으로 작은 영토를 가진 이스라엘이 역사적으로 내내 원수들에게 괴롭힘을 받았던 이유는 무엇일까요? 바로 이스라엘을 이루는 영토가 고대 근동 지역에서 지정학적 요지로, 북동쪽으로는 아시리아와 바빌론, 남서쪽으로는 이집트 등 당시 세계를 지배하던 강대국들의 교차로에 위치했기 때문입니다. 그래서 이스라엘의 이웃 나라들은 이러한 전략적 영토를 자신들의 통제 아래 두려는 시도를 반복했습니다. 무역로를 장악하는 쪽에게는 그것이 누가 되었건 더 큰 세력이 보장되기 때문입니다. 따라서 이스라엘 땅을 소유하는 것은 무역과 부를 쟁취하는 열쇠였습니다. 이스라엘이 야훼, 즉 진실하시고 유일하신 하느님과 맺은 계약이 유효한 한, 그들의 희망과 확신은 강하게 유지될 수 있었을 것입니다. 그러나 이 시편의 내용을 보면 상황이 완전히 달라 보입니다. 과연 하느님께서는 당신 부르심에 따라 백성이 된 이스라엘에게서 당신 지원과 보살핌을 철회하신 것일까요?(2절). 10-18절에서 간청하는 표현들 역시 원수들에게 내뱉는 저주처럼 들릴 수 있습니다. 이처럼 앙심을 품은 듯한 공격적 언어가 현대적 감성에는 가시 돋친 표현으로 들립니다. 왜 이스라엘은 가혹하고 적대적인 간청을 하는 것일까요? 그 대답은 19절에서 찾을 수 있습니다. 만약 이스라엘 주위의 민족들이 하느님께서 가하시는 이런 파괴력을 경험하게 된다면, 그들은 이 세상에 하느님이 한 분밖에 없음을 알게 될 것이고, 이스라엘의 하느님이신 야훼, 곧 온 땅 위에 지극히 높으신 분께서는 공경받아야 한다는 것도 알게 될 것이기 때문입니다. 오늘날에도 우리는 신앙인들이 다른 사람들로부터 위협을 받는 상황이 벌어지고 있음을 잘 알고 있습니다. 그들은 시편저자의 원수들이 했던 위협적인 말을 똑같이 반복합니다. "가자, 저 민족을 없애 버리자. 이스라엘 그 이름 다시는 기억하지 못하게 하자!"(5절). 비록 이 시편에 나와 있는 폭력적 어법에 동의하지 않더라도, 우리는 시편 83편에서 사용하는 언어를 접하면서 전

세계적으로 신앙인들이 여전히 증오와 폭력, 파괴의 위협에 고통받고 있음을 새삼 깨닫게 됩니다. 우리는 그들을 위해 차별과 편협함이 지배하는 곳에 정의를 내려 주시라고 하느님께 간청하며 기도를 드립니다.

1 83 (82) [노래. 시편. 아삽]

2 하느님, 침묵하지 마소서.
 하느님, 말없이 가만히 계시지 마소서.
3 보소서, 당신 적들이 소란을 피우고
 당신을 미워하는 자들이 머리를 치켜드나이다.
4 당신 백성에게 맞서 음모를 꾸미고
 당신이 돌보시는 이들을 치려고 모의하나이다.
5 그들은 말하나이다.
 "가자, 저 민족을 없애 버리자.
 이스라엘 그 이름 다시는 기억하지 못하게 하자!"
6 그들은 한마음으로 흉계를 꾸미고
 당신께 맞서 동맹을 맺나이다.
7 천막에 사는 에돔인과 이스마엘인들
 모압과 하가르인들
8 그발과 암몬과 아말렉
 필리스티아와 티로 사람들도 함께하나이다.
9 아시리아까지 그들과 합세하여
 롯의 자손들을 도와주나이다. 셀라
10 미디안에게 하신 것처럼

키손 개울에서 시스라와 야빈에게 하신 것처럼

그들을 치소서.

11 엔 도르에서 저들은 전멸하여

땅의 거름이 되었나이다.

12 그 수령들을 오렙과 즈엡처럼,

그 제후들을 모두 제바와 찰문나처럼 만드소서.

13 그들은 말하였나이다.

"하느님의 목장을 우리가 차지하자."

14 저의 하느님, 그들을 마른 풀같이,

바람 앞의 검불같이 만드소서.

15 숲을 태우는 불처럼

산을 사르는 불길처럼

16 당신의 폭풍으로 그들을 뒤쫓으시고

당신의 돌풍으로 그들을 놀라게 하소서.

17 주님, 그들의 얼굴을 수치로 뒤덮어

그들이 당신 이름을 찾게 하소서.

18 그들이 내내 부끄러워하고 놀라며

온갖 수모 속에 죽어 가게 하소서.

19 당신의 이름 주님이심을

당신 홀로 온 세상에 지극히 높으신 분이심을

그들이 깨닫게 하소서.

기도합시다

의로우시고 공정하신 주님, 죽음과 파괴의 세력과 싸워 이기시는 분,

비오니 세계 평화를 기원하는 저희 간청을 들어주소서. 불의와 공포에 맞서 싸울 지도자들을 일으켜 세우시어, 당신 은총의 권능이 세상 어디에서나 모든 사람의 마음속에 살게 하소서. 우리 주 그리스도를 통하여 비나이다. 아멘.

시편 84

행복하옵니다, 당신 집에 사는 이들!

우리는 유다인들이 매년 축제(유월절, 오순절, 초막절)를 위해 예루살렘을 세 차례 순례하면서 느꼈을 큰 기쁨과 간절한 기대를 짐작할 수 있습니다. 시편 84편에는 이러한 순례 정신에 대한 진심 어린 표현이 담겨 있습니다. 첫 구절에서는 하느님에 대해 다양한 표상을 사용합니다. "만군의 주님"이라는 표현은 천상 군대의 사령관이신 하느님의 전능하신 권능을 암시합니다. 바로 그다음 절에 오는 "살아 계신 하느님"이라는 칭호 안에도 의미가 내포되어 있습니다. 즉, 어디에나 내재하시는 우리 하느님은 자연에 대한 제한된 이해에서 유래하는 것이 아니라, 하느님의 현존 안에 들어가고 싶은 열망을 지닌 사람들의 마음속에 살아 계시는 모습으로 당신을 드러내셨다는 의미입니다. 4절에 나오는 소유격 대명사 '저의'는 '왕'과 '신'이라는 장대한 칭호와는 좀처럼 연결 지어 생각하지 않는 친밀함을 드러내는 역할을 합니다. 바로 이렇게 하느님과 가까운 관계에 있기에 이 시편에서는 참새나 제비조차 하느님의 섭리를 의미하는 장소인 하느님께서 사시는 곳, 성전 뜨락에 집을 마련한다고 할 수 있는 것입니다(4절). 이 순례자들은 축복을 풍부히 받을 것이라 기대할 수 있습니다. 그들은 길을 오는 동안 하느님의 보호를 체험했기에 시온에 다가갈수록 그들의 마음속에는 힘이 자라납니다. 이제 그들의 바람과 열망은 땅 위에 있는 하느님의 집, 성전 뜨락에서 이루어질 것입니다(3.7-8절). 그리고 그들은 이렇게 선포합니다. "당신 뜨락에서 지내는 하루가 다른 천 날보다 더 좋사옵니다"(11절). 이 얼마나 힘 있는 말입니까! 하느님의 현존 안에 머물고, 하느님의 규칙 아래에서 살며, 하느님을 온전히 그리고 친밀하게 체험하고 싶다는 바람이 바로 이 시편의 핵심 중 핵심입니다. 시편저자는 "행복하옵니다"를 세 번 반복합니다(5-6.13절). 이 말은 시편집 전체를 시작하는 매우 중요한 말입니다. 그래서 시편 1편에서는 의인들에게 "행복하여라!"라고 말하는 것입니다. 여기 시편 84편에서 이 말은 하느님의 호의와 축복이 순례자에게 내려진다는 시편저자의 확신을 보여 줍니다. 이렇게 행복한 사람에 속하는 이들은 성전 뜨락에서 찬미 노래를 부르고, 열린 마음으로 순례에 나서며, 하느님을 믿는 사람들입니다. 일부 주석가들은 시편저자의 사랑이 성전 뜨락 그 자체에 초점이 맞춰져 있다고 제안하기도 합니다. 하지만 이러한 사랑은 그곳에 머무시는 거룩하신 분에 대한 사랑에 근거를 둔 것이 틀림없습니다. 우리는 하느님과의 일치를 위해 창조되었습니다. 인간의 경험은 지속적이고 설명하기 어려운 아픔으로 특징지어지는 경우가 많습니다. 이러한 내적 허기와 열망은 우리 창조주 하느님과 우리 사이의 거리가 실제보다 더욱 멀게 느끼도록 만들었습니다. 우리의 욕구가 소유, 권능, 위신, 물건이나 사람에게 초점이 맞춰져 있다고 한다면, 우리의 신비로운 내적 기제는 우리가 하느님을 위해 창조되었음을 알려 줍니다. 성 아우구스티누스의 말대로 우리는 오로지 하느님 안에서 쉬기 전까지는 쉴 수 없습니다. 예수님께서도 요한 복음서에 실린 최후의 만찬 자리에서 이렇게 말씀하셨습니다. "영원한 생명이란 오직 한 분의 참된 하느님이신 아버지를 알고 또한 아버지께서 파견하신 예수 그리스도를 아는 것입니다"(요한 17,3). 하느님, 즉 살아 계시는 하느님을 알고 체험하면 우리 존재에 활력과 기쁨이 생깁니다. 이러한 환희는 영원함의 맛보기에 해당합니다. 그때까지 우리는 우리 마음 가장 깊은 곳에 있는 허기에 먹을 것을 주고, 가장 심한 갈증을 덜어 줄 하느님과의 관계를 열망하며 기다립니다. 이와 같은 하느님과의 친밀함이야말로 우리가 창조된 이유입니다.

1 **84** (83) [지휘자에게. 기팃에 맞추어. 코라의 자손들. 시편]

2 만군의 주님
　당신 계신 곳 사랑하나이다!
3 주님의 뜨락을 그리워하며
　이 영혼 여위어 가나이다.
　살아 계신 하느님을 향하여
　이 몸과 이 마음 환성을 올리나이다.
4 당신 제단 곁에
　참새도 집을 짓고
　제비도 둥지를 틀어
　거기에 새끼를 치나이다.
　만군의 주님
　저의 임금님, 저의 하느님!
5 행복하옵니다, 당신 집에 사는 이들!

그들은 영원토록 당신을 찬양하리이다. 셀라
6 행복하옵니다, 마음속으로 순례의 길 떠날 때
　당신께 힘을 얻는 사람들!
7 그들은 바카 계곡을 지나며
　샘물을 솟게 하고
　봄비는 축복으로 덮어 주나이다.
8 그들은 더욱더 힘차게 나아가
　시온의 하느님을 뵈오리이다.
9 주 만군의 하느님, 제 기도를 들으소서.
　야곱의 하느님, 귀를 기울이소서. 셀라
10 보소서, 저희 방패이신 하느님.
　당신 메시아의 얼굴을 굽어보소서.
11 당신 뜨락에서 지내는 하루가
　다른 천 날보다 더 좋사옵니다.
　하느님의 집 문간에 서 있기가
　악인의 천막 안에 살기보다 더 좋사옵니다.
12 주 하느님은 태양이요 방패이시니
　주님은 은총과 영광을 주시나이다.
　흠 없이 살아가는 이들에게
　복을 아끼지 않으시나이다.
13 만군의 주님
　당신을 신뢰하는 사람은
　행복하옵니다!

기도합시다

살아 계시는 우리 하느님, 굴곡진 삶의 길 위에서 당신을 찾을 때 저희가 드리는 열렬한 기도를 들어주소서. 저희가 당신과 거리감을 느낄 때, 저희의 열망을 저희 마음속에 심어 주신 분이 바로 당신이심을 깨닫게 도와주소서. 또한 저희가 영원으로 가는 여정에 나설 때에도 당신께서는 저희의 바람을 이루어 주시리라는 것을 깨닫게 도와주소서. 찬미와 영광과 함께 축복과 감사가 당신께 이제와 항상 영원히 있나이다. 아멘.

시편 85

하느님께 돌아오는 이들에게 평화를

시편 85편은 대림시기를 떠올리게 합니다. 지난날 하느님의 구원을 체험했던 것을 인정하며 백성들은 기다림의 자세를 취하기로 합니다. 하느님께서 다시 한번 그들을 위해 행동을 취해 주실 것이라는 희망을 안고 기다리는 것입니다. 기대하며 기다리는 것이야말로 대림절을 나타내는 가장 큰 특징입니다. 시편 85편에서 우리는 시편저자와 함께 하느님께서 우리를 회복하시는 행동을 취해 주시기를 기다립니다(5.7-8절). 이는 우리가 인생의 순례길을 가는 동안 하느님께서 우리와 함께 계신다는 일종의 표징입니다. 시편저자의 표현을 보면 하느님께 이스라엘 백성들을 멀리하신 것을 후회하시라고 청하는 것처럼 보입니다. 그래도 이스라엘 백성들은 그들이 다시 하느님께 돌아가야 할 필요가 있음을 부인할 수 없습니다. 성경의 사고방식으로 보면 이스라엘이 비참하고 비통했던 시기는 하느님께서 모든 은총을 거두어들이신 때를 상징합니다. 다시 말해 하느님께서는 죄 많은 그들에게 등을 돌리시고, 계약관계에 따른 가장 근본적인 기대 사항인 하느님의 보호 조치를 철회하신 것입니다. 하지만 하느님의 현존을 나타내는 축복을 기다리는 사람들에게 하느님께서 계약의 축복을 다시 내려 주시리라는 굳건한 희망은 여전히 남아 있습니다. 시작 부분에서 시편저자는 "당신 땅"(2절)이라고 하면서, 하느님께 당신 백성이 살고 있는 영토가 오래전 그들의 선조인 아브라함 시절에 그들에게 베풀어 주신 하느님의 소유물이라는 사실을 환기시켜 드립니다. 하지만 시편이 진행됨에 따라 "당신" 땅에서 "우리" 땅으로 바뀌면서(10.13절), 하느님 땅이 참으로 "우리" 땅이며 현재까지 오랫동안 지속되어 온 우리 유산이라는 것을 나타냅니다. 이 시편에서 제시하는 상황은 하느님과의 계약을 이행함으로써 얻게 되는 평화를 반영합니다. 성경적 사고의 틀 안에서 '평화'는 단지 근심이 없는 상태를 뜻하지는 않습니다. 그보다는 전적으로 ― 육체적·정신적·감정적으로 ― 행복한 감정을 말합니다. 초기 그리스도인들은 시편저자가 기대하던 구원과 구속이 예수님 안에서 실현되었다고 믿었습니다. 따라서 대림절에 잘 어울리는 이 시편이 위대한 육화의 신비에 대한 우리의 응답도 표현하고 있다고 볼 수 있습니다. 자신의 마음속에 계시는 그리스도께 의지하는 사람들(9절)은 그리스도께서 연약한 사람의 육신을 취하신 것을 보고 그들이 상상했던 것보다 하느님이 인간에게 더욱 가까이 계심을 알았습니다(10절). 요한 복음서에는 "우리는 그분의 영광을 보았다. 은총과 진리가 충만하신 아버지의 외아드님으로서 지니신 영광을 보았다"(요한 1,14)라는 대목이 나옵니다. 이것은 이 시편의 한 구절 "영광은 우리 땅에 머물리라"(10절)의 메아리와 같습니다. 예수 그리스도께서는 하느님의 변함없는 자비와 약속에 대한 충실함이 어떻게 우리 삶 안에서 하나가 되는지를 세상에 보여 주셨습니다. 그런 예수 그리스도께서 오심으로써 "자애와 진실이 서로 만납니다"(11ㄱ절). 마찬가지로 예수님은 가련하고 불쌍한 이들에 대한 당신의 사랑과 진정으로 그들을 보살피시는 행동을 하나로 묶으심으로써 어떻게 "정의와 평화가 입을 맞추는지"(11ㄴ절) 보여 주셨습니다. 시편 85편은 대림의 정신으로 시작해서 성탄의 신비로 가득한 모습들로 끝을 맺습니다. 물론 특정 전례시기에 이런 그리스도의 신비를 기념하기는 하지만, 믿음 안에서 기다리며 강생의 신비를 깊이 묵상하는 일은 매일 할 수도 있습니다. 그리스도께서는 우리를 자유롭게 하여 파스카 신비를 체험할 수 있도록 하시려고 우리 가운데 오셨습니다. 그러므로 우리는 마땅히 그리스도를 우리 삶의 중심에 두어야 할 것입니다.

1 85 (84) [지휘자에게. 코라의 자손들. 시편]

2 주님, 당신 땅을 어여삐 여기시어
 야곱의 귀양을 풀어 주셨나이다.
3 당신 백성의 죄를 용서하시고
 모든 잘못을 덮어 주셨나이다. 셀라
4 당신의 격분을 말끔히 씻으시고
 분노의 열기를 거두셨나이다.
5 저희 구원의 하느님, 저희를 다시 일으키소서.
 저희에게 품은 노여움을 풀어 주소서.
6 끝끝내 저희에게 진노하시렵니까?

대대로 당신 분노를 뻗치시렵니까?
7 저희에게 생명을 돌려주시어
　　당신 백성이 당신 안에서 기뻐하게 하소서.
8 주님, 저희에게 당신 자애를 보여 주시고
　　당신 구원을 베풀어 주소서.

9 하느님 말씀을 나는 듣고자 하노라.
　　당신 백성, 당신께 충실한 이에게
　　주님은 진정 평화를 말씀하신다.
　　그들은 다시는 어리석게 살지 않으리라.
10 그분을 경외하는 이에게 구원이 가까우니
　　영광은 우리 땅에 머물리라.
11 자애와 진실이 서로 만나고
　　정의와 평화가 입을 맞추리라.
12 진실이 땅에서 돋아나고
　　정의가 하늘에서 굽어보리라.
13 주님이 복을 베푸시어
　　우리 땅이 열매를 내리라.
14 정의가 그분 앞을 걸어가고
　　그분은 그 길로 나아가시리라.

기도합시다

우리 구세주 하느님, 너그러우신 자비와 애정 어린 신의로 저희에게 위대한 호의를 베풀어 주신 분, 비오니 감지하기 어렵고 감추어져 있는 일들, 심오하고도 삶을 바꿀 수 있는 일들 안에서 활동하시는 당신의 손을 알아볼 수 있는 비전을 저희에게 주소서. 그리하여 저희가 확신을 가지고 당신 나라의 충만함이 우리 가운데 드러나는 위대한 그날을 기다리게 해 주소서. 우리 주 그리스도를 통하여 비나이다. 아멘.

시편 86

당신 종에게 구원을 보이소서

이 시편저자와 하느님의 관계는 전능하신 분에게 드리는 다음의 말씀에서 분명히 드러납니다. "당신 홀로 하느님이시옵니다"(10절), "제 영혼 저승 깊은 곳에서 건져 주셨나이다"(13절), "당신은 자비롭고 너그러우신 하느님, 자애와 진실이 넘치시나이다"(15절). 오해의 여지 없이 화자는 하느님의 자애를 직접 체험한 것이 분명합니다. 또한 이 만남에서 주님의 길을 따라 사는 데 필요한 힘과 신념을 얻은 것이 틀림없습니다. 마찬가지로 시편저자는 삶의 도전에 직면할 때 하느님의 지원이 절대적으로 필요함을 솔직하게 말합니다. "가련하고 불쌍한 이 몸이옵니다"(1절), "당신께 온종일 부르짖사오니"(3절), "당신께 제 영혼을 들어 올리니"(4절), "당신이 제게 응답해 주시리니"(7절), "주님, 제게 당신의 길을 가르치소서"(11절). 그는 두 차례에 걸쳐 자신을 "종"(2.16절)이라고 언급합니다. 사실 시편저자들 가운데 자신을 이렇게 지칭하는 경우는 드뭅니다. 성경적 의미에서 종이란, 말과 행동에서부터 열망과 바람, 희망과 기대에 이르기까지 삶의 모든 것을 지시하시는 유일하신 하느님의 명령만을 기다리는 사람을 말합니다. 다른 부분에서도 지적했듯,

히브리어에서 (명사와 동사에 접사를 붙여 사용하는 것보다) 인칭대명사는 표현을 강조할 때 사용합니다. 바로 이 표현법이 시편 86편에 빈번히 등장합니다. "당신은 저의 하느님, 당신을 신뢰하나이다"(2절), "당신은 어질고 용서하시는 분"(5절), "당신은 위대하시며 기적을 일으키시는 분, 당신 홀로 하느님이시옵니다"(10절), "당신을 찬송하며"(12절), "그러나 주님, 당신은 자비롭고 너그러우신 하느님"(15절), "주님, 당신이 저를 도우시고 위로하시니"(17절). 신약성경에서 예수님은 종으로서 섬김의 정신이라는 고귀하면서도 도전적인 표현에 대해 다음과 같이 말씀하십니다. "누가 첫째가 되고자 하면 모든 이 가운데서 말째가 되어 모든 이를 섬기는 사람이 되어야 합니다"(마르 9,35). "사실 인자도 섬김을 받으러 온 것이 아니라 오히려 섬기고 또한 많은 사람들을 대신해서 속전으로 자기 목숨을 내주러 왔습니다"(마르 10,45). 사도 바오로도 예수님께서 어느 정도까지 하느님의 종이 되셨는지 묘사합니다. "그분은 하느님의 모습을 지니셨지만 ⋯ 도리어 자신을 비우시어 종의 모습을 취하셨으니 사람들과 비슷하게 되시어 여느 사람 모양으로 드러나셨도다. ⋯ 자신을 낮추시어, 죽음, 곧 십자가의 죽음에 이르기까지 순종하셨도다"(필리 2,6-8). 과연 예수님은 어떻게 이처럼 완벽하게 자신을 비우고, 죽음에 이를 정도로까지 순종하며, 스스로 우리의 몸값이 될 수 있었겠습니까? 만약 예수님께서 아빠라 부르셨던 그분과 이토록 깊고 개인적인 관계를 나누시지 않았다면, 어떻게 이 모든 일을 하실 수 있었겠습니까? 진정한 섬김의 정신은 하느님과의 개인적인 관계에서 시작합니다. 이것은 애정과 신뢰, 인내, 그리고 우리 삶을 지배하시는 하느님에 대한 확신을 바탕으로 한 열려 있는 관계입니다. 예수님은 진정한 봉사의 시작점과 그곳에 이르는 길을 우리에게 보여 주셨습니다.

진정한 봉사는 우리를 존재하게 만드셨고 우리를 영원한 기쁨으로 이끄시는 하느님과 하나를 이루는 데에서 시작하여 계속됩니다.

1 86 (85) [기도. 다윗]

주님, 귀를 기울이소서, 제게 응답하소서.
가련하고 불쌍한 이 몸이옵니다.

2 제 영혼 지켜 주소서.
당신께 충실한 이 몸,
당신 종을 구해 주소서.
당신은 저의 하느님
당신을 신뢰하나이다.

3 당신께 온종일 부르짖사오니
주님, 저에게 자비를 베푸소서.

4 당신께 제 영혼을 들어 올리오니
주님, 이 종의 영혼을 기쁘게 하소서.

5 주님, 당신은 어질고 용서하시는 분
당신을 부르는 모든 이에게 자애가 넘치시나이다.

6 주님, 제 기도에 귀를 기울이시고
애원하는 제 소리를 들어 주소서.

7 당신이 제게 응답해 주시리니
곤경의 날 당신께 부르짖나이다.

8 주님, 신들 가운데 당신 같은 이 없나이다.
당신 업적에 비길 것 없나이다.

9 주님, 당신이 만드신 민족들이 모두 모여 와
　당신 앞에 엎드려
　당신 이름에 영광을 바치리이다.
10 당신은 위대하시며 기적을 일으키시는 분
　당신 홀로 하느님이시옵니다.

11 주님, 제게 당신의 길을 가르치소서.
　제가 당신의 진리 안에서 걸으오리다.
　당신 이름 경외하도록 제 마음 모아 주소서.
12 주 하느님, 제 마음 다하여 당신을 찬송하며
　영원토록 당신 이름에 영광을 바치리이다.
13 제게 베푸신 당신 자애가 크시고
　제 영혼 저승 깊은 곳에서 건져 주셨나이다.
14 하느님, 오만한 자들 저에게 맞서 일어나고
　포악한 자 무리 지어 제 목숨을 노리나이다.
　그들은 당신을 모실 줄 모르나이다.
15 그러나 주님, 당신은 자비롭고 너그러우신 하느님
　분노에는 더디시나 자애와 진실은 넘치시나이다.
16 저를 돌아보시어 자비를 베푸소서.
　당신 종에게 힘을 주시고
　당신 여종의 아들을 구하소서.
17 저를 아끼시는 당신의 표징을 보이소서.
　주님, 당신이 저를 도우시고 위로하시니
　저를 미워하는 자들이 보고 부끄러워하리이다.

기도합시다

영원한 자비와 헤아릴 수 없는 지혜를 지니신 하느님, 비오니 저희를 당신께 이르는 길로 인도하소서. 또한 저희가 당신의 경이롭고 헤아리기 어려운 방식을 열린 마음으로 받아들여, 당신께서 저희를 당신의 아들이자 종이신 예수님의 선하심과 연민을 본받는 종으로 변화시켜 주신다는 확신을 갖게 하소서. 예수님께서는 영원무궁토록 살아 계시고 다스리시나이다. 아멘.

시편 87

하느님의 영광스러운 도성

시편 87편의 주제는 하느님의 사랑 — 예루살렘과 온 세상에 쏟아부으시는 사랑 — 에 대한 예지입니다. 시온산(예루살렘 지역에서 가장 높은 곳으로 종종 예루살렘과 이스라엘 전체를 의미한다)은 하느님께서 땅 위에서 머무실 곳으로 선택하신 곳으로 칭송됩니다. 하느님께서는 세상의 모든 민족들 가운데에서 보잘것없고 하찮은 이스라엘과 함께 시온산에서 사시기로 선택하셨습니다. 하느님께서 이스라엘을 당신 백성으로 선택하셨다는 하느님의 선택 신학은 구약성경에서 흔히 다루는 주제입니다. 이를 확대해서 생각하면 하느님께서는 특별한 위엄도 없고 중요하지도 않은 사람이나 장소를 선택하시고, 이러한 하느님의 선택으로 그 사람이나 장소를 대단히 중요한 존재로 끌어올려 주신다는 것입니다. 이와 같은 하느님의 행동을 보면 구약성경에서 묘사하는 하느님의 특징을 통찰할 수 있습니다. 즉, 하느님께서는 자비로우시고 선하신 분이시며, 신성한 선택은 인간의 기준으로 이해할 수 없다는 사실을 세상에 드러내십니다. 마찬가지로 창조주 하느님께서는 이 광활한 우주와 그 안의 모든 경이로운 것들을 창조하셨지만 크건 작건 모든 피조물 하나하나를 걱정하고 계신다는 것도 알 수 있습니다. 인간의 기준으로 평가한 지위와는 상관없이 우리는 저마다 하느님의 호의를 누리고 있습니다. 마치 시온산처럼 말입니다. 시온산은 매우 인상적인 자연의 요새임에도 세계적 기준에서 보면 하찮으리만치 작은 장소에 불과합니다. 그런 다음, 시편이 진행되면서 또 하나의 중요한 신학적 모티브인 보편구원론이 등장합니다. 하느님께서는 당신 계약의 선물을 함께 나누자며 온 세상을 초대하십니다. 만약 다른 맥락이었다면, 4절에서는 역사상 이스라엘의 적이었던 나라들을 열거했을 것입니다. 이집트의 또 다른 이름인 라합은 이스라엘이 과거에 노예살이를 했던 곳으로, 하느님께서 이곳에서 이스라엘을 탈출시키시어 약속의 땅으로 인도해 주셨던 나라입니다. 바빌론은 이스라엘의 그다음 유배지였습니다. 바빌론 사람들은 예루살렘을 약탈하고 성전을 파괴한 후 이스라엘 민족을 포로로 잡아가서 이 땅을 황폐한 곳으로 만들었습니다. (북쪽의) 티로와 (서쪽의) 필리스티아, (남서쪽의) 에티오피아는 이스라엘이 외세의 지배와 우상숭배의 도입을 막기 위해 맞서 싸웠던 나라들입니다. 하지만 이 시편에 나와 있는 하느님의 신탁에 따르면 이 나라들이 이스라엘에 온 것은 진정한 하느님을 알기 위해서였다고 합니다. 그들이 이렇게 하느님을 아는 상태로 '태어나는' 것은 하느님의 도읍인 시온과의 유대를 통해 이루어집니다(4절). 하느님께서는 시온을 모든 민족들이 세상을 창조하신 진정한 하느님을 알고 체험하는 수단으로 삼으셨습니다. 진정한 하느님은 시온을 당신 거처로 만드셨고, 모든 사람들이 이곳을 본거지로 삼게 됩니다. 이사야서 60장에서는 하느님의 보편적 구원을 온전히 표현합니다. 과거에는 황폐하고 잊혔던 곳이었으나 이제는 하느님의 영광이 달려 있는 장소가 된 딸 예루살렘으로 모든 나라가 물밀듯이 밀려온다고 말입니다. 한편 예수님은 백인대장을 만나 그의 대단한 신앙심에 깊은 인상을 받으십니다. 이때 예수님은 다음과 같이 말씀하시면서 앞서 나온 보편구원론을 증명하십니다. "여러분에게 말하거니와, 많은 사람들이 동쪽과 서쪽에서 모여들어 하늘나라에서 아브라함과 이사악과 야곱과 함께 잔칫상에 자리 잡게 될 것입니다"(마태 8,11). 이렇듯 우리 하느님께서는 모든 민족을 불러 모아 신앙과 신뢰, 인내를 가지고 당신의 계약을 받아들여 하느님의 다스리심에서 기쁨을 체험하라고 초대하십니다.

87 (86) [코라의 자손들. 시편. 노래]

1 거룩한 산 위에 세운 그 터전,
2 주님이 야곱의 어느 거처보다
　시온의 성문들을 사랑하시니
3 하느님의 도성아
　너를 두고 영광을 이야기하는구나. 셀라
4 나는 라합과 바빌론도 나를 아는 자로 여긴다.
　보라, 에티오피아와 함께 필리스티아와 티로를 두고
　"그는 거기에서 태어났다" 하는구나.
5 시온을 두고는 이렇게 말한다.
　"이 사람도 저 사람도 여기서 태어났으며

지극히 높으신 분이 몸소 이를 굳게 세우셨다."
6 주님이 백성들을 적어 가며 헤아리신다.
"이자는 거기에서 태어났다." 셀라
7 노래하는 이도 춤추는 이도 말하는구나.
"나의 샘은 모두 네 안에 있네."

기도합시다

지극히 높으시고 위대하신 창조주 하느님, 모든 민족은 당신 안에서 본향을 찾습니다. 비오니 저희에게 당신의 뜻을 인정할 수 있는 믿음을 주소서. 또한 저희에게 천상의 것들에 대한 희망을 주시고 저희 마음속에 모든 사람을 우리 형제자매로 받아들이는 관용을 불러일으켜 주소서. 우리 주 그리스도를 통하여 비나이다. 아멘.

시편 88

어둠만이 저의 벗이 되었나이다

시편 88편은 한 신앙인이 겪는 감정의 어둠과 내면의 고통을 강렬하게 반영합니다. 각 행마다 견딜 수 없는 정신적 고뇌가 묻어나는 이 시편은 시적 비유와 수사적 힘이 발현된 걸작입니다. 시편을 읽는 독자는 끝이 없어 보이는 화자의 고통 속으로 빠져들어 갑니다. 화자의 언어는 내면의 괴로움과 생명의 위협에 따른 공포의 불길로 활활 타오릅니다. 저승(4절), 무덤(12절), 구렁(5.7절), 살해(6절), 어둡고 깊숙한 곳(7절), 멸망의 나라(12절), 망각의 나라(13절), 죽음을 달고 사는 몸(16절) 등 죽음을 연상시키는 표상이 반복되면서 화자는 이러한 경험 속에 빨려들어 갑니다. 이렇게 점진적으로 표상을 만들어 감으로써 시편저자는 무덤이 자신의 유일한 안식처가 될 것이라는 위협이 공존하는 가운데 생명의 소진을 어느 정도로 견뎠는지 강조합니다. 저자는 일련의 수사적 질문을 던지면서 하느님께 이렇게 생명의 위협을 받는 상황을 살펴봐 주시라고 에둘러 청합니다. "죽은 이들에게 당신이 기적을 이루시리이까? … 무덤 속에서 누가 당신 자애를 이야기하리이까? … 망각의 나라에서 당신 의로움을 알리리이까?"(11-13절). 이렇게 질문하는 것은 하느님께 "만약 제가 생명을 잃는다면, 당신의 자비와 성실을 널리 알릴 사람은 아무도 없게 될 것입니다"라고 정곡을 찌르며 제안하는 현명한 방법입니다. 시편저자는 분명히 기도의 정신으로 이와 같은 문제를 하느님께 제기했습니다. "두 팔을 쳐드는"(10절) 행위는 히브리 문화에서 귀를 기울여 달라고 간청하는(3절) 애원의 몸짓이자, 하느님의 왕좌를 향하는 청원의 말과 어울리는 신체적 자세입니다. 저자의 어조에는 고통과 번민이 구석구석 배어 있지만 오해의 여지가 없는 확실한 믿음의 자세가 느껴진다는 특징이 있습니다. 시편의 첫 행은 "제 구원의 하느님"이라는 구절로 시작합니다. 여기서 시편저자는 자신의 처지를 구원의 경험으로 바꾸실 수 있는 유일한 한 분이신 하느님께 의지합니다. 신뢰와 확신으로 교감하면서 언제나 그를 지탱해 주셨던 바로 그 하느님 말입니다. 기억되기를 간절히 바라는(15절) 그는 계속해서 성실히 기도합니다. 그는 밤낮으로 부르짖고(2절), 날이 밝으면 먼저 하느님 생각부터 다시 합니다(14절). 그런데 이 시편에 사용된 언어와 비유는 겟세마니에서 예수님이 보이신 모습을 정확히 그려 줍니다. 예수님은 깊은 번뇌의 그 순간에 동요를 느끼십니다. "그러고는 조금 더 나아가 땅에 얼굴을 대고 기도하며 이렇게 말씀하셨다. '나의 아버지, 할 수만 있다면 이 잔이 저를 비켜 가게 하소서. 그러나 제가 원하는 대로 하지 마시고 아버지께서 원하시는 대로 하소서'"(마태 26,39). 예수님은 우리 인간의 인성을 이토록 온전히 공유하심으로써 하느님 앞에서 우리의 완벽한 대사제가 되십니다. 그분께서는 모든 인간이 인생 순례 중에 직면하는 것에 대한 불안과 고뇌를 체험하셨기 때문입니다(히브 2,18-3,2). 시편 88편으로 기도드릴 때 우리는 인생에서 가장 힘든 상황 중에 분투하는 신앙인들과 하나가 됩니다. 우리가 짊어지고 있는 짐과 부담을 잘 알고 계시는, 우리 구원의 선구자 그리스도께 의지하게 되기 때문입니다. 그리스도와 친교를 맺으면 가장 힘든 처지에 있더라도 결코 혼자가 아닙니다.

88 (87) [노래. 시편. 코라의 자손들. 지휘자에게. 알 마할랏 르안놋. 마스킬. 제라 사람 헤만]

2 주님, 제 구원의 하느님
  낮에도 당신께 부르짖고
  밤에도 당신 앞에서 외치나이다.
3 제 기도 당신 앞에 이르게 하소서.
  제 울부짖음에 귀를 기울이소서.
4 제 영혼은 불행으로 가득 차고
  제 목숨은 저승에 다다랐나이다.
5 저는 구렁으로 떨어지는 사람처럼 여겨지고
  기운이 다한 사람처럼 되었나이다.
6 저는 죽은 이들 가운데 버려졌나이다.

마치 살해되어

무덤에 묻힌 자 같사옵니다.

당신이 다시는 기억하지 않으시니

당신 손길에서 멀어진 저들처럼 되었나이다.

7 당신이 저를 깊은 구렁 속에,

어둡고 깊숙한 곳에 처넣으셨나이다.

8 당신의 분노가 저를 짓누르고

당신의 성난 파도가 저를 덮치나이다. 셀라

9 저를 벗들과 멀어지게 하시고

그들의 혐오거리로 만드셨으니

저는 갇힌 몸, 나갈 수도 없나이다.

10 고통으로 제 눈은 흐려졌나이다.

주님, 저는 온종일 당신께 부르짖으며

당신 향해 저의 두 팔을 쳐드나이다.

11 죽은 이들에게 당신이 기적을 이루시리이까?

그림자들이 일어나 당신을 찬송하리이까? 셀라

12 무덤 속에서 누가 당신 자애를,

멸망의 나라에서 당신 진실을 이야기하리이까?

13 어둠 속에서 누가 당신 기적을,

망각의 나라에서 당신 의로움을 알리리이까?

14 주님, 저는 당신께 부르짖나이다.

아침에 드리는 저의 기도 당신께 다다르게 하소서.

15 주님, 어찌하여 제 영혼을 버리시나이까?

어찌하여 당신 얼굴을 제게서 감추시나이까?

16 저는 가련한 몸, 어려서부터 죽음을 달고 살았나이다.
　당신이 무서워 까무러칠 것만 같사옵니다.

17 당신의 진노가 저를 휩쓸며 지나가고
　커다란 공포가 저를 부수어 버리나이다.

18 날마다 그들은 홍수처럼 저를 에워싸고
　빙 둘러 저를 가두었나이다.

19 당신이 벗과 이웃을
　제게서 멀어지게 하시니
　어둠만이 저의 벗이 되었나이다.

기도합시다

주 예수 그리스도님, 우리 구원의 선구자시요 앞으로 올 좋은 것들의 대사제이시여, 비오니 저희에게 믿음과 용기로 삶의 어려움에 직면할 수 있는 힘과 인내를 주소서. 또한 저희가 당신께 저희 마음을 고정하여, 당신을 놓치지 않는 모든 이에게 하셨던 영원한 생명의 약속을 결코 잊지 않게 하소서. 당신께서는 영원무궁토록 살아 계시고 다스리시나이다. 아멘.

시편 89

체결된 계약, 파기된 계약

시편 89편은 하느님의 현존에 대한 대조적 체험으로 시작하고 끝납니다. 먼저, 시작 부분에서는 하느님의 충실한 자비를 극찬합니다. "주님의 자애를 영원히 노래하오리다. 제 입은 당신의 진실을 대대로 전하오리다. 제가 아뢰나이다. '주님은 자애를 영원히 세우시고 진실을 하늘에 굳히셨나이다'"(2-3절). 이렇게 사용되었던 용어들이 시편 마지막 부분에서는 고뇌에 찬 고적함이 담긴 질문으로 바뀝니다. "주님, 당신의 진실로 다윗에게 맹세하신 자애, 그 옛날 당신의 자애가 어디 있나이까?"(50절). 이렇게 이 시편은 계약을 축하하는 것에서 계약이 깨지는 것으로 이야기가 넘어갑니다. 시편집 전체에서 다윗의 계약 이야기는 두 번 거론됩니다(89편; 132편). 초기 사화(2사무 7장; 1역대 17장)에는 다윗이 주님을 위해 집을 세우려 하는 이야기로 시작합니다. 하지만 하느님께서는 다른 의도를 갖고 계십니다. 주님께서 집안을 일으켜 주실 것을 선언하시며, 다윗의 아들들 가운데서 후손을 일으켜 세워 그의 나라를 튼튼히 하고 그의 왕좌도 영원히 튼튼히 하겠다고 선포하십니다(2사무 7,10-16; 1역대 17,10-14). 이렇듯 시편 89편에는 다윗에 대한 위대한 약속이 등장함으로써 교회 전례 안에서 중요한 역할을 하게 됩니다. 바로 이 약속을 실현해 주시는 예수님의 탄생을 열망하는 12월 24일에 화답송으로 이 시편이 인용됩니다. "나의 종 다윗을 찾아내어 거룩한 기름을 그에게 부었노라. 내 손이 그를 붙잡아 주고 내 팔도 그를 굳세게 하리니 … 그는 나를 부르리라. '당신은 저의 아버지, 저의 하느님, 제 구원의 바위.' … 영원토록 그에게 내 자애를 베풀리니 그와 맺은 내 계약 변함이 없으리라"(21-22.27.29절). 이 시편에 나오는 하느님의 약속을 나타내는 힘 있는 표현은 훗날 이스라엘이 계약의 축복으로부터 소외된 듯 보이는 역사적 상황에 처했을 때 이스라엘에게 희망의 말씀이 됩니다. 이 시편의 마지막 구절은 이스라엘의 상실감으로 인한 고통과 전멸이 임박한 상황에서 느끼는 두려움을 보여 주지만, 그럼에도 하느님에 대한 굳건한 믿음을 드러냅니다. 이스라엘에 대한 하느님의 의도는 파괴와 죽음이 아니기 때문입니다. 시편저자는 "라합을 짓밟아 뭉개시고 그 힘찬 팔로 당신 원수들을"(11절) 흩으실 수 있는 하느님께서는 그들이 어떤 상황에 처하더라도 그들에게 승리와 성공을 안겨 주시리라는 확신을 굽히지 않습니다. 마찬가지로 그리스도인들도 사람의 몸으로 강생하신 하느님, 예수 그리스도 안에서 똑같은 확신을 간직합니다. 그래서 우리는 시편저자와 함께 말합니다. "전능하신 주님, 누가 당신 같으리이까? 당신의 진실이 둘레에 가득하옵니다. … 자애와 진실이 당신 앞에 가나이다. … 행복하여라, 축제의 기쁨을 아는 백성! … 당신 정의로 힘차게 일어서나이다"(9.15-17절). 이스라엘이 계약을 온전히 실행할 수 없는 것으로 판명되자, 하느님께서는 예수 그리스도의 모습으로 우리 가운데 하나가 되시어 그리스도 안에서 계약을 완벽하게 실현하시는 것으로 응답하셨습니다. 예수 그리스도는 아버지께서 하신 궁극적 말씀이십니다. 그리하여 예수님은 "자기 백성을 그 죄에서 구원하기"(마태 1,21) 위해 우리 가운데 오시어, 이제 사랑의 계약에 성실하고자 노력하는 우리와 함께 걷고 계십니다.

89 (88) [마스킬. 제라 사람 에탄]

2 주님의 자애를 영원히 노래하오리다.
  제 입은 당신의 진실을 대대로 전하오리다.
3 제가 아뢰나이다.
  "주님은 자애를 영원히 세우시고
  진실을 하늘에 굳히셨나이다."

4 나는 내가 뽑은 이와 계약을 맺고
  나의 종 다윗에게 맹세하였노라.
5 "영원토록 네 후손을 굳건히 하고
  대대로 이어 갈 네 왕좌를 세우노라." 셀라

6 주님, 하늘은 당신 기적을 찬양하고
  거룩한 모임은 당신 진실을 찬송하나이다.
7 구름 위에서 누가 주님과 견줄 수 있으며
  신들 가운데 누가 주님과 같으리이까?
8 성도들의 모임에서 더없이 경외로우신 하느님
  주위를 온통 두려움에 떨게 하시는 분.
9 주 만군의 하느님
  전능하신 주님, 누가 당신 같으리이까?
  당신의 진실이 둘레에 가득하옵니다.
10 당신은 거친 바다를 다스리시고
  솟구치는 파도를 잠재우시나이다.
11 당신은 라합을 짓밟아 뭉개시고
  그 힘찬 팔로 당신 원수들을 흩으셨나이다.
12 하늘도 당신의 것, 땅도 당신의 것
  누리와 그 안에 가득 찬 것도 당신이 지으셨나이다.
13 북녘과 남녘을 당신이 만드셨으니
  타보르와 헤르몬이 당신 이름에 환호하나이다.
14 당신은 힘센 팔을 지니셨으니

그 손은 굳세시며 오른팔은 우뚝하시옵니다.
15 정의와 공정이 당신 어좌의 바탕
자애와 진실이 당신 앞에 가나이다.
16 행복하여라, 축제의 기쁨을 아는 백성!
주님, 그들은 당신 얼굴 그 빛 속을 걷나이다.
17 그들은 날마다 당신 이름으로 기뻐하고
당신 정의로 힘차게 일어서나이다.
18 정녕 당신은 그들 힘의 영광
당신 호의로 저희 뿔을 들어 올리시나이다.
19 저희 방패는 주님의 것
저희 임금은 이스라엘의 거룩하신 분의 것.
20 예전에 당신이 나타나 말씀하시고
당신께 충실한 이들에게 선언하셨나이다.
"내가 영웅에게 왕관을 씌웠노라.
백성 가운데 뽑힌 이를 들어 높였노라.
21 나의 종 다윗을 찾아내어
거룩한 기름을 그에게 부었노라.
22 내 손이 그를 붙잡아 주고
내 팔도 그를 굳세게 하리니
23 어떤 원수도 그를 덮치지 못하고
어떤 악한도 그를 누르지 못하리라.
24 내가 그 앞에서 적들을 쳐부수고
그를 미워하는 자들을 때려 부수리라.
25 내 진실 내 자애가 그와 함께 있으니

내 이름으로 그의 뿔이 높이 들리리라.
26 내가 그의 손을 바다까지
그의 팔을 강까지 뻗게 하리라.
27 그는 나를 부르리라.
'당신은 저의 아버지
저의 하느님, 제 구원의 바위.'
28 나도 그를 맏아들로,
세상의 임금 가운데 으뜸으로 세우리라.
29 영원토록 그에게 내 자애를 베풀리니
그와 맺은 내 계약 변함이 없으리라.
30 그의 후손들을 길이길이,
그의 왕좌를 하늘의 날수만큼 이어 주리라.
31 그 자손들이 내 가르침 저버리고
내 법규를 따라 걷지 않는다면
32 내 규범을 더럽히고
내 계명을 지키지 않는다면.
3 나는 그들의 죄악을 채찍으로,
그들의 잘못을 매로 벌하리라.
34 그러나 내 자애도 거두지 않고
내 진실도 깨뜨리지 않으리라.
35 내 계약을 더럽히지 않고
내 입술로 한 말을 바꾸지 않으리라.
36 내 거룩함을 걸고 단 한 번 맹세하였노라.
나는 결코 다윗을 속이지 않으리라.

37 그의 후손들은 영원히 이어지고
　　그의 왕좌는 태양처럼 내 앞에 있으리라.
38 구름 위에 있는 충실한 증인
　　달처럼 영원히 이어지리라." 셀라
39 그러나 당신은 물리쳐 내버리셨나이다.
　　당신 메시아에게 진노하셨나이다.
40 당신 종과 맺으신 계약을 깨뜨리시고
　　그의 왕관을 땅바닥에 내동댕이치셨으며
41 그의 성벽들 모두 헐어 버리시고
　　성채들은 폐허로 만드셨나이다.
42 길 가는 사람마다 그를 약탈하니
　　그는 이웃에 우셋거리가 되었나이다.
43 당신은 적들의 오른팔을 높이시고
　　원수들을 모두 기쁘게 하셨나이다.
44 정녕 그의 칼날을 무디게 하시고
　　싸움에서 그를 돕지 않으셨나이다.
45 그의 영광을 거두어 버리시고
　　그의 왕좌를 땅바닥에 내던지셨으며
46 그의 젊은 날을 짧게 하시고
　　부끄러움으로 그를 덮으셨나이다.
47 주님, 끝끝내 숨어 계시렵니까?
　　당신 진노 언제까지 불태우시렵니까?
48 기억하소서, 제 인생 얼마나 덧없는지.
　　당신이 지으신 모든 인간 얼마나 헛된지.

49 누가 영원히 살아 죽음을 아니 보리이까?
　누가 저승의 손에서 제 영혼 빼내리이까? 셀라
50 주님, 당신의 진실로 다윗에게 맹세하신 자애,
　그 옛날 당신의 자애가 어디 있나이까?
51 주님, 당신 종들이 당하는 모욕을 기억하소서.
　수많은 백성을 모두 제 품에 안아야 하나이다.
52 주님, 당신 원수들이 업신여기나이다.
　당신 메시아의 발자국을 업신여기나이다.

53 주님은 영원히 찬미받으소서.
　아멘, 아멘!

기도합시다

성실하시고 진실하신 하느님, 당신께서는 다윗에게 하신 약속을 지키시기 위해 완벽한 중재자이자 대사제로 그리스도 예수님을 저희에게 보내셨나이다. 비오니 저희가 저희 구원을 위해 치러진 대가를 깨달으며 성장하고, 그 어느 때보다 커다란 믿음으로 당신의 자애와 연민에 응답하게 하소서. 우리 주 그리스도를 통하여 비나이다. 아멘.

제4권

시편 90

덧없는 인생

이 시편에서 저자는 하느님의 분노로 충격을 받은 백성들이(7.9.11절) 인생이 짧음을 인정하고 자비를 부르짖는 상황을 노래합니다. 14절에서는 하느님께 당신 "자애"로 채워 주시기를 청하는데, 이 특정한 말에는 계약의 약속을 새롭게 해 달라는 애원이 담겨 있습니다. 하느님의 자애는 살아서 활동하는 계약의 신호입니다. 하지만 지금은 하느님께서 보살핌과 보호를 거두어들이신 것처럼 보입니다. 그러니까 계약이 무효가 된 것입니다. 이 시편의 본문은 세상을 존재하게 만드셨고 현재의 순간에도 세상을 지탱해 주시는 하느님의 영원한 권능을 확인하는 것으로 시작합니다. 하느님의 불사불멸성은 인간의 죽을 수밖에 없는 운명과 대조됩니다(3-4절). 불쑥 돋아나더니 이내 시들어 버리는 풀처럼 인간은 연약하고 단명합니다. 인간의 삶은 한숨처럼 금세 지나지만(9-10절) 슬픔과 고뇌, 고생과 고통에 짓눌립니다. 언젠가는 반드시 죽게 되는 인간이 어떻게 이 같은 불확실함과 모호함을, 절망과 의혹을 견딜 수 있겠습니까? 이에 시편저자는 지혜를 간청합니다. 지혜란 단순한 교육을 초월한 이해력과 심오한 통찰력을 말하며, 인간존재의 의미를 탐구하고 인간 경험으로 이루어진 미로를 통과하는 길을 찾는 '인생 공부'를 뜻합니다. 구약성경의 지혜 전승에서는 이와 같은 탐구적 질문들에 대처하는 데 도움이 되는 방법을 제시합니다. 지혜문학 저자들의 사고방식에 따르면, 이러한 복잡한 문제들의 정답은 바로 피조물 안에서 찾을 수 있습니다. 하느님이 창조하신 모든 피조물에는 지혜로 이끄는 문이 될 잠재력이 있습니다. 가령 밤과 낮의 변화, 때가 차면 달라지는 계절, 씨 뿌리고 거두어들이는 일의 반복, 동물들이 새끼를 돌보고 때가 되면 새끼들이 둥지를 떠나는 것처럼 하느님의 모든 피조물은 항상 끊임없이 다양하게 변화하며 순환을 거듭합니다. 예수님께서도 하느님의 피조물이 지니고 있는 이러한 근본적인 특징에 대해 언급하십니다. "여러분 가운데 누가 걱정한다고 해서 제 수명을 단 한 시간인들 보탤 수 있습니까? 여러분은 왜 옷 걱정을 합니까? 들의 백합꽃들이 어떻게 자라는지 관찰해 보시오. 그것들은 수고하지도 않고 물레질하지도 않습니다. 그러나 여러분에게 말하거니와, 그 온갖 영화를 누린 솔로몬도 그것들 가운데 하나만큼 차려입지 못했습니다. 오늘 있다가 내일이면 아궁이에 던져질 들풀도 하느님께서 이처럼 입히시거든 여러분이야 더욱더 잘 입히시지 않겠습니까? 믿음이 약한 사람들아!" (마태 6,27-30). 하느님께서 주신 선물을 사용하여 우주 안에서 우리 위치를 깨달을 때 우리는 지혜를 얻게 됩니다. 또한 우리 축복의 근원이시며 곤경 속에서 우리 희망이 되시는 하느님과의 관계 안에서 우리 자신을 알게 될 때 얻게 됩니다. 우리에게 주어진 것을 가지고 노력하고, 하느님께 우리의 노력을 축복해 달라고 청하는 일이 바로 우리가 해야 할 몫입니다.

90 (89) [기도. 하느님의 사람 모세]

1 주님, 당신은 대대로
  저희 안식처가 되셨나이다.
2 산들이 솟기 전에
  땅이며 누리가 생기기 전에

영원에서 영원까지 당신은 하느님이시옵니다.
3 인간을 먼지로 돌아가게 하시며 당신은 말씀하시나이다.
　　"사람들아, 돌아가라."
4 천 년도 당신 눈에는
　　지나간 어제 같고
　　한 토막 밤과도 같사옵니다.
5 당신이 그들을 쓸어 내시니
　　그들은 아침에 든 선잠 같고
　　사라져 가는 풀과 같사옵니다.
6 아침에 돋아나 푸르렀다가
　　저녁에 시들어 말라 버리나이다.
7 저희는 당신 분노에 소스라치고
　　당신 진노로 스러져 가나이다.
8 당신은 저희 잘못을 당신 눈앞에 드러내시고
　　감춰진 저희 죄를 당신 얼굴 앞에 밝히시나이다.
9 저희 모든 날이 당신 노여움으로 사라지니
　　저희는 한숨으로 세월을 보내나이다.
10 인생은 기껏해야 칠십 년
　　근력이 좋아야 팔십 년.
　　그나마 고생과 고통뿐
　　어느새 지나가 버리니
　　저희는 나는 듯 사라지나이다.
11 누가 당신 진노의 위력을,
　　누가 그 노여움의 위세를 알리이까?

12 저희 날수를 헤아리도록 가르치소서.
  저희 마음이 슬기를 얻으리이다.
13 돌아오소서, 주님, 언제까지리이까?
  당신 종들에게 자비를 베푸소서.
14 아침에 당신 자애로 저희를 채워 주소서.
  저희는 날마다 기뻐하고 즐거워하리이다.
15 저희가 비참했던 그 날수만큼,
  불행했던 그 햇수만큼 저희를 기쁘게 하소서.
16 당신 하신 일을 당신 종들에게,
  당신 영광을 그 자손들 위에 드러내소서.
17 주 하느님의 어지심을 저희 위에 내리소서.
  저희 손이 하는 일에 힘을 주소서.
  저희 손이 하는 일에 힘을 실어 주소서.

기도합시다

힘든 시기에 희망과 축복의 근원이 되시는 하느님, 저희는 연약하고 영원히 살 수 없는 저희의 본성을 당신 앞에서 인정하나이다. 저희는 당신 없이는 가치 있는 일을 아무것도 성취할 수 없사오니, 부디 저희에게 당신 선물들을 잘 사용할 수 있는 지혜를 내려 주소서. 그리하여 저희가 그 선물들과 저희의 근원이신 당신을 찬미하게 하소서. 이 모든 것 우리 주 그리스도를 통하여 비나이다. 아멘.

시편 91

나의 하느님, 나 그분께 의지하네

시편을 읽는 한 가지 기법은 시작과 끝에 주목하는 것입니다. 처음과 끝을 연결하는 생각과 문장, 표상이 그 시편의 주제를 드러낼 수 있습니다. 시편 91편도 마찬가지입니다. 이 시편은 하느님에 대한 신뢰를 강하게 긍정하는 발언에서 시작하여(1-2절) 당신을 신뢰한 이에게 하시는 하느님의 약속으로 끝을 맺습니다(14-16절). 어려움에 처한 이가 하느님의 방식에 대한 확신과 신뢰를 가지고 기도할 때, 하느님의 사랑은 기도하는 이에게 구원과 보호를 받고 있다는 느낌을 주면서 필연적으로 응답할 수밖에 없습니다. 우리는 흔히 구원이라고 하면 세상을 뒤집는 하느님의 행위, 애원에 대한 경천동지할 만한 응답을 상상합니다. 하지만 성경적 사고의 틀에서, 특히 시편에서 말하는 구원은 하느님께서 우리를 위해 행동하시는 일상적인 사건 안에서 더 명백하게 드러나는 경우가 많습니다. 그것은 아플 때 기도를 드린 후 건강을 회복하는 것처럼 평범한 일일 수도 있고, 속상한 일을 겪은 후 마음의 평화를 되찾는 것처럼 고요한 일일 수도 있습니다. 하느님께서는 믿음으로 행하는 모든 행동 하나하나 안에서 경이로울 만큼 우리와 가까이 계십니다. 우리가 일상에서 직면하는 크고 작은 도전들에 대해 하느님께서 알고 계시고 이것들을 지배하신다는 사실을 우리가 인정할 때마다 그렇습니다. 이 진리를 열 수 있는 열쇠는 하느님께서 직접 말씀하신 대로 "내 이름을 알기에"(14절)라는 표현 안에서 찾을 수 있습니다. 하느님의 이름을 안다는 것은 하느님의 모든 존재의 신비와 경이로움을 체험했다는 뜻입니다. 구약성경에 나오는 '이름'의 개념은 '정체성'과 긴밀하게 연결되어 있습니다. 이것은 중간에 등장인물의 이름이 바뀌거나 특정한 이름이 주어지는 이야기들의 경우에 분명합니다. 이를 보여 주는 가장 대표적인 사례가 바로 예수님이십니다. 주님의 천사가 요셉의 꿈에 나와 말합니다. "당신은 그 이름을 예수라 부르시오. 사실 그는 자기 백성을 그 죄에서 구원할 것입니다"(마태 1,21). 시편저자는 하느님에 대한 흔들림 없는 신뢰를 고백합니다. "한밤의 공포도"(5절), "창궐하는 괴질도"(6절), 그에게 만 명이 들이닥쳐도(7절), 그분 진실이 계속 그를 보호하기(4절) 때문입니다. 이렇게 안전하고 안정된 상태는 여러 표상들을 통해 성전과 연결됩니다. 성전은 우리가 하느님의 현존과 만나는 장소입니다. "지극히 높으신 분의 보호"와 "전능하신 분의 그늘"(1절), "깃"과 "날개"(4절), 이 모든 것은 계약 궤를 떠올리게 합니다. 궤 위에 있는 활짝 펼친 커룹의 날개는 성전 안에 계시는, 눈에 보이지 않는 하느님의 현존을 나타냅니다. 계약 궤는 천상에서 왕좌에 앉아 계시는 하느님의 지상에 있는 발판으로 생각되었던 것입니다(1역대 28,2; 시편 99,2.5; 132,7). 하느님께서는 말씀하십니다. "환난 가운데 내가 그와 함께 있으며, 그를 해방시켜 영예롭게 하리라"(15절). 교회는 밤기도 때 전례 중에 이 시편에 특별한 역할을 부여합니다. 즉, 하루가 끝날 때 드리는 교회의 마지막 말씀으로 이 시편을 봉독하면서, 하느님에 대한 신뢰와 우리가 몹시도 필요로 하는 하느님의 보호에 대한 신뢰를 표현합니다.

91

1 (90) 지극히 높으신 분의 보호 아래 사는 이
   전능하신 분의 그늘 안에 머무는 이

2 주님께 아뢰어라.
   "나의 피신처, 나의 산성, 나의 하느님

나 그분께 의지하네."
3 그분은 사냥꾼의 덫에서
　　　끔찍한 역병에서
　　　너를 구하여 주시리라.
4 당신 깃으로 너를 덮어 주시리니
　　　너는 그분 날개 밑으로 피신하리라.
　　　그분 진실은 방패와 갑옷이라네.
5 너는 무서워하지 않으리라,
　　　한밤의 공포도
　　　대낮에 날아드는 화살도
6 어둠 속을 떠도는 역병도
　　　한낮에 창궐하는 괴질도.
7 네 곁에서 천 명이 쓰러져도
　　　네 오른쪽에서 만 명이 쓰러져도
　　　너에게는 닥치지 않으리라.
8 도리어 네 눈으로 바라보리라.
　　　벌 받는 악인들을 너는 보리라.
9 네가 주님을 너의 피신처로 삼고
　　　지극히 높으신 분을 안식처로 삼았음이로다.
10 너에게는 불행이 다가오지 않고
　　　네 천막에는 재앙이 얼씬도 못 하리라.
11 그분이 당신 천사들에게 명령하시어
　　　네가 가는 모든 길을 지켜 주시리라.
12 행여 네 발이 돌부리에 차일세라

천사들이 손으로 너를 받쳐 주리라.
13 너는 독사와 살모사 위를 거닐고
힘센 사자와 이무기를 짓밟으리라.

14 "그가 나를 따르기에 나 그를 구하여 주고
내 이름 알기에 나 그를 들어 높이리라.
15 그가 나를 부르면 나 그에게 대답하고
환난 가운데 내가 그와 함께 있으며
그를 해방시켜 영예롭게 하리라.
16 오래오래 살도록 그에게 복을 내리고
내 구원을 그에게 보여 주리라."

기도합시다

전능하시고 지극히 높으신 하느님, 천상 가장 높은 곳과 당신 백성의 낮은 마음속에 모두 머물러 계시는 분, 기도드리오니 당신에 대한 저희의 신뢰를 더욱 깊게 하시어, 저희가 삶 속에서 당신 사랑과 당신 연민의 힘을 알아보게 하소서. 그리하여 저희가 모든 영광과 찬미를 당신께 영원히 드리게 하소서. 아멘.

시편 92

물이 올라 싱싱하리라

이 시편에서는 저자가 하느님의 경이로운 행적과 복잡한 창조 계획을 찬미합니다(6절). 우리는 바로 이러한 이유 때문에 유다교 회당에서 이 시편을 안식일에 드리는 기도로 정했음을 알 수 있습니다. 안식일은 하느님께서 세상을 창조하신 후 휴식을 취하셨던 것을 기념하는 날입니다. 교회에서는 이 시편의 유다교 내의 원래 용도를 인정하면서, 토요일 아침마다 시간 전례 때 이 시편을 기도로 바치고 있습니다. 시편저자는 하루가 시작될 때 (하느님의 자애에) 감사드리고 밤에 깨어 있을 때 (하느님의 업적에) 감사드림으로써 하루 중 깨어 있는 시간을 하느님께 드리는 감사의 말로 에워싸라고 우리를 격려하며 시편을 시작합니다. 또한 그는 하느님의 행적을 체험하는 것이 기쁨과 환호의 원천임을 인정하면서(5절), 영성적 통찰과 지혜가 있어야만 신비하고 놀라운 하느님의 계획이 인간의 역사 안에서 어떻게 펼쳐지는지 이해할 수 있다고 주장합니다(6-7절). 이러한 지혜는 책에서 배울 수 있는 것보다 훨씬 더 깊이가 있습니다. 언제나 우리의 삶은 우리를 사랑하시는 창조주의 손안에 있다는 사실을 알고 이를 곱씹어 생각할 때 이러한 지혜가 생겨납니다. 사악함이 악을 낳는 이들에게 어떻게 부메랑처럼 되돌아가는지를 알게 된(8-10절) 시편저자는 하느님께서 놀라운 방식으로 자신의 경험에 개입하시어 자신이 당신 현존 안에서 개인적인 힘을 느끼게 해 주셨다고 고백합니다. 13-15절에서는 의인을 묘사하기 위해 아름다움과 힘을 나타내는 두 가지 익숙한 성경의 표상을 사용합니다. 바로 야자나무와 레바논의 향백나무입니다. 먼저, 레바논의 향백나무는 구약성경에서 힘의 상징으로 자주 등장합니다. 이 나무로 만든 목재는 단단하고 안정적이며 습도와 온도 변화에 강합니다. 그래서 많은 종류의 건축 자재로 사용되었습니다. 솔로몬왕도 자신의 궁정과 성전 모두 이 향백나무로 지었습니다. 그리고 굴곡 있는 나무줄기에 꼭대기에는 넓고 대칭적인 잎들이 분수처럼 쏟아지는 모양을 이루는 야자나무는 아름다움을 상징했습니다. 야자나무는 다른 식물들이 시들어 죽기 시작하는 가장 뜨거운 날씨에도 화려한 모습을 유지합니다. 이 레바논의 향백나무와 야자나무가 바로 의인의 힘과 아름다움을 상징합니다. 하느님 성전에 심긴 의인들(14-15절)은 하느님의 백성들 가운데 뛰어납니다. 하느님께서 그들에게 주신 지혜는 축복과 평화의 길을 드러내 보입니다. 그들은 나이가 들었어도 "물이 올라 싱싱합니다"(15절). 사도 바오로는 그가 사랑하는 필리피 교회가 다른 사람들의 증인으로서 공정하고 의롭게 살도록 격려했습니다. 다음과 같은 그의 메시지는 오늘날 우리에게도 용기를 줍니다. "무슨 일이든 불평하거나 주저하지 말고 하시오. 그래야 여러분은 흠잡힐 데 없고 순박한 사람이 되어 악하고 비뚤어진 세대 가운데서 하느님의 흠 없는 자녀가 될 것입니다. 여러분은 그들 가운데서 세상의 등불처럼 빛나고 있습니다"(필리 2,14-15).

1 92 (91) [시편. 노래. 안식일]

2 주님을 찬미하오니 좋기도 하옵니다.
   지극히 높으신 분이시여
   당신 이름 찬송하나이다.
3 아침에는 당신 자애를,
   밤에는 당신 진실을 알리나이다.
4 십현금과 수금에 맞추어,
   비파 가락에 맞추어 노래하나이다.
5 주님, 당신이 하신 일로 저를 기쁘게 하셨으니

당신 손이 이루신 업적에 제가 환호하나이다.
 6 주님, 당신 업적 얼마나 위대하며
　　　당신 뜻 얼마나 깊사옵니까!
 7 미욱한 사람은 알지 못하고
　　　미련한 자는 깨닫지 못하나이다.
 8 죄인들이 들풀처럼 돋아나고
　　　온갖 악인들이 번성할지라도
　　　그들은 영영 멸망할 따름이옵니다.
 9 주님, 당신은 영원히 높이 계시나이다.
10 주님, 정녕 당신의 원수들이
　　　정녕 당신의 원수들이 사라지나이다.
　　　악인들이 모두 흩어지나이다.
11 당신은 저의 뿔을 무소뿔처럼 세워 주시고
　　　신선한 향유를 저에게 부어 주셨나이다.
12 제 눈은 적들을 내려다보고
　　　제 귀는 악한 원수들의 소식을 즐거이 듣나이다.

13 의인은 야자나무처럼 우거지고
　　　레바논의 향백나무처럼 자라나리라.
14 주님의 집에 심겨
　　　우리 하느님의 앞뜰에서 우거지리라.
15 늙어서도 열매 맺고
　　　물이 올라 싱싱하리라.
16 불의가 없는 나의 반석

주님이 올곧으심을 널리 알리리라.

기도합시다

지극히 높으신 주님, 저희는 오늘만 아니라 한평생 당신께서 신중하고도 다정하게 현존하심에 찬미와 감사를 드리나이다. 비오니 저희가 당신의 의인들 가운데 들게 하시어, 당신 은총의 힘과 아름다움 안에서 온 세상에 당신의 구원 계획에 담겨 있는 지혜를 증언하게 하소서. 이 모든 것 우리 주 그리스도를 통하여 비나이다. 아멘.

시편 93

큰 물보다 엄위하시옵니다

시편 93편은 길이도 짧고 하느님께서 지니신 임금의 특성에 초점을 맞춘 수사적 요소들이 반복됩니다. 따라서 이 시편은 하느님의 위엄을 환호하는 내용이라고 여겨지는 것이 마땅합니다. 시편 본문에는 다음과 같이 여러 표현들이 반복되어 있습니다. "주님, 주님"(1절), "입으셨다, 두르셨다"(1절), "굳게 세워져, 굳게 세워져"(1-2절), "강물들이 높이나이다, 높이나이다"(3절), "큰 물, 바다"(4절), "엄위하시옵니다, 엄위하시옵니다"(4절). 이렇게 반복함으로써 마치 스포츠 행사나 정치 집회에서 소리 내어 환호하는 느낌을 줍니다. 이는 끝없는 권능(5절), 밀려오는 물결을 잠잠하게 만드는 권능(3절)을 지니신 주님께 드리는 환호입니다. 범람하는 물길을 지배하시는 하느님의 권능을 칭송하는 장면은 창세기를 시작하는 첫 구절을 떠올리게 합니다. 창세기에서는 고대 신화에 나오는 혼돈의 물에 대해 이야기하는데, 이 물에는 생명과 질서와 조화도, 빛과 아름다움도 없습니다(창세 1,1-2). 그때 하느님께서 말씀하시자 혼돈의 어둠과 무질서가 사라집니다(창세 1,3). 고대 근동에서 쓰인 문헌을 보면 물은 (곡식에 내리는 비나, 사람이나 동물이 마시는 식수처럼) 생명과 성장을 주는 동시에, (홍수나 폭풍, 격노하는 듯한 험한 바다처럼) 죽음을 불러오기도 한다는 점에서 독특한 의미가 있습니다. 이 시편에서는 전능하신 분께서 이러한 생사의 물조차 지배하시는 것에 대해 우주를 창조하신 이스라엘의 주 하느님께 찬미를 드립니다. 물이 지니고 있는 자연적인 힘은 우리에게는 이토록 위협적이지만 하느님께는 그런 위협이 되지 못합니다. 오히려 반대로 물은 그 물을 존재하게 만드신 한 분이신 하느님의 의지와 명령에 따라 오로지 "강물들이 물결치는 소리를 높일"(3절) 뿐입니다. 예수님께서 세례를 받으시는 장면은 우리에게 의미심장하게 다가옵니다. 예수님은 세례를 받으시기 위해 우리에게 죄와 죽음의 파괴력을 뜻하는 물속으로 들어가십니다. 하지만 천상에서 들려오는 목소리가 "너는 내 사랑하는 아들이니, 나는 너를 어여삐 여겼노라"(마르 1,11)라고 크게 선포하는 소리에 물에서 모습을 드러내십니다. 이를 통해 예수님은 우리 삶 속에서 어둠과 죄의 혼돈이 세례의 은총으로 정복되었음을 보여 주십니다. 우리가 받는 세례도 우리를 죄와 죽음의 물속으로 이끕니다. 그런 다음 우리는 깨끗해지고, 온전하게 된 모습, 하느님의 자녀가 되어 있는 모습으로 물에서 나옵니다. "세례가 이제 여러분을 구원합니다. 세례는 육신의 때를 벗기는 것이 아니라 예수 그리스도의 부활에 힘입어 하느님께 선한 양심을 청하는 것입니다. 그분은 하늘에 올라가 하느님 오른편에 계시니 천사들과 권세들과 능력들이 그분께 순종합니다"(1베드 3,21-22). 서로 부딪쳐 천둥처럼 우르릉거리는 소리를 내는 물은 죄와 죽음을 지배하시는 그리스도의 권능을 칭송하고, 우리가 사는 세상에서 하느님 통치의 빛과 영광으로 우리를 인도합니다.

93 (92) ¹ 주님은 임금님, 위엄을 입으셨네.
주님이 차려입고 권능의 띠를 두르시니
누리는 정녕 굳게 세워져 흔들리지 않네.

2 예로부터 당신 어좌는 굳게 세워지고
영원으로부터 당신은 계시나이다.
3 주님, 강물들이 소리 높이나이다.
강물들이 목소리 높이나이다.
강물들이 물결치는 소리 높이나이다.
4 높은 데 계시는 주님은 엄위하시옵니다.
큰 물 소리보다,
바다의 파도보다 엄위하시옵니다.
5 당신 법은 실로 참되며
당신 집에는 거룩함이 서리나이다.
주님, 길이길이 그러하리이다.

기도합시다

저희를 거룩한 생명으로 이끌며 다스리시는 주님, 저희를 죄와 이기주의의 어두운 물에서 보호하시고, 신선한 세례의 물로 저희에게 힘을 주시어 당신의 아들, 영원토록 주님이신 예수 그리스도의 가르침을 따르는 모든 사람들에게 당신 사랑과 연민의 소식을 전하게 하소서. 아멘.

시편 94

불행의 날에도 평온을

이 시편을 제대로 이해하려면 법정의 모습을 머릿속에 그려 보아야 합니다. 시편저자는 하느님을 심판자로 대하면서, 재판의 쟁점 설정에 도움이 되는 한 가지 호칭을 반복해서 사용합니다. 바로 보복하시는 하느님(1절)입니다. 이 시편에서 사용하는 언어는 가혹하고 비판적이며 화가 난 듯한 인상을 보입니다. "세상의 심판자시여, 거만한 자들에게 그 행실대로 갚으소서"(2절). 시편저자가 자신이 처한 상황에 얼마나 큰 좌절을 겪었는지는 그가 수사적으로 반복하는 질문들을 보면 명백합니다. "주님, 언제까지나 악인들이, 언제까지나 악인들이 기뻐 뛰리이까?"(3절). 이 같은 반복은 히브리 시문학에서 흔히 발견할 수 있는 특징으로, 바로 앞에 있는 항목을 강조하는 역할을 합니다. 5-8절에서 시편저자는 하느님께서 마땅히 파헤칠 악인들의 범죄를 서술합니다. 그들은 하느님의 백성들을 짓밟고(5절), 과부와 이방인과 고아들을 살해합니다(6절). 시편저자는 자신의 논거를 뒷받침하기 위해, 처벌을 받지 않을 것이라는 적들의 추정을 이야기합니다. "주님은 보지 않는다. 야곱의 하느님은 모른다"(7절). 9-10절에서는 모든 것을 보시고 들으시며 아시는 이스라엘의 하느님에 대한 일련의 수사적 질문을 통해 악인들의 태도가 어리석음을 지적합니다. 시편저자는 모든 피조물을 창조하시고 지탱해 주시는 분께서 지상 어느 누구의 그 어떤 계획도 다 알아채신다고 주장하면서 자신의 논거에 살을 붙입니다. 그러다가 12절에서 관점이 바뀝니다. 참된 행복을 대표하는 표현인 "행복하옵니다"라는 말로 시작하여 하느님께서 실제로 호의를 베푸시는 대상이 누구인지 지적합니다. 바로 하느님의 법에 따라 살고 이를 실천하는 사람입니다. 이런 사람의 삶은 평온한 것이 특징입니다(13절). 여기서 평온하다는 말은 히브리어에서 평화라는 말이 함축하고 있는 몸과 마음과 영의 행복을 뜻합니다. 이 시편의 후반은 하느님께서는 당신의 법을 충실히 따르는 이들을 보살펴 주신다는 확신과 신뢰, 믿음의 표현으로 특징지어집니다. 또한 여기서는 다음과 같은 수사적 질문을 사용하기도 합니다. "누가 나를 위하여 악한을 치러 일어서며, 누가 나를 위하여 악인에게 맞서리오?"(16절). 물론 하느님이십니다! "파멸을 부르는 권좌, 당신과 어울릴 수 있으리이까?"(20절). 물론 그럴 수는 없습니다! 이후 17-19절에 이르자 시편저자는 개인적 믿음을 다정한 목소리로 표현하면서, 그와 하느님의 관계가 얼마나 가깝고 친밀하게 유지되고 있는지 기술합니다. "'내 다리가 휘청거린다' 생각하였을 때 주님, 당신 자애로 저를 받쳐 주셨나이다. 수많은 걱정들 제 속에 쌓여 갈 때 당신의 위로 제 영혼을 기쁘게 하였나이다"(18-19절). 시편저자는 "침묵의 땅속에 눕는 것"(17절)은 저승, 즉 죽은 자들이 머무는 곳에 있음을 뜻한다고 합니다. 그러니까 하느님의 도움이 없으면 그는 죽은 몸이나 다름없습니다. 코린토 신자들에게 보낸 둘째 서간 11-12장에서 사도 바오로는 복음의 메시지를 다른 이들에게 전달하면서 겪어야 했던 자신의 개인적 시련에 대해 이야기합니다. 그는 매를 맞았고, 배가 난파되기도 했으며, 돌팔매질과 배신도 당했습니다. 하지만 시편저자와 마찬가지로 그 역시 하느님의 인도와 도움, 보호를 철저히 신뢰하고 확신한다고 선언하면서 끝을 맺습니다. "나는 그리스도를 위하는 일이라면 약점도, 오만 불손함도, 역경도, 박해도 그리고 곤경도 만족하렵니다. 내가 약할 때 오히려 나는 강하기 때문입니다"(2코린 12,10). 하느님을 신뢰하고 확신하면 우리는 구원의 은총을 가장 풍요롭게 체험할 수 있습니다.

94

¹ (93) 복수의 하느님, 주님
복수의 하느님, 나타나소서.

2 세상의 심판자시여, 일어나소서.
거만한 자들에게 그 행실대로 갚으소서.

3 주님, 언제까지나 악인들이,
언제까지나 악인들이 기뻐 뛰리이까?

4 악행을 일삼는 자 모두 뽐내며
뻔뻔스레 지껄여 대나이다.

5 주님, 그들이 당신 백성을 짓밟고
당신 소유를 괴롭히나이다.

6 과부와 이방인을 살해하고
고아들을 학살하나이다.

7 그들은 말하나이다.
"주님은 보지 않는다.
야곱의 하느님은 모른다."

8 미욱한 백성들아, 깨달아라.
미련한 자들아, 언제 깨치려느냐?

9 귀를 심으신 분이 듣지 못하신단 말이냐?

눈을 빚으신 분이 보지 못하신단 말이냐?
10 민족들을 징계하시는 분이 벌하지 못하신단 말이냐?
사람들을 가르치시는 분이 알지 못하신단 말이냐?
11 주님은 사람들의 생각을 알고 계신다.
그들은 한낱 입김일 뿐.

12 주님, 행복하옵니다,
당신이 깨우쳐 주시고
당신 법으로 가르치시는 사람!
13 악인이 떨어질 구덩이를 파 놓을 때까지
불행의 날에도 평온을 주시나이다.

14 주님은 당신 백성을 버리지 않으시고
당신 소유를 저버리지 않으신다.
15 재판이 정의로 돌아오리니
마음 바른 이 모두 그 뒤를 따르리라.
16 누가 나를 위하여 악한을 치러 일어서리오?
누가 나를 위하여 악인에게 맞서리오?
17 주님이 나를 돕지 않으셨다면
내 영혼은 침묵의 땅속에 누웠으리라.

18 "내 다리가 휘청거린다" 생각하였을 때
주님, 당신 자애로 저를 받쳐 주셨나이다.
19 수많은 걱정들 제 속에 쌓여 갈 때

당신의 위로 제 영혼을 기쁘게 하였나이다.
20 법을 어겨 재앙과 파멸을 부르는 권좌
   당신과 어울릴 수 있으리이까?
21 의로운 이의 목숨을 빼앗으려 달려들고
   죄 없는 이를 단죄하여 피 흘리게 하나이다.

22 주님은 나의 산성이 되시고
   하느님은 이 몸 숨길 바위가 되셨네.
23 그분은 그들의 죄악대로 갚으시고
   그 악행대로 그들을 없애시리라.
   주 우리 하느님이 없애 버리시리라.

기도합시다

괴로울 때 피신처인 반석과 산성이 되어 주시는 하느님, 비오니 당신께서 창조하신 모든 피조물에게 끝없는 연민을 드러내소서. 또한 저희 가운데 있는 불의를 쫓아내시고 저희를 강하게 만드시어 저희가 친구만 아니라 원수에게도 당신의 의로움과 연민, 자비, 친절의 도구가 될 수 있게 하소서. 당신의 거룩하신 이름으로 비나이다. 아멘.

시편 95

경배와 경고

시편 95편은 교회 전통에서 특별한 위치를 차지합니다. 바로 이 시편이 아침에 올리는 시간 전례 때 봉독하는 초대송이기 때문입니다. 시편을 시작하는 첫 구절에 두 번 등장하는 "와", "나아가세"라는 명령조의 말은 경배를 드리기 위해 소환하는 역할을 합니다. 시편저자는 "구원의 바위"(1절)에 환호하면서 환희의 노래와 함께 찬미와 감사의 찬가가 울려 퍼지는 축제 분위기를 상상합니다. 그런데 이러한 표상은 이집트 탈출 사건을 머리에 떠올리게 합니다. 특히 약속의 땅을 향해 사막을 가로질러 가던 백성들에게 생명 유지에 필요한 물을 제공했던 바로 그 바위 말입니다(탈출 17장). 그런 다음 시편 본문에서는 모든 신들 위에 계시는 통치자이자 창조주라는 일련의 하느님 표상들을 보여 줍니다. 가장 높은 곳에서부터 가장 깊은 곳까지, 하느님께서는 모든 것을 존재하게 만들어 주셨습니다. 바다에 있건 메마른 땅 위에 있건, 모두가 하느님께서 손수 빚어 만드신 피조물입니다(3-5절). 6-7절에서 시편저자는 천지창조와 이집트 탈출이라는 두 가지 주제를 통합합니다. 먼저, 우리를 존재하게 만들어 주신 하느님께 경의를 표하는 의미에서, 시편저자는 우리에게 다시 한번 "와", "엎드려 경배드리세"라고 합니다. 뒤이어 나오는 "그분 손이 이끄시는 양 떼"라는 표현을 접하면 우리는 이집트 탈출 때 겪었던 경험 전체, 사막 한가운데서 방황하던 일, 약속의 땅을 찾아가던 순례 여정을 되돌아보게 됩니다. 하지만 7ㄹ절부터 시작되는 그다음 연에서는 분위기가 완전히 바뀝니다. 찬미와 감사의 환성이 울려 퍼지던 분위기가 달라지며, 미래에 대한 진지한 경고와 권고가 나옵니다. 여기에는 길 잃은 자들에게 일어날 일이라는 위협이 함축되어 있습니다. 앞서 시편저자가 1절에서 이스라엘 백성들을 구해 주었던 "바위"를 언급한 바 있는데, 이제 그 말이 경고로 들립니다. 하느님 구원의 권능으로 사막에서 구출되었음에도 백성들이 믿음으로 응답하지 못했고 계약관계에 따른 책임에 소홀했기 때문입니다. 하느님께서는 그들을 보호하고 보살피셨습니다. 따라서 그들은 하느님께서 주신 법을 성실히 따를 것으로 기대되었습니다. 하지만 그들은 그렇게 하지 않았고, 그래서 하느님의 정의에 의해 믿음 없는 세대가 약속의 땅에 들어가는 것이 금지되었습니다. 결국 그들은 사막에서 죽음을 맞이했습니다. 8절에 나오는 "마음을 무디게 하지 마라"라는 구절을 보면 한참 여정을 이어 가던 중에 그들이 얼마나 믿음이 부족했는지 알 수 있습니다. 르피딤(므리바와 마싸)에서 그들은 목이 말라 주님께 등을 돌렸습니다(탈출 17,1-7). 그들은 모세에게 불평했고 하느님의 인내심을 시험했습니다. 그러자 하느님께서 정의로 그들을 벌하셨습니다. 이 이야기는 후세들에게 어떤 상황에서건 믿음을 굳건히 지켜야 한다는 경고를 한 것과 같습니다. 히브리인들에게 보낸 서간의 저자는 시편 95편의 바로 이 내목을 인용하여, 초기 그리스도인들에게 이러한 결과에 대한 경고를 보냅니다. 그리고 그들에게 시련 한가운데 있을수록 더 커다란 믿음을 가져야 한다고 말합니다. "형제 여러분, 여러분 중에 누구든 살아 계신 하느님을 떠나려는 불신의 악한 마음을 품을까 조심하십시오"(히브 3,12). 시편 95편 후반에서는 다음과 같이 경고합니다. 우리가 하느님께 경배를 올린다면 이는 반드시 살아 있는 믿음을 가지고 해야 합니다. 약속된 왕국으로 가는 순례 중에 하느님께서 우리 조상들을 믿음으로 이끄셨던 것처럼, 살아 있는 믿음은 우리를 창조하셨고 우리를 인도하고 계시는 하느님에 대한 신뢰에서 샘솟습니다.

1 95 (94) 어서 와 주님께 노래 부르세.
구원의 바위 앞에 환성 올리세.

2 감사하며 그분 앞에 나아가세.
노래하며 그분께 환성 올리세.
3 주님은 위대하신 하느님
모든 신들보다 위대하신 임금님.
4 땅속 깊은 곳도 그분 손안에.
높은 산봉우리도 그분 것이네.
5 바다도 그분 것, 몸소 만드셨네.
마른땅도 당신 손수 빚으셨네.
6 어서 와 엎드려 경배드리세.
우리를 내신 주님 앞에 무릎 꿇으세.
7 그분은 우리의 하느님
우리는 그분 목장의 백성
그분 손이 이끄시는 양 떼로세.

오늘 너희는 주님 목소리에 귀를 기울여라.
8 "므리바에서처럼, 마싸의 그날 광야에서처럼
너희 마음을 무디게 하지 마라.
9 거기에서 너희 조상들은 나를 시험하였고
내가 한 일을 보고서도 나를 떠보았다.
10 사십 년 그 세대에 나는 진저리가 나서 말하였다.
'마음이 빗나간 백성이다.
그들은 내 길을 깨닫지 못하였다.'
11 나는 화가 치밀어 맹세하였다.
'그들은 내 안식처에 들지 못하리라.'"

기도합시다

저희를 창조하시고 인도하시는 하느님, 당신의 정의는 영원하며 당신의 자비는 변치 않나이다. 비오니 저희가 언제나 당신 사랑의 계약에 충실하게 하소서. 또한 저희에게 현재의 실존이라는 사막을 헤쳐 나갈 수 있는 길을 보여 주소서. 그리하여 저희가 어느 날 당신의 연민과 선하심이 지배하는 곳, 당신께서 다스리시는 천상 왕국으로 들어가게 하소서. 이 모든 것 우리 주 그리스도를 통하여 비나이다. 아멘.

시편 96

그분은 의롭게 진리로 다스리신다

오늘날 우리는 전 세계 곳곳으로부터 뉴스를 듣습니다. 그중 대부분이 정치 상황과 정부 활동에 대한 소식으로, 우리는 인간의 공포와 좌절, 불만을 너무도 흔히 접합니다. 그리고 대개 이런 소식은 우리 내면에 있는 똑같은 감정들을 끄집어냅니다. 이와 같이 쉬이 전염되는 인간 체험은 우리에게 기쁨과 희망, 진실에 대한 대조적 관점을 제공합니다. 시편 96편은 바로 이런 인간 체험을 다룹니다. 시편이 전하는 메시지 안에서는 하느님의 정의와 공평, 공정과 진리를 바탕으로 통치되는 세상을 상상합니다. 이 시편은 히브리 시문학의 문체와 수사법을 구현하여 특정한 수사적 형식을 통해 메시지를 전달하고 강조합니다. 즉, 하나의 연이 2행으로 이루어진 익숙한 형식(bicolon)보다 3행으로 이루어진 형태(tricolon)를 취합니다. 이렇듯 연마다 한 행씩 늘어나 본문 내용이 확대되고 강화되면서, 전달하고자 하는 메시지의 의미가 늘어나고 주제별로 이를 전개할 수 있게 되었습니다. 이에 따라 하느님께서 다스리시는 세상이 얼마나 경이로운가에 대한 시편저자의 의견도 크게 늘었습니다. 시편 첫 부분에는 "주님께 노래하여라"라는 구절이 세 번 반복됩니다. 두 번째 반복할 때에는 노래하라는 요구를 받은 사람들 가운데 온 세상이 포함된다는 정보가 추가됩니다. 세 번째 반복에서는 이 사람들이 취해야 할 행동의 범위를 확대해서, 기존의 노래하기에 "그 이름 찬미하기"까지 덧붙입니다. 그런 다음 이러한 경이로움을 "나날이", "겨레들에게", "모든 민족들에게" 선포하라는 명령이 세 차례에 걸쳐 우리에게 내려집니다(2-3절). 이 시편 전체가 이렇게 3행으로 확장된 문체로 되어 있지만, 절정이 되는 마지막 연은 5행으로 구성되어 있습니다. 이 마지막 연은 하느님의 통치 원칙을 당신의 정의와 진리의 원칙으로 정해 줍니다. 4절의 "모든 신들"이라는 구절은 천상 또는 천사의 권능이 작용하는 법정을 떠올리게 해 줍니다. 고대인들은 세상이 움직이는 방향을 이러한 권능이 결정한다고 믿었습니다. 하지만 이스라엘의 하느님은 천상과 그 안의 모든 것을 만드신(5절) 한 분이신 하느님으로서 이러한 천상의 존재들 위에 계시는 분이십니다. 이것이 바로 하늘과 바다와 땅이 환호해야 하는 이유입니다(11-12절). 하느님께서 다스리시면 하느님의 명령을 따르는 모든 이에게 정의와 평화가 함께할 것이기 때문입니다. 교회에서는 성탄시기와 부활시기에 모두 이 시편을 사용합니다. 이 기간은 그리스도께서 오신다는 신비가 전례 안에서 펼쳐지는 시기입니다. 그리스도의 통치는 새로운 사랑의 율법을 구현하며, 기존의 모든 규정과 약정을 초월합니다. 이 시편에서는 하느님께서 세상을 진리로 심판하러 오신다는 사실을 널리 알립니다(13절). 그리스도의 강림으로 세상의 마지막 때가 시작됩니다. 이때에 그리스도께서는 하느님의 율법에 따라 어떻게 살아야 하는지를 말씀과 예시로 가르쳐 주시며, 연민과 선하심, 모든 민족에 대한 관용으로 세상을 변화시키십니다. 이것이 바로 성탄의 희망이 전하는 메시지입니다. 부활시기가 되면 교회는 이 시편의 12절에 주목합니다. 여기서는 "숲속의 나무들"이 한 나무를 통해 완성된 것에 환호하는 모습을 묘사합니다. 십자가 나무는 죽음과 죄에 종지부를 찍습니다. 십자가로부터 그리스도께서는 세상을 심판하시며, 하느님의 정의가 판단과 의로움에 대한 인간의 이해력을 초월함을 보여 주십니다. 고통과 죽음의 체험은 영원한 생명에 이르기 위해 거쳐야 하는 길이 되었습니다. 하느님의 사랑은 경이롭고도 신비한 방식으로 ─ 십자가의 승리로 완성된 부활을 통해 ─ 우리의 구원을 가져왔습니다. 시편 96편은 이렇듯 이루 말할 수 없는 하느님의 사랑에 대해 "노래하여라, 새로운 노래"라며 모든 피조물을 손짓하며 부릅니다.

96 ¹ (95) 주님께 노래하여라, 새로운 노래.
　　　주님께 노래하여라, 온 세상아.
² 주님께 노래하여라, 그 이름 찬미하여라.
　나날이 선포하여라, 그분의 구원을.
³ 전하여라, 겨레들에게 그분의 영광을
　모든 민족들에게 그분의 기적을.
⁴ 주님은 위대하시고 드높이 찬양받으실 분
　모든 신들보다 경외로우신 분이시네.
⁵ 민족들의 신들은 모두 헛것이어도
　주님은 하늘을 지으셨네.

6 존귀와 위엄이 그분 앞에 있고
　권능과 영화가 그분 성소에 있네.
7 주님께 드려라, 뭇 민족의 가문들아.
　주님께 드려라, 영광과 권능을.
8 주님께 드려라, 그 이름의 영광을.
　제물 들고 그분 앞뜰로 들어가라.
9 거룩한 차림으로 주님께 경배하여라.
　온 세상아, 그분 앞에서 무서워 떨어라.
10 겨레들에게 말하여라. "주님은 임금이시다.
　누리는 정녕 굳게 세워져 흔들리지 않고
　그분은 민족들을 올바르게 심판하신다."
11 하늘은 기뻐하고 땅은 즐거워하여라.
　바다와 그 안에 가득 찬 것들은 소리쳐라.
12 들과 그 안에 있는 것도 모두 기뻐 뛰고
　숲속의 나무들도 모두 환호하여라.
13 그분이 오신다. 주님 앞에서 환호하여라.
　세상을 다스리러 그분이 오신다.
　그분은 누리를 의롭게,
　민족들을 진리로 다스리신다.

기도합시다

엄위하시고 존귀하시며, 의로우시고 성실하신 주님, 저희는 온 세상에 쏟아진 경이롭고도 신비로운 당신의 구원을 찬미하나이다. 비오니 저희의 경배가 언제나 진정한 마음에서 우러나오게 하소서. 저희가 이를 저희 삶으로 증언하게 하시어, 당신의 거룩한 이름에 영광을 드리게 하소서. 이 모든 것 우리 주 그리스도를 통하여 비나이다. 아멘.

시편 97

정의가 주는 기쁨과 축복

시편 97편을 관통하는 것을 한마디로 말하자면 바로 환희입니다. 즐거워하라며 온 땅을 부르는 것(1절)으로 시작하여, 의인들에게 하늘과 땅 위에서 다스리시는 주님 안에서 기뻐하라고 명하는 것으로 끝을 맺습니다(12절). 이 시편을 읽는 동안 세 가지 주제가 펼쳐집니다. 즉, 엄위하신 하느님의 현현(2-6절)과 우상을 섬기는 자들과 주님께 충실한 유다의 대조적 모습(6-9절), 그리고 의인들에 대한 축복(10-12절)이 등장합니다. 시작 부분에서는 하느님께서 모세와 이스라엘 백성과 계약관계에 들어갔던 때에 이스라엘 백성이 시나이산에서 겪었던 일을 상기시킵니다. "셋째 날 아침, 우렛소리와 함께 번개가 치고 짙은 구름이 산을 덮은 가운데 뿔 나팔 소리가 크게 울려 퍼지자, 진영에 있던 백성이 모두 떨었다. … 그때 시나이산은 온통 연기가 자욱하였다. 주님께서 불 속에서 그 위로 내려오셨기 때문이다. 마치 가마에서 나오는 것처럼 연기가 솟아오르며 산 전체가 심하게 뒤흔들렸다. 뿔 나팔 소리가 점점 크게 울려 퍼지는 가운데 모세가 말씀을 아뢰자, 하느님께서 우렛소리로 대답하셨다"(탈출 19,16.18-19). 이러한 표현은 하느님의 사건을 묘사합니다. 다시 말해, 하느님의 현존이 자연으로부터 강력한 응답을 불러일으켜서, 자연계가 격렬한 칭송으로 분출되는 것입니다. 이것은 마치 한 분이신 진실하신 하느님께로 향하지 않는 경배 행위는 모두 쓸어버리려고 하는 것 같습니다. 하지만 이 같은 반응은 단지 이스라엘의 하느님만 위대하신 것이 아니라 그분의 '업적'도 위대하기 때문입니다. 하느님께서는 언제나 정의롭고 공정하게 행동하십니다(2.6.8.11-12절). 시편저자는 "정의와 공정이 그분 어좌의 바탕"(2절)이라고 합니다. 이 말은 주님께서 다스리실 때 그 특징이 되는 통치 방식을 선언하는 것입니다. 정의와 의로움 그 자체이시며 영원히 올곧으시고 판단력도 건재하신 분께서 당신 신성 안에 내재하는 것을 이행하십니다. 따라서 가련하고 불쌍한 사람들을 위한 행동들, 공정한 법과 공평한 판결의 창출, 이 모두가 하느님께서 어떻게 다스리시는지, 더 나아가 이와 같은 행동을 당신께서 선택하신 민족에게서 어떻게 기대하시는지 보여 줍니다. 이리하여 의인들 입장에서 기뻐하는 이유가 분명해집니다. 그들이 본받고 있는 분이 바로 그들에게 기쁨과 구원의 빛을 내리시면서(11절) 그들을 보호하시고 자유롭게 해 주시는 분이시기 때문입니다(10절). 예수님께서도 산상설교에서 우리를 초대하시며 똑같은 말씀을 하십니다. "여러분은 먼저 하느님의 나라와 그분의 의로움을 찾으시오. 그러면 여러분은 이런 것들도 다 곁들여 받게 될 것입니다"(마태 6,33). 하느님 왕국의 바탕은 정의와 의로움을 요구하며, 땅 위에서 하느님의 통치를 세우는 일에 참여하라고 하느님의 백성인 우리를 초대합니다.

97 (96) 주님은 임금이시다. 땅은 즐거워하고
    수많은 섬들도 기뻐하여라.
2 흰 구름 먹구름 그분을 둘러싸고
    정의와 공정은 그분 어좌의 바탕이라네.

3 불길이 그분을 앞서가며
　둘레의 적들을 사르는구나.
4 그분의 번개 누리를 비추니
　땅이 보고 무서워 떠는구나.
5 주님 앞에서 산들이 밀초처럼 녹아내리네.
　주님 앞에서 온 땅이 녹아내리네.
6 하늘은 그분 의로움을 널리 알리고
　만백성 그분 영광을 우러러보네.
7 우상을 섬기는 자들,
　헛것으로 으쓱대는 자들 모두 부끄러워하리라.
　모든 신들이 그분께 경배드리네.

8 주님, 당신의 법을 시온이 듣고 기뻐하며
　유다의 딸들이 즐거워하나이다.
9 주님, 당신은 온 땅 위에 지극히 높으신 분
　모든 신들 위에 아득히 높으시옵니다.

10 주님을 사랑하는 이들아, 악을 미워하여라.
　그분은 당신께 충실한 이들의 목숨을 지키시고
　악인들의 손아귀에서 그들을 구해 주신다.
11 의인에게는 빛이 내리고
　마음 바른 이에게는 기쁨이 쏟아진다.
12 의인들아, 주님 안에서 기뻐하여라.
　거룩하신 그 이름 찬송하여라.

기도합시다

정의롭고 의로우신 주님, 당신께서는 손수 만드신 모든 피조물 하나하나를 아버지의 보살핌으로 돌보시나이다. 비오니 저희 마음속에 당신의 선하심을 본받겠다는 진정한 열망을 키워 주소서. 또한 올곧은 마음에 따른 진실한 기쁨을 더욱 증언하고 싶게 만들어 주소서. 우리 주 그리스도를 통하여 비나이다. 아멘.

시편 98

새로운 찬미 노래

성탄 성가 「기쁘다 구주 오셨네」는 거의 모든 사람에게 친숙한 노래입니다. 그런데 이 성가의 가사에 영감을 준 말씀이 바로 시편 98편입니다. 이 시편의 마지막 구절에는 하느님께서 오신다는 이야기를 하면서(9절), 이 영광스러운 사건을 기뻐하며 '하늘과 자연이 노래하게' 만든다는(7-8절) 내용이 나옵니다. 이와 동시에 이 시편의 가장 심오한 의미는 구원 그 자체입니다. 시편저자는 하느님의 구원이 우리가 사는 세상에 진입하는 문제에 대해 세 차례에 걸쳐 명쾌하게 의견을 밝힙니다(1-3절). 사실 구원은 기쁨과 어울리기 힘든 조건입니다. 우리는 흔히 구원이라면 인생을 뒤바꿀 만한 사건이라고 생각합니다. 반면 성경의 사고방식에서는 이보다 다소 소박한 방식으로 구원을 평가합니다. 하느님의 지속적인 보살핌과 보호, 하느님이 선택하신 사람들에 대한 신의를 특징짓는 것이 바로 이러한 소박한 방식입니다. 3절에서 시편저자는 우리가 노래(4절), 비파와 가락(5절), 나팔 소리(6절)로 표현되는 이 같은 기쁨을 느끼는 이유가 바로 자애와 진실 때문이라고 지적합니다. 이렇게 찬미하는 것이 민족들의 눈앞에서 구원이 이루어진 결과(2-3절)이건, 또는 개인이나 이스라엘 집안(3절)에 대해 하느님의 정의(9절)를 체험하는 것이건 간에 하느님과의 이 같은 조우는 언제나 삶을 더 나은 방향으로 변화시켜 줍니다. 번역본에서는 선명히 느껴지지 않지만, 여기서 사용한 용어들을 보면 이 특정한 사건은 그저 언급될 만한 것 이상의 가치가 있음을 알 수 있습니다. 6절에 나오는 "뿔 나팔"은 대규모 축제나 중요한 행사의 개막을 알리는 데 사용된 악기입니다. 그리고 바로 이러한 이유로 이 시편은 "주님께 노래하여라, 새로운 노래"라는 구절로 시작됩니다. 하느님께서 신선하고 독창적인 행동을 취하셨기 때문입니다. 이 행사에는 새로운 노래, 하느님의 충실하고 연민 어린 사랑에 대한 새로운 해설이 필요합니다. 이 같은 상황은 비단 과거의 일만은 아닙니다. 오늘날 우리에게도 얼마든지 적용될 수 있는 일입니다. 심각한 질병이 고쳐졌건, 삶 속에서 오래도록 지속되던 갈등이 끝났건, 한참을 기다린 끝에 기도 응답을 받았건, 기대하지 않았지만 삶을 변화시킨 축복을 받았건 이 중에서 어떠한 한 가지를 체험하거나 혹은 모든 것을 체험하면, 우리 삶 속에서 일어나는 일들 안에서 하느님의 은총에 대한 응답을 얻을 수 있습니다. 사도 바오로가 다마스쿠스로 가는 길에 겪었던 일과 그 결과에 대한 이야기는 이 상황에 잘 어울립니다. "그러나 나를 내 어머니의 태중에서부터 가려내시어 당신의 은총을 통해서 부르신 분께서 내가 당신의 아드님을 이방 민족들에게 전하도록 그이를 내게 계시하시기로 기꺼이 작정하셨습니다. … 다만 그들은 '얼마 전까지도 우리를 박해하던 자가 이제는 자신이 그때 부수어 없애려던 신앙을 도리어 널리 전하고 있다'는 말을 듣고 있었을 뿐이며 그래서 그들은 나 때문에 하느님을 찬양하였습니다"(갈라 1,15-16.23-24). 사도 바오로는 그에 대한 하느님의 놀라운 사랑을 노래하는 '새로운 노래'를 결코 멈추지 않았습니다. 우리는 마음속을 깊이 들여다보고 그 안에서 하느님의 충실한 사랑을 찾도록 합시다. 그리하여 우리가 찬미와 감사, 기쁨을 노래하는 우리만의 '새로운 노래'를 부르도록 합시다.

1 98 (97) [시편]

주님께 노래하여라, 새로운 노래.
그분이 기적들을 일으키셨네.
그분의 오른손이, 거룩한 그 팔이
승리를 가져오셨네.
2 주님은 당신 구원을 알리셨네.
　민족들의 눈앞에
　당신 정의를 드러내셨네.
3 이스라엘 집안을 위하여
　당신 자애와 진실을 기억하셨네.
　우리 하느님의 구원을
　온 세상 땅끝마다 모두 보았네.
4 주님께 환성 올려라, 온 세상아.
　즐거워하며 환호하여라, 찬미 노래 불러라.
5 비파 타며 주님께 찬미 노래 불러라.
　비파에 가락 맞춰 노래 불러라.
6 쇠 나팔 뿔 나팔 소리에 맞춰

임금이신 주님 앞에서 환성 올려라.
7 소리쳐라, 바다와 그 안에 가득 찬 것들
　　누리와 그 안에 사는 것들.
8 강들은 손뼉 치고
　　산들도 함께 환호하여라.
9 주님 앞에서 환호하여라.
　　세상을 다스리러 그분이 오신다.
　　그분은 누리를 의롭게,
　　백성들을 올바르게 다스리신다.

기도합시다

영원하시고 진실하신 하느님, 당신의 사랑은 끝이 없나이다. 비오니 언제나 저희가 당신의 연민과 신의, 지혜를 노래하는 새로운 노래를 부르게 도와주소서. 그리하여 저희가 즐겁고 감사한 마음으로 당신의 구원을 칭송할 때 모든 피조물과 일치를 이루게 하소서. 우리 주 그리스도를 통하여 비나이다. 아멘.

시편 99

거룩하시도다, 우리 주 하느님

'거룩함'이라는 말은 경외와 신비, 경탄의 의미를 내포합니다. 특히 구약성경에서 그렇습니다. 거룩함이란 어떤 사람이나 어떤 것이 다른 것들이나 존재들과는 따로 떨어져서 본질적으로 완전히 다른 속성을 말합니다. 성체성사 전례의 감사기도 중에 공동체는 이 성스러운 순간에 이사야서에 기록되어 있는 사랍의 외침 "거룩하시다, 거룩하시다, 거룩하시다, 만군의 주님!"을 노래하며 환호합니다. 이사야 예언자는 지극히 거룩하신 주님의 현존 안에서, 거룩하신 그분께서 그를 부르시어 당신 대변자가 되어 믿음에 눈먼 백성들에게 당신 말씀을 전하라 명하실 때 천사들이 노래하는 이 외침을 듣습니다(이사 6장). 시편 99편에서는 하느님의 거룩하심을 세 번 증언합니다(3.5.9절). 하지만 하느님의 이러한 특성을 매번 다른 관점에서 이야기합니다. 하느님의 거룩하심에 대한 첫 번째 환호(3절)는 위엄과 경외가 묻어 있는 언어로 표현됩니다. 하느님께서 천사 커룹 위의 왕좌에 앉으실 때 백성들은 몸을 떨고 땅은 진동합니다. 하느님께서는 백성들과 민족들 위에서 임금으로서 다스리시면서, 창조된 세상 전체에 명령을 내리시고 조화를 가져오십니다. 시나이산에서 모세에게 당신 이름 야훼를 드러내신 위대하신 하느님께서 시온에서 모든 백성들의 환호와 공경을 받으십니다(2절). 그리고 당신 이름이 경외롭고 위대하시다는 찬송 이후 "그 이름 거룩하시옵니다"라고 하는 첫 번째 단언이 나옵니다(3절). 이에 비해 4-5절에서는 거룩함이 다른 측면에서 이야기됩니다. 여기서 하느님께서는 공정을 사랑하시는 분, 공의의 바탕을 이루시는 분, 야곱의 후손인 당신의 백성들 사이에서 정의의 근원이신 분으로 표현됩니다(4절). 하느님의 거룩하심은 당신께서 선택하신 백성들과의 관계 안에서 손에 잡힐 듯 뚜렷해집니다. 하느님께서 이들에게 공정하고 공의롭고 정의롭게 행동하시는 것처럼, 이들도 서로에게 그렇게 행동할 것을 요구받는 것입니다. 하느님의 정의는 진실로 하느님의 백성인 모든 사람들을 통해 세상에 현존합니다. 하느님의 거룩하심에 대한 세 번째 해설(6-8절)에서는 거룩함을 하느님과 백성 사이를 중재했던 주요 지도자들(아론, 모세, 사무엘)과 하느님의 관계로 표현합니다. 주님의 '이름을 부른다'는 것은 기도 안에서 하느님께 말씀을 드리고, 전적으로 다른 분이신 하느님과 직접적인 교감을 나눈다는 의미입니다(6절). 여기서 용서는 하느님의 거룩하심을 구성하는 요소로 인식됩니다(8절). 용서하시는 하느님께서는 자비로우시고 연민의 정이 깊은 분이십니다. 하지만 이 시편은 하느님께서 또한 정의로운 분이시며, 죄는 벌을 받아 마땅함을 일깨워 줍니다. 즈카르야의 노래를 보면 하느님께서 우리를 구원해 주시고, ― 우리와 같은 벌을 견뎌야 하셨던 ― 그리스도 안에서 우리를 자유롭게 하셨듯이 우리도 하느님의 거룩하심을 실천하며 살아야 한다고 말합니다(루카 1,74-75). 시편 99편은 이러한 거룩함이 정의와 용서의 실천을 바탕으로 세워진 것임을 보여 줍니다. 하느님께서 우리에게 예수 그리스도 안으로 들어가는 길을 보여 주셨기에, 우리는 거룩함의 길을 따라야 합니다. 즉, 자애와 성실한 의로움이 특징인 삶으로 하느님을 찬미해야 합니다.

99 (98) ¹ 주님이 다스리시니 백성들이 떠는구나.
커룹들 위에 앉으시니 온 땅이 흔들리는구나.
² 주님은 시온에서 위대하시고
모든 백성들 위에 드높으시다.

³ 경외롭고 위대하신 당신 이름
그들이 찬송하리니
그 이름 거룩하시옵니다.

4 임금의 권능은 공정을 사랑하는 것
　당신이 공의를 굳히셨나이다.
　야곱 집안에 공정과 정의를
　당신이 베푸셨나이다.

5 주 우리 하느님을 높이 받들어라.
　그분의 발판 앞에 엎드려라.
　그분은 거룩하시다.
6 모세와 아론은 그분의 사제들 가운데,
　사무엘은 그분의 이름 부르는 이들 가운데 있네.
　그들이 주님께 부르짖자
　친히 그들에게 응답하셨네.
7 구름 기둥 안에서 말씀하셨네.
　그분이 내리신 법과 명령 그들은 지켰네.

8 주 하느님, 당신은 그들에게 응답하셨나이다.
　당신은 용서하시는 하느님이시어도
　그들의 악행은 응징하셨나이다.

9 주 우리 하느님을 높이 받들어라.
　그분의 거룩한 산을 향해 엎드려라.
　주 우리 하느님은 거룩하시다.

기도합시다

거룩하신 하느님, 거룩하고 영원하신 당신께 찬미와 영광이, 영예와 감사가, 지혜와 권능이, 그리고 모든 축복이 함께하소서. 당신의 거룩하심을 알게 된 저희가 당신의 선하심과 자비, 연민과 평화를 알게 되었나이다. 저희는 영원무궁토록 당신의 아들이자 저희 주님이신 그리스도를 통하여 당신을 찬미하며 당신께 감사의 마음을 높이 올리나이다. 아멘.

시편 100

그분의 성실은 대대에 이르신다

이 시편은 찬미가로 사용하기도 합니다. 시편 100편은 성가 「기쁨으로 주님 섬겨 드려라」의 토대를 이루며, 이 성가의 익숙한 선율의 이름도 이 100번째 시편에서 나온 것입니다. 우리는 앞에서 숫자 7이 구약성경에서 특별한 의미를 지닌다는 사실을 확인한 바 있습니다. 그런데 시편 100편에는 명령문 구절이 7번 나옵니다. "환성 올려라"(1절), "주님을 섬겨라"(2ㄱ절), "환호하며 그분 앞에 나아가라"(2ㄴ절), "너희는 알아라, 주님은 하느님이시다"(3절), "그분 문으로 들어가라"(4ㄱ절), "찬송하며"(4ㄷ절), "그 이름 찬미하여라"(4ㄷ절). 각 구절은 제대로 경배하기 위해 하느님의 현존 안으로 들어가는 각각의 방법을 보여 줍니다. 앞에서 지적했듯, 시편 93편과 95-99편에서는 하느님을 당신 백성의 임금, 모든 민족 위의 임금, 모든 천상 권능 위에 계신 임금이라 표현하면서, 임금이신 하느님의 다스리심에 초점을 맞춥니다. 이에 비해 시편 100편에서는 임금이신 하느님의 모습을 미묘하면서도 매우 중요한 은유를 사용해서 표현합니다. 하느님의 백성을 "그분 목장의 양 떼"(3절)라고 말합니다. 성경에서 목자의 표상이 왕의 모습에 적용된 경우는 많습니다. 왕정이 시작될 때부터, 즉 다윗이 양치기 임무를 맡다가 왕으로 발탁된 때부터, 지상의 통치자들을 본뜬, 임금이신 하느님의 모습은 목자가 자신의 양 떼를 즉각적이고 개인적으로 보살피는 모습에 비유되었습니다. 5절에서 하느님의 선하심은 '자애'와 진실이라는 표현으로 전달됩니다. 그런데 이 두 용어는 계약관계를 지칭하는 것으로 이해됩니다. 하느님의 영원하고 성실한 사랑은 그분의 백성이 될 사람들에게 같은 응답을 요구합니다. 이 같은 해석은 우리가 하느님께 드리는 경배와 찬미, 감사에 대한 중요한 진실로 남아 있습니다. 예언자들이 숱하게 강조했던 말이 있습니다. 사람들이 하느님께 감사와 영예를 드리기 위해 성전을 찾을 때, 그들의 경배 행위는 하느님의 명령을 따르는 자들에게만 주어진 마음에서 우러나와야 한다는 말입니다. 그들의 경배 행위는 하느님 사랑과 이웃 사랑으로 이루어진 그들의 내적 성향을 외적으로 드러낸 표시입니다. 주님께서 얼마나 "참으로 좋으신지"(5절) 알려면 응답이 필요한데, 본질적으로 찬미의 말씀은 아무리 많이 드려도 충분치 않은 법입니다. 예수님은 이 문제에 관해 산상설교에서 단언하셨습니다. "당신이 제단에 예물을 갖다 바치려 할 때에 형제가 당신에게 어떤 원한을 품고 있는 것이 거기서 생각나거든, 당신의 예물을 거기 제단 앞에 두고 먼저 물러가서 당신 형제와 화해하시오"(마태 5,23-24). 우리가 하느님께 드리는 가장 진실한 찬미와 감사는 친절하고 다정한 행동과 함께 순수한 마음에서 나옵니다.

¹100 (99) [감사를 위한 시편]

온 세상아, 주님께 환성 올려라.

2 기뻐하며 주님을 섬겨라.

  환호하며 그분 앞에 나아가라.

3 너희는 알아라, 주님은 하느님이시다.

  그분이 우리를 지으셨으니 우리는 그분의 것,

  그분의 백성, 그분 목장의 양 떼라네.

4 감사하며 그분 문으로 들어가라.

  찬양하며 그분 앞뜰로 들어가라.

  그분을 찬송하며 그 이름 찬미하여라.

5 주님은 참으로 좋으시고

  그분 자애는 영원하시며

  그분 진실은 대대에 이르신다.

기도합시다

자애와 신의로 당신 백성의 마음에 자양분을 주시는 하느님, 비오니 저희에게 영과 진리 안에서 경배드릴 수 있는 길을 보여 주소서. 저희가 하는 모든 말과 행동이 당신의 지극히 높으신 이름에 드리는 찬미와 감사에 어울리게 하소서. 이 모든 것 우리 주 그리스도를 통하여 비나이다. 아멘.

시편 101

참되고 완전한 길

시편 101편은 기도문인 동시에 누군가(아마도 이스라엘의 왕이나 다른 지도자)의 목적 진술서입니다. 내용상 화자가 자신의 집안을 넘어서 나라의 백성(6절)과 주님의 도성인 예루살렘(8절)까지 책임지는 위치에 있는 것으로 보이기 때문입니다. 시작 부분에서 시편저자는 앞으로 나올 것을 위한 무대를 마련하는 의미에서 참되고 완전한 삶의 토대로서 자애와 정의를 칭송합니다. 그런데 2절에서 수수께끼 같은 질문이 던져집니다. "저에게 언제 오시리이까?" 이에 대해서는 여러 해석이 가능하겠지만, 가장 일리 있는 것으로 보이는 해석은 하나입니다. 즉, 여기에서 시편저자가 정의롭고 자비로운 삶, 참되고 완전한 삶을 살려면 하느님의 도움이 필요하다고 말한다는 것입니다. 한 연약한 인간이 온전한 마음으로 걷고 있다고 주장할 때 이는 자신의 힘을 능가하는 권능의 도움이 있어야만 가능합니다. 그럼 어떻게 해야 그렇게 될까요? 먼저, 이 시편에 마음이라는 말이 세 번 등장한다는 데 주목해 봅시다. "온전한 마음"(2절), "그릇된 마음"(4절), "오만한 마음"(5절) 말입니다. 성경적 세계에서 대개 마음은 오늘날처럼 감정이 자리하는 곳으로 여겨지지는 않았습니다. 오히려 '마음'은 지성과 의지, 욕망이 합쳐진 것으로 인식되었습니다. 따라서 시편저자가 중요하게 생각하는 것은 내면의 진실함, 영예, 그리고 올곧음입니다. 만약 누군가의 마음이 진실함이 부족하고(4절) 오만함에 젖어 있다면(5절), 그가 어떤 결정을 내리고 행동을 취할 때 정의와 자비라는 덕목이 옳은 길로 인도해 줄 수 있는 방법은 없습니다. 시편저자는 이런 내용을 강조하기 위해 '마음'을 언급한 다음에

오는 각각의 표현을 대조합니다. 온전한 마음으로 걷는다(2절)는 것은 야비한 일에 사로잡혀서는 안 된다(3절)는 의미입니다. 마찬가지로 그릇된 사람(4절)이 다른 사람을 헐뜯으면 아무 소리도 못하게 될 것입니다(5절). 마음이 오만하지 않기에(5절) 흠 없는 길을 걷는 사람은 시편저자의 집에서 종이 될 것입니다(6절). 우리 중 많은 사람이 이 시편을 읽으면서 양심이 찔린 듯이 가책을 느낄 수도 있습니다. 이 같은 정의와 자비를 행동으로 옮기지 못하는 경우가 많기 때문입니다. 사실 올바른 생각을 하는 마음으로부터 행동이 우러나왔던 예수님이야말로 이러한 정의와 자비의 전형적인 예입니다. 하지만 이 시편은 우리가 생각하고 행동하는 방식에 주의를 기울이게 하는 자극제가 될 수도 있습니다. 그리고 우리가 성령께 귀를 기울이는 방식에도 집중할 수 있게 하는데, 우리 안에 머무시는 성령은 복음의 살아 있는 본보기가 되라고 우리를 초대하고 있습니다. 사도 바오로는 로마 신자들에게 보낸 서간에서 이러한 내적 갈등에 대해 이야기합니다. "실상 나는 내가 하는 일을 알 수 없습니다. 나는 내가 원하는 것은 실천하지 않고 도리어 내가 미워하는 것을 행하니 말입니다"(로마 7,15). 우리가 내리는 결정 하나하나가 모여 우리를 한 인격체로 만듭니다. 우리들 각자 우리가 받은 세례 안에서, 부활하신 그리스도의 은총으로, 복음 말씀이 우리 안에서 되살아나도록 노력합시다.

101 (100) [다윗. 시편]

1 자애와 정의를 제가 노래하오리다.
주님, 당신을 찬송하오리다.

2 흠 없는 길에 뜻을 두리니
　저에게 언제 오시리이까?
　저는 집 안에서
　온전한 마음으로 걸으오리다.

3 불의한 일을
　제 눈앞에 두지 않으오리다.
　죄짓는 일을 제가 미워하오니
　그런 것은 제게서 끊어 내리이다.

4 그릇된 마음 제게서 멀어지오니
　악한 것을 저는 알지 못하리이다.

5 제 이웃을 몰래 헐뜯는 자
　저는 없애 버리고
　거만한 눈 오만한 마음
　저는 참지 않으오리다.

6 제 눈은 이 땅의 진실한 이들에게 머물리니
　그들이 제 곁에 살고
　흠 없는 길을 걷는 이
　그런 이가 저에게 시중을 들리이다.

7 사기를 일삼는 자
　저의 집 안에 살지 못하고
　거짓을 말하는 자
　저의 눈앞에 서지 못하리이다.

8 이 땅의 모든 악인들
　아침마다 쓸어 내리이다.

나쁜 짓 하는 자

주님의 성읍에서 모두 없애리이다.

기도합시다

진리와 정의의 주님, 당신의 거룩하신 성령으로 저희를 정의와 자비의 길로 인도해 주시는 분, 비오니 여정 중에 있는 저희를 굳세게 하소서. 그리하여 저희가 당신의 아들, 영원무궁토록 주님이신 예수 그리스도의 복음의 힘을 증언하는 진정한 증인으로서 겸손의 길과 참되고 완전한 길을 걷게 하소서. 아멘.

시편 102

풀처럼 메마른 마음

이 시편은 히브리 시문학의 시풍에 따라 일상생활 속 표상을 활용하여 개인적인 고통 체험, 하느님의 부재에 대한 감정, 오랫동안 지속되고 있는 비참을 형상화합니다. "제 마음 베어 놓은 풀처럼"(5절)과 같은 표현은 화자의 고뇌가 얼마나 깊은지를 잘 보여 줍니다. 하느님께 "당신 얼굴 제게서 감추지 마소서"(3절)라고 애원하는 장면은 현재의 슬픔을 덜어 줄 수 있는 유일한 존재인 한 분이신 하느님과 가까워지고 싶은 열망을 드러냅니다. 지붕 위에서 울고 있는 외로운 새(8절)의 표상은 개인적으로 느끼는 비통함이 너무도 깊어서 고통을 덜기 위해 내지르는 외침이 말로 표현할 수 없을 정도임을 보여 줍니다. 이처럼 명확하게 알 수 있는 상징들에 더해서 시편저자는 시간 개념을 끌어와서 자신의 상황이 하느님의 상황과는 어떻게 완전히 다른지 알려 줍니다. 가령 "곤경의 날에"(3절), "저의 세월 연기처럼 스러져 가고"(4절), "저의 세월 기우는 그림자 같고"(12절)는 시편저자의 상황을 알려 주는 구절입니다. 반면 이와는 대조적으로 하느님께서는 시편저자의 곤경을 규정하는 시간과 공간의 제약을 넘어서 영원 속에 머무르십니다. "주님, 당신은 영원히 다스리시니 대대로 당신을 기억하나이다"(13절). 고통과 비애에 짓눌려 웅크리고 있던 시편저자는 하느님께 애원합니다. 이 모습은 마치 영원이 가져다주는 행복 가운데 한 조각이라도 나눠 주실 수 없는지 부탁하는 것처럼 보입니다. 그렇게만 되면 그는 통탄스러운 처지에서 벗어나서 위로를 얻고 마음이 편해질 것처럼 보입니다. 하지만 그의 고통은 만성적이며 수그러들 줄 모릅니다. 이런 고통을 나타내는 갖가지 표상을 보여 주는 것 자체가 고통을 덜어 주시길 간청하며 하느님께 부르짖는 것과 같습니다. 그런데 시편의 앞부분(2-12절)이 개인의 괴로움을 표현하는 데 초점이 맞춰져 있었다면, 그 뒷부분(14-23절)은 딸 시온, 즉 민족 전체가 처한 유사한 상황을 나타내는 데 주력합니다. 시편저자는 거룩한 도성인 시온이나 예루살렘과 밀접한 관계에 있습니다. 시온이 겪고 있는 곤경과 괴로움을 자신의 것으로 동일시할 정도이기 때문입니다. 시온의 돌과 흙이 화자의 마음에 동정심을 불러일으키고, 그 도성은 하느님의 치유와 위로가 너무도 절실합니다(15절). 한편, 포로와 죽음에 붙여진 이들(21절), 하느님만이 기도에 응답하실 수 있는 헐벗은 이들(18절)이 언급된 것으로 미루어 보면 이 시편이 적에게 점령되었거나 유배되었던 시기에 지어졌던 것이 아닌가 짐작할 수도 있습니다. 그렇다면 오늘날에는 이 시편으로 어떻게 기도드리면 될까요? 틀림없이 이 시편의 말씀을 통해 우리는 오늘날 이 세상에서 전쟁과 감금, 유배, 가난, 질환 등 자신의 힘만으로는 바꿀 수 없는 병폐들로 생명의 위협을 받고 있는 많은 사람들을 위해 기도드릴 수 있습니다. 23절에서 시편저자는 이러한 고통 때문에 뿔뿔이 흩어졌던 사람들이 다시 하나의 민족으로 모여서, 구원과 해방을 주신 하느님께 기뻐하며 찬미드리는 그날을 생각해 봅니다. 또한 사람들이 자비롭고 선하신 하느님 구원의 손길을 체험하게 되면 얼마나 큰 감사의 표현이 터져 나오겠습니까? 우리는 고통 중에 있는 사람들과 연대를 형성하며 그들과 하나가 되어야 합니다. 그들은 인류라는 가족 안에서 모두 우리 형제자매이며 한 분이신 하느님의 자녀입니다. 오늘날 우리가 사는 세상에는 이 시편처럼 슬픔의 말씀으로 기도드릴 정당한 이유가 있지만 그렇게 하지 못하는 사람들이 수없이 많습니다. 따라서 우리가 하느님 앞에 그들을 대변하는 목소리가 될 수 있습니다. 우리는 하느님께서 우리의 기도를 들으시고 대답해 주신다고 믿기 때문입니다.

1 102 (101) [낙담하여 주님 앞에 근심을 쏟아붓는 가련한 이의 기도]

2 주님, 제 기도를 들으소서.
 제 부르짖음이 당신께 이르게 하소서.
3 곤경의 날에
 당신 얼굴 제게서 감추지 마소서.
 당신 귀를 제게 기울이소서.
 제가 부르짖을 때 어서 대답하소서.
4 저의 세월 연기처럼 스러져 가고

저의 뼈는 불덩이처럼 달아올랐나이다.
5 제 마음 베어 놓은 풀처럼 메말라 가고
　음식을 먹는 것도 잊었나이다.
6 저의 깊은 탄식 소리에
　제 뼈에 살가죽이 붙었나이다.
7 저는 광야의 까마귀처럼
　폐허의 부엉이처럼 되었나이다.
8 저는 잠 못 이루고
　지붕 위 외로운 새처럼 되었나이다.
9 원수들은 온종일 저를 모욕하고
　미친 듯 날뛰는 자들 저를 저주하나이다.
10 저는 빵 먹듯 재를 먹고
　마실 것에 제 눈물을 섞으니
11 당신이 분노와 진노로
　저를 내던지신 까닭이옵니다.
12 저의 세월 기우는 그림자 같고
　저는 풀처럼 메말라 가나이다.
13 주님, 당신은 영원히 다스리시니
　대대로 당신을 기억하나이다.
14 당신은 일어나 시온을 가엾이 여기시리이다.
　시온에 자비를 베푸실 때가,
　정하신 그때가 다가왔나이다.
15 당신 종들이 시온의 돌을 소중히 여기고
　그 흙을 가엾이 여기나이다.

16 민족들이 주님 이름을,
　　세상 모든 임금이 당신 영광을 경외하리이다.

17 주님은 시온을 세우시고
　　영광 속에 나타나시어
18 헐벗은 이들의 기도를 굽어 들어주시고
　　그들의 기도를 물리치지 않으시리라.
19 오는 세대를 위하여 글로 남기리니
　　새로 창조될 백성이 주님을 찬양하리라.
20 주님이 드높은 성소에서 내려다보시고
　　하늘에서 땅을 굽어보시리니
21 포로의 신음을 들으시고
　　죽음에 붙여진 이들을 풀어 주시리라.
22 시온에서 주님의 이름을,
　　예루살렘에서 당신 찬양을 전하시리라.
23 그때에 백성들과 나라들이
　　주님을 섬기러 모여들리라.
24 그분이 내 힘을 도중에 꺾으시고
　　내 세월을 짧게 자르시니
25 내가 아뢰었네.
　　"저의 하느님
　　한창 나이에 저를 데려가지 마소서.
　　당신의 햇수는 대대로 이어지나이다.
26 처음에 당신은 땅을 세우셨나이다.

하늘도 당신 손수 지으신 작품이옵니다.
27 그것들은 사라져도 당신은 늘 계시나이다.
모든 것은 옷처럼 낡아 없어지나이다.
당신이 옷가지처럼 바꾸시니
모든 것은 지나가 버리나이다.
28 당신은 언제나 같으신 분
당신의 햇수는 끝이 없나이다.
29 당신 종들의 자손은 편안히 살아가고
그 후손은 당신 앞에 굳게 서 있으리이다."

기도합시다

하느님, 당신의 세월은 끝이 없고 당신의 선하심은 변함이 없나이다. 비오니 슬픔으로 부서진 삶 속에서 당신께 부르짖는 모든 사람들을 기억하소서. 또한 저희도 그리스도 안에서 우리 형제자매인 그들을 마음에 새기게 도와주소서. 그리스도께서는 당신과 성령과 함께 한 분이신 하느님으로 영원무궁토록 살아 계시고 다스리시나이다. 아멘.

시편 103

모든 아픔을 없애시는 분

하느님께서는 우리가 저지른 잘못에 따라 우리를 대우하지 않으신다니, 이 얼마나 상상할 수도 없는 일입니까! 사실 우리는 관념적으로 너무 자주 하느님을 심판자 역할로만 축소하고 있어서 그분의 엄중하고 철두철미한 정의가 그저 두렵기만 합니다. 하지만 시편 103편에서는 우리 하느님께서 용서하시고 치유하시며 구원하시는 분이시라 칭송하면서, 그분의 정의는 연민과 자비로 누그러진 온화한 정의라고 이야기합니다(3-6절). 이 시편의 시작과 끝은 모두 "주님을 찬미하여라"라는 명령문입니다. 히브리어의 의미는 찬미를 드리라는 뜻입니다. 시편 103편의 첫 단락에서는 지극히 개인적으로 깊은 감사와 찬미를 느끼고 있음이 표현됩니다. '영혼'(nephesh)이라는 단어는 한 인간존재에게 필수적인 요소로서, 한 사람의 생명과 활력을 지탱하는 내적 힘을 가리킵니다. 시편저자는 바로 이 내면에 있는 필수적인 원천을 동원하고, 그런 뒤 대상을 확대해서 "내 안의 모든 것"을 소환하여 자신의 전 존재에게 "거룩하신 그 이름 찬미하여라"라고 명합니다. 앞선 시편(102편)에서는 인간의 나약함과 하느님의 권능을 성경의 차원에서 깨달았음을 분명히 표현했습니다. 이번 시편에서도 연약하고 하찮은 풀을 하느님 앞에서 우리 인간의 조건을 나타내는 표상으로 사용합니다. 바람에 맞서 아주 잠시 서 있다가 금세 사라져 버리는 것으로 말입니다(15-16절). 이렇듯 연약한 우리를 구해 주는 것은 바로 하느님의 영속적인 자비입니다(17절). 여기서 주목할 것은 이 시편을 통틀어서 '자애'라는 용어가 반복적으로 등장한다는 사실입니다(4.8.11.17절). 이 용어는 특히 성실하고 영속적인 하느님 사랑의 계약을 의미합니다. 시편저자는 하느님의 자애를 공간적 팽창을 가지고 묘사합니다. "하늘이 땅 위에 드높은 것처럼 당신을 경외하는 이에게 자애가 넘치시네. 해 뜨는 데서 해 지는 데가 먼 것처럼 우리의 허물들을 멀리 치우시네"(11-12절). 하느님의 자비에 대한 시편저자의 찬가는 자식을 돌보는 아버지의 표상에서 절정에 이릅니다(13절). 여기서 '가여워하다'로 번역된 단어는 내장을 가리키는 히브리 어원에서 파생된 것입니다. 인간의 감정이 자리하는 곳이 바로 내장이라고 여겨졌기 때문입니다. '내장'이나 '내장 속에서 느낀다'(He feels it in his guts)는 관용적 표현도 같은 의미를 전하는 것입니다. 즉, 인간의 느낌과 감정은 내면 저 깊은 곳에서 나온다는 뜻입니다. 하느님의 자애는 우리가 하느님과 함께 맺은 계약관계로부터 나오고, 우리는 하느님의 가르침을 따르려 하는 의지를 통해 우리를 사랑으로 돌보시는 하느님께 응답합니다(18절). 시편의 결말이 다가오면서, 한 개인이 자신의 자아에 호소하는 것으로 시작했던 것이 이제는 모든 피조물, 하느님의 모든 작품, 심지어 천상의 군대까지 소환하여 "주님을 찬미하여라"라고 하기에 이릅니다(21-22절). 예수님은 당신 아버지의 자비와 연민이 지니는 의미를 온전히 알고 계셨습니다. 되찾은 아들의 비유(루카 15장)에서 방탕한 아들에 대한 아버지의 응답 — 이것은 고대 근동 문화권에서 매우 이례적인 태도이긴 합니다만 — 이 바로 하느님께서 아버지로서 우리를 돌보아 주시는 모습을 나타내는 표상입니다. "그가 아직 먼 거리에 있었는데, 아버지는 그를 알아보고 측은히 여겨 달려가서 그의 목을 끌어안고 입을 맞추었습니다"(루카 15,20). 이렇듯 시편 103편은 루카 복음서 15장을 봉독할 때 함께 드리기에 적절한 기도입니다.

103 (102) [다윗]

내 영혼아, 주님을 찬미하여라.
내 안의 모든 것도 거룩하신 그 이름 찬미하여라.
2 내 영혼아, 주님을 찬미하여라.

그분의 온갖 은혜 하나도 잊지 마라.

3 네 모든 잘못을 용서하시고
네 모든 아픔을 없애시는 분.

4 네 목숨을 구렁에서 구해 내시고
자애와 자비의 관을 씌우시는 분.

5 네 한평생 복으로 채워 주시니
네 젊음 독수리처럼 새로워지는구나.

6 주님은 정의를 펼치시고
억눌린 이 모두에게 공정을 베푸시네.

7 당신의 길을 모세에게,
당신의 업적을 이스라엘 자손에게 알리셨네.

8 주님은 자비롭고 너그러우시며
분노에는 더디시나 자애는 넘치시네.

9 끝까지 캐묻지 않으시고
끝끝내 화를 품지 않으시네.

10 우리를 죄대로 다루지 않으시고
우리의 잘못대로 갚지 않으시네.

11 하늘이 땅 위에 드높은 것처럼
당신을 경외하는 이에게 자애가 넘치시네.

12 해 뜨는 데서 해 지는 데가 먼 것처럼
우리의 허물들을 멀리 치우시네.

13 아버지가 자식을 가여워하듯
주님은 당신을 경외하는 이 가여워하시네.

14 우리의 됨됨이를 익히 아시고

우리가 한낱 티끌임을 기억하시네.
15 인생이란 그 세월 풀과 같아서
　　　들꽃처럼 그렇게 피어나지만
16 바람 한 번 스쳐도 이내 사라져
　　　그 있던 자리조차 알 길이 없네.
17 주님의 자애는 영원에서 영원까지
　　　그분을 경외하는 이에게 머무르고
　　　그분의 의로움은 대대손손 이르리라,
18 그분 계약을 지키는 이들에게
　　　그분 규정을 새겨 따르는 이들에게.
19 주님은 당신 어좌를 하늘에 세우시고
　　　당신 왕권으로 만물을 다스리시네.
20 주님을 찬미하여라,
　　　주님의 모든 천사들아
　　　그분 말씀에 귀 기울이고
　　　그분 말씀을 따르는 힘센 용사들아.
21 주님을 찬미하여라, 주님의 모든 군대들아
　　　그분 뜻을 따르는 모든 신하들아.
22 주님을 찬미하여라, 주님이 지으신 모든 것들아.
　　　그분 나라 어디에서나
　　　내 영혼아, 주님을 찬미하여라.

기도합시다

무한한 자비와 연민의 하느님, 저희가 기대하거나 받을 자격이 있는 것

이상의 사랑을 기필코 저희에게 주시는 분, 비오니 저희가 믿음 안에서 당신의 자애를 알아보고 인정하게 하소서. 그리하여 저희가 다른 이들에게 그와 같은 자비를 베푸는 도구가 되게 하소서. 이 모든 것 우리 주 그리스도를 통하여 비나이다. 아멘.

시편 104

창조주 하느님

시편 전체를 통틀어서 "내 영혼아, 주님을 찬미하여라"라는 표현은 두 곳에서 등장합니다. 앞선 시편(103,1-2.22)과 이번 시편(104,1.35)입니다. 이러한 표현으로 시편저자는 자신의 마음속 가장 깊은 곳을 향해서 하느님께 적절한 찬미와 감사를 올리라고 명합니다. 먼저, 하느님께서 모든 피조물에게 쏟아부으시는 연민 어린 자애(103편)를 찬미의 대상으로 하고, 그다음 이 시편에서는 경이로운 피조물 그 자체를 대상으로 삼습니다. 여기에서 시편저자는 고대인들에게 우주의 안정성을 보여 주었던 수많은 기적들을 짚어 가면서 피조물 안에 존재하는 놀라운 질서와 조화를 인정합니다. 하느님께서는 이 모든 것들이 아름답고 놀라운 모습을 띠도록 조율하셨습니다. 먼저 이것들을 존재하게 만드시고, 이제 최고의 지혜로 유지시켜 주고 계십니다. 시편저자의 관점에서 보면 이렇게 창조된 세상에서 합당한 목적을 가지고 합당한 자리에 있지 않은 것은 아무것도 없습니다. 샘물은 들짐승에게 마실 물을 주고(10-11절), 초록빛 식물은 가축과 사람들에게 영양분이 되며(14절), 사람들은 이것으로 빵과 포도주, 기름을 만듭니다(14-15절). 여기에는 이 모든 것의 원천이신 한 분 창조주의 영광도 생생하게 묘사되어 있습니다(1-2절). 자연에서 가장 광활한 산과 골짜기, 바다조차 하느님께서 자리를 정해 주시고 지시하신 것들입니다(5-9절). 이것들은 하느님의 명에 따라 제자리를 잡고 자신에게 주어진 목적을 완수합니다. 그뿐 아니라 하늘을 비추는 해와 달 역시 하느님의 계획에 딱 맞게 만들어진 것들입니다. 이것들은 성장에 필요한 빛과 열을 제공하고, 날과 계절을 표시하여 짐승들에게는 언제 사냥할지, 사람들에게는 언제 노동을 할지를 알려 줍니다(19-23절). 그런 다음 시편저자는 마치 자신이 떠올렸던 모든 것들에 환호하듯, 갑자기 "주님, 당신 업적 얼마나 많사옵니까! 그 모든 것 당신 슬기로 이루시니, 온 세상은 당신이 지으신 것으로 가득하옵니다"(24절)라고 말하기 시작합니다. 하느님의 지혜는 모든 피조물 안에 명백히 존재합니다. 그래서 우리는 주변에 있는 세상에 대해 더 깊이 있게 생각하면서, 그 안에 담긴 지혜를 흡수하고 우리가 매일 마주치게 되는 것을 경외하고 감사하는 마음으로 대해야 합니다. 시편저자는 모든 것이 생명과 선함, 희망의 원천이신 하느님으로부터 나온다고 단언합니다. 그리고 하느님께서 계속해서 지탱해 주시고 떠받쳐 주시기를 기대합니다(27-32절). 그래야만 인류에 대한 하느님의 의지가 평화롭고 조화롭게 이행될 것입니다. 이와 같은 관점이 지니는 의미를 더욱 온전히 알게 된 사도 바오로는 그리스도 안에서 완성된 새로운 창조의 기적을 심오한 믿음의 표현으로 증언합니다. "여러분이 모든 성도들과 함께 그리스도 신비의 너비와 길이와 높이와 깊이가 어떠한지 깨닫고 그리하여 지식을 훨씬 뛰어넘는 그리스도의 사랑을 알아보게 되기를 빕니다. 그것은 여러분이 하느님의 온갖 충만함으로 충만해지기 위함입니다"(에페 3,18-19). 부디 우리도 이 같은 경탄과 경외, 믿음을 가지고 하느님의 피조물을 우러러볼 수 있는 지혜를 가지기를 바랍니다!

1 **104** (103) 내 영혼아, 주님을 찬미하여라.

    주 하느님, 당신은 참으로 위대하시옵니다.
    존엄과 영화를 입으시고
2 광채를 겉옷처럼 두르셨나이다.

    당신은 하늘을 차일처럼 펼치시고
3 물 위에 당신 거처를 세우시는 분.
    구름을 당신 수레로 삼으시고
    날개인 듯 바람 타고 다니시는 분.
4 바람을 당신 심부름꾼으로 삼으시고
    타오르는 불길을 당신 시종으로 삼으시는 분.
5 땅을 기초 위에 든든히 세우시니
    영영 세세 흔들리지 않으리라.

6 바다로 땅을 옷처럼 덮으시니
    산 위까지 물이 가득 찼나이다.
7 당신이 꾸짖으시니 그 물이 도망치고
    천둥소리 높이시니 놀라 달아났나이다.
8 당신이 마련해 놓으신 그 자리로
    산은 솟아오르고 계곡은 내려앉았나이다.
9 당신이 경계를 두시니 물이 넘지 못하고

땅을 덮치러 돌아오지 못하나이다.

10 골짜기마다 샘물 터뜨리시니
　　산과 산 굽이굽이 흘러내려
11 온갖 들짐승이 한껏 마시고
　　들나귀도 목마름을 푸나이다.
12 하늘의 새들은 그 곁에 깃들이고
　　나뭇가지 사이에서 지저귀나이다.
13 당신 거처에서 산에도 물 대시니
　　땅은 당신이 내신 열매로 가득하옵니다.
14 가축을 위하여 풀이 나게 하시고
　　사람을 위하여 나물 돋게 하시어
　　땅에서 양식을 거두게 하시나이다.
15 인간의 마음 흥겹게 하는 술을 주시고
　　얼굴에 윤기 돌게 하는 기름 주시며
　　인간의 마음에 생기 돋우는 빵을 주시나이다.

16 몸소 심으신 레바논의 향백나무들,
　　주님의 나무들이 한껏 물을 마시니
17 거기에 새들이 보금자리를 짓고
　　황새는 전나무에 둥지를 트네.
18 높은 산들은 산양들의 차지
　　바위들은 오소리들의 은신처.
19 그분은 때를 정하라 달을 만드시고
　　뜨고 질 곳 아는 해를 만드셨네.

20 당신이 어둠을 드리우시면 밤이 되어
　숲속의 온갖 짐승 돌아다니나이다.
21 사자들은 사냥감 찾아 울부짖으며
　하느님께 제 먹이를 청하고
22 해가 뜨면 물러나
　보금자리로 들어가나이다.
23 사람들은 일터로 나가
　저녁까지 수고하나이다.
24 주님, 당신 업적 얼마나 많사옵니까!
　그 모든 것 당신 슬기로 이루시니
　온 세상은 당신이 지으신 것으로 가득하옵니다.
25 저 크고 넓은 바다에는
　온갖 동물들이,
　크고 작은 생물들이 우글거리나이다.
26 그곳에는 배들이 돌아다니고
　당신이 내신 레비아탄이 노니나이다.
27 이 모든 것들이 당신께 바라나이다.
　제때에 먹이를 달라 청하나이다.
28 당신이 주시면 그들은 모아들이고
　당신 손을 펼치시면 복이 넘치나이다.
29 당신 얼굴 감추시면 그들은 소스라치고
　당신이 그들의 숨을 거두시면
　죽어서 먼지로 돌아가나이다.

30 당신이 숨을 보내시면 그들은 창조되고
　　온 누리의 얼굴이 새로워지나이다.

31 주님의 영광은 영원하리라.
　　주님은 당신이 이루신 일을 기뻐하시리라.
32 　땅을 굽어보시니 지축이 흔들리고
　　산을 건드리시니 연기 내뿜네.
33 내 한평생, 주님께 노래하리라.
　　사는 동안, 나의 하느님 찬송하리라.
34 내 노래 그분 마음에 들었으면!
　　나는 주님 안에서 기뻐하리라.
35 죄인들은 이 땅에서 없어져라.
　　악인들은 모조리 사라져라.
　　내 영혼아, 주님을 찬미하여라.
　　알렐루야!

기도합시다

우리 창조주이자 구세주이신 하느님, 당신의 작품은 경이롭고, 당신의 행적은 놀라우며, 당신의 구원 계획은 경탄스럽나이다. 비오니 저희 믿음을 더욱 생기 있게 하시어 저희가 마음의 눈으로 놀라운 피조물을 바라보고, 이에 맞게 선함과 연민의 삶으로 응답하게 하소서. 우리 주 그리스도를 통하여 비나이다. 아멘.

시편 105

당신의 계약을 기억하시는 충실하신 하느님

피조물을 탁월하게 묘사한 시편 104편의 뒤를 이어 시편 105편과 106편에서는 운문 형식으로 구원의 역사를 이야기합니다. 여기서는 하느님의 백성으로 선택받은 사람들에 대한 하느님의 신의를 느끼는 것이 이야기의 중심입니다. 하느님께서는 아브라함과 맨 처음 맺으신 계약을, 백성들이 잊지 않고 있는 그 약속을 기억하고 계십니다(8절). 이에 따라 시편저자는 이스라엘 백성들에게 하느님께 감사를 드리고 하느님께서 그들을 위해 하신 일을 다른 민족들에게 널리 알리라는 말로 시편을 시작합니다(1절). 이스라엘이 이렇게 기억하고 있는 것은 그저 기억력을 뽐내려는 것이 아니라, 하느님께서 당신께서 선택하신 민족을 위해 과거에 행하셨고, 현재 행하고 계시고, 미래에도 계속 행하실 모든 것을 상기시키는 기회로 삼기 위해서입니다. 시편 105편에서 상당한 분량이 역대기 상권 16장에 등장합니다. 계약 궤가 한동안 오벳 에돔의 집에서 머문 다음 다윗성에 있는 천막으로 돌아온 것을 기념하기 위해 다윗이 회중을 이끌고 하느님을 찬미하는 장면입니다. 과거에 그랬던 것처럼, 하느님의 은혜가 다시 한번 이스라엘에게 내리니 가히 축하할 일입니다. 아브라함 시대에서 요셉 시대까지, 요셉 시대에서 모세 시대까지 이스라엘이 약속의 땅을 차지하려는 순간에 하느님께서는 그들과 함께 계셨습니다(44절). 마지막 부분에 이르면 시편저자는 앞에서 내세웠던 말을 반복합니다. 하느님께서는 당신께서 아브라함과 맺으신 계약을 기억하신다고 말합니다(42절). 이렇듯 하느님의 신의가 조금도 변하지 않았기에 그들은 찬미와 감사를 드립니다. 하느님의 신의를 설명할 때, 요셉이라는 인물이 특히 중요합니다. 그는 형제들에 의해 노예로 팔려 간 뒤 거짓 모함으로 감옥에 갇힙니다. 하지만 요셉은 하느님의 계획에 따라 축복이 내리게 하는 촉매 역할을 하고 그 결과 하느님의 백성들은 신분이 바뀌게 됩니다. 쇠사슬에 묶여 있던 그는 파라오의 골치 아픈 꿈을 해몽하여 풀려난 뒤, 이집트 민족 가운데에서 지혜로운 현자이자 지도자가 됩니다(20-22절). 요셉은 다른 사람들의 질투와 앙심에 고통을 받았지만, 하느님께서는 그를 노예의 신분에서 끌어올려 나라를 다스리는 지도자로 만드셨습니다. 이렇게 높은 신분에 있었던 그는 과거 자신을 배신했던 형제들을 구해 주게 됩니다(창세 45장). 신약성경에서 예수님의 양아버지 요셉은 구약성경에 나오는 그의 동명이인과 유사한 고초를 겪게 됩니다. 두 사람 모두 꿈을 해석하고 이해했다는 점(창세 41,37-45; 마태 1,18-25; 2,13-15)과 구원의 역사가 펼쳐질 때 중요한 역할을 했다는 점에서 공통점이 있습니다. 두 인물은 우리 중 누구라도 하느님의 구원 도구가 될 수 있다는 놀라운 사실을 보여 줍니다. 다만 그러려면 하느님의 부르심을 열린 마음으로 받아들여야 합니다. 비록 그 과정 중에 틀림없이 고통이 따를 것이고 최종 결과는 오랫동안 감추어진 상태로 있더라도 말입니다.

105

1 (104) 주님을 찬송하여라, 그 이름 높이 불러라.
그분 업적 민족들에게 알려라.
2 그분께 노래하여라, 찬미 노래 불러라.
그 모든 기적 이야기하여라.
3 거룩하신 그 이름 자랑하여라.
주님을 찾는 마음은 기뻐하여라.

4 주님과 그 권능을 구하여라.
　언제나 그 얼굴을 찾아라.
5 그분이 이루신 기적과 이적을,
　그분 입으로 내리신 판결을 기억하여라.
6 그분의 종 아브라함의 후손들아
　그분이 뽑으신 야곱의 자손들아!
7 그분은 주 우리 하느님
　그분의 판결이 온 세상에 미치네.
8 명령하신 말씀 천대에 이르도록
　당신의 계약 영원히 기억하시니
9 아브라함과 맺으신 계약이며
　이사악에게 내리신 맹세라네.
10 이스라엘에게 영원한 계약으로,
　야곱에게 법으로 세우셨네.
11 그분이 말씀하셨네.
　"너희에게 가나안 땅을
　상속의 몫으로 주노라."
12 그들이 얼마 안 되는 작은 무리로
　그 땅에서 나그네 되어
13 이 겨레에서 저 겨레로,
　이 나라에서 저 민족으로 떠돌아다닐 때
14 아무도 억누르지 못하게 하시고
　그들을 위하여 임금들을 꾸짖으셨네.
15 "나의 메시아를 건드리지 말고

나의 예언자를 괴롭히지 마라."

16 그 땅에 기근을 불러일으켜
   양식을 모두 끊으셨을 때

17 한 사람을 그들 앞에 보내셨으니
   종으로 팔려 간 요셉이라네.

18 사람들이 그의 발에 족쇄 채우고
   목에는 쇠사슬 옭아매었네.

19 마침내 그의 말이 들어맞아
   주님 말씀이 그를 보증하시니

20 임금이 사람을 보내 그를 풀어 주고
   민족들의 통치자가 그를 놓아주었네.

21 그를 왕궁의 주인으로 내세워
   모든 재산을 다스리게 하고

22 신하들을 제 마음대로 부리며
   원로들에게 지혜를 가르치게 하였네.

23 그러자 이스라엘이 이집트로 들어가
   야곱이 함족 땅에서 나그네로 살았네.

24 주님은 당신 백성을 크게 늘리시어
   그들의 적들보다 강하게 만드셨네.

25 저들의 마음을 바꾸시어
   당신 백성을 미워하게 하시고
   당신 종들에게 간계를 부리게 하셨네.

26 그분이 당신 종 모세와
   몸소 뽑으신 아론을 보내시니

27 저들 가운데에서 그분의 표징들을,
　함족 땅에서 이적들을 일으켰네.
28 어둠을 보내 캄캄하게 만드셔도
　저들은 그분 말씀 거역하였네.
29 저들의 물을 피로 바꾸시어
　물고기들을 죽게 하셨네.
30 온 땅이 개구리 떼로 들끓어
　임금의 방에까지 우글거렸네.
31 그분 말씀 한마디에 등에 떼 모여들고
　온 영토에 모기 떼 몰려들었네.
32 비 대신 우박을 내리시고
　그 땅에 불벼락을 쏟으셨네.
33 저들의 포도나무와 무화과나무를 치시고
　그 영토의 온갖 나무를 쓰러뜨리셨네.
34 그분 말씀 한마디에 메뚜기 떼 모여들고
　수많은 누리 떼 끝도 없이 몰려왔네.
35 그 땅의 풀을 모조리 갉아 먹고
　들판의 열매를 먹어 치웠네.
36 그분은 그 땅의 모든 맏아들을,
　모든 정력의 첫 소생을 치셨네.
37 이스라엘이 은과 금을 들고 나오게 하셨네.
　그 지파들에는 낙오자가 없었네.
38 이집트는 두려움에 사로잡혀 있다가
　그들이 떠나가자 기뻐하였네.

39 그분은 구름을 펼쳐 덮어 주시고
   밤에는 불을 밝혀 주셨네.
40 그들의 청에 메추라기 떼 불러오시고
   하늘의 빵으로 그들을 배불리셨네.
41 바위를 여시자 물이 솟아 나와
   강처럼 사막에 흘러넘쳤네.
42 당신 종 아브라함에게 하신
   그 거룩한 말씀 기억하셨네.
43 당신 백성을 기쁨 속에,
   뽑힌 이들을 환호 속에 이끌어 내셨네.
44 겨레들의 땅을 그들에게 주시어
   민족들이 모은 재산 차지하게 하셨네.
45 당신 백성이 법규를 지키고
   당신의 법을 따르게 하셨네.
   알렐루야!

기도합시다

저희 선조들의 하느님, 저희 믿음의 하느님, 저희가 예측할 수 없는 방식으로 은혜를 드러내시는 분, 비오니 당신의 신비로운 계획에 대한 저희 신뢰와 확신을 굳세게 하소서. 또한 저희가 당신의 목소리를 듣고 확신과 인내를 가지고 당신의 거룩한 명령을 따르게 하소서. 우리 주 그리스도를 통하여 비나이다. 아멘.

시편 106

인간이 저지른 잘못의 역사

이 시편의 역사적 배경과 저작 시기에 관한 단서는 마지막 부분에 있습니다. "그들을 잡아간 모든 이들이 동정을 베풀게 하셨네. 주 하느님, 저희를 구하소서. 민족들에게서 저희를 모아들이소서"(46-47절). "잡아간"이라고 언급한 부분과 민족들에게서 모아들여 달라고 하느님께 청하는 것으로 미루어 보아, 이 시편은 바빌론 유배 시절에 지어진 것으로 추측됩니다. 이 가정을 뒷받침하는 또 다른 증거는 과거에 저지른 죄스러운 행동을 반복해서 언급하고 있는 데서 포착할 수 있습니다. 사막(6-33절)과 약속의 땅(34-46절)에서 저지른 잘못된 행동이 그들이 유배당한 원인으로 추정됩니다. 그들의 부정에 대한 하느님의 응답 ― 당신 자애와 연민을 거두어들인 것 ― 으로 말미암아, 그들이 계약을 반복적으로 위반했을 때 이를 공정하게 평가하면 하느님께서는 그냥 간과하실 수 없다는 점이 분명해졌습니다. 이 시편은 하느님의 자애에 감사드리는 것으로 시작하지만, 그런 뒤 곧장 한 민족이 앞으로 나와서 자신의 죄와 회개의 필요성을 인정하는 모습을 보여 줍니다(6절). 6절부터 시작되는 죄의 고백에 따르면, 과거로 거슬러 올라가서 이집트에서 노예살이를 했을 때조차 이스라엘은 하느님께서 한 민족인 그들의 삶에 개입하시는 것을 이해하지도 않았고 그에 응답하지도 않았습니다. 그런데 이 부분에서 시편 105편과 시편 106편이 대조를 이루는 내용이 매우 흥미롭습니다. 시편 105편에서는 이스라엘이 하느님께서 아브라함과 하신 약속을 기억하고 계신 것을 기뻐하면서, 그 계약을 충실히 따르는 모습으로 그려집니다. 하지만 시편 106편에서는 이스라엘 백성이 이를 기억하지 않았을 뿐 아니라, 그들이 하느님께 드린 약속의 의미를 잊고 계약에 따라 살지 않았다는 말을 세 번이나 합니다(7.13.21절). 그들은 심지어 주님의 선물인 그 땅을 고마워하지 않음으로써 약속을 멸시하기까지 했습니다(24절). 그들은 이웃 민족들로부터 우상숭배를 배웠습니다. 그들을 한 민족으로 존재하게 만드시고 그들이 갖고 있는 모든 것을 주신 하느님을 우상숭배라는 방식으로 모욕하고 거부했습니다. 시편저자에 따르면 이스라엘이 당신의 선하심을 잊어버렸음에도 하느님은 여전히 그들에게 충실하셨습니다. 온갖 사람들이 섞여 있는 노예 집단과 과거에 한 번 맺으신 계약을 기억하시어 그들을 구하러 오셨습니다(45절). 이와 같은 하느님의 선하심은 세상 마지막 때, 하느님께서 당신 백성에게 보여 주신 사랑과 기억이 담긴 궁극적 행동, 곧 그리스도의 희생적이고 구원적인 죽음으로 우리에게 찾아옵니다. "아시다시피 여러분은 조상들로부터 물려받은 그 헛된 소행에서 은이나 금 같은 없어질 것으로 속량된 것이 아니라 흠 없고 티 없는 어린양의 피와 같은, 그리스도의 고귀한 피로 속량된 것입니다"(1베드 1,18-19). 이 시편의 마지막에 오는 영광송과 함께 시편집 제4권이 끝나게 됩니다.

106 (105) 알렐루야!

1 주님을 찬송하여라, 좋으신 분이시다.
  그분의 자애는 영원하시다.
2 주님의 위업을 누가 말하리오?
  그 모든 찬양을 누가 전하리오?
3 행복하여라, 공정하게 사는 이들

언제나 정의를 실천하는 이들!

4 주님, 당신 백성 돌보시는 호의로 저를 기억하시고
　저를 찾아오시어 구원을 베푸소서.
5 제가 당신께 뽑힌 이들의 행복을 보고
　당신 민족의 즐거움을 함께 기뻐하며
　당신 소유와 더불어 영광을 누리게 하소서.
6 조상들처럼 저희도 죄를 지었나이다.
　불의를 저지르고 악한 짓을 하였나이다.
7 저희 조상들은 이집트에서
　당신의 기적들을 깨닫지 못하고
　그 크신 자애를 기억하지 않았으며
　바닷가, 갈대 바다에서 당신을 거역하였나이다.

8 그분은 당신 이름 위하여 그들을 구하시니
　당신의 권능을 알리려 하셨네.
9 갈대 바다를 꾸짖으시어 물이 마르자
　깊은 바다를 사막인 양 걸어가게 하셨네.
10 미워하는 자의 손에서 그들을 구하시고
　원수의 손에서 그들을 건지셨네.
11 큰물이 그 적들을 덮쳐
　하나도 살아남지 못하였네.
12 그들은 그분의 말씀을 믿어
　그분께 찬양 노래 불러 드렸네.

13 그분의 업적을 어느새 잊어
   그분의 분부를 따르지 않았네.
14 사막에서 그들은 탐욕을 부리고
   광야에서 하느님을 시험하였네.
15 하느님은 달라는 대로 주셨으나
   무서운 질병도 함께 보내셨네.
16 그들은 진영에서 모세를 시기하였네.
   주님의 거룩한 사람 아론을 시기하였네.
17 땅이 갈라져 다탄을 삼키고
   아비람의 무리를 덮쳐 버렸네.
18 그 무리 가운데서 불이 일어나
   불길이 악인들을 살라 버렸네.
19 그들은 호렙에서 송아지를 만들고
   금붙이로 만든 우상에 경배하였네.
20 풀을 뜯는 소의 형상과
   그들의 영광을 맞바꾸었네.
21 이집트에서 위대한 일을 하신 분,
   자기들을 구원하신 하느님을 잊었네.
22 함족 땅에서 이루신 놀라운 일들을,
   갈대 바다에서 이루신 두려운 일들을 잊었네.
23 당신이 뽑은 사람 모세가 아니라면
   그들을 없애 버리겠다 생각하셨네.
   모세는 분노하시는 그분 앞을 막아서서
   파멸의 진노를 돌리려 하였네.

24 그들은 탐스러운 땅을 업신여기며
　　그분의 말씀을 믿지 않았고
25 자기네 천막에서 투덜거리며
　　주님의 목소리 듣지 않았네.
26 이에 그분은 손을 드시어
　　그들을 사막에서 넘어뜨리려 하셨네.
27 그 후손을 민족들 사이에 쓰러뜨려
　　그들을 여러 나라로 흩으려 하셨네.
28 그들은 프오르의 바알에게 빌붙어
　　죽은 우상에게 바친 제물을 먹었네.
29 그런 짓이 그분의 화를 돋우어
　　그들에게 재앙이 들이닥쳤네.
30 피느하스가 일어나 법대로 다스리자
　　비로소 재앙이 물러갔으니
31 그는 세세에 영원히
　　의인으로 여겨졌네.
32 그들이 므리바 샘에서 그분을 노엽게 하여
　　그들 탓에 모세가 화를 입게 되었네.
33 모세가 속이 뒤집혀
　　함부로 입술을 놀린 탓이라네.
34 그들은 주님이 없애라 하신
　　백성들을 없애지 않고
35 오히려 그 민족들과 어울리면서
　　그 행실을 따라 배우고

36 그 우상들을 섬기니

　　제 스스로 덫에 걸렸네.

37 자기네 아들딸을

　　마귀에게 바치며

38 죄 없는 피를 흘리게 하였네.

　　가나안의 우상에게 제물로 바친

　　아들딸이 흘린 피로

　　그 땅을 더럽혔네.

39 자기네 행실로 더러워지고

　　자기네 행위로 불륜을 저질렀네.

40 주님은 당신 백성을 향하여 분노를 태우시고

　　당신 소유를 역겨워하셨네.

41 그들을 민족들의 손에 넘기시니

　　그들을 미워하는 자들이 다스리고

42 원수들이 억눌러

　　그 손 아래 꺾였네.

43 그분은 거듭거듭 구출해 주셨건만

　　자기네 뜻만 좇아 그분을 거슬렀네.

　　그들은 자기네 죄악으로 허물어졌네.

44 그래도 그분은 그들의 외침을 들으시고

　　그들의 곤경을 굽어보셨네.

45 그들을 위하여 당신 계약을 기억하시고

　　크신 자애로 마음을 돌리시어

46 그들을 잡아간 모든 이들이

동정을 베풀게 하셨네.

47 주 하느님, 저희를 구하소서.
민족들에게서 저희를 모아들이소서.
당신의 거룩하신 이름을 찬송하고
당신을 찬양하여 영광으로 삼으오리다.
48 영원에서 영원까지
주 이스라엘의 하느님은 찬미받으소서.
온 백성은 말하리라, "아멘!"
알렐루야!

기도합시다

저희에게 더없이 성실하시고 저희를 가엾게 여기시는 하느님, 매번 저희에게 당신의 용서와 자비를 보여 주시는 분, 비오니 저희가 당신 구원의 위대한 대가를 인정하게 도와주소서. 그리하여 저희가 영원토록 주님이신 당신의 아들 예수 그리스도께서 흘리신 피로 세워진 성스러운 계약에 합당한 응답을 하게 해 주소서. 아멘.

제5권

시편 107

그분의 자애는 영원하시다

유다교 전통에서는 네 가지 상황에서 시편 107편을 감사하는 마음으로 낭독하라고 권고합니다. 이때 각각의 상황은 이 시편에 나오는 특정 부분과 각기 연결되어 있습니다. 무사히 바다를 건너기(23-32절), 안전히 사막을 건너기(4-9절), 어떤 병에서 치유되기(17-22절), 갇혀 있다가 풀려나기(10-16절, 탈무드 베라코트 54 참조)입니다. 이러한 네 가지 끔찍한 상황에서 구원되는 이야기가 시편 107편의 줄거리입니다. 이 시편을 일관되게 묶어 주는 것은 여러 번 반복되는 두 가지 후렴구입니다. 첫 번째 후렴구는 "곤경 속에서 주님께 부르짖자, 역경에서 그들을 구해 주셨네"(6.13.19.28절)이며, 두 번째 후렴구는 "주님께 감사하여라, 그 자애를, 사람들에게 베푸신 그 기적을"(8.15.21.31절)입니다. 이 후렴구들의 중심을 이루는 것은 계약을 맺은 백성들에게 자애를 바탕으로 구원하러 오시는 하느님께서 그들에게 얼마나 진실하신가를 기억하는 것입니다. 여기서 '자애'는 구약성경 전체를 통틀어서 계약관계에서 나오는 하느님의 사랑을 묘사하기 위해 사용한 단어입니다. 그 안에는 하느님의 성실함, 충성스러움, 확고부동함, 믿음직스러움, 신뢰, 헌신, 약속이라는 의미가 다 포함되어 있습니다. 시편 106편에서는 이스라엘의 불성실한 행동은 매춘부의 행실보다 낫지 않다고 주장합니다(39절). 하지만 선하신 하느님께서는 성실하실 수밖에 없어서 매번 방탕한 이스라엘을 용서하고 또 용서하십니다. 이를 분명하게 하기 위해 시편저자는 꾸준히 지속되는 하느님의 사랑과, 인간의 나약함과 변하기 쉬운 모습을 대조적으로 묘사합니다. 가령 척박한 사막에서 길을 잃고 방황하며 굶주림과 목마름으로 기절하는 사람들(4-5절)과 "물을 주시고", "좋은 것으로 배불리시는" 주님(9절)을 대조합니다. 또 캄캄한 지하 감옥에 갇혀서 쇠사슬에 묶여 있는 사람들과 "캄캄한 어둠 속에서 이끌어 내시고 그들의 사슬을 끊어 주시는" 주님을 대조합니다(14절). 시편저자는 이렇게 양쪽을 대조하는 방법으로 우리가 사는 세상에서 활동하는 하느님의 은혜로운 사랑의 손길을 보여 줍니다. 이러한 표현 기법은 시편이 결말로 치달으면서 막을 내립니다(32-42절). 하느님께서는 "힘센 자들을 업신여기시고 길 없는 황무지를 헤매게 하신"(40절) 반면, "불쌍한 이를 곤경에서 들어 올리시고 그 가족을 양 떼처럼 불어나게"(41절) 하셨습니다. 이와 유사한 대조법은 '마리아의 노래'에도 등장합니다. 주님께서 "권세 부리는 자들은 권좌에서 내치시고 비천한 이들은 들어 올리셨으며 굶주린 이들은 좋은 것으로 채워 주시고 부요한 자들은 빈손으로 떠나보내셨도다"(루카 1,52-53)라고 성모 마리아는 선포합니다. 결국 이 시편 전체가 전하고자 하는 메시지는 바로 첫 구절에 압축되어 있다고 볼 수 있습니다. "주님을 찬송하여라, 좋으신 분이시다. 그분의 자애는 영원하시다"(1절).

107

1 (106) 주님을 찬송하여라, 좋으신 분이시다.
  그분의 자애는 영원하시다.
2 말하여라, 주님이 구원하신 이들
  원수의 손에서 구원하신 이들.
3 해 뜨는 곳과 해 지는 곳,
  북녘과 남녘,
  뭇 나라에서 모으신 이들은 말하여라.

4 사막과 광야에서 그들은 헤매며
　사람 사는 성읍으로 가는 길 찾지 못하였네.
5 굶주리고 목말라
　목숨이 다하였네.
6 곤경 속에서 주님께 부르짖자
　역경에서 그들을 구해 주셨네.
7 그들을 바른길로 걷게 하시어
　사람 사는 성읍으로 가게 하셨네.
8 주님께 감사하여라, 그 자애를
　사람들에게 베푸신 그 기적을.
9 그분은 목마른 이에게 물을 주시고
　굶주린 이를 좋은 것으로 배불리셨네.

10 쇠사슬에 비참하게 묶인 채로
　캄캄한 어둠 속에 머물던 그들.
11 그들은 하느님의 말씀을 거스르고
　지극히 높으신 분의 뜻을 업신여겼네.
12 그분이 고통으로 그들 마음 꺾으시니
　돕는 이 없어 그들은 비틀거렸네.
13 곤경 속에서 주님께 부르짖자
　역경에서 그들을 구하셨네.
14 캄캄한 어둠 속에서 이끌어 내시고
　그들의 사슬을 끊어 주셨네.

15 주님께 감사하여라, 그 자애를
 사람들에게 베푸신 그 기적을.
16 그분이 청동 문을 부수시고
 무쇠 빗장을 부러뜨리셨네.

17 사악한 길로 빠진 어리석은 자들
 자기들이 지은 죄로 괴로움을 겪었네.
18 그들은 어떤 음식도 넘기지 못해
 죽음의 문턱에 이르렀네.
19 곤경 속에서 주님께 부르짖자
 역경에서 그들을 구하셨네.
20 당신의 말씀 보내시어 낫게 하시고
 구렁에서 그들을 구해 내셨네.
21 주님께 감사하여라, 그 자애를
 사람들에게 베푸신 그 기적을.
22 감사 제물 올리고
 환호하며 그분 업적 전하여라.

23 배를 타고 항해하던 이들
 큰 물에서 장사하던 이들.
24 그들은 주님의 업적을 보았네.
 깊은 바다에서 그분의 기적을 보았네.
25 그분 말씀에 사나운 바람 일자
 커다란 파도가 높이 솟았네.

26 그들이 하늘로 솟았다가 바다 깊이 떨어지니
　　그들 마음이 괴로움에 녹아내렸네.
27 술 취한 사람처럼 비틀대고 휘청거리니
　　그들의 온갖 재주 쓸모없게 되었네.
28 곤경 속에서 주님께 부르짖자
　　역경에서 그들을 빼내 주셨네.
29 광풍을 순풍으로 가라앉히시니
　　거친 파도 잔잔해졌네.
30 바다가 잠잠해져 기뻐하는 그들을
　　원하는 항구로 그분은 이끄셨네.
31 주님께 감사하여라, 그 자애를
　　사람들에게 베푸신 그 기적을.
32 백성의 모임에서 그분을 높이 기리고
　　원로들 집회에서 그분을 찬양하여라.

33 그분은 강들을 사막으로,
　　샘솟는 곳을 메마른 땅으로 만드시고
34 기름진 땅을 소금밭으로 바꾸시니
　　거기 사는 자들이 악한 탓이라네.
35 그분은 사막을 호수로,
　　마른땅을 샘터로 만드시어
36 굶주린 이들을 살게 하시니
　　그들이 사람 사는 성읍을 일으켰네.
37 밭에는 씨 뿌리고 들에는 포도 심어

풍성한 소출을 거두어들였네.

38 그분이 복을 내리시어 그들은 크게 늘고
그들의 가축도 줄지 않게 하셨네.

39 그러나 곤궁과 불행과 근심으로
그들은 수가 줄고 약해져 갔네.

40 그분은 힘센 자들을 업신여기시고
길 없는 황무지를 헤매게 하셨네.

41 불쌍한 이를 곤경에서 들어 올리시고
그 가족을 양 떼처럼 불어나게 하셨네.

42 올곧은 이들이 보고 기뻐하며
온갖 불의가 그 입을 다무네.

43 지혜를 바라는 이 누구인가?
이 일을 마음에 간직하여
주님의 자애를 깨달아라.

기도합시다

하늘과 땅의 주 하느님, 셀 수 없이 많은 저희의 부정에도 영원히 변함 없는 사랑과 자비를 베풀어 주시는 분, 비오니 신앙의 눈으로 당신께서 매일 어떻게 저희 삶을 어루만져 주시는지 볼 수 있는 비전을 저희에게 내리소서. 또한 저희를 어둠의 세력에서 자유롭게 하시고 저희를 영원 무궁토록 주님이신 당신의 아들 예수 그리스도의 빛으로 인도하소서. 아멘.

시편 108

당신의 사랑받는 이들 구원하소서

시편을 통독한 사람이라면 시편 108편은 익숙하게 느껴질 것입니다. 이 시편이 앞서 나왔던 두 시편의 본문으로 이루어져 있기 때문입니다. 즉, 전반(2-6절)은 시편 57장 8-12절을, 후반(8-14절)은 시편 60장 8-14절을 반복합니다. 빌려 온 본문 내용은 크게 달라진 점이 없지만, 이렇게 시편 108편으로 새롭게 조합하고 배열해 놓으니 말씀의 의미가 많이 달라집니다. 이 시편은 새벽을 깨울 정도의 음성과 노래로 하느님을 찬미할 준비가 되어 있다고 선언하면서 시작합니다(1-3절). 그런 다음 다시 한번 '자비'와 '진실'이 짝을 이루어 하느님께 감사드리는 근거를 이룹니다. 이 두 가지 축복은 우주의 한계까지 팽창되어서(5절) 시편저자가 모든 민족과 겨레가 목격할 영광스러운 찬양을 올리게 만듭니다. 시편저자는 구원을 청하면서 당신의 사랑받는 모든 이들을 당신의 강한 팔로 구원해 주시기를 애원합니다(7절). 하지만 8절에 접어들면서 분위기가 바뀝니다. 시편저자는 하느님의 약속을 기억해 내면서, 민족들 가운데에서 하느님의 축복을 받을 것인지 아니면 하느님의 분노를 살 것인지 구분합니다. 신탁에서 장황하게 이름을 거론하는 것은 그들 모두와 더 나아가 모든 피조물이 하느님의 지배 아래에 있음을 보여 주기 위한 것입니다. 하느님께서는 땅을 나누시고 저마다의 몫을 주시면서 당신의 의지에 따라 얼마는 거저 주시고 얼마는 당신께서 보유하시는 한 분이신 하느님이십니다. 모든 것은 하느님 권리의 일환으로, 궁극적으로 상황을 결정할 수 있는 권능을 지니신 하느님의 것입니다. 우리가 지상의 통치자들이 갖고 있는 특혜라고 주로 생각하는 그런 결정권 말입니다. 이렇게 신탁을 들려준 뒤, 시편저자는 걱정스러운 듯 질문을 던집니다. "누가 나를 견고한 성읍으로 데려가리오?"(11절). 이 말은 "누가 현재의 위험에서 나를 구하여 안전한 곳으로 데려갈까?"라는 뜻입니다. 이에 대한 정확하고 간단한 대답 속에는 진심 어린 만족감이 깃들어 있습니다. "사람의 도움은 헛되옵니다. 하느님과 함께 우리가 큰일을 이루리라. 그분이 우리 원수를 짓밟으시리라"(13-14절). 진실로 우리에게 가장 큰 도움과 희망을 주시는 분은 우리를 창조하시고 지금도 여전히 우리를 보살피고 계시는 하느님이십니다. 이것을 사도 바오로는 다음과 같은 말로 멋지게 표현했습니다. "세상과 그 안에 있는 모든 것들을 만드신 하느님, 이분이야말로 하늘과 땅의 주인으로서 손으로 지은 신전에는 사시지 않습니다. 또한 무엇인가 아쉬워서 사람의 손으로 섬김을 받는 것도 아닙니다. 오히려 그분이 모든 이에게 생명과 호흡과 모든 것을 주시기 때문입니다. … 우리는 그분 안에서 살고 움직이며 존재합니다"(사도 17,24-25.28). 부활하신 주 예수 그리스도를 통해 우리에게 힘과 지혜, 사랑을 주시는 우리 하느님께 영광과 찬미, 영예를 드립니다.

1 108 (107) [노래. 시편. 다윗]

2 제 마음 든든하옵니다, 하느님.
저는 노래하며 찬미하나이다.

내 영혼아, 깨어나라.
3 수금아, 비파야, 깨어나라.

나는 새벽을 깨우리라.

4 주님, 백성들 가운데에서 당신을 찬송하고
　겨레들 가운데에서 당신을 노래하리이다.
5 당신 자애 크시어 하늘에 이르고
　당신 진실 크시어 구름에 닿나이다.
6 하느님, 하늘 높이 오르소서.
　당신 영광 온 땅 위에 드러내소서.
7 당신의 사랑받는 이들 구원되도록
　오른팔로 도우소서.
　저에게 응답하소서.

8 하느님은 당신 성소에서 말씀하셨네.
　"나는 기뻐하며 스켐을 나누고
　수콧 골짜기를 측량하리라."
9 길앗도 내 것, 므나쎄도 내 것
　에프라임은 내 머리의 투구
　유다는 내 왕홀
10 모압은 내 대야.
　에돔에 내 신발을 던지고
　필리스티아에 승리의 환성을 올리노라."
11 누가 나를 견고한 성읍으로 데려가리오?
　누가 나를 에돔까지 이끌어 주리오?

12 하느님, 당신이 저희를 버리지 않으셨나이까?
　하느님, 당신은 저희 군대와 함께 출정하지 않으시나이다.
13 저희를 적에게서 구원하소서.
　사람의 도움은 헛되옵니다.

14 하느님과 함께 우리가 큰일을 이루리라.
　그분이 우리 원수를 짓밟으시리라.

기도합시다

우리의 힘이신 하느님, 인생을 사는 동안 저희를 이끌어 주시고 저희가 발을 헛디디지 않게 지켜 주시는 분, 비오니 당신의 강한 오른손으로 저희를 믿음과 희망, 사랑의 길로 인도하소서. 그리하여 저희가 영원토록 살아 계시고 다스리시는, 부활하신 그리스도의 승리를 공유하게 하소서. 아멘.

시편 109

하느님, 침묵하지 마소서

시편 109편은 전례 때 쓰이지 않는다는 점이 특징입니다. 이 시편은 미사 중의 화답송으로도, 또는 로마 시간 전례에서도 교회의 공식 기도문 중 하나로 사용되지 않습니다. (물론 시편 150편 모두를 기도로 드리는 전통을 유지하고 있는 여러 수도 공동체에서는 공동체 내에서 시간 전례 때 이 시편을 봉독합니다.) 그리스도교의 영성과 전례가 수세기 동안 발전해 오면서, 많은 사람들이 다른 이들에 대한 보복성 표현과 공격을 나타내는 표상으로 가득한 이 시편으로 기도하는 것을 불편히 여기게 되었습니다. 어떤 사람들에게 더 견디기 어려운 부분은 이런 경멸적이고 악의적인 표현들을 앞뒤로 에워싸듯, 처음과 끝에 하느님에 대한 찬미를 표현하는 구절(2.30절)이 나온다는 것입니다. 이 시편을 살펴보면 이처럼 심하게 격앙된 표현들이 나오게 된 상황이 드러납니다. 시편저자는 거짓말에 당했으며, 그가 다른 이들에게 베풀었던 애정 어린 행동들은 멸시를 받았고 그 대가로 그에게 돌아온 것은 악행과 증오였습니다(2-3절). 다음 부분(6-20절)에서 시편저자는 원수를 비롯하여 모든 인간에게 삶의 바탕이 되는 것으로 보아야 마땅한 것, 즉 가족을 맹렬히 비난합니다. 그는 적의에 찬 마음으로 원수의 부모와 아내, 자녀에 대해 독설을 퍼붓습니다(9-10.12-14절). 그는 자신의 동렬한 비난을 뒷받침하기 위해, 그의 원수가 불쌍하고 가련한 이들을 학대했다고 말하면서(16절) 그 자의 죄를 낱낱이 고합니다. 그리고 바로 그 모든 것으로부터 하느님의 자애로 자신을 구해 주시기를 하느님께 청합니다(26절). 이 시편에 쓰인 표현과 어조가 그리스도인의 감성에는 맞지 않을지도 모르지만, 그럼에도 우리는 이 시편이 하느님으로부터 영감을 받은 성경 안에 포함된다고 인정합니다. 그렇다면 현대사회에서 우리는 이와 같은 시편으로 어떻게 기도를 드릴 수 있을까요? 매일같이 언론에서는 사람들이 다른 사람들에게 부당하게 행사한 폭력과 증오 행위에 관한 보도가 쏟아집니다. 우리는 만행을 만행으로 되갚는 것을 용납할 수 없습니다. 하지만 시편 109편을 보면 이 말씀이 다른 동료 인간들의 증오와 멸시, 폭력에 괴로워하는 무고한 사람들의 고통과 번뇌를 증언하고 있음을 알 수 있습니다. 이 시편에 실려 있는, 어둡지만 진정한 인간의 감정이 담겨 있는 신랄한 표현들을 낭독하다 보면, 자신을 위해 일어서서 나서 줄 대변자가 아무도 없는 사람들, 결코 누구도 귀를 기울이지 않을 무고한 목소리를 내는 사람들과 연대감을 느끼며 하나가 될 수 있습니다. 우리는, 워낙 깊은 상처를 받은 탓에 자신의 고통스러운 비애를 표현할 수조차 없는 사람들을 위해 기도의 대변자가 될 수 있습니다. 믿음 안에서 우리는 그들과 하나가 되어서, 그들의 짐을 덜고 그들에게 새 희망을 줄 구원을 위해 기꺼이 기도합니다. 형제와 자매들이 겪는 고통을 고려하지 않는 기도, 곧 지나치게 고상하거나 냉랭한 기도를 우리는 인정할 수 없습니다. 우리와 함께 있는 그들이 바로 그리스도의 몸을 이루는 사람들입니다.

1 **109** (108) [지휘자에게. 다윗. 시편]

2 찬양하올 하느님, 침묵하지 마소서.
　사악하고 음흉한 자 입을 벌려
　저에게 거짓된 혀를 놀리나이다.
3 미움에 찬 말로 저를 에워싸고
　까닭 없이 저를 공격하며
4 저의 사랑을 원수로 갚아도
　저는 오로지 기도하나이다.
5 그들은 제게 선을 악으로 갚고
　사랑을 미움으로 갚나이다.
6 그에게 맞서 악인을 내세우시고
　그의 오른쪽에 고발자를 세우소서.

7 재판을 받으면 죄인으로 드러나고
　그의 기도는 죄가 되게 하소서.

8 그의 살날은 줄어들고
　그의 벼슬은 남이 맡게 하소서.

9 그의 자식들은 고아가 되고
　그의 아내는 과부가 되게 하소서.

10 그의 자식들은 떠돌며 빌어먹고
　무너진 제 집에서 쫓겨나게 하소서.

11 그의 것을 빚쟁이가 모조리 빼앗고
　그의 벌이를 남들이 가로채게 하소서.

12 그에게 자애를 품는 이도 없고
　그 고아들을 동정하는 이도 없게 하소서.

13 그의 후손은 끊어져 버리고
　다음 세대에는 그들 이름 지워지게 하소서.

14 주님은 그 조상들의 죄악을 기억하시고
　그 어미의 죄도 없애지 마소서.

15 그 죄악 언제나 주님 앞에 두시고
　이 땅에서 그들 기억을 뽑아 버리소서.

16 자애를 베풀 생각은 조금도 않고
　가련한 이와 불쌍한 이, 마음 꺾인 이를
　그는 죽이려 뒤쫓나이다.

17 저주를 사랑하였으니 저주가 그에게 내리고
　축복을 싫어하였으니 축복이 멀어지게 하소서.

18 그는 저주를 겉옷처럼 입었으니

저주가 물처럼 그의 몸속으로 젖어들고
기름처럼 그의 뼛속으로 스며들게 하소서.
19 저주는 그가 두른 옷이 되고
늘 매는 허리띠가 되게 하소서.
20 저에게 맞서는 자들이
이 몸을 헐뜯는 자들이
주님께 앙갚음을 받게 하소서.
21 하느님, 당신은 저의 주님.
당신 이름 생각하시어 저를 돌보소서.
당신의 좋으신 자애로 저를 구하소서.
22 저는 가련하고 불쌍한 몸
마음속에는 구멍이 뚫렸나이다.
23 석양의 그림자처럼 저는 스러져 가고
메뚜기처럼 쫓겨 가나이다.
24 저의 무릎은 단식으로 후들거리고
저의 살은 기름기 없이 말라 가나이다.
25 저는 그들의 조롱거리가 되고
저를 보는 자마다 머리를 흔드나이다.
26 주 하느님, 저를 도우소서.
당신 자애로 저를 구원하소서.
27 당신 손길을 그들이 깨닫게 하소서.
주님, 당신이 이루셨나이다.
28 그들은 저주하지만 당신은 저에게 강복하시고
적들은 창피를 당하지만 당신 종은 기뻐하게 하소서.

29 저의 원수들은 수치의 옷을 입고
　　창피를 덧옷처럼 두르게 하소서.

30 나는 입을 열어 주님을 한껏 찬송하고
　　많은 이들 가운데서 그분을 찬양하리라.
31 그분은 불쌍한 이의 오른쪽에 서시어
　　심판자들에게서 그를 구원하시네.

기도합시다

정의와 자비의 하느님, 불쌍하고 괴로운 이들의 부르짖음에 귀 기울이시는 분, 비오니 저희가 인간 인내의 한계를 넘어서 고통을 겪고 있는 저희 형제자매들을 항상 마음에 새기게 하소서. 또한 저희가 그들이 힘든 시간을 보낼 때 그들에게 당신의 힘을 전해 주는 전달자가 되게 하시고, 저희 마음속에 당신의 연민을 갈망하는 모든 이들을 지원하고 싶은 열망을 일깨워 주소서. 이 모든 것 우리 주 그리스도를 통하여 비나이다. 아멘.

시편 110

승리하신 메시아

시편 110편은 신약성경에서 가장 많이 인용된 시편입니다. 신약성경 저자들의 마음에서 이 시편 1절의 하느님 "오른쪽에 앉으신" 주님을 언급하는 부분이 예수님의 신성, 예수님이 완수하실 임무와 연결되었기 때문입니다. 신약성경에서 이 구절이 예수님과 직접 연결되어 있는 사례들은 많습니다(마태 22,44; 마르 14,62; 16,19; 루카 22,69; 사도 2,34-35; 7,55; 로마 8,34; 에페 1,20; 콜로 3,1; 히브 1,3.13; 8,1; 10,12; 1베드 3,22). 그뿐 아니라 초기 그리스도인들은 이 대목을 사도신경과 니케아 신경에 그대로 포함시켰습니다. 그리스도교 전통에서는 이 시편을 삼중적 의미가 있는 예수님의 파견과 관련지어 이해합니다. 즉, 사제(4절: "멜키체덱과 같이 너는 영원한 사제로다")이자 예언자(1절: "주님께서 내 주께 이르셨나이다"), 왕(2절: "주님이 당신 권능의 왕홀을 시온에서 뻗치시리이다")으로서 파견되셨음이 명시되어 있다고 봅니다. 이러한 삼중적 역할을 보면 예수님은 구약성경에서 당신보다 앞서 있었던 모든 것을 완성하는 분이심을 알 수 있습니다. 사제로서 예수님은 완벽한 파스카 양으로 자신을 아버지에게 바치는 제물 봉헌자이신 동시에 제물 그 자체이십니다. 예언자로서 예수님은 하느님의 사랑이 통치하심을 알리는 것과 동시에 이를 삶 속에서 완벽하게 실천하시는 하느님의 대변자이십니다. 왕으로서 예수님은 죄 많은 세상을 심판하시면서도 하느님의 계명을 따르는 사람들은 모두 용서한다고 선포하심으로써 하느님의 율법 안에서 새로운 생명의 규칙을 명하십니다. 많은 사람들이 보기에 이 시편의 마지막 절은 신비한 징조들로 가득합니다. "그분은 길가에서 시냇물을 마시고 머리를 들어 올리시리이다"(7절). 앞부분과 연결해 보면 이 마지막 절에서는 전투의 절정을 묘사합니다. 이 장면에서 승리하신 주님께서는 민족들을 심판하시고 하느님의 규칙을 따르지 않으려는 자들을 진압하십니다. 적들을 무찌르신 그분께서는 이제 시냇물로 목을 축이시며 잠시 휴식을 취하실 수 있습니다. 그런 뒤 고개를 들어 그분의 백성들을 위협했던 세력들을 굽어보시는 것입니다. 교회는 이 장면을 보고서 파스카의 신비 안에서 죄와 죽음의 세력을 물리치고 승리하셨다고 하는 예수님의 모습을 떠올립니다. 그분께서는 우리에게 하느님 자녀들의 자유를 쟁취해 주셨습니다(로마 8,21). 우리는 더 이상 사탄 세력의 노예가 아닌, 하느님의 집에 사는 성령으로 충만한 가족으로서 기쁨 속에서 살 수 있는 자유를 얻었습니다(갈라 5,1.13-14). 요한 묵시록에서도 같은 비유를 들어 그리스도께서 우리를 위해 승리하신 전투에 대해 이야기합니다. 그리스도는 당신 피를 흘리심으로써 저희를 깨끗하게 하시어 파스카의 신비로 살게 하셨습니다. "다 이루어졌다. 나는 알파이며 오메가요 처음이며 마지막이다. 나는 목마른 자에게 생명수의 샘에서 거저 마시게 하겠다. 승리하는 자는 이것들을 물려받을 것이니 나는 그에게 하느님이 되고 그는 나에게 아들이 될 것이다"(묵시 21,6-7). 초기 교회가 이 시편 안에서 그런 희망을 보았음은 의문의 여지가 없습니다. 죄와 죽음을 이기신 그리스도의 승리는 또한 우리의 승리이기도 합니다.

¹110 (109) [다윗. 시편]

주님께서 내 주께 이르셨나이다.
"내가 너의 원수들을
너의 발판으로 삼을 때까지
너는 내 오른쪽에 앉아 있어라."

² 주님이 당신 권능의 왕홀을
시온에서 뻗치시리이다.
"너의 원수들을 다스려라.

3 네 권능의 날에
　주권이 너와 함께하리라.
　거룩한 빛, 새벽 품에서
　나는 너를 낳았노라."

4 주님은 맹세하시고 뉘우치지 않으시리이다.
　"멜키체덱과 같이
　너는 영원한 사제로다."
5 주님이 당신 오른쪽에 계시어
　진노의 날에 임금들을 치시리이다.
6 민족들을 심판하시어
　온통 주검으로 채우시리이다.
　넓은 들에서
　머리들을 쳐부수시리이다.

7 그분은 길가에서 시냇물을 마시고
　머리를 들어 올리시리이다.

기도합시다

알파이자 오메가이시며, 시작이자 마침이신 주 예수 그리스도님, 죄와 죽음을 무찌르신 당신의 놀라운 승리를 찬양하며, 당신께서 이루신 모든 것에 감사의 기도를 올리나이다. 죄와 유혹의 전투에서 저희를 굳세게 하시어, 저희가 저희 삶 속에서 활동하시는 당신 은총의 충만함을 체험하게 하소서. 당신의 거룩하신 이름으로 기도드리나이다. 아멘.

시편 111

마음 다하여 드리는 감사

10절로만 이루어진 시편 111편은 길이는 짧지만, 당신 홀로 놀라운 일들을 하시는 하느님께 경의를 표하는 성경의 용어들을 풍부하게 모아 놓았습니다. 시편저자는 마음을 다하여 감사의 찬송을 드리면서 주님의 은혜를 체험합니다. 하느님은 당신 은혜로 이스라엘 전체와 백성 하나하나를 모두 풍요롭게 만드셨습니다(2절). 충만함이라는 개념을 강조하기 위해 시편저자는 '알파벳 시편'이란 문학 기법을 사용합니다. 바로 히브리어 알파벳 순서에 따라 시편 각 행의 첫 글자를 배열하는 방법입니다. 시편이 전개됨에 따라 얼마나 묘사적인 용어와 표현들이 등장하는지 주목하기 바랍니다. 하느님의 속성이 엄위와 존귀, 너그러움과 자비로움, 진실과 공정, 올바름과 거룩함 등으로 표현되어 있습니다. 이처럼 무게감 있는 용어들은 시편저자가 계약관계에서 비롯된 이스라엘에 대한 하느님의 신의를 보여 주는 범위를 확대해 줍니다. 새로 해방된 히브리인들이 사막에서 반짝이는 송아지를 만들어서 당신 대신 이 송아지를 숭배할 때조차 하느님께서는 그들을 용서하십니다. 모세와의 대화에서 하느님께서는 당신의 자비와 은혜로움의 범위를 드러내셨습니다(탈출 34,5-7). 모세는 계약의 중재자로서 이스라엘 백성들이 다시 하느님께 마음을 돌리도록 그들에게 자신들이 저지른 잘못을 솔직히 알려 주었습니다. 시편저자가 사용한 또 다른 중요 표상은 바로 하느님께서 당신을 경외하는 이들을 위해 '양식을 주셨던 기적들에 대한 기억'(4-5절)입니다. 유례없이 독특한 형태의 음식인 사막의 만나는 이스라엘 백성들이 사막을 건너는 내내 먹을 수 있었습니다. 교회에서는 이 만나를 그리스도께서 당신의 교회에게 주시는 일종의 성찬 음식의 표상으로 봅니다. 이 음식은 그리스도께서 당신을 따르는 이들과 언제나 함께하겠다는 당신의 성실한 약속을 기념하는 의미에서, 그리고 하느님과 인간을 화해시키는 당신의 사랑을 기념하기 위해서 교회에게 주시는 것입니다. 이 시편은 처음부터 끝까지 하느님께서 백성들에게 충실하게 대하셨던 놀라운 방식에 대해 경탄하는 내용입니다. 여기서 백성들이란 계약으로 처음 구원받은 이스라엘 사람들과 우리 구세주께서 활짝 펼치신 외투 아래 지금 머물고 있는 우리들을 가리킵니다. 하느님의 길을 깨닫는 것은 ─ 다시 말해 위대하신 하느님의 성실한 사랑을 체험하는 것은 ─ 우리가 창조된 목적이라고 할 수 있는 평화를 발견하는 것입니다. 날마다 우리를 지탱해 주시는 권능 앞에서 우리는 하느님의 거룩하심을 체험하며 놀라움과 엄청난 감사의 마음을 느낍니다. 이 시편에서 저자는 이러한 하느님의 방식을 얼마나 강력하게 보여 주었는지 모릅니다. 우리를 구원하는 하느님의 길, 그 사랑의 길을 깨달은 사람은 지혜를 인생의 동반자로 얻게 될 것입니다(10절). 묵시록의 저자 요한은 이러한 내용을 다음과 같이 찬양하며 심오하게 표현합니다. "주님, 만물의 주재자이신 하느님, 당신의 업적은 크고도 놀랍습니다. 민족들의 임금님, 당신의 길은 의롭고도 참되십니다. 주님, 누가 두려워하지 않겠으며 당신의 이름을 찬양하지 않겠습니까?"(묵시 15,3-4). 여전히 우리들 가운데 기적을 행하시는 하느님께 모든 영광을 드리옵니다!

111

1 (110) 알렐루야!
주님을 찬송하리라.

올곧은 이들의 모임, 그 집회에서
내 마음 다하여 찬송하리라.
2 주님이 하신 일들 크기도 하여라.
그 일 좋아하는 이들이 모두 깨치네.
3 그분 업적은 엄위롭고 존귀하네.
그분 의로움은 영원히 이어지네.
4 당신 기적들 기억하게 하시니
주님은 너그럽고 자비로우시다.
5 당신 경외하는 이들에게 양식을 주시고
언제나 당신 계약을 기억하신다.
6 위대하신 그 일들 당신 백성에게 알리시고
민족들의 소유를 그들에게 주셨네.
7 그 손이 하신 일들 진실하고 공정하네.
그 계명들은 모두 참되고
8 진실하고 바르게 이루어져
영원무궁토록 견고하네.
9 당신 백성에게 구원을 보내시고
당신 계약을 영원히 세우셨네.
그 이름 거룩하고 경외로우시다.
10 주님을 경외함은 지혜의 근원이니
그렇게 사는 이는 모두 슬기를 얻으리라.
주님 찬양 영원히 이어지네.

기도합시다

엄위하시고 영광스러우신 주님, 당신의 길은 의롭고 진실하며, 올곧고 거룩하나이다. 저희는 당신께서 저희가 사는 세상과 저희들 각자의 삶에 영원한 축복을 내리시는 놀라운 방식에 감사드리나이다. 비오니 보잘것없는 저희 제물을 받아 주시고 저희가 당신의 거룩한 이름에 충실할 수 있게 저희를 떠받쳐 주소서. 주님께서는 영원무궁토록 살아 계시고 다스리시나이다. 아멘.

시편 112

의인의 길

시편 111편과 112편은 직접 연결되어 있습니다. 성경의 지혜문학에서 '주님에 대한 경외'는 단연 중요한 개념입니다. 시편 111편은 바로 이 개념을 언급하는 것으로 끝을 맺고, 시편 112편은 바로 이 개념으로 시작합니다. 시편 111편이 계약관계에 따라 하느님께서 행하신 놀라운 행적에 관한 이야기를 들려주고 있듯, 시편 112편은 계약에 따라 의롭고 올곧게 사는 사람들에게 내려지는 축복들을 열거합니다. 우리가 하느님과의 계약을 잘 지키면 하느님의 축복과 보호가 보장된다는 것이 그 계약의 내용임을 우리는 잘 알고 있습니다. 그래서 시편 112편은 "그분 계명을 큰 즐거움으로 삼는"(1절) 모든 이가 받는 이 축복들을 나열하면서 시작됩니다. 구약성경을 읽는 사람들 중에는 '주님에 대한 경외'라는 표현을 어려워하는 경우가 있습니다. 신약성경에는 예수님께서 "두려워하지 마시오"라고 하시면서 당신을 따르는 사람들을 타

이르시는 장면이 워낙 자주 나오기 때문입니다. 하지만 구약성경에 나오는 이 표현을 진정으로 이해하게 되면, 부정적 감정 상태라는 일반적 의미를 넘어 영성적 의미를 깨닫게 됩니다. 오히려 '주님을 경외한다'는 표현에는 언제나 당신의 피조물을 친절과 연민으로 대하시는 하느님의 위엄과 권능에 대한 경이와 숭배, 경탄의 의미가 함축되어 있습니다. 그렇습니다. 하느님께서는 심판자이십니다. 하지만 죄를 벌하는 정의의 힘보다 강한 자애를 지니신 심판자이십니다. 우리는 매일 목격하는 창조의 축복들을 잠시 생각해 보는 것만으로도 하느님의 전능하심에 경이와 경탄을 느낄 수 있습니다. 하느님의 연민과 위엄을 모두 다 체험하면 '주님에 대한 경외'라는 성경의 표현 안에 담겨 있는 경외와 기쁨을 느끼게 됩니다. 시편 111편과 112편에서 발견되는 또 다른 유사점도 곱씹을 만합니다. 시편 111편에서 하느님의 행동을 묘사했던 표현이 시편 112편에서는 계약에 따르는 사람을 묘사할 때 사용됩니다. 가령 시편 111편 3절에서 "그분 의로움은 영원히 이어지네"라고 하는데, 시편 112편 3절에서는 계약을 지키며 사는 사람에게 똑같은 용어를 적용합니다. 하느님의 의로운 길을 우리 생활양식의 모범으로 보는 것입니다. 또한 번역이 살짝 다르긴 하지만, 시편 111편 4절의 히브리어 용어들도 시편 112편 4절에서 반복되어 사용되고 있습니다. 다시 말해 너그럽고(*chanan*) 자비로우신(*racham*) 하느님께서는 계약대로 사는 사람들도 너그럽고(*chanan*) 자비로운(*racham*) 삶을 보여 주기를 기대하십니다. 우리는 우리가 목도하고 있는 것을 이해하고 하느님과의 관계 안에서 우리가 지키고 있는 약속을 이해하면서, 경외로 충만해져야 합니다. 우리는 오늘날 우리 사회에서 하느님의 의로우시고 자비로우신 길을 위한 도구가 되어야 합니다. 예수님께서 제자들의 발을 씻어 주신 후 "내가 너희에게 한 것처럼 너희도 하라고, 내가 본을 보여 준 것이다"(요한 13,15)라고 하신 바를 따라야 합니다. 우리가 매일 우리 형제자매들에게 그들을 사랑하시는 주님의 마음과 손길이 되어 줌으로써 기쁨과 영광을 누리게 하소서.

112 (111) 알렐루야!

1 행복하여라, 주님을 경외하고
  그분 계명을 큰 즐거움으로 삼는 이!
2 그의 후손은 땅에서 융성하고
  올곧은 세대는 복을 받으리라.
3 부귀영화 그의 집에 넘치고
  그의 의로움 길이 이어지리라.
4 올곧은 이들에게는 어둠 속에서 빛이 솟으리라.
  그 빛은 너그럽고 자비로우며 의롭다네.
5 잘되리라, 후하게 꾸어 주고
  자기 일을 바르게 처리하는 이!
6 그는 언제나 흔들리지 않으리니
  영원히 의인으로 기억되리라.
7 나쁜 소식에도 그는 겁내지 않고
  그 마음 굳게 주님을 신뢰하네.
8 그 마음 굳세어 두려워하지 않으니
  마침내 적들을 내려다보리라.
9 가난한 이에게 넉넉히 나누어 주니
  그의 의로움은 길이 이어지고

그의 뿔은 영광 속에 높이 들리리라.
10 악인이 보고 분통을 터뜨리며
이를 갈다 스러져 가네.
악인의 욕망은 물거품이 되네.

기도합시다

자비로우시고 너그러우신 하느님, 당신의 아들 예수님의 모범에서 저희에게 거룩함의 길을 드러내 보이시는 분, 비오니 저희 의지를 굳세게 하시어 저희가 생각과 말과 행동으로 당신 종이 되겠다는 결의를 다지게 하소서. 우리 주 그리스도를 통하여 비나이다. 아멘.

시편 113

찬양받은 이름

시편 113편은 흔히 할렐 시편이라고 불리는 시편들 가운데 첫 번째 시편입니다. 이런 명칭이 붙은 이유는 이들 시편을 시작하는 첫 단어가 '할렐루야'(또는 알렐루야)이기 때문입니다. 이것을 문자 그대로 번역하면 "주님을 찬양하라"입니다. 찬양 시편(113-118편)에서는 이스라엘 구원이라는 위대한 사건을 상기시키며 이집트에서 탈출했던 이야기로 시작합니다. 여기서는 주님께서 선택하신 백성들이 어려움에 처했을 때 자비롭게 이들을 구해 주시는 주님을 찬양합니다. 이 시편들은 유월절을 비롯한 특정한 유다교 축제 때 불렸던 것으로 보입니다. 할렐 시편 중 첫 번째 시편인 113편에서 '할렐'(찬미)이라는 단어는 시작 부분의 세 절에서 주님의 이름과 세 번 연결되어 있습니다. 앞에서도 지적했듯, 구약성경에서 '이름'은 정체성과 임무와 관련되어 있습니다. 하느님의 이름의 경우 특히 더 그렇습니다. 하느님께서는 모세에게 하느님의 이름, 야훼를 드러내십니다(탈출 3,14-15). 이 이름은 유다인들에게는 너무도 신성한 것이라서 유다교 회당에서 의식을 올릴 때 독서 중에 등장하면 큰 소리로 이름을 입 밖에 내지 않고 '아도나이'(나의 주님)나 간혹 '주권자'라는 완곡한 말로 대신할 정도입니다. 이 시편에서는 하느님께서 역사 내내 이스라엘 백성을 위해 이룩하신 놀라운 구원을 두고 하느님의 '이름'을 향해 축복과 찬미를 올리고 있습니다. 하느님께 합당한 찬미에는 '충만'과 '전체', '완전'을 나타내는 표현들이 등장하는 것이 특징입니다. 가령 "이제부터 영원까지"(2절), "해 뜨는 데서 해 지는 데까지"(3절) 같은 표현들입니다. 그런데 시편저자는 이렇게 하느님께 합당한 찬양을 표하면서 그 이유로 하느님의 눈부신 행적에 초점을 두는 것이 아니라, 하느님께서 불쌍하고 낮은 곳에 있는 사람들을 돌보시는 것에 초점을 맞춥니다. "억눌린 이를 흙먼지에서 일으켜 세우시고 불쌍한 이를 잿더미에서 들어 올리시는 분"(7절), "아이 못 낳는 여인도 한집에 살며 아들딸 낳고 기뻐하는 어미 되게 하시네"(9절). 우리는 이 시편의 어조에서 모세가 시나이산에서 하느님을 만났을 때의 일이 메아리가 되어 다시 울리는 소리를 듣습니다. "주님께서 말씀하셨다. '나는 이집트에 있는 내 백성이 겪는 고난을 똑똑히 보았고, 작업 감독들 때문에 울부짖는 그들의 소리를 들었다. 정녕 나는 그들의 고통을 알고 있다. 그래서 내가 그들을 이집트인들의 손에서 구하여, 그 땅에서 저 좋고 넓은 땅으로 데리고 올라가려고 내려왔다'"(탈출 3,7-8). 이리하여 당신께서 처음으로 노예살이에서 구해 주신 사람들, 그리고 지금도 곤경에 처했을 때 계속해서 구해 주시는 사람들을 하느님께서 자비와 연민으로 대하시는 역사가 시작됩니다. 성모님도 '마리아의 노래'에서 바로 이 자애를 선언하시면서, 사촌인 엘리사벳 — 과 우리 — 에게 하느님께서는 부유하고 권력 있는 자들의 세계를 전복시키시고, 불쌍하고 궁핍한 사람들에게 축복의 장소를 선사하신다고 말씀하십니다. "그분이 권세 부리는 자들은 권좌에서 내치시고 비천한 이들은 들어 올리셨으며 굶주린 이들은 좋은 것으로 채워 주시고 부요한 자들은 빈손으로 떠나보내셨도다"(루카 1,52-53). 장엄한 권능 안에서 높이 계시는 우리 하느님께서는 믿음과 확신으로 당신께 부르짖는 사람들을 들어 올리시기 위해 천상에서 내려오십니다.

113 (112)

1 알렐루야!
  찬양하여라, 주님의 종들아.
  찬양하여라, 주님의 이름을.
2 주님의 이름은 찬미받으소서,
  이제부터 영원까지.
3 해 뜨는 데서 해 지는 데까지
  주님의 이름은 찬양받으소서.
4 주님은 모든 민족들 위에 높으시고
  그분의 영광은 하늘 위에 높으시네.
5 누가 우리 하느님이신 주님 같으랴?
  드높은 곳에 좌정하신 분
6 하늘과 땅을
  굽어보시는 분

7 억눌린 이를 흙먼지에서 일으켜 세우시고
   불쌍한 이를 잿더미에서 들어 올리시는 분.
8 귀족들과, 당신 백성의 귀족들과
   그를 한자리에 앉히시네.
9 아이 못 낳는 여인도 한집에 살며
   아들딸 낳고 기뻐하는 어미 되게 하시네.
   알렐루야!

기도합시다

권능과 권세의 하느님, 어려운 때에 당신께 부르짖는 사람들과 늘 가까이 계시는 분, 비오니 저희를 초라한 길, 겸손의 길로 인도하소서. 그리하여 저희가 영적으로 당신께서 가련히 여기시는 자들 가운데 있으면서, 당신 자애의 축복에 합당한 찬미를 드리게 하소서. 이 모든 것 우리 주 그리스도를 통하여 비나이다. 아멘.

시편 114

떠는 요르단, 뛰는 산들

이번 시편은 길이는 짧지만 광대한 역사를 다루고 있습니다. 이집트에서 탈출하여 요르단강을 건너 약속의 땅에 들어가는 이야기에서 그치는 게 아니라, 현재의 역사까지 아우릅니다. 이처럼 뜻깊은 사건들을 연속해서 다룰 때는 근엄한 어조로 이야기를 풀어 갈 것으로 예상하겠지만, 시편저자는 이러한 사건들을 때로는 장난스럽게 묘사합니다. 바다가 달아나고 강물이 흐름을 바꾸며(3절) 산과 언덕이 뛴다(4절)고 표현합니다. 할렐 시편들 가운데 두 번째인 이 시편이 유월절에 부르는 시편이라는 사실을 안다면, 이처럼 생생한 비유가 이스라엘의 해방과 자유를 기념하는 이 연례행사를 얼마나 즐겁게 만들었을지 가히 짐작할 수 있습니다. 하지만 이렇듯 가벼운 비유 가운데에서도 이 시편은 심오한 가르침으로 시작합니다. 그 가르침은 하느님과 계약을 맺은 백성 그 자체가 바로 하느님께서 머무시는 곳이라는 것입니다. 그런데 고대 근동 민족들의 경우, 흔히 산이나 다른 특별한 성소가 그들이 각기 숭배하는 신들이 사는 곳을 나타냈습니다. 이런 점에서 생각해 볼 때, 시편저자가 백성을 하느님께서 머무시는 장소로 인식한다는 것은 근본적으로 새롭고 영적으로 선동적인 일이었습니다. "유다는 그분의 성소가 되고 이스라엘은 그분의 나라가 되었네"(2절). 성경 속의 이러한 전통을 이해하는 한 가지 방법은 탈출기 3장에서 하느님께서 당신의 이름을 드러내시는 장면을 다시 떠올리는 것입니다. "하느님께서 다시 모세에게 말씀하셨다. '너는 이스라엘 자손들에게, `너희 조상들의 하느님, 곧 아브라함의 하느님, 이사악의 하느님, 야곱의 하느님이신 야훼께서 나를 너희에게 보내셨다' 하여라. 이것이 영원히 불릴 나의 이름이며, 이것이 대대로 기릴 나의 칭호이다'"(탈출 3,15). 이렇듯 하느님께서는 결론적으로 "나의 백성이 있는 곳에 나도 있을 것"이라고 말씀하시면서 직접적으로 당신 자신을 당신 백성과 동일시하십니다. 이것은 고대 근동 사회에서는 없었던 전대미문의 개념입니다. 이는 야훼께서 당신 백성 이스라엘과 맺은 계약을 지키겠다는 약속의 깊이가 얼마나 깊은지를 여실히 보여 줍니다. 이런 점에서 볼 때, 시편저자가 탈출 사건을 묘사하기 위해 피조물들이 주님의 현존에 직면했을 때 일상적인 행동양식을 뒤집는 모습으로 즐겨 표현하는 것이 얼마나 온당한 일입니까! 당신 백성의 갈증을 해소하기 위해 바위를 샘물로 바꾸시는 하느님이시라면 확실히 그들과 가까이 계셔야만 합니다. 하느님께서는 당신 모상대로 그들을 창조하신 뒤, 현재에도 계약관계를 승인하십니다. 하지만 이러한 축복은 이제 더 이상 이스라엘 백성에게만 국한되지 않습니다. 하느님의 위대한 선물은 이제 그리스도의 새로운 계약 안에서 우리도 받을 수 있습니다. 베드로의 첫째 서간에서는 이러한 새로운 길을 따르는 사람들에게 다음과 같이 이야기합니다. "여러분은 선택된 민족, 왕다운 제관들, 거룩한 겨레, 그분이 차지한 백성이 되었습니다. 그것은 어두움에서 당신의 놀라운 빛으로 여러분을 부르신 분의 업적을 여러분이 선포하게 하려는 것이었습니다"(1베드 2,9). 이 시편에서 느껴지는 기쁨은 자신의 삶 속에서 그리스도 부활의 놀라운 은총을 체험하고 있는 모든 이들의 마음속에 울려 퍼집니다.

1 **114** (113 상) 이스라엘이 이집트에서 나올 때
야곱 집안이 낯선 말 하는 민족을 떠날 때

2 유다는 그분의 성소가 되고
이스라엘은 그분의 나라가 되었네.

3 바다가 보고 달아났으며
요르단이 뒤로 돌아섰네.

4 산들은 숫양처럼 뛰어다니고
언덕들은 어린양처럼 뛰놀았네.

5 바다야, 너 어찌 달아나느냐?
요르단아, 어찌 뒤로 돌아서느냐?

6 산들아, 어찌 숫양처럼 뛰어다니고
  언덕들아, 어찌 어린양처럼 뛰노느냐?
7 땅아, 떨어라, 주님 앞에서.
  야곱의 하느님 앞에서.
8 그분은 바위를 물이 찬 못으로,
  차돌을 물 솟는 샘으로 바꾸시네.

기도합시다

전능하시고 영원히 살아 계시는 하느님, 당신께서는 노예 상태에 있던 한 민족을 당신의 자애로 풀어 주시고 그들을 약속의 땅으로 데려가셨나이다. 비오니 그리스도의 소중한 피로 구원된 당신의 새로운 백성인 저희가 오늘날에도 우리들 가운데 당신의 영광을 드러내는 놀라운 방식에 환호하게 하소서. 우리 주 그리스도를 통하여 비나이다. 아멘.

시편 115

주님, 오직 당신에게 모든 영광을

시편집 전체에는 이스라엘 백성에게 그들의 하느님을 믿고 다른 민족들이 숭배하는 신들을 배척하라고 분명하게 요구하는 장면이 여러 차례 등장합니다(9,17; 42,4; 86,8). 시편 115편에서는 시작 부분에서 이와 같은 우려를 표명합니다. "'저들의 하느님이 어디 있느냐?' 민족들이 이렇게 말해서야 되리이까?"(2절). 여기서 시편저자는 사람의 손으로 만든 금속이나 나무로 된 형상에 불과한 다른 민족들의 신들을 조롱합니다(4절). 그 신들은 입, 눈, 귀, 코가 있어도 어느 신체 기관도 제대로 작동하지 않는다고 합니다(5-7절). 시편저자는 이런 신들을 믿는 자들에게 끔찍한 운명이 닥친다고 예견합니다. 이 허망한 존재들을 숭배하는 자들은 그 존재들처럼 쓸모없고 무력해질 것입니다(8절). 그 뒤를 잇는 짤막한 호칭기도(9-11절)에서는 모든 이들, 즉 이스라엘 집안과 아론의 집안, 그리고 특별히 성경적 의미에서 하느님을 '경외'하는 모든 이들에게 주님을 믿으라고 호소합니다(시편 112편). 다음에는 믿음의 가치를 강하게 주장하는 내용이 나옵니다. 여기서 시편저자는 우리가 하느님을 "도움이며 방패"(11절)로 삼으면 그분께서는 "우리를 기억하신다"(12절)는 사실을 상기시킵니다. 성경학적으로 '기억'이란 개념에는 친밀함과 보살핌, 보호의 의미가 강하게 내포되어 있습니다. 따라서 하느님께서 우리를 '기억하신다'는 것은 그분 마음속에 우리가 한자리를 차지하고 있다는 말입니다. 즉, 우리는 인생이라는 순례를 하는 동안 우리에게 필요한 하느님의 보살핌과 뒷받침이 부족할 일은 절대 없을 것이라는 뜻입니다. 하느님께서 우리를 개인적으로도, 공동체 차원에서도 모두 기억하시면, 우리는 하느님을 신뢰하는 이들을 위한 사랑의 계약에서 나오는 자애가 우리 것이라는 확신을 갖게 됩니다. 물론 우리가 이러한 사랑에 대한 확신과 희망을 꾸준히 품고 있어야 한다는 조건 아래에서 그렇습니다. 사실 우리는 말 그대로 우상숭배를 요구하는 신앙의 원시적인 특성에 대해서는 가볍게 웃어넘기고 말지도 모릅니다. 하지만 우리는 모든 세대마다 특정한 새로운 우상을 만들어 낸다는 사실을 명심해야 합니다. 소유, 유명 인사, 사상, 심지어 의견과 태도 같은 것들도 다 우상이 됩니다. 시편 115편에서는 모든 세대를 아울러서 모든 백성들에게 자신의 마음속을 주의 깊게 들여다보라고 촉구합니다. 그리하여 자신이 가장 확신하는 것이 무엇인지, 자기 자신인지 하느님인지, 자기 자신의 힘인지 하느님의 은총인지, 자의식인지 주님의 이름인지를 가늠해 보라고 합니다. 우리는 이런 '신들'을 우리가 만들어 냈다는 사실조차 인식하지 못하는 경우가 너무 많습니다. 왜냐하면 이러한 신들은 우리가 자기만족이나 자기 보호를 추진할 때 필요한 것처럼 보이기 때문입니다. '열심히 일하지 않으면 나는 나의 행복에 꼭 필요하다고 느끼는 것들을 성취하지 못하리라'고 믿고 있기 때문입니다. 히브리인들에게 보낸 서간에서는 인간이 처한 이와 같은 상황에 대해 다음과 같이 깊이 있게 논평합니다. "믿음은 바라는 것들의 실상이고 보이지 않는 사물의 근거입니다. … 믿음으로 우리는 세상이 하느님의 말씀으로 조성되었다는 것, 그러니 보이는 것이 드러나지 않는 것에서 생겨났다는 것을 깨닫습니다"(히브 11,1.3). 우리 하느님은 위업을 행하시는 하느님이십니다. 하느님의 위업은 분명합니다. 하지만 하느님을 눈으로 볼 수는 없습니다. 따라서 우리에게는 우리가 볼 수 없는 것에 대한 꾸준한 믿음이 요구되는 것입니다.

115 (113 하)

1 저희가 아니라, 주님, 저희에게가 아니라
　오직 당신 이름에 영광을 돌리소서.
　당신은 자애롭고 진실하시옵니다.
2 "저들의 하느님이 어디 있느냐?"
　민족들이 이렇게 말해서야 되리이까?

3 우리 하느님은 하늘에 계시며
　뜻하시는 모든 것 다 이루셨네.

4 저들의 우상은 은과 금
사람 손이 만든 것이라네.

5 입이 있어도 말하지 못하고
눈이 있어도 보지 못하며

6 귀가 있어도 듣지 못하고
코가 있어도 맡지 못하네.

7 손이 있어도 만지지 못하고
발이 있어도 걷지 못하며
목청으로는 소리 내지 못하네.

8 만든 자도 믿는 자도
모두 그것들 같다네.

9 이스라엘아, 주님을 신뢰하여라!
주님은 도움이며 방패이시다.

10 아론의 집안아, 주님을 신뢰하여라!
주님은 도움이며 방패이시다.

11 주님을 경외하는 이들아, 주님을 신뢰하여라!
주님은 도움이며 방패이시다.

12 주님은 우리를 기억하고 복을 내리시리라.
이스라엘 집안에 복을 내리시고
아론 집안에 복을 내리시리라.

13 낮은 사람이든 높은 사람이든
주님을 경외하는 모든 이에게 복을 내리시리라.

14 주님은 너희를 불어나게 하시리라.
너희와 너희 자손들을 번성하게 하시리라.

15 너희는 주님께 복을 받으리라.
  하늘과 땅을 만드신 분이시다.
16 하늘은 주님의 하늘
  땅은 사람에게 주셨네.
17 주님을 찬양하는 이는 죽은 이도 아니요
  침묵의 땅으로 내려간 이도 아니라네.
18 우리는 살아서 주님을 찬미하네,
  이제부터 영원까지.
  알렐루야!

기도합시다

전지전능하신 하느님, 천상에 머무시면서 계약을 맺은 백성들 가운데에도 계시는 분, 비오니 저희를 믿음의 길로 인도하시어, 저희가 영원무궁토록 살아 계시고 다스리시며 저희에게 도움과 방패가 되어 주시는 당신만을 좋아하고 선택하게 하소서. 아멘.

시편 116

나 주님의 이름을 받들어 부르리

시편 116편은 전례에서 의미 있는 위치를 차지하는 데다가 이를 둘러싼 이야기도 흥미롭습니다. 그리스와 라틴 전통에서는 이 시편을 (뒤에 실려 있듯) 두 부분으로 나누어 114편과 115편으로 만들었지만, 절은 나누지 않고 연속해서 세고 있습니다. 할렐 시편인 이 시편도 유월절 체험에 관해 설득력 있게 이야기합니다. 죽음의 올가미가 이스라엘을 옥죄었을 때(3절), 주님께서 오셔서 그들을 지키시고 구하셨습니다(6절). 이러한 이유로 유다인들은 유월절에 사용하는 카두쉬 잔과 같은 구원의 잔(13절)을 들고 주님의 이름을 찬미합니다. 이 시편에서는 "주님의 이름 부르리라"라는 후렴구가 세 번 반복됩니다(4.13.17절). 그리스도교 전통에서는 성목요일의 주님 만찬 미사에서 이스라엘이 이집트를 떠나는 이야기인 탈출기를 봉독한 다음 화답송으로 이 시편을 낭독합니다. 죽음을 여러 번 언급하고(3.8.15절), 생생한 표상을 통해 죽음을 돌이킬 수 없는 최후로 묘사하는("저승의 공포", "부디 이 목숨 살려 주소서") 이 시편은 저자가 죽음이 얼마나 가까이 있다고 느끼는지 잘 드러냅니다. 하지만 시편저자는 임박한 파국에서 가까스로 구조된 후, 하느님께서 귀 기울여 응답하시고(2절), 자비를 베푸시며(5절), 구해 주신 것(6절)에 감사드리며 호소력 있는 표현으로 찬미를 올립니다. 시편저자는 '죽음'이란 말을 세 번 반복한 것과 대조적으로 기쁜 마음으로 찬송합니다. "나는 주님 앞에서 걸어가리라. 살아 있는 이들의 땅에서 걸으리라"(9절). 성경의 사고 체계에서 보면 '걸어가는 것'에는 단지 걸어서 나아가는 것 이상의 의미가 있습니다. 여기에는 '행동하는 것', '삶의 목적과 방향을 설정하는 것'도 수반됩니다(시편 1편). 그래서 시편저자는 하느님의 구원 활동이 자신의 삶에 방향을 제시해서 이제는 하느님의 계약에 따라 살고 있다고 말합니다. 이 말에는 하느님께 드리는 감사와 함께, 하느님과 이웃 앞에서 생명을 주는 길을 걸으면서 살고 싶은 바람이 들어 있습니다. 이 시편의 특징적인 부분은 바로 첫 구절입니다. "나는 주님을 사랑하네"(1절). 시편 18편도 이와 유사하게 시작하지만, '사랑'이라는 말 대신에 다른 동사를 사용합니다. 이렇게 유독 강한 표현을 사용하는 것을 보면 '하느님에 대한 이런 사랑은 실제로 어떻게 드러날까?'라는 의문이 생기게 됩니다. 시편저자는 이 질문에 대해 영성에 초점을 두고 사는 길이 무엇인지 여러 가지 방식으로 대답합니다. 첫째, 여기서 우리는 하느님께서 그를 위해 행하신 것이 무엇인지 인식하게 됩니다. 하느님은 그의 호소를 들으셨고(1절), 그가 부르짖을 때마다 귀를 기울이셨으며(2절), 그가 몰락했을 때 연민을 보이셨고(5-6절), 휘청거림과 죽음에서 그를 구하셨습니다(8절). 둘째, 시편저자는 괴로움 한가운데 있을 때조차 하느님의 도움에 신뢰와 확신을 드러냅니다(10절). 셋째, 시편저자는 "주님의 이름 부르리라"라고 세 번 반복하면서 그의 희망과 확신, 의존 ─ 그의 내적 힘 ─ 의 원천을 단언합니다. 넷째, 시편저자는 그를 묶어 두었던 "사슬을" 하느님께서 "풀어 주셨음"을 인정하면서(16ㄷ절), 이제 하느님의 종으로 하느님과 유대를 맺게 된 것을 받아들입니다(16ㄱ절). 다섯째, 예루살렘 백성들 앞에서 시편저자는 주님께 그의 서원을 채우는 방법으로서 공개적으로 감사 제물을 바칩니다(17-19절). 이렇게 시편저자는 괴로움에서 구원으로, 억압에서 자유로 옮겨 가면서 하느님의 선하심에 대해 더욱 큰 신뢰와 믿음을 끌어냅니다. 그의 체험은 부활의 삶이 지니는 힘을 보여 줍니다. 히브리인들에게 보낸 서간의 저자는 예수님도 비슷한 체험을 하셨다고 이야기합니다. "그이는 아들이셨지만 고난을 겪음으로써 복종을 배우셨습니다. 그리고 완전하게 되신 후에 당신께 복종하는 모든 사람에게 영원한 구원의 원천이 되셨습니다"(히브 5,8-9). 우리 믿음의 선구자로서 예수님은 우리에게 영원한 생명의 충만함에 이르는 길을 보여 주십니다. 그 길은 시편저자가 그보다 수백 년 전 지상의 삶에서 미리 예견했던 길입니다.

1 116A (114) 나는 주님을 사랑하네.
애원하는 내 소리 들어 주셨네.

2 당신 귀를 내게 기울이셨으니
　나는 한평생 그분을 부르리라.

3 죽음의 올가미가 나를 에우고
　저승의 공포가 나를 덮쳐
　고난과 근심에 사로잡혔네.

4 나는 주님의 이름 불렀네.
　"주님
　부디 이 목숨 살려 주소서."

5 주님은 너그럽고 의로우신 분
　우리 하느님은 자비를 베푸시네.

6 주님은 작은 이들을 지키시는 분
　가엾은 나를 구해 주셨네.

7 주님이 나를 보살펴 주셨으니
　내 영혼아, 평온으로 돌아가라.

8 당신은 죽음에서 제 목숨을 구하셨나이다.
　제 눈에서 눈물을 거두시고
　제 발이 넘어지지 않게 하셨나이다.

9 나는 주님 앞에서 걸어가리라.
　살아 있는 이들의 땅에서 걸으리라.

10 **116B** (115) "나 참으로 비참하구나."
　　되뇌면서도 나는 믿었네.

11 문득 놀라 나는 말하였네.
　　"사람은 모두 거짓말쟁이."

12 내게 베푸신 모든 은혜
　　무엇으로 주님께 갚으리오?

13 구원의 잔 받들고
　　주님의 이름 부르리라.

14 모든 백성이 보는 앞에서
　　주님께 나의 서원 채우리라.

15 주님께 성실한 이들의 죽음이
　　주님 눈에는 참으로 소중하네.

16 아, 주님,
　　저는 당신의 종.
　　저는 당신의 종, 당신 여종의 아들.
　　당신이 제 사슬을 풀어 주셨나이다.

17 당신께 감사 제물 바치며
　　주님 이름 부르나이다.

18 모든 백성이 보는 앞에서
　　주님께 나의 서원 채우리라.

19 주님의 집 앞뜰에서
　　예루살렘아, 네 한가운데에서.

알렐루야!

기도합시다

우리 구원자이시며 구세주이신 주 하느님, 저희는 당신 구원의 은총을 삶 속에서 체험한 당신의 종으로 당신 앞에 서 있나이다. 비오니 저희가 언제나 신뢰와 확신으로 당신의 이름을 받들어 부르며 당신 구원의 권능을 증언할 때, 당신 자애로 저희가 당신의 진리와 신의 안으로 걸어 들어갈 수 있게 해 주소서. 이 모든 것 우리 주 그리스도를 통하여 비나이다. 아멘.

시편 117

주님을 찬양하여라, 모든 민족들아

단 두 개의 절로 이루어진 시편 117편은 시편집 전체 가운데 가장 짧은 시편입니다. 하지만 우리는 때로 짧은 글이 힘 있는 메시지를 담을 수 있음을 잘 압니다. 시편 117편이 바로 그런 경우입니다. 첫 번째 메시지로, 이 시편은 모든 민족과 겨레에게 주님을 찬미하라고 부르짖습니다(1절). 이것은 할렐 시편들의 가장 중요한 특징입니다. 할렐 시편들은 하느님께서 아브라함의 자손들을 구원하신 행적을 기념하는 이스라엘의 대축제 때 자주 올리는 기도들입니다. 하지만 이 시편에서는 모든 민족과 겨레에게 한 분이신 주님, 이스라엘의 하느님을 찬미하라는 보편적인 호소를 만나게 됩니다. 하느님 은총의 보편성은 예언자 이사야의 '주님의 종'의 둘째 노래에서 메아리처럼 다시 반복됩니다. "네가 나의 종이 되어 야곱의 지파들을 다시 일으키고 이스라엘의 생존자들을 돌아오게 하는 것만으로는 충분하지 않다. 나의 구원이 땅끝까지 다다르도록 나는 너를 민족들의 빛으로 세운다"(이사 49,6). 바빌론 유배는 이스라엘에게 큰 충격을 남긴 사건이었습니다. 하지만 살아남은 사람들의 믿음을 회복하는 것은 하느님께서 이 체험 전체에서 끌어내고자 하셨던 임무의 일부에 불과했습니다. 오히려 하느님께서는 다른 민족들이 한 분이신 이스라엘의 하느님 안에서 구원을 체험할 수 있게 이스라엘 민족을 이들을 인도하는 빛으로 삼으실 예정이셨습니다. 이사야서의 마지막 부분에 이르면 "매달 초하룻날과 매주 안식일에 모든 사람이 내 앞에 경배하러 오리라"(이사 66,23)라는 구절이 나옵니다. 이사야 예언자는 이렇게 모든 인류가 주님 앞으로 와서, 이스라엘 민족과 계약을 맺고 그들에게 야훼의 이름을 드러내셨던 하느님을 경배하는 모습을 보여 주고 있습니다. 시편 117편에서 저자는 이 장면을 이어받아 전 인류가 한 분이신 하느님을 찬미하게 합니다. 두 번째 메시지(2절)는 자애와 진실을 연결해 줍니다. 앞서 지적한 바 있듯(시편 89편), 이 두 단어는 하느님의 충실함, 확고부동함, 계약관계를 엄수하는 신의라는 특징을 표현하기 위해 종종 쌍을 이루어 사용됩니다. 시편저자는 하느님과 인간이 맺은 관계에서 하느님의 진실하심을 신뢰할 수 있다고 선언합니다. '굳건하다'라는 표현은 강한 남자, 전사, 역경을 극복하고 승리하는 사람이라는 뜻을 가진 히브리어 명사에서 유래합니다. 이스라엘의 불성실에도 불구하고 하느님께서는 여전히 그들에게 성실하십니다. 이스라엘의 충성이 부족해도 하느님께서는 언제나 변함없이 계약관계 중 당신의 몫을 완수하십니다. 이방인들의 사도인 바오로는 그의 제자 티모테오에게 보낸 서간에서 이 시편의 메시지를 다시 한번 확인합니다. "다음 말씀은 확실합니다. 우리가 그분과 함께 죽었다면 그분과 함께 살 것이고, 우리가 견디어 내면 그분과 함께 다스리게 되리라. 우리가 그분을 모른다고 하면 그분도 우리를 모른다고 하시리라. 우리는 진실하지 못하더라도 그분은 한결같이 진실하시니, 그분은 자신을 배반할 수 없는 분이시로다"(2티모 2,11-13). 그리스도인들에게 세례로 주어지고 그리스도의 피로 날인된 계약관계는 우리도 주님의 자애와 충실을 체험하라고 초대합니다. 그리고 바로 이 계약 조항에 따라 우리는 다른 이들의 빛이 되어 그들 또한 우리 하느님의 선하심을 깨닫게 하라는 명을 받는 것입니다.

117

¹ (116) 주님을 찬양하여라, 모든 민족들아.
  주님을 찬미하여라, 모든 겨레들아.
² 우리 위한 주님 사랑 굳건하여라.
  주님의 진실하심 영원하여라.
  알렐루야!

기도합시다

성실하시고 자비로우신 하느님, 당신의 변함없는 충실함은 저희의 기원과 목적이 당신 안에 있음을 보여 주나이다. 당신 은총으로 저희를 변화시키시어 저희가 완벽한 모범이신 당신 아들을 본받아 이 충실한 사랑으로 당신의 계약에 응답하게 하소서. 또한 그분의 선하심으로 모든 민족이 한목소리로 당신을 찬미하게 하소서. 이 모든 것 우리 주 그리스도를 통하여 비나이다. 아멘.

시편 118

집 짓는 이들이 내버린 돌

유다교 전통과 그리스도교 전통 양쪽 모두에서 시편 118편은 의미나 내용 면에서 깊이 성찰할 거리가 많은 시편입니다. 시편 118편은 매년 주요 유다교 축제 때 낭독되는 공동체 기도문인 위대한 할렐 시편집(113-118편)을 마무리하는 마지막 시편이기도 합니다. 특히 시편 118편은 추수기를 마무리하는 축제인 초막절(Sukkoth 또는 Tabernacles)과 관련되어 있습니다. 이때 백성들은 기쁜 목소리로 하느님의 축복에 환호합니다(레위 23,33-36). 이 시편에는 앞서 나왔던 할렐 시편들의 모든 모티브가 다 담겨 있습니다. 그리고 주제별 의미를 강조하기 위해 시편 전체에 각 구절과 표상이 반복되어 있습니다. 이 시편에서는 하느님의 거룩하신 이름을 신뢰하는 사람들에게 베푸시는 하느님의 도움과 구원에 대해 이야기합니다. 시편의 첫 번째 절이 마지막 절(29절)에 반복되는 것은 히브리 시문학에 자주 등장하는 수사적 장치입니다. 이 시편의 후렴구에서는 '자애'라는 단어를 반복하면서, 사랑의 계약을 상기시키고, 이 감사의 찬가가 하느님의 변함없고 충실한 선하심이라는 주제를 바탕으로 하게 만들었습니다. 마지막으로 흥미로운 사실은 제2성전기 찬미가라 불린 시편집의 구성 안에서 이 시편이 가장 짧은 시편(117편)과 가장 긴 시편(119편) 사이에 있다는 것입니다. 그리스도교적 관점에서 시편 118편은 초기 신약성경 저자들이 예수 그리스도 안에서 완성되었다고 이해한 본문을 제공하기에, 흔히 '부활 시편'이라 불립니다. 죽음에서 삶으로 옮겨 가는 파스카 신비에 대한 비유적 표현이 이 시편 전반에 펼쳐져 있습니다. 가령 5절에 나오는 "주님이 응답하시고 넓은 들로 이끄셨네"라는 짧은 문장은 죄로 말미암아 우리 인간에게 씌워진 굴레로부터 벗어나신 예수님이 죽음에서 삶으로 옮겨 가신 일을 언급하는 것으로 해석됩니다. 이 해방이란 주제는 시편 전체에 걸쳐 메아리치며 여러 차례 반복됩니다(10-14.17-18절). 그뿐 아니라 승리하신 하느님의 손은 치명적 위험이 잠재하는 상황들을 하느님 영광의 순간으로 변화시키는 손으로 표현됩니다. 가령 시편저자는 하느님이 곁에 계시다는 확신에 찬 믿음 덕에 그의 원수들을 의기양양하게 내려다봅니다(7절). 하느님의 구원과 관련된 모티브 역시 시편 전반에 걸쳐 다시 반복됩니다(11-12.14-18.22-23절). 뒤이어 마침내 등장하는 "집 짓는 이들이 내버린 돌, 모퉁이의 머릿돌이 되었네"(22절)라는 말씀은 부활 전례에서 거듭 사용되어 금세 알아보는 구절입니다. 유다 백성에게 '내버린 돌'이란 이스라엘 자신을 가리키는 것이며, '집 짓는 이들'은 조상의 이름으로 유명해진 이 작은 영토와 백성을 에워싸고 있는 더 크고 강한 민족들을 뜻합니다. 반면 그리스도인들에게 '내버린 돌'은 백성의 지도자들이 받아들이려 하지 않았던, 그리스도요 메시아이신 예수님을 말합니다. 하느님의 계획이 신비롭게 펼쳐지는 가운데, 예수님은 죽음과 죄를 이기시고 무덤에서 부활하시어, 죽음과 죄라는 세력에 사로잡혀 노예가 된 모든 이들을 위해 "정의의 문을 여십니다"(19절). 본문에는 아무 이름도 언급되어 있지 않지만, 교회에서는 "주님의 이름으로 오는 이는 복되어라"(26절)라는 구절에서 거론되는 인물을 자연스레 예수님으로 여깁니다. 예수님은 우리 가운데 오시어 폭포처럼 쏟아지는 위협적인 죄의 흐름을 돌려세우시고, 아담과 하와와 그 후손들에게 본래 의도되었던 하느님의 모상으로 우리를 새로 창조하셨습니다. 우리는 성찬 전례에서 감사송 뒤에 "거룩하시도다! 거룩하시도다! 거룩하시도다!"를 외면서 늘 이 구절로 찬송을 드립니다. 베드로 사도는 성령강림 이후 예루살렘 지도자들을 만났을 때 다음과 같이 단언합니다. "그분은 집 짓는 사람들인 여러분에게 버림을 받았지만 모퉁이의 머릿돌이 된 돌입니다. 이분 말고 다른 어느 누구에게도 구원받을 수 없습니다. 사실 사람들에게 주어진 이름들 가운데 우리가 의지하여 구원받아야 할 또 다른 이름은 하늘 아래 없습니다"(사도 4,11-12). 그래서 부활시기가 되면 "이날은 주님이 마련하신 날, 이날을 기뻐하며 즐거워하세"(24절)라는 찬송 소리가 매일같이 울려 퍼지는 것입니다!

118 (117) 주님은 좋으신 분, 찬송하여라.
주님의 자애는 영원하시다.

2 이스라엘은 말하여라.

"주님의 자애는 영원하시다."

3 아론의 집안은 말하여라.

"주님의 자애는 영원하시다."

4 주님을 경외하는 이는 말하여라.

"주님의 자애는 영원하시다."

5 곤경 속에서 내가 주님을 불렀더니

주님이 응답하시고 넓은 들로 이끄셨네.

6 주님이 나와 함께 계시니 두렵지 않네.

사람이 나에게 무엇을 할 수 있으랴?

7 주님이 나를 도와주시니

나는 원수들을 내려다보리라.

8 사람을 믿기보다

주님께 피신함이 훨씬 낫다네.
9 제후들을 믿기보다
주님께 피신함이 훨씬 낫다네.
10 온갖 민족들이 나를 에워쌌어도
주님의 이름으로 나는 무찔렀네.
11 나를 에워싸고 또 에워쌌어도
주님의 이름으로 나는 무찔렀네.
12 벌 떼처럼 나를 에워쌌어도
그들은 가시덤불의 불처럼 사그라졌네.
나는 주님의 이름으로 무찔렀네.
13 나를 밀치고 밀쳐 쓰러뜨리려 해도
주님은 나를 도와주셨네.
14 주님은 나의 힘, 나의 노래.
나에게 구원이 되어 주셨네.
15 의인들의 천막에서 울려 퍼지는
기쁨과 구원의 환호 소리
"주님의 오른손이 위업을 이루셨다!
16 주님이 오른손을 들어 올리셨다!
주님의 오른손이 위업을 이루셨다!"
17 나는 죽지 않으리라, 살아남으리라.
주님이 하신 일을 선포하리라.
18 주님은 나를 벌하고 벌하셨어도
죽음에 넘기지는 않으셨네.
19 정의의 문을 열어라.

그리로 들어가 나는 주님을 찬송하리라.
20 이것은 주님의 문
   의인들이 들어가리라.

21 당신이 제게 응답하시고
   구원이 되어 주셨으니
   제가 당신을 찬송하나이다.

22 집 짓는 이들이 내버린 돌
   모퉁이의 머릿돌이 되었네.
23 주님이 이루신 일
   우리 눈에는 놀랍기만 하네.
24 이날은 주님이 마련하신 날
   이날을 기뻐하며 즐거워하세.

25 주님, 구원을 베풀어 주소서.
   주님, 번영을 이루어 주소서.

26 주님의 이름으로 오는 이는 복되어라.
   우리는 주님의 집에서 너희에게 축복하노라.
27 주님은 하느님
   우리를 비추시네.
   제단의 뿔에 이르기까지
   나뭇가지 들고 줄지어 나아가라.

28 당신은 저의 하느님, 당신을 찬송하나이다.
　저의 하느님, 당신을 높이 기리나이다.

29 주님은 좋으신 분, 찬송하여라.
　주님의 자애는 영원하시다.

기도합시다

죄와 죽음을 이기신 그리스도님, 저희는 당신을 저희 구원의 선구자로 인정하오며 당신의 거룩한 이름에 찬미와 감사를 드리나이다. 비오니 저희가 영원무궁토록 주님이신 당신을 본받아 파스카 승리의 길을 걷게 하소서. 아멘.

시편 119

마음 깊이 당신 말씀 간직하나이다

장장 176절로 이루어진 시편 119편의 가장 큰 특징은 시편집 중에서 가장 긴 시편이란 것입니다. 또한 시편 119편에는 확장된 알파벳 시편이란 특징도 있습니다. 즉, 한 단락 안에 각 절의 첫 단어가 히브리어 알파벳 순서대로 배열되어 있습니다. 이에 따라 처음 오는 여덟 절은 모두 히브리어 알파벳 첫 번째 글자 알레프*aleph*로 시작하고, 다음 여덟 절은 두 번째 글자 베트*beth*로 시작하며, 계속 그렇게 이어집니다. 앞서 접한 다른 알파벳 시편들(9-10편; 25편; 34편; 37편; 111편; 112편; 145편)처럼 시편 119편도 지혜 시편에 속합니다. 잠언과 마찬가지로 지혜 시편도 하느님의 가르침에 따라 삶을 잘 살아가는 문제를 다룹니다. 이런 관점에서 시편 119편 또한 토라 시편으로 분류할 수 있습니다. 히브리어 단어 '토라'*torah*를 듣게 될 때, 영어에서 곧장 떠오르는 단어는 '법'(law)입니다. 하지만 토라의 성경적 의미를 제대로 인식하려면, 쉽게 떠오르는 속도제한이나 정지 표시 같은 단어는 내려놓아야 합니다. 히브리어 토라는 오히려 '가르침'(instruction) 같은 단어도 아우릅니다. 이는 성경의 첫 다섯 책인 모세오경을 유다 전통에서 토라라고 부른다는 사실을 생각하면 납득이 갑니다. 그런데 모세오경에는 일반적 의미의 법에 관한 부분이나 심지어 책(레위기와 신명기의 일부)까지 있기는 하지만, 토라의 대부분은 이야기로 되어 있습니다. 이런 이야기들에는 사람들이 하느님의 가르침과 이끄심에 따라 살아가는 모습이 묘사되어 있습니다. 토라에 따라 산다는 말은 인류를 위한 하느님의 뜻과 계획에 맞게 사는 것을 뜻합니다. 이는 시편 119편의 처음 두 절에 잘 드러나 있습니다. 즉, 행복은 온전한 길을 걷는 이들(다시 말해 온전한 길을 따라 사는 이들)에게 내려집니다. 앞서 말했지만 성경적 사고의 틀에서 '걷는 것'은 사는 것을 의미하며, 우리가 걷는 '길'은 우리 앞에 놓인 삶의 길을 말합니다(1절). 따라서 하느님의 계획이 인도하는 대로 걸으면 하느님의 은혜를 받게 됩니다. 이렇게 온 마음으로 걷기 시작하면(2절) 길이 열리면서 인간이 겪는 평범한 체험 한가운데에서 하느님을 찾고 발견하게 됩니다. 시편을 읽어 내려가면서 우리는 불의를 피하고(3절), 규정을 지키며(4절), 하느님의 계획을 묵상하고(15절), 진실의 길을 선택하며(30절), 하느님의 법에 마음을 기울이는 것(36절)이 어떻게 온전한 이들의 길이 되는지 깨닫게 됩니다. 시편저자는 단순하고 소박한 언어를 사용함으로써, 살아 계시는 하느님의 법은 일상적 측면에서 실용적인 것이며, 동시에 우리가 매일 주의를 기울여야 하는 것이라는 생각을 전합니다. 따로 집중을 하거나 훈련을 받지 않아도 일상생활에 관련된 문제는 나쁜 습관에 빠져서 나중에는 시들어 죽고 맙니다. 시편 119편은, 인간 영역에서 끊임없이 하느님을 탐색하여 결국 발견하고자 한다면 마음에 하느님의 가르침이 머물 자리가 마련되어야 함을 다시 일깨웁니다. 이는 야고보 서간에 자세히 나와 있습니다. "자유의 완전한 법을 들여다보고 거기에 머무는 사람, 곧 말씀을 듣고 잊어버리는 사람이 아니고 행동에 옮기는 사람은 그 행동으로 말미암아 행복할 것입니다"(야고 1,25). 하느님의 가르침을 마음 깊이 새기면 온전함, 곧 진정한 거룩함을 얻게 됩니다.

119

¹ (118) 행복하여라, 온전한 길을 걷는 이들
주님의 가르침을 따라 사는 이들!

² 행복하여라, 그분의 법을 따르는 이들
마음을 다하여 그분을 찾는 이들!

³ 불의를 저지르지 않고
그분의 길을 걷는 이들!

⁴ 당신은 규정을 내리시어
어김없이 지키라 하셨나이다.

⁵ 당신 법령을 지키도록
저의 길을 굳건하게 하소서.

⁶ 당신의 모든 계명 우러러보며
저는 부끄러워하지 않으리이다.

7 당신의 의로운 법규 배울 때에
　올곧은 마음으로 당신을 찬송하오리다.
8 당신 규범을 지키오리다.
　저를 끝내 버리지 마소서.

9 젊은이가 어떻게 제 길을 깨끗이 가리이까?
　오로지 당신 말씀 지키는 것이옵니다.
10 제 마음 다하여 당신을 찾나이다.
　당신 계명 떠나 헤매지 않게 하소서.
11 행여 당신께 죄를 지을세라
　마음 깊이 당신 말씀 간직하나이다.
12 주님, 당신은 찬미받으소서.
　저에게 당신 규범 가르치소서.
13 당신 입에서 나온 모든 법규
　제 입술로 이야기하나이다.
14 온갖 재산 다 얻은 듯
　당신 법의 길 걸으며 기뻐하나이다.
15 당신 규범을 묵상하고
　당신 길을 바라보리이다.
16 당신 규범을 기꺼이 지키며
　당신 말씀을 잊지 않으리이다.

17 당신 종에게 은혜를 베푸소서.
　제가 살아 당신 말씀 지키오리다.

18 제 눈을 열어 주소서.
　　당신의 놀라운 가르침 바라보리이다.
19 이 땅에서 저는 한낱 이방인
　　저에게서 당신 계명 감추지 마소서.
20 언제나 당신 법규를 열망하여
　　제 영혼 목말라 지치나이다.
21 당신은 교만한 자를 꾸짖으시니
　　당신 계명 저버린 자는 저주를 받나이다.
22 저는 당신 법을 따랐사오니
　　모욕과 멸시를 저에게서 치우소서.
23 권세가들 모여 앉아 저를 헐뜯어도
　　이 종은 당신 법령을 묵상하나이다.
24 당신 법이 저의 즐거움
　　그 법은 저의 조언자이옵니다.

25 제 영혼은 흙바닥에 붙어 있나이다.
　　당신 말씀대로 저를 살려 주소서.
26 저의 길을 아뢰자 당신은 들어주셨나이다.
　　당신 법령을 저에게 가르치소서.
27 당신 규정의 길을 깨우쳐 주소서.
　　당신의 기적을 묵상하오리다.
28 제 영혼 시름으로 녹아내리나이다.
　　당신 말씀대로 저를 일으키소서.
29 저를 거짓의 길에서 멀리하시고

자비로이 당신 가르침을 베푸소서.
30 저는 진실의 길을 택하였고
　제 앞에 당신 법규를 세웠나이다.
31 주님, 당신 법에 매달리오니
　저를 부끄럽지 않게 하소서.
32 당신이 제 마음 넓혀 주셨기에
　저는 계명의 길을 달리나이다.

33 주님, 당신 법령의 길을 가르치소서.
　저는 끝까지 그 길을 따르오리다.
34 저를 깨우치소서. 당신 가르침을 따르고
　마음을 다하여 지키오리다.
35 당신 계명의 길을 걷게 하소서.
　저는 이 길을 좋아하나이다.
36 탐욕이 아니라 당신 법에
　제 마음 기울게 하소서.
37 헛된 것을 보지 않게 제 눈을 돌려 주시고
　당신 길을 걷게 하시어 저를 살려 주소서.
38 당신을 경외하는 이에게 하신 말씀
　당신 종에게 이루어 주소서.
39 당신의 법규 참으로 좋으니
　무서운 모욕 저에게서 치워 주소서.
40 보소서, 당신 규정을 애타게 그리오니
　당신 의로움으로 저를 살려 주소서.

41 주님, 당신 자애, 당신 구원이
　말씀하신 대로 저에게 이르게 하소서.
42 저는 당신 말씀을 신뢰하기에
　저를 모욕하는 자에게 할 말 있으리이다.
43 당신 법규에 희망을 두오니
　진리의 말씀을 제 입에서 결코 거두지 마소서.
44 저는 언제나 당신의 가르침을
　길이길이 지키오리다.
45 당신 규정을 따르기에
　저는 넓은 곳을 걸으오리다.
46 임금들 앞에서 당신 법을 말하며
　저는 부끄러워하지 않으오리다.
47 저는 당신 계명으로 기뻐워하고
　그 계명을 사랑하나이다.
48 사랑하는 당신 계명을 향해 두 손 쳐들고
　저는 당신 법령을 묵상하오리다.

49 당신 종에게 하신 말씀을 기억하소서.
　저는 그 말씀에 희망을 두었나이다.
50 저를 살리시는 당신 말씀
　고통 속에서도 위로가 되나이다.
51 교만한 자 저를 마구 조롱하여도
　당신 가르침을 벗어나지 않았나이다.

52 예로부터 내려오는 당신 계명을 기억하며
　　주님, 저는 위안을 받나이다.
53 악인들 때문에 분노가 치미나이다.
　　그들은 당신 가르침을 저버렸나이다.
54 나그네살이하는 이 집에서
　　당신 법령은 저의 노래 되었나이다.
55 주님, 밤에도 당신 이름을 기억하며
　　당신 가르침을 따르나이다.
56 당신 규범을 지켰기에
　　이렇듯 제가 잘되었나이다.

57 주님은 저의 몫이오니
　　당신 말씀 지키기로 약속하였나이다.
58 마음 다해 청하오니 당신 얼굴을 보이소서.
　　당신 말씀대로 저에게 자비를 베푸소서.
59 제가 걸어온 길 돌이켜 보고
　　당신 법을 향해 제 발길 돌리나이다.
60 저는 지체 없이 서둘러
　　당신 계명을 지키나이다.
61 죄인들의 올가미가 저를 휘감아도
　　저는 당신 가르침을 잊지 않았나이다.
62 당신의 의로운 법규가 있사오니
　　한밤에도 일어나 당신을 찬송하나이다.
63 저는 당신을 경외하는 모든 이들,

당신 규정을 지키는 이들의 벗이옵니다.
64 주님, 이 땅에 당신 자애 가득하옵니다.
당신 법령을 저에게 가르치소서.

65 주님, 말씀하신 대로
당신 종에게 복을 주셨나이다.
66 당신의 계명을 제가 믿사오니
올바른 지혜와 지식을 가르치소서.
67 고통을 겪기 전에는 제가 잘못했으나
이제는 당신 말씀을 따르나이다.
68 당신은 좋으시고 선을 행하시는 분
당신 법령을 저에게 가르치소서.
69 교만한 자들 저에게 거짓을 꾸며도
마음을 다하여 당신 규정을 지키나이다.
70 저들 마음은 비곗살처럼 무디나
저는 당신 가르침을 기꺼워하나이다.
71 고통을 겪은 것, 제게는 좋은 일
당신 법령을 배웠나이다.
72 당신 입에서 나온 가르침
수천 냥 금은보다 제게는 값지옵니다.

73 당신 손이 저를 지어 굳게 세우셨으니
저를 깨우치소서. 당신 계명을 배우리이다.
74 제가 당신 말씀에 희망을 두오니

당신을 경외하는 이들이 저를 보고 기뻐하나이다.
75 주님, 당신 법규가 의로움을 저는 아나이다.
고통을 겪어도 저는 마땅하옵니다.
76 당신 종에게 하신 말씀대로
자애를 베푸시어 저를 위로하소서.
77 당신 자비 저에게 이르게 하소서. 제가 살리이다.
당신 가르침은 저의 즐거움이옵니다.
78 교만한 자 까닭 없이 저를 괴롭히니 수치를 당하게 하소서.
저는 당신 규정을 묵상하나이다.
79 당신을 경외하는 이, 당신 법을 아는 이
모두 저에게 돌아오게 하소서.
80 당신 법령 안에서 제 마음 흠 없게 하소서.
제가 부끄럽지 않으리이다.

81 당신 구원을 기다리다 제 영혼 지치나이다.
당신 말씀에 희망을 두나이다.
82 당신 말씀을 기다리다 제 눈이 짓물렀나이다.
아뢰오니, 위로하여 주실 때 언제리이까?
83 저는 연기에 그을린 가죽 부대 같사오나
당신 법령을 잊지 않았나이다.
84 당신 종이 살날 얼마나 되리이까?
저를 뒤쫓는 자 언제 심판하시리이까?
85 당신 가르침을 따르지 않는 저들,
그 교만한 자들이 저를 잡으려 구렁을 팠나이다.

86 당신의 모든 계명은 참되건만

　그들은 까닭 없이 저를 뒤쫓으니 도와주소서.

87 그들이 세상에서 저를 없애려 하였어도

　저는 당신 규정을 저버리지 않았나이다.

88 당신 자애로 저를 살려 주소서.

　당신 입에서 나온 법을 지키리이다.

89 주님, 당신 말씀은 영원하시고

　하늘에 든든히 세워졌나이다.

90 당신의 진실 대대로 이어지고

　당신이 세우신 땅 굳게 서 있나이다.

91 당신 법규대로 오늘까지 서 있나이다.

　만물이 당신을 섬기나이다.

92 당신 가르침이 제 즐거움이 아니었던들

　저는 고통 속에서 사라졌으리이다.

93 당신 규정으로 저를 살리셨기에

　영원토록 그 규정 잊지 않으오리다.

94 이 몸 당신의 것, 저를 구하소서.

　저는 당신 규정을 찾나이다.

95 악인들이 저를 없애려 노리지만

　저는 당신 법을 마음에 새기나이다.

96 완전하다는 것도 다 끝이 보이지만

　당신 계명만은 한없이 넓사옵니다.

97 제가 당신 가르침을 얼마나 사랑하는지!
　온종일 그 가르침을 묵상하나이다.
98 당신 계명은 영원히 저의 것.
　그 계명 저를 원수보다 슬기롭게 하나이다.
99 저는 당신 법을 묵상하기에
　어느 스승보다 지혜롭사옵니다.
100 당신 규정을 지키기에
　어느 노인보다 현명하옵니다.
101 당신 말씀을 따르려
　온갖 악한 길에서 발길을 돌렸나이다.
102 당신이 저를 가르치셨기에
　당신 법규에서 벗어나지 않았나이다.
103 당신 말씀 제 혀에 얼마나 달콤한지!
　그 말씀 제 입에 꿀보다 다옵니다.
104 당신 규정으로 저는 지혜를 얻어
　거짓된 모든 길을 미워하나이다.

105 당신 말씀은 제 발에 등불
　저의 길을 밝히는 빛이옵니다.
106 당신의 의로운 법규를 지키려 하나이다.
　제가 맹세하고 실천하나이다.
107 저는 몹시도 고통을 겪고 있나이다.
　주님, 당신 말씀대로 살려 주소서.
108 주님, 제 입으로 드리는 찬미를 받으소서.

당신 법규를 제게 가르치소서.

109 제 목숨 늘 위험 속에 있어도
　　당신 가르침을 잊지 않나이다.

110 악인들이 제게 그물을 쳐 놓았으나
　　저는 당신 규정을 떠나 헤매지 않나이다.

111 당신 법은 제 마음의 기쁨
　　영원히 저의 재산이옵니다.

112 영원토록 끝까지
　　제 마음 다하여 당신 법령을 지키리이다.

113 저는 위선자를 미워하고
　　당신 가르침을 사랑하나이다.

114 당신은 저의 피신처, 저의 방패
　　당신 말씀에 저는 희망을 두나이다.

115 악한 자들아, 내게서 물러가라.
　　내 하느님의 계명을 나는 지키리라.

116 당신 말씀대로 저를 붙들어 주소서. 제가 살리이다.
　　제 희망이 꺾이지 않게 하소서.

117 저를 붙들어 주소서. 제가 구원되리이다.
　　언제나 당신 법령을 살피리이다.

118 법령에서 빗나간 자를 당신은 모두 업신여기시나이다.
　　그들의 생각은 온통 거짓투성이옵니다.

119 이 세상 악인들을 모두 쓰레기로 여기시니
　　저는 당신 법을 사랑하나이다.

120 당신이 두려워 제 살이 떨리나이다.
　　저는 당신 법규를 경외하나이다.

121 저는 공정과 정의를 지켰사오니
　　저를 억누르는 자에게 넘기지 마소서.
122 당신 종이 잘되도록 보증하시어
　　교만한 자들이 저를 억누르지 못하게 하소서.
123 당신 구원을 기다리다,
　　당신 의로운 말씀을 기다리다 제 눈이 짓무르나이다.
124 당신 종에게 자애를 베푸시고
　　당신 법령을 저에게 가르치소서.
125 이 몸 당신의 종, 저를 깨우치소서.
　　당신 법을 깨달으리이다.
126 저들이 당신 가르침을 어겼사오니
　　이제는 주님이 나서실 때이옵니다.
127 저는 당신 계명을
　　금보다 순금보다 더 사랑하나이다.
128 당신의 모든 규정을 바르게 따르며
　　저는 온갖 거짓된 길을 미워하나이다.

129 당신의 법 하도 놀라워
　　제 영혼 그 법을 따르나이다.
130 당신 말씀 밝히시면 그 빛으로
　　미련한 이들이 깨치나이다.

131 당신 계명을 열망하기에
   저는 입을 벌리고 헐떡이나이다.
132 당신 이름을 사랑하는 이에게 약속하신 대로
   저를 돌아보시고 자비를 베푸소서.
133 당신 말씀대로 제 발걸음을 굳건히 하시고
   어떠한 불의도 저를 짓누르지 못하게 하소서.
134 사람들의 억압에서 저를 구하소서.
   저는 당신 규정을 지키리이다.
135 당신 얼굴이 종에게 빛나게 하시고
   당신 법령을 저에게 가르쳐 주소서.
136 사람들이 당신 가르침을 지키지 않아
   눈물이 시내 되어 제 눈에서 흐르나이다.

137 주님, 당신은 의로우시고
   당신 법규는 바르옵니다.
138 당신 법을 정의로,
   충만한 진리로 내려 주셨나이다.
139 원수들이 당신 말씀을 잊었기에
   저의 격정이 저를 불사르나이다.
140 지극히 순수한 당신 말씀
   이 종은 사랑하나이다.
141 하찮은 이 몸 멸시를 당하여도
   당신 규정을 잊지 않나이다.
142 당신 정의는 영원한 정의

당신 가르침은 진리이옵니다.
143 곤경과 역경이 저를 덮쳐도
　　당신 계명은 저의 기쁨이옵니다.
144 당신 법은 영원히 의로우니
　　깨우쳐 주소서. 제가 살리이다.

145 마음을 다하여 부르짖사오니
　　주님, 저에게 응답하소서.
　　당신 법령을 따르리이다.
146 당신께 부르짖사오니 저를 구하소서.
　　당신 법을 지키리이다.
147 새벽부터 일어나 도와 달라 간청하며
　　당신 말씀에 희망을 두나이다.
148 당신 말씀을 묵상하려
　　제 눈이 밤새도록 깨어 있나이다.
149 당신 자애로 제 목소리 들으소서.
　　주님, 당신 법규로 이 몸 살리소서.
150 당신 가르침을 멀리하는 저들
　　사악한 박해자들이 다가왔나이다.
151 주님, 당신은 가까이 계시나이다.
　　당신 계명은 모두 진리이옵니다.
152 당신이 세우신 법 영원하기에
　　일찍이 저는 그 법을 깨달았나이다.

153 당신 가르침을 잊지 않았사오니
　　제 가련함 보시고 저를 구원하소서.
154 제 소송을 이끄시어 구해 내소서.
　　당신 말씀대로 저를 살리소서.
155 악인들은 당신 법령을 따르지 않았기에
　　저들에게는 구원이 멀리 있나이다.
156 주님, 당신 자비 크시오니
　　당신 법규대로 저를 살리소서.
157 저를 뒤쫓는 원수들이 많사오나
　　저는 당신 법에서 벗어나지 않았나이다.
158 당신 말씀을 지키지 않는 저들
　　그 배신자들 보며 저는 역겨워하나이다.
159 보소서, 저는 당신 규정을 사랑하나이다.
　　주님, 당신 자애로 저를 살리소서.
160 당신 말씀은 한마디로 진리이며
　　당신의 의로운 법규는 영원하옵니다.

161 권세가들이 까닭 없이 저를 박해하오나
　　이 마음 두려운 것, 당신 말씀뿐이옵니다.
162 많고 많은 전리품을 차지한 사람처럼
　　당신 말씀으로 저는 기뻐하나이다.
163 저는 거짓을 미워하고 역겨워하오나
　　당신 가르침은 사랑하나이다.
164 당신의 의로운 법규에 따라

하루에도 일곱 번 당신을 찬양하나이다.
165 당신 가르침을 사랑하는 이에게 평화 넘치고
그들 앞에는 무엇 하나 거칠 것이 없나이다.
166 주님, 저는 당신 구원을 바라며
당신 계명을 따르나이다.
167 제 영혼 당신 법을 지키며
더없이 그 법을 사랑하나이다.
168 제가 가는 모든 길 당신 앞에 있기에
당신의 규정과 법을 저는 지키나이다.

169 주님, 저의 부르짖음 당신 앞에 이르게 하소서.
당신 말씀대로 저를 깨우치소서.
170 저의 간청 당신 앞에 이르게 하소서.
당신 말씀대로 저를 구해 주소서.
171 저에게 당신 법령을 가르치셨기에
제 입술이 찬양을 쏟아 내나이다.
172 당신 계명이 모두 의롭기에
제 혀가 당신 말씀을 노래하나이다.
173 당신 규정을 제가 선택하였으니
당신 손을 내밀어 저를 도우소서.
174 주님, 당신 구원을 애타게 그리나이다.
당신 가르침이 저의 즐거움이옵니다.
175 이 목숨 살려 당신을 찬양하게 하소서.
당신 법규로 저를 도와주소서.

176 길 잃은 양처럼 헤매오니

  이 종을 찾아 주소서.

  저는 당신 계명을 잊지 않았나이다.

기도합시다

영원한 말씀이신 주 예수님, 성부의 계획을 완수하시어 인간의 본성을 새롭게 하시고 평화의 길로 인도하시는 분, 비오니 저희 마음의 열망을 사랑의 율법을 증언하는 행동으로 바꾸소서. 그리하여 저희가 더 적절하게 하느님을 찬미하고 더 진실하게 우리 이웃을 사랑하게 하소서. 주님이신 당신께서 영원무궁토록 살아 계시고 다스리시나이다. 아멘.

시편 120

나는 평화를 바랐네

시편 120-134편은 '순례의 노래'라는 이름으로 묶일 수 있습니다. 몇몇 이론에 따르면 이 시편들은 대축제 때 예루살렘 순례자들이 불렀던 노래입니다. 더 나아가 어떤 이론에 따르면 순례자들은 예루살렘 성전에 이르는 열다섯 계단을 오를 때 이 열다섯 시편을 하나씩 불렀습니다. 성지의 지형이 의미하는 바는, 예루살렘을 향한 모든 여행은 그 순례의 계단을 오를 것을 요구한다는 것입니다. 그래서 이 열다섯 시편에는 모두 다 '순례의 노래'라는 표제가 붙어 있습니다. (132편을 제외하고) 여기에 속하는 대부분의 시편들은 길이가 짧고 반복이 많아 쉽게 외울 수 있습니다. 또한 거룩한 도성 예루살렘과 그곳에서 멀리 떨어져 있는 농촌 지역을 모두 떠올리게 하는 언어와 비유적 표현을 사용합니다. 이 중 많은 시편들이 애가와 탄원, 찬양과 신뢰 등 갖가지 문학 양식을 취하면서도 평화, 도성 예루살렘, 축복에 대한 희망, 이스라엘을 보살피시는 하느님의 섭리에 대한 확신 등의 주제가 반복되면서 통일성을 뚜렷이 드러냅니다. 시편 120편에는 다른 시편(10편; 31편; 36편; 50편; 52편; 101편; 109편)에서 나온 한 쌍의 흥미로운 표상이 눈에 띕니다. "거짓말 하는 입술"과 "속임수 부리는 혀"입니다(2절). 시편저자에게 속임수 부리는 혀는 일종의 전쟁 무기입니다. 다시 말해 다른 사람에 맞서서 벌이는 개인적 전쟁에서 쓰는 무기입니다. 이런 혀는 날카로운 화살들과 활활 타는 불덩이처럼 잠재적으로 심각하고 치명적인 상처를 입힐 수 있는 무기에 비유됩니다(4절). 이처럼 강한 언어를 사용함으로써 속임수가 얼마나 심각한 도덕적 결함이 되는지 보여 줍니다. 표리부동하고 부정직한 태도는 그 대상의 평화를 파괴합니다. 여기서 평화란 개인적 행복으로 이루어지는 것으로, 육체적 · 감정적 · 정신적 안전과 건강을 모두 아우릅니다. 시편저자는 기만의 대상이 되어서 곤경에 빠지자 하느님께서 반드시 응답하신다고 확신하면서 기도에 매달립니다(1절). 삶의 순례 중에 너무 많은 사람들이 기만과 거짓의 고통을 받습니다. 초기 그리스도인들은 사도 바오로의 경험을 보면서 바로 그런 상황을 목격했습니다. 사도 바오로는 각양각색의 공동체를 상대로 복음을 설파했는데, 그의 가르침이 잘못 해석되거나 잘못 전달되고 잘못 이해된 탓에 고군분투해야 했습니다. 그 같은 처지에서 사도 바오로가 느꼈던 비애는 갈라티아 신자들에게 보낸 서간에 가슴 시리게 쓰여 있습니다. 사도 바오로는 자기 자신과 자신이 전한 복음에 대한 거짓을 바로잡고 그가 개종시킨 신자들에게 평화를 회복하여 주기 위해 직설적으로 말합니다. "지금 내가 여러분에게 진실을 말한다고 해서 내가 여러분의 원수라도 되었다는 말입니까? … 내 어린 자녀 여러분, 그리스도의 모습이 여러분 안에 갖추어질 때까지 나는 여러분 때문에 다시 산고를 겪고 있습니다. 내 소원 같아서는 나는 지금이라도 여러분한테 가서 내 목소리를 가다듬어 말하고 싶습니다. 실상 나는 여러분의 일로 갈피를 못 잡고 있기 때문입니다"(갈라 4,16.19-20). 사도 바오로는 상황을 바로잡고 신자들의 삶 속에 진리를 세우기 위해 그가 얼마나 먼 길을 가야 할 것인지 들려줍니다. 너그럽고 상냥한 방식으로 진리를 전할 때, 강한 힘이 있는 혀는 선한 일을 위해서도 사용될 수 있습니다.

¹120 (119) [순례의 노래]

곤경 속에서 주님께 부르짖자
나에게 응답하셨네.
² "주님, 거짓말 하는 입술에서
속임수 부리는 혀에서
제 목숨 구해 주소서."
³ 속임수 부리는 혀야
너 무엇을 받으랴?
너 무엇을 더 받으랴?
⁴ 전사의 날카로운 화살들을
싸리나무 불덩이와 함께 받으리라.
⁵ 아, 나의 신세! 메섹에서 나그네살이하고
케다르의 천막에서 더부살이했네.

6 평화를 미워하는 무리와
  나는 너무나 오래 지냈네.
7 나는 평화를 바라고 말하였건만
  저들은 전쟁만을 고집하였네.

기도합시다

주 하느님, 당신의 진리와 지혜는 저희를 당신에게 이르는 순례길로 인도하나이다. 비오니 다른 이들에게 치유와 희망을 주는 말씀을 저희에게 해 주시어, 저희가 당신의 진리 안에 사랑의 공동체로 모습을 갖추게 하소서. 우리 주 그리스도를 통하여 비나이다. 아멘.

시편 121

주님은 너를 지키시는 분, 너의 방패

오늘날에는 신뢰가 무너지는 일이 만연하면서 세상이 몹시 고통에 시달리고 있습니다. 대부분의 사람들이 — 정부나 산업, 다른 평범한 사람들을 — 신뢰하고 싶어 하지만, 자신의 확신이 배신당하거나 깨지거나 타협의 대상이 되는 경우를 너무 자주 경험합니다. 이런 상황에서 시편 121편은 이와 같은 불만스러운 세계관에 대안을 제시합니다. 온 우주를 지탱하시고 움직이실 뿐 아니라, 개인적이고 친밀한 방식으로 우리 삶에도 영향을 미치시는 하느님께 강한 신뢰를 표현하는 것입니다. 시작 부분의 첫 두 절에서 시편저자는 하느님에 대한 자신의 확신을 여러 방식으로 드러냅니다. 첫 번째로, "눈을 들어 산을 보노라"(1절)라는 구절을 통해 시편저자는 자신이 응시하는 사물 안에 있는 신성을 지적합니다. 산은 많은 고대 근동 국가에서 신들이 거하는 곳으로 여겼습니다. 신이 머무는 곳인 천상을 향해 솟아 있는 산은 그 자체가 거룩한 장소였습니다. 두 번째로, 시편저자는 1인칭 단수형을 사용함으로써 화자와 하느님이 개인적인 관계라는 점을 보여 줍니다. 하느님 앞에 '나의'라는 1인칭 단수형 소유격을 붙임으로써, 여기서 특정하지는 않았으나 살면서 어떤 경험을 한 뒤 주님(탈출 3장: 시편저자는 하느님이 시나이산에서 드러내신 거룩한 이름을 사용한다)께서 확실한 구원의 원천(2절)이심을 깨닫게 되었음을 보여 줍니다. 이와 마찬가지로 우리도 살면서 도전적인 상황에 처했을 때 하느님의 현존과 구원을 깨닫는 경험을 하면 우리 신뢰도 강해지고 확실해집니다. 세 번째로, 시편저자는 "나의 구원"이셨던 그 하느님께서 여전히 하늘과 땅을 만드신 바로 그분이심을 깨닫습니다(2ㄴ절). 그분은 모든 곳에 편재하는 무한하신 창조주임에도 당신께서 땅 위에 세우신 이 작고 하찮은 피조물들 곁에 남아 계십니다. 우리 하느님께서는 권능과 연민을 모두 지니신 ― 초월적인 동시에 내재적인 ― 분입니다. 1인칭 단수형 '나'(1-2절)를 2인칭 단수형 '너'(3-8절)로 바꾸면서 시편저자는 이스라엘 전체(4절), 즉 믿음을 가지게 될 모든 이들과 관련된 하느님에 대해 말하기 시작합니다. 바로 이 부분은 하느님께서 인간의 신뢰를 받을 만하다고 증명하신 상황들을 나타내는 일련의 표상들로 이루어져 있습니다. "너의 발걸음 비틀거리지 않게 하시리라"(3절)라는 구절은 우리가 도덕적 실수에 빠지지 않게 해 주시는 은총의 히브리식 은유입니다. 하느님은 늘 깨어 계시면서 우리가 가는 길을 고달프게 하는 위험들로부터 눈을 떼지 않으시는 분입니다(3-4절). 주님께서는 이스라엘을 지키시는 분으로서 이스라엘이 가는 길을 굽어

보시고 이스라엘이 내딛는 발걸음마다 이끄십니다. 그런데 히브리어 구문론에 입각해 보면, 여기서 '너'라고 언급하는 대상이 이스라엘이란 공동체인지, 그 구성원 개개인인지 모호합니다. 이러한 수사적 장치는 아마도 우리가 두 가능성을 모두 수용하게 만들려는 의도로 보입니다. 다시 말해 하느님은 계약을 맺은 백성과 그 구성원 개개인을 모두 지키시는 분이십니다. 마지막 절은 문자 그대로 읽으나 비유적으로 읽으나 우리의 지상 여정에 대한 포괄적인 축복입니다. 그래서 우리는 발걸음을 내딛을 때마다 하느님께서 지켜 주신다고 확신하는 것입니다. 이 마지막 절의 표현에서는 하느님에 대한 시편저자의 깊은 신뢰가 뚜렷이 묻어납니다. 예수님도 이와 비슷한 표현으로 당신께서 아빠라 부르시는 그분에 대한 당신의 신뢰와 확신이 얼마나 깊은지 드러내십니다. 요한 복음서에서는 그리스도께서 당신을 따르는 사람들에게 이 유일무이한 관계에 함께하자고 권유하시는 모습을 반복해서 보여 줍니다. "거룩하신 아버지, 제게 주신 아버지의 이름으로 그들을 지키시어, 우리처럼 그들도 하나가 되게 하소서"(요한 17,11). 예수님은 하느님을 체험하심으로써 흔들리지 않는 신뢰와 확신으로 충만해지셨습니다. 그로써 그분은 — 파스카 신비를 통해 우리를 영원히 구원하고자 하시는 — 아버지의 뜻을 완수하셨습니다. 예수님은 흔들리지 않는 신뢰와 절대적인 평화에 이르는 길을 몸소 우리에게 보여 주십니다.

[1] 121 (120) [순례의 노래]

눈을 들어 산을 보노라.
나의 구원 어디서 오리오?

2 나의 구원 주님에게서 오리니
 하늘과 땅을 만드신 분이시다.
3 그분은 너의 발걸음 비틀거리지 않게 하시리라.
 너를 지키시는 그분은 졸지도 않으시리라.
4 보라, 이스라엘을 지키시는 분
 졸지도 않으시리라.
 잠들지도 않으시리라.
5 주님은 너를 지키시는 분
 주님은 너의 그늘
 너의 오른쪽에 계신다.
6 낮에는 해도,
 밤에는 달도 너를 해치지 못하리라.
7 주님은 모든 악에서 너를 지키신다.
 그분은 너의 목숨 지켜 주신다.
8 나가나 들거나 주님은 너를 지키신다,
 이제부터 영원까지.

기도합시다

삶의 여정에서 저희를 지켜 주시고 도와주시는 주 하느님, 당신께서 자녀인 저희에게 내미시는 놀라운 사랑과 보호의 손길을 깨달을 수 있도록 저희 마음을 열어 주소서. 또한 저희가 당신께서 언제나 지켜 주신다는 확신을 가짐으로써 저희 믿음이 깊어지게 하소서. 그리하여 저희가 당신의 거룩하신 이름을 모든 축복의 원천으로 천명하게 하소서. 이 모든 것 우리 주 그리스도를 통하여 비나이다. 아멘.

시편 122

예루살렘의 평화

고대 이스라엘에서 예루살렘은 주님이 사시는 곳, 정부가 있는 곳, 순례지, '평화의 도성'('예루살렘'의 문자적 의미) 등을 상징했습니다. 바로 이런 예루살렘에 도착한 순례자는 시편 122편에서 이 도성이 상징하는 모든 것을 찬양하기에 적합한 표현들을 발견할 수 있었을 것입니다. 이 시편은 첫 절과 마지막 절에 '주님의 집'을 언급함으로써 이 말로 시편 전체를 에워싸는 효과를 줍니다. 예루살렘 성전은 — 지성소 내부 계약궤 위 속죄판에 — 하느님의 현존을 모시는 곳으로 여겨졌습니다. 다윗 재위 시절까지 거슬러 올라가는 예루살렘의 오랜 역사를 살펴보면 이스라엘 백성을 위해 하느님께서 행하셨던 많은 행적들을 알 수 있습니다. 하느님과 계약관계에 있는 이스라엘 백성은 한 분이신 하느님과 하나의 법 아래에서 하나의 백성을 이루라는 부르심을 받았습니다. 그리고 예루살렘은 바로 계약 맺은 백성의 일치를 상징했습니다(3절). 그러면서 예루살렘의 평화와 행복은 온 백성이 처한 상태를 나타내는 상징이 되었습니다. 이스라엘 백성의 마음속에 너무도 소중한 평화는 이 시편에서 의인화됩니다. "너의 성안에 평화가 있으리라. 너의 궁 안에 평안이 있으리라"(7절). 그리고 언제나 평화와 짝을 이루어 등장하는 것이 바로 하느님 찬미입니다. 이스라엘 백성은 매년 대축제 때 그분의 놀라운 구원 행적을 찬미하며 이를 상기합니다. 주님의 이름을 찬미하면서 자신들의 근본적 정체성을 확인합니다(4절). 이스라엘이 존재하도록 부르심을 받은 것은 하느님께 영광을 드리려는 목적 때문이었습니다. 그리고 그로써 이스라엘은 계약관계에 들어가자는 하느님의 초대를 목격했습니다. 신명기에서는 이렇게 말합니다. "주님께서 너희에게 마음을 주시고 너희를 선택하신 것은, 너희가 어느 민족보다 수가 많아서가 아니다. 사실 너희는 모든 민족들 가운데에서 수가 가장 적다. 그런데도 주님께서는 너희를 사랑하시어, 너희 조상들에게 하신 맹세를 지키시려고, 강한 손으로 너희를 이끌어 내셔서, 종살이하던 집, 이집트 임금 파라오의 손에서 너희를 구해 내셨다"(신명 7,7-8). 이 시편은 — 선택과 사랑, 보호와 보살핌을 받았다는 — 행복으로 가득 차 기쁨이 넘칩니다. "너에게 평화가 있기를!"(8절) — 샬롬 — 이란 축복의 말은 오늘날까지도 친구들과 안녕을 기원하는 친숙한 인사로 사용되고 있습니다. 우리 그리스도인들은 하느님을 사랑하는 이들에게 약속된 새로운 예루살렘을 찾으면서 새로운 사랑의 율법에 충실하려는 사람들입니다. 요한 묵시록의 마지막 장에는 이런 우리의 희망을 요약한 내용이 담겨 있습니다. "나는 또 거룩한 도성 새 예루살렘이 하느님으로부터 나와 하늘에서 내려오는 것을 보았는데, 그것은 마치 자기 남편을 위해 단장한 신부처럼 차리고 있었다. '그분은 그들과 함께 거처하시고 그들은 그분의 백성으로 지낼 것이다. 하느님 친히 그들의 하느님으로서 그들과 함께 계실 것이다. 그분은 그들의 눈에서 눈물을 다 씻어 주실 것이다. 더 이상 죽음이 없고, 다시는 슬픔도 울부짖음도 고통도 없을 것이다. 이전 것들은 다 사라져 버렸기 때문이다'"(묵시 21,2-4). 예루살렘은 분단되고 전쟁으로 피폐해졌습니다. 우리는 계속해서 예루살렘의 평화를 위해 기도합니다. 그리고 우리 하느님께서 전부가 되시는 새로운 예루살렘을 고대합니다.

122 (121) [순례의 노래. 다윗]

"주님의 집에 가자!" 할 때
　나는 몹시 기뻤노라.
2 예루살렘아, 네 성문에
　우리 발이 이미 서 있노라.
3 예루살렘은 튼튼한 도성
　견고하게 세워졌네.
4 그리로 지파들이 올라가네.
　주님의 지파들이 올라가네.
　이스라엘의 법을 따라
　주님의 이름을 찬양하네.
5 그곳에 심판의 왕좌,
　다윗 집안의 왕좌가 놓여 있네.
6 예루살렘의 평화를 빌어라.
　"너를 사랑하는 이들은 평안하리라.
7 너의 성안에 평화가 있으리라.
　너의 궁 안에 평안이 있으리라."
8 나의 형제와 벗들을 위하여 비노라.
　"너에게 평화가 있기를!"
9 주 우리 하느님의 집을 위하여
　너의 행복을 나는 기원하리라.

기도합시다

전능하시고 영원히 살아 계시는 하느님, 모든 좋은 선물을 베푸시는 분이시자 모든 축복의 원천이신 분, 비오니 저희가 예루살렘이 진실로 평화의 도성이 되고 당신께서 저희에게 명하신 것처럼 모두가 일치와 조화를 이루며 사는 곳이 되는 그날을 생각할 때, 당신 평화의 기쁨이 저희 마음속에 머물게 하소서. 이 모든 것 우리 주 그리스도를 통하여 비나이다. 아멘.

시편 123

저희 눈이 하늘을 우러러보나이다

단 네 절로 이루어진 이 짧은 시편의 첫 부분은 앞서 나온 다른 한 시편과 비슷하게 시작됩니다. 시편 121편에서는 "눈을 들어 산을 보노라"라고 했던 반면, 여기 시편 123편에서는 "하늘에 좌정하신" 하느님께 "저는 당신을 우러러보나이다"라고 합니다. 오래전부터 의사소통 전문가들은 눈을 한 사람의 감정이나 생각을 보여 주는 유력한 지표로 판단했습니다. 눈물이 고여 있는 눈, 기쁨으로 빛나는 눈, 대답을 갈망하는 눈, 응답에 감사하는 눈. 이 모든 것이 우리가 어떻게 눈으로 '말하는지'를 보여 줍니다. 이 짧은 시편에서 '눈'에 대한 표현이 네 번이나 나옵니다(1-2절). 시편 145편 15절을 보면 주님에 대해 말하면서 이렇게 전하기도 합니다. "눈이란 눈이 모두 당신을 바라보고, 당신은 제때에 먹을 것을 주시나이다." 이 구절에는 기대에 찬 희망과 확실한 만족이 모두 표현되어 있습니다. 기대를 가지고 열망하는 눈이 충족을 인식하는 눈이 되는 것입니다. 시편 123편에도 이와 유사한 태도가 나옵니다. 종들이 자비로운 응답을 기대하며 제 주인을 우러러봅니다. 이는 마치 우리가 자비를 구하며 우리 주 하느님을 우러러보는 것과 같습니다. 여기서 '자비'(2절)라고 번역된 히브리어 단어에는 하느님의 호의를 나타내는 인자함의 의미가 담겨 있습니다. 사무엘기 상권 1-2장에는 예언자 사무엘의 어머니에 관한 대목이 나옵니다. 그 어머니는 '한나'인데, 이 이름은 지금 언급하고 있는 바로 그 히브리어 단어 '자비'에서 나왔습니다. 이 이야기는 역설로 시작됩니다. 한나는 하느님의 은혜를 가리키는 이름을 가졌지만 아이를 얻지 못하고 있었습니다. 그러다가 사무엘을 낳으면서 그녀의 이름과 그녀의 상황이 맞아떨어지게 됩니다. "엘카나가 아내 한나와 잠자리를 같이하자 주님께서는 한나를 기억해 주셨다"(1사무 1,19). 하느님이 기억해 주심으로써 인자한 자비가 한나에게 베풀어진 것입니다. 마찬가지로 이 시편의 마지막 절도 하느님께 인자한 호의를 구하는 내용으로, 시편저자가 거만하고 교만한 자들의 멸시로부터 구해 주시기를 청합니다. 그렇다면 한나의 이야기와 이 시편이 전하고자 하는 바는 무엇일까요? 하늘에 계신 분을 찾는 사람은 그분이 계신 곳을 확신과 신뢰로 바라보는 비천한 종이라는 것입니다. 예수님도 산상설교에서 사람의 눈에 관해 말씀하셨습니다. "몸의 등불은 눈입니다. 그러므로 당신의 눈이 맑으면 당신의 온몸이 밝고 당신의 눈이 흐리면 당신의 온몸이 어두울 것입니다. 그러니 당신 안에 있는 빛이 어둠이라면 그 어둠이 얼마나 심하겠습니까?"(마태 6,22-23). 비오니 저희가 주님께 시선을 고정하여, 하느님께서 저희에게 베풀고자 하시는 인자한 자비를 모든 것을 통찰하는 예수님의 눈에서 나온 빛으로 저희가 보고 깨닫게 하소서.

1 123 (122) [순례의 노래]

하늘에 좌정하신 분이시여
저는 당신을 우러러보나이다.
2 보소서, 종들이 제 주인의 손을 눈여겨보듯
몸종이 제 안주인의 손을 눈여겨보듯
저희는 주 하느님을 우러러보며
당신 자비만을 바라나이다.
3 자비를 베푸소서, 주님, 저희에게 자비를 베푸소서.
저희는 죽도록 멸시만 받았나이다.
4 거만한 자들의 조롱을
교만한 자들의 멸시를
저희 영혼이 죽도록 받았나이다.

기도합시다

하늘에 계시면서도 믿음을 가지고 당신을 우러러보는 사람들에게 자비를 보여 주시는 하느님, 비오니 저희 신뢰에 생기를 불어넣어 주시어, 모든 삶의 도전 중에 저희가 당신의 이끄심을 찾고 진리와 기쁨의 길을 발견하게 하소서. 우리 주 그리스도를 통하여 비나이다. 아멘.

시편 124

위험한 홍수와 그물

성경의 세계관에서 물은 축복과 위험이란 상반된 특성을 모두 지니고 있습니다. 시편 124편에는 홍수로 위험해진 물의 표상이 나오면서, 재난이 잠재하고 죽음이 임박했다는 느낌을 받게 합니다. 하지만 시편저자는 진심 어린 감사로 시편을 시작합니다. 시편저자에 따르면 주님은 선택받은 민족인 이스라엘과 함께하시면서 그들이 해를 입지 않도록 보호해 주십니다. 주님께서 함께하지 않으셨다면 틀림없이 그들은 몰락과 비극에 떨어졌을 것이라고 시편저자는 주장합니다. 하지만 현대적 사고방식으로 이처럼 심오한 믿음을 갖기란 얼마나 어려운 일이겠습니까! 오늘날 우리는 극복과 완수, 성공과 성취를 이루는 개인의 능력을 강조하는 세상에서 살고 있습니다. 따라서 우리 안에서 활동하시는 하느님의 은총을 전적으로 신뢰하는 일이 비범한 신앙 행위가 되어 버렸습니다. 시편저자는 극단적 표현을 사용합니다. "산 채로 삼켜 버렸으리라"(3절), "물살이 덮치고"(4절), "거품을 뿜어내는 물살이 휩쓸었으리라"(5절). 이 표현들은 임사 체험을 연상시킵니다. 죽음의 입을 지나서 살아 나와야만 삶의 진가를 온전히 알 수 있다는 말이 떠오릅니다. 시편저자도 비슷한 경험을 이야기합니다. 여기서 시편저자는 공동체 차원의 용어를 사용하지만, 체험의 직접성은 개인적으로 그리고 개별적으로 강렬합니다. 하느님이 구원의 손길을 뻗으셔서 죽음으로부터 벗어나는 개인적 경험을 한 사람의 입에서 찬미가 봇물처럼 터져 나옵니다(6절). "주님은 찬미받으소서"(6절)는 불가능한 일을 이루신 그분께 찬미와 감사를 선언하는 말입니다. 포식자의 입에 물려 있는 먹이처럼 위험에 던져졌으나 이제는 구원되어 안도의 기쁨과 평화를 깨닫게 되었으니, 시편저자가 진심으로 감사할 이유는 차고 넘칩니다. 많은 신앙 공동체가 모임에서 시작 기도를 바칠 때면 이 시편 마지막 절에서 따온 구절로 화답송을 바칩니다. 한 사람이 "우리 구원은 주님 이름에 있네"라고 선창하면 다른 사람들이 "하늘과 땅을 만드신 분이시네"라고 응답하는 것입니다. 사실 이 구절에는 평범한 상황에서 부여하는 의미보다 훨씬 깊은 의미가 담겨 있습니다. 이 표현을 통해 우리는 시편저자와 함께 "하늘과 땅의 하느님, 바로 그분만이 우리 도움이며 우리 피난처, 우리 성채, 우리 안식처, 우리 보호자, 우리 희망"이심을 말하고 있기 때문입니다. 복음서에서도 예수님은 모든 것을 제공해 주시는 이러한 하느님을 분명하게 인격화했습니다. "그러므로 여러분은 무엇을 먹을까 혹은 무엇을 마실까 혹은 무엇을 입을까 하면서 걱정하지 마시오. 이런 것은 다 이방인들이 힘써 찾는 것입니다. 여러분의 하늘 아버지께서는 이런 것이 다 여러분에게 필요하다는 사실을 알고 계십니다. 여러분은 먼저 하느님의 나라와 그분의 의로움을 찾으시오. 그러면 여러분은 이런 것들도 다 곁들여 받게 될 것입니다. 그러므로 내일을 걱정하지 마시오. 사실 내일은 그 나름대로 걱정하게 될 것입니다. 하루하루 그날의 괴로움으로 족합니다"(마태 6,31-34). 우리는 하루하루 문제에 부딪힙니다. 하지만 당신의 변함없는 사랑을 굳건히 믿는 한, 하느님께서 우리와 함께 계시면서 그 문제들을 헤쳐 나가게 해 주십니다.

124 ¹ (123) [순례의 노래. 다윗]

이스라엘은 말하여라.

주님이 우리와 함께하지 않으셨던들

2 사람들이 우리에게 맞서 일어났을 때

주님이 우리와 함께하지 않으셨던들

3 우리를 거슬러 저들의 분노가 타올랐을 때

우리를 산 채로 삼켜 버렸으리라.

4 물살이 우리를 덮치고

급류가 우리를 휩쓸었으리라.

5 거품을 뿜어내는 물살이

우리를 휩쓸었으리라.

6 저들 이빨에 우리를 먹이로 내주지 않으셨으니

주님은 찬미받으소서.

7 사냥꾼의 그물에서

우리는 새처럼 벗어났네.

그물은 찢어지고

우리는 벗어났네.

8 우리 구원은 주님 이름에 있네.

하늘과 땅을 만드신 분이시네.

기도합시다

우리 주 하느님, 축복의 원천이시며 모든 좋은 선물을 주시는 분, 비오니 우리 마음속에 믿음의 눈을 뜨게 하시어, 저희가 당신께서 저희에게 필요한 모든 것을 마련해 주신다는 확신을 갖게 하소서. 그리하여 저희가 영원무궁토록 주님이신 예수 그리스도, 당신 말씀의 현존 안에서 평화의 길을 걷게 하소서. 아멘.

시편 125

주님은 당신 백성을 감싸고 계시네

예리코에서 오는 길을 통해 예루살렘으로 들어와 본 적이 있는 사람이라면 시편 125편이 특별하게 마음에 와닿을 것입니다. 사해에서 16킬로미터밖에 떨어져 있지 않은 예리코는 해면으로부터 250미터 정도 낮은 지대에 있습니다. 반면 예루살렘은 예리코와 불과 24킬로미터 거리에 있지만, 이 짧은 거리를 사이에 두고 해발 1,000미터 이상의 높이에 위치해 있습니다. 그러니까 예리코에서 예루살렘으로 가는 길은 경사가 무척 가파를 수밖에 없습니다. 그러나 예루살렘이 눈에 들어오기 시작하는 지점에 이르면, 어디서도 볼 수 없는 시점에서 예루살렘을 보게 됩니다. 이 특별한 찰나에 느끼는 전율이 바로 이 시편 말씀에 담겨 있습니다. "산들이 예루살렘을 감싸듯, 주님은 당신 백성을 감싸고 계시네, 이제부터 영원까지"(2절). 산꼭대기에 있는 성채인 예루살렘은 다른 산들로 에워싸여 보호받으며 그곳에 서 있습니다. 시편저자가 제시하는 표상은 의미를 손쉽게 파악할 수 있을 정도로 명확합니다. 주변을 둘러싸고 있는 산들은 시온산, 딸 예루살렘, 당신께서 선택하신 도성(시편 132,13-14)을 감싸 안는 하느님의 팔처럼 보입니다. 하느님의 사랑과 보호를 나타내는 이 멋진 표상은 하느님에 대한 이스라엘의 신뢰를 떠올리게 합니다. 하느님께서는 이곳을 창조하시어 지상에서 당신의 현존이 머무는 유일한 곳으로 선택하셨습니다. 하지만 우리를 보호해 주시는 하느님의 사랑을 나타내며 안심시키는 이런 표상 바로 다음에 경고가 따릅니다. 죄악을 저지르려 하는 자들에게 보내는 경고입니다. 악인들의 나쁜 영향이 의인들을 미혹하지 않는 한, 악인들이 의인들과 함께 사는 일은 허락되지 않을 것입니다(3절). 우리는 우리의 말과 행동으로 함께 사는 이들과 함께 일하는 이들에게 분명히 영향을 미칩니다. 또한 가족이나 친지, 친구들이 우리에게 미치는 영향도 한없이 큽니다. 현자들은 친구를 잘 사귀고 좋은 사람들과 어울리라고 충고합니다. 우리가 그들을, 그들도 우리를 닮아 갈 것입니다. 시편저자는 주님께 당신의 길에 맞게 살아가는 이들, 올곧게 살며 선을 행하는 이들에게 축복을 청합니다(4절). 올곧게 살고 선을 행한다는 두 가지 행동 방침은 한 사람의 전체, 즉 내면과 외면을 모두 포함하는 삶의 방식을 보여 줍니다. 여기에서 목적으로 삼는 바는 진정한 평화 ― 몸과 마음과 정신의 행복 ― 가 이스라엘 백성에게 내려지는 것입니다. 사도 바오로는 갈라티아 신자들에게 보낸 서간에서, 신자들이 부정적 영향을 받아 진정으로 "그리스도 예수 안에서" 사는 데 방해를 받았다며 한탄합니다. "여러분은 잘 달리고 있었습니다. 그런데 누가 여러분을 가로막아 진리에 순종하지 못하게 하였습니까? 이 훼방하는 말은 여러분을 부르신 분으로부터 온 것이 아닙니다"(갈라 5,7-8). 우리를 부르시는 분은 하느님이십니다. 그분께서는 선하심과 진리, 의로움과 정의, 자비와 평화의 사절이 되라고 우리를 초대하십니다. 그리하여 오늘날 우리가 살아가는 세상에서 다름 아닌 "그리스도의 훈향"(2코린 2,15)이 되기를 바라십니다.

125 ¹ (124) [순례의 노래]

주님을 신뢰하는 이는 시온산 같아
흔들리지 않고 영원히 서 있으리라.

2 산들이 예루살렘을 감싸듯
　주님은 당신 백성을 감싸고 계시네,
　이제부터 영원까지.
3 의인들이 나누어 받은 땅 위에
　악인의 권세가 미치지 못하리니
　의인들은 죄악에
　손을 내밀지 않으리라.

4 주님, 마음 바른 이에게,
　착한 이에게 복을 주소서.

5 비뚤어진 길로 들어선 자들을,
　악을 일삼는 자들을 주님은 물리치시리라.

　이스라엘에 평화가 있기를!

기도합시다

전능하시고 영원히 살아 계시는 하느님, 저희를 위한 당신의 자비로운 섭리는 차고도 넘치나이다. 당신의 사랑과 연민에 대한 저희의 확신이 정의와 평화의 길을 선택할 수 있도록 저희를 굳세게 하시고 우리 주 그리스도를 통하여 당신의 무한한 선善의 도구가 되게 하소서. 아멘.

시편 126

눈물로 씨 뿌리던 사람들

역사적 순간들 가운데는 공동체와 개인 모두에게 의미가 있는 사건들이 있습니다. 바빌론 유배로부터의 귀환(기원전 539년)은 이스라엘의 정체성과 하느님과의 관계를 이해하는 데 압도적 영향을 미쳤습니다. 그보다 앞서 이스라엘 백성은 그들을 위한 하느님의 권능과 사랑의 위업으로서 이집트 억압에서 해방되는 경험을 한 바 있습니다. 그리고 몇 세기가 지난 후, 그들의 동정심 많은 하느님께서 또다시 당신의 강한 팔을 뻗으시어 유다 백성이 바빌론 유배에서 돌아오게 하신 것입니다. 작고 하찮은 유다는 바빌론의 생활과 문화에 거의 동화되었고, 그들의 처지도 분명 가망이 없었습니다. 독립 공동체인 하느님의 백성이라는 정체성을 지니게 할 어떤 미래도 없어 보였습니다. 붙잡혀 있던 사람들 가운데서 신실한 이들이 희망했던 것처럼 운명을 되돌릴 수 있는 것은 오직 하느님 사랑의 기적뿐이었습니다. 그런데 그 일이 일어났습니다. 불가능한 일이 벌어졌습니다. 어안이 벙벙해진 이스라엘 백성은 "마치 꿈꾸는 듯했습니다"(1절). 여기서 우리는 성경에서 하느님의 행적이 어떻게 소개되어 있는지, 이에 관해 중요한 진실을 알게 됩니다. 이집트 탈출 사건은 일회적 경험을 나타내는 것이 아닙니다. 억압에서 자유로의 이행은 이스라엘 백성의 삶에서 거듭되었습니다. 그리스어 '엑스 호도스'*ex hodos*에서 유래한 '엑소더스'(탈출기)라는 말은 문자 그대로 '길 밖으로'를 의미합니다. 이러한 해방의 개념을 개인적으로나 공동체 안에서 인간 경험에 적용할 수 있는 방법에 대해 생각해 봅시다. 우리가 중동 지역과 아프리카에서 종종 목격하듯이, 전쟁이나 내전이 발발할 때 진정 '길 밖으로' 벗어나는 것에는 하느님이 베푸시는 은총을 움켜잡고 (3절) 인간이 할 수 있는 최선의 노력을 다하여서 공평하고 정의로운 상황을 만드는 것도 포함되어야 합니다. 다음으로 개인적 차원에서 보자면, 두 사람 사이에 균열이 생길 때, 여기서 벗어나는 길에는 용서와 이해의 은총이 포함되어야 합니다. 그러면 상황을 새로운 눈으로 보면서 앞으로 나아가게 되고 서로 상대에게 성장과 성숙의 여지를 허락하게 됩니다. 우리는 이 두 가지 상황에서 모두 용서하고 과거의 상처를 버리면서 눈물을 흘립니다. 이렇게 눈물로 뿌려진 씨들은 자연스레 은총의 노래로 흘러들어가서, 마음의 기쁨을 표현하고 우리를 화해로 이끄시는 하느님의 사랑을 찬미합니다. 이 같은 체험을 통해 우리는 삶의 상처와 오해에서 벗어날 출구를 찾도록 우리를 이끄시는 하느님 성령의 참신함에 우리 마음을 열게 됩니다. 예속 상태(스스로 이러한 상태에 빠지는 경우가 비일비재하다)에서 벗어날 때마다 우리는 복음이 지닌 변화의 힘을 목격하면서 굳건해집니다. 사도 바오로는 시편 126편의 이 표상을 빌려 와서 말합니다. "적게 뿌리는 이는 적게 거두어들이고 복스럽게 뿌리는 이는 복스럽게 거두어들이는 법입니다. … 씨 뿌리는 이에게 씨앗을 마련해 주시고 먹을 빵을 대 주시는 분께서 여러분의 씨앗도 많게 하시고 여러분의 의로움의 수확을 늘려 주실 것입니다"(2코린 9,6.10). 시편저자와 함께 우리도 소리 높여 노래합시다. 지금 우리 시대에 "주님이 우리에게 큰일을 하셨기에 우리는 기뻐합니다"(3절).

¹ 126 (125) [순례의 노래]

주님이 시온을 귀양에서 풀어 주실 때

우리는 마치 꿈꾸는 듯하였네.
2 그때 우리 입에는 웃음이 넘치고
　　우리 혀에는 환성이 가득 찼네.
　　그때 민족들이 말하였네.
　　"주님이 저들에게 큰일을 하셨구나."
3 주님이 우리에게 큰일을 하셨기에
　　우리는 기뻐하였네.

4 주님, 저희의 귀양살이
　　네겝 땅 시냇물처럼 되돌리소서.

5 눈물로 씨 뿌리던 사람들
　　환호하며 거두리라.
6 뿌릴 씨 들고
　　울며 가던 사람들
　　곡식 단 안고
　　환호하며 돌아오리라.

기도합시다

저희 가운데에 신성한 연민과 자비의 씨를 뿌리신 수확의 하느님, 저희 마음을 열어 주시어, 저희가 억압에서 자유로, 슬픔에서 기쁨으로 가는 여정에서 당신의 인도하심을 깨닫게 하소서. 그리하여 언제나 모든 일에서 저희가 당신의 풍부한 사랑을 찬미하게 하소서. 이 모든 것 우리 주 그리스도를 통하여 비나이다. 아멘.

시편 127

주님이 집을 지어 주시면

성경 속 시문학에는 의도적인 중의적 표현들이 때때로 보입니다. 이 시편의 시작 부분도 그렇습니다. 오늘날 우리는 '집을 짓는다'고 하면 물리적 건물을 세우는 것으로 여깁니다. 하지만 성경의 사고 체계에서 '집'은 가계나 왕조를 의미하기도 합니다. 사무엘기 하권 7장을 보면 '집'이란 단어로 언어유희를 하는 부분이 있습니다. 다윗이 예언자 나탄에게 주님이 머무실 '집'으로 성전을 짓고 싶다고 말하자, 하느님은 다윗의 선한 의도를 되레 되돌려 주십니다. 다시 말해 하느님은 다윗의 혈통으로부터 기름부음받은이, 즉 메시아가 탄생할 '집안'을 세우실 것이라 말씀하십니다. 다윗 후손에서 메시아가 탄생하리라는 고지가 이 이야기의 요지입니다. 시편 127편에서 우리는 '집을 짓는 것'이 어떻게 건물을 세우는 것을 뜻하거나 가계를 세우는 것을 뜻하는지, 혹은 둘 다를 뜻하는지 알 수 있습니다. 첫째, 건축에 착수할 경우, 설계를 하고 건설을 시행하려면 피땀으로 노역해야 합니다. 늦은 밤까지 일하고 이른 아침에 일어나는 것은 당연한 일입니다(2절). 둘째, 고대사회에서 특히 더 그랬지만 한 집안이 번창하려면 모두의 행복을 위해 많은 사람의 노력이 한데 모여야 했습니다. 많은 자손을 이루는 데 젊고 강한 사람들이 도움을 보태면 성공을 보장하는 데 도움이 되었습니다(4절). 시편 127편에서는 '집을 짓는' 일이 그 안에 담긴 두 가지 의미 모두에서 결실을 맺으려면 하느님께서 지켜보시며 사랑으로 보살펴 주셔야 한다고 이야기합니다. 우리가 하는 있는 노동의 이면에는 세상의 구원과 구속을 위한 하느님의 놀라운 계획이 신비롭게 펼쳐져 있습니다. 그리고 하느님의 이 계획에는 우리가 저마다 해야 할 역할이 있습니다. 하느님의 계획 가운데 우리 몫이 무엇인지 깨닫는 일은 도전적 과제일지 모릅니다. 전적으로 하느님께 의존하는 것과 하느님께서 주신 재능을 활용하기 위해 우리 스스로 결정을 내리는 것 사이에서 균형을 세심히 유지하기 위해 분투해야 하기 때문입니다. 하느님이 우리에게 주신 선물과 다른 이들에게 주신 선물이 무엇인지 깨닫고 그 진가를 알아보는 일, 이것은 삶을 살아가며, 즉 우리의 인간적 체험을 통해 가능해집니다. 하느님의 계획 안에서 우리의 자리를 발견하고 하느님의 은총을 확신하는 것이 바로 구원으로 가는 길입니다. 하느님을 신뢰하는 일과 우리에게 주어진 것을 최선으로 활용하는 일 사이에서 미묘한 균형을 유지하면 — 그런 다음 하느님의 은총과 우리의 노력으로부터 무슨 일이 일어날지 그저 기다리면 — 더 손쉽게 축복을 알아보게 됩니다. 예수님은 이 두 가지 사이에서 완벽히 균형을 이루셨습니다. 요한 복음서에서 예수님은 이렇게 말씀하십니다. "당신들이 인자를 높이 들어 올리게 될 때 그제야 당신들은 내가 그이라는 것을 알게 될 것이고 또 내가 내 스스로는 아무것도 행하지 않고 아버지께서 내게 가르쳐 주신 대로 이런 일들을 말한다는 것을 알게 될 것입니다. 나를 보내신 이는 나와 함께 계시며 나를 홀로 버려두시지 않습니다. 그것은 내가 그분의 마음에 드는 일을 항상 행하기 때문입니다"(요한 8,28-29). 우리가 가진 모든 것, 그리고 우리가 하는 모든 일은 선물입니다. 우리의 능력이 닿는 한 하느님의 영광을 위해, 우리 이웃에게 도움이 되기 위해 사용해야 하는 선물입니다.

127 (126) [순례의 노래. 솔로몬]

1 주님이 집을 지어 주지 않으시면
집 짓는 이의 수고가 헛되리라.
주님이 성읍을 지켜 주지 않으시면
지키는 이의 밤샘이 헛되리라.
2 아침 일찍 일어나는 것도
밤늦게 자리에 드는 것도
고난의 빵을 먹는 것도
너희에게 헛되리라.
주님은 사랑하시는 이에게
자는 동안 모든 것을 다 주신다.
3 보라, 아들들은 주님의 선물
자녀들은 그분의 상급이라네.
4 젊어서 얻은 아들들
전사의 손에 들린 화살 같구나.
5 행복하여라, 제 화살 통을
가득히 채운 사람!
성문에서 적들과 다툴 때
수치를 당하지 않으리라.

기도합시다

하늘과 땅의 주님, 당신께서는 저희에게 필요한 모든 것을 마련해 주시고 당신의 다정한 충실함은 끝이 없나이다. 비오니 당신께서 저희에게 주신 선물을 지혜롭게 사용하도록 도와주소서. 그리하여 그리스도의 이름으로 이 땅 위에 당신께서 영원히 살아 계시고 다스리시는 천상 왕국을 건설하는 사람이 되게 하소서. 아멘.

시편 128

노동, 가족, 시온에 내려지는 축복

이 시편도 "주님을 경외하는 사람"(1절)이 축복을 받는다는 소식으로 시작합니다. 창조의 기적, 역사의 변동, 우리 삶의 개인적 체험에 관해 묵상하다 보면, 우리 내면에서 하느님의 신비로운 길에 대해 경외심이 생깁니다. 이런 묵상 중에 우리는 마음속에 두려움이 일 수도 있지만, 그보다는 우리를 사랑하시고 우리에게 충실하신 하느님께서 우리의 삶과 세상 속에서 활동하고 계심을 깨닫게 됩니다. 시편 128편에서는 주님을 경외하는 사람이 축복을 받는 세 가지 영역을 강조합니다. 바로 노동과 가족, 그리고 거룩한 도성 시온입니다. 첫 번째로 노동을 살펴봅시다. 성경에서 노동은 주목할 만한 위치를 차지합니다. 창세기는 하느님께서 세상을 창조하실 때 6일 동안 일하시고 7일째에 쉬셨다고 선언합니다. 이에 따라 인간에게 노동은 거룩한 것, 즉 하느님의 노력에 참여하는 수단입니다. 노동은 우리의 노력과 하느님의 노력을 연결 지으면서 하느님의 위엄을 부여합니다. 시편저자에 따르면 우리는 노동할 때 노력의 결과로 '축복과 번영'을 모두 기대할 수 있습니다(2절). 두 번째로 우리는 "그분의 길을 걸을"(1절) 때 크고 든든한 가족이라는 축복을 기대할 수 있습니다. 히브리 민족은 가족들이 많아야 행복할 수 있다고 여겼습니다. 자녀들이 자연스레 부모와 함께 노동하면서 가족의 요구를 충족시킬 것으로 기대했습니다. 오늘날 우리는 성경 시대의 가족 개념을 이해할 필요가 있습니다. 그 가치 중에서 많은 것이 특히 기술이나 산업화의 영향을 받지 않은 문화권에서 여전히 인정을 받고 있습니다. 문화나 사회에서 가족을 바라보는 관점이 어떠하든, 구약 성경에서는 인간을 인간답게 하는 기본 단위가 가족임을 상기시킵니다. 보살핌을 받고, 또 보살핌을 배우는 곳이 바로 가족입니다. 이는 단순하지만 본질적인 가르침입니다. 세 번째로 시편저자는 예루살렘, 즉 시온이 다윗왕 시대부터 이스라엘의 전통적인 평화의 장소이자 긍지라는 성경 속 주장을 재확인하며 강조합니다(5-6절). 메시아 사상을 다룬 문서들은 예루살렘을 하느님께서 당신 거처로 삼으신 곳으로 묘사합니다. 그래서 예루살렘은 하느님의 백성, 즉 이스라엘이 희망하는 모든 것 — 통일, 정의, 힘, 안전, 행복 — 을 상징합니다. 하느님께서 당신을 신뢰하는 사람에게 "한평생 모든 날에"(5절) 시온에서 내리시는 축복, 이 표상에는 좋고, 거룩하고, 올곧은 것이 모두 담겨 있습니다. 그것은 바로 평화의 비전입니다. 그래서 성경의 마지막에 나오는 요한 묵시록에서 이러한 예루살렘의 표상을 다시 포착한 것은 분명 의미심장합니다. 묵시록에서는 예루살렘과 관련된 기쁨, 고통의 종말, 영원한 생명의 약속을 강조합니다. "나는 또 거룩한 도성 새 예루살렘이 하느님으로부터 나와 하늘에서 내려오는 것을 보았는데 … 이때 나는 옥좌로부터 울려 나오는 큰 음성을 들었는데 이렇게 말했다. '보라, 사람들 가운데에 있는 하느님의 장막이다. 그분은 그들과 함께 거처하시고 그들은 그분의 백성으로 지낼 것이다. 하느님 친히 그들의 하느님으로서 그들과 함께 계실 것이다. 그분은 그들의 눈에서 눈물을 다 씻어 주실 것이다. 더 이상 죽음이 없고, 다시는 슬픔도 울부짖음도 고통도 없을 것이다. 이전 것들은 다 사라져 버렸기 때문이다'"(묵시 21,2-4). 우리 하느님은 축복의 하느님이십니다. 결코 끝나지 않을 놀라운 축복의 하느님이십니다. 우리는 언제나 주님의 길을 걸으며 자비하신 우리 하느님의 은혜를 깨달아야 합니다.

128 (127) [순례의 노래]

1 행복하여라, 주님을 경외하는 사람
그분의 길을 걷는 모든 사람!
2 네 손으로 벌어 네가 먹으리니
너는 행복하여라, 너는 복을 받으리라.
3 너의 집 안방에 있는 아내는
풍성한 포도나무 같고
너의 밥상에 둘러앉은 아들들은
올리브 나무 햇순 같구나.
4 보라, 주님을 경외하는 사람은
이렇듯 복을 받으리라.
5. 주님은 시온에서 너에게 복을 내리시리라.
너는 한평생 모든 날에
예루살렘의 번영을 보며
6 네 아들의 아들들을 보리라.

이스라엘에 평화가 있기를!

기도합시다

우리 구세주 하느님, 저희를 강복하시고 거룩함으로 인도해 주시는 분, 비오니 저희를 깨우쳐 주시어 저희가 당신의 거룩하신 노력 안에서 저희 노동이 차지하는 몫을 깨닫게 해 주소서. 그리하여 저희가 이곳 지상 위에 당신의 왕국을 건설하기 위해 노력하게 하소서. 우리 주 그리스도를 통하여 비나이다. 아멘.

시편 129

우리 안에서 승리하신 하느님

순례의 노래들의 경우, 화자가 바뀌는 경우가 종종 있습니다. 어떤 때는 1인칭 단수형으로 화자의 개인적 걱정과 체험을 표현하는가 하면, 어떤 때는 공동체에 훈계하는 목소리를 내기도 하고, 또 어떤 때는 집단적으로 말하는 온 공동체의 목소리가 되기도 합니다. 시편 129편에서 우리는 이스라엘에게 노래를 촉구하는 목소리를 만납니다(1절). 그런데 여기서 온 이스라엘이 1인칭 단수형 화자가 되어 노래합니다(1-4절). 그다음 5-8ㄴ절에 나오는 1인칭 단수형 화자는 개인의 목소리일 수 있고 단체의 목소리가 될 수도 있습니다. 마지막 8ㄷ절에서는 온 공동체의 목소리를 복수형으로 듣게 됩니다. 구약성경 저자들은 '집단적 인격'이라 알려져 있는 수사적 비유를 흔히 사용했습니다. 이것은 한 개인이 자신이 속한 공동체를 대표해서 화자가 되는 방법으로, 이때는 화자가 하느님의 민족 이스라엘 전체를 암시합니다. 이 시편에서 저자는 다른 민족에게 고통받아 온 하느님의 민족 이스라엘의 긴 역사를 들려줍니다. "젊은 날부터 사람들은 나를 몹시도 괴롭혔네"(1절). 이는 한 민족을 이룬 이래 다른 민족으로부터 잔혹 행위와 학대를 받았다는 뜻입니다. 역사 시편들은 이 이야기를 다양한 방식으로 들려줍니다(78편; 105-107편; 135-136편). 그러면서도 이스라엘이 부정을 반복했음에도 하느님께서 그 모든 과정에서 그들과 늘 함께하셨다고 일관되게 이야기합니다. 4절에서는 이런 사실을 이스라엘의 원수만 아니라, 하느님의 민족 이스라엘 자신과도 연관 지어서 강력하게 이야기합니다. "그러나 주님은 의로우신 분, 악인들의 밧줄을 끊어 버리셨네." '정의'는 때와 대상을 불문하고 언제나 모든 사람을 대하시는 하느님의 모든 모습을 특징짓는 말입니다. "밭 가는 자들이 내 등을 가는"(3절) 모습은 이스라엘에 대한 억압이 거세게 자행되었지만 그럼에도 그들이 살아남았음을 보여 줍니다. 그렇다면 그들은 어떻게 견뎌 낼 수 있었을까요? 그 답은 마지막에 제시됩니다. 그들이 존속할 수 있었던 것은 바로 '주님의 축복'이 있었기 때문입니다. 시편저자는 더 강한 상대를 이겨 낸 놀라운 승리가 오직 하느님께서 언제 어디서나 모든 것에 승리하신다는 믿음 덕분이라고 고백합니다. 이렇게 시편저자는 확신을 가지고 그들의 원수를 하느님의 손에 넘기면서 그들을 의롭게 처리해 주시기를 청합니다(4절). 이런 태도에는 우리가 살면서 경험하는 모든 승리의 근원이 하느님이시라는 믿음이 들어 있습니다. 우리는 하느님께서 우리에게 주신 선물 없이는 아무것도 할 수 없습니다. 그 선물은 어떤 때는 조용히 드러나고, 또 어떤 때는 아주 강하게 드러납니다. 하느님의 승리는 우리 삶의 중심입니다. 사도 바오로도 이 사실을 잘 알았습니다. 코린토 신자들에게 보낸 첫째 서간에서 그는 그들의 부적절한 당파심과 분열을 가라앉히면서 그들이 개종하게 된 것은 그나 그의 동료 아폴로의 공이 아니라고 주장합니다. "그러나 형제 여러분, 나는 여러분을 위하여 나와 아폴로의 경우를 들어 이 모든 것을 비유로 설명하였습니다. 그것은 여러분이 '기록되어 있는 것 이상은 생각지 말라'는 원칙을 우리한테 배워서, 한 편을 위하여 다른 편을 얕보고 으스대는 일이 없도록 하려는 것입니다. 과연 누가 그대를 잘났다고 쳐 줍니까? 그대가 가지고 있는 것으로서 받지 않은 것이 무엇입니까? 받았다면 왜 마치 받지 않은 것처럼 자랑합니까?"(1코린 4,6-7). 우리가 가진 모든 것과 우리가 존재하는 모든 모습은 하느님이 우리에게 보여 주시는 사랑과 자비의 징표입니다. 그러므로 모든 축복의 원천이신 우리 하느님 안에서 자랑하도록 합시다.

129 (128) [순례의 노래]

¹ 이스라엘은 말하여라.
젊은 날부터 사람들은 나를 몹시도 괴롭혔네.
² 젊은 날부터 사람들은 나를 몹시도 괴롭혔네.
그러나 나를 이겨 내지는 못하였네.
³ 밭 가는 자들이 내 등을 갈아
길게 고랑을 내었다네.
⁴ 그러나 주님은 의로우신 분
악인들의 밧줄을 끊어 버리셨네.
⁵ 시온을 미워하는 자 모두
부끄러워하며 물러가리라.
⁶ 그들은 지붕 위의 풀처럼

뽑기도 전에 시들어 버리리라.
7 낫질하는 이의 손에도,
거두는 이의 아름에도 차지 못하리라.
8 지나가는 이는 아무도 이렇게 말하지 않으리라.
"주님의 복이 너희에게 있기를!"

"우리는 주님의 이름으로 너희에게 축복하노라."

기도합시다

자비와 연민의 하느님, 당신 정의의 길을 따르는 사람들과 함께 계시는 분, 비오니 저희가 당신의 놀라운 선물을 늘 마음에 새기게 하소서. 그리하여 영원무궁토록 한 분 하느님으로 살아 계시고 다스리시는 당신께 저희가 매일 감사의 노래를 바치게 하소서. 아멘.

시편 130

당신은 용서하는 분이시니

일곱 편의 참회 시편(6편; 32편; 38편; 51편; 102편; 130편; 143편) 가운데 하나인 시편 130편은 우리에게 친숙합니다. 비유적 표현이 눈에 띄는 것은 물론이고, 전례에서 자주 쓰기 때문입니다. 성 아우구스티누스 시대부터 그리스도교에서 참회 시편으로 지칭된 이 시편들은 강한 표현으로 회개를 노래합니다. 여기서 시편저자는 더 굳건한 지조로 하느님의 길을 따르고자 죄의 길을 물리치겠다고 다짐합니다. 시편 130편은 첫 구절에서 「깊은 구렁 속에서」란 제목을 따와서 성가로도 자주 부릅니다. 이 표현은 치명적 혼돈과 파괴의 바다를 상징할 수 있지만, 동시에 시편저자의 삶 속에 있는 파괴적인 죄를 연상케도 합니다. 시편저자는 죄 때문에 깊은 고통과 곤경에 빠졌으나 거기서 탈출하는 것은 그의 힘 밖의 일입니다. 시편저자는 세 번에 걸쳐 애원합니다. "당신께 부르짖나이다"(1절), "제 소리를 들어 주소서"(2ㄱ절), "애원하는 제 소리에 당신 귀를 기울이소서"(2ㄴㄷ절). 시편저자는 절대적 겸손을 보이면서 혼자 힘으로는 죄의 영향에서 결코 벗어나지 못함을 인정합니다. 여기서 "죄악"(3절)으로 번역된 히브리어는 하느님과 이웃으로부터 우리를 분리하는 길을 찾고 싶어 하는 인간의 알 수 없는 마음을 암시합니다. 그러나 시편저자는 우리의 하느님이 용서의 하느님이심을 즉각 인정합니다. 우리는 우리의 처지가 희망이 없는 것이 명백할 때 하느님의 사랑과 연민을 가장 확실히 깨닫게 됩니다. 이렇듯 이스라엘의 믿음을 나타내는 초기 표현에서도 용서는 우리가 하느님을 경배해야 하는 이유가 되는, 하느님의 특성 중 하나로 인식됩니다. '실수를 범하는 것은 인간이고 용서하는 것은 신이다'라는 옛 격언은 바로 이런 심오한 신학적 통찰을 소탈하게 표현한 것입니다. 바람과 기다림(5-7절)은 이를 깨달은 사람이 취하는 믿음의 태도입니다. 시편저자는 자신의 고독에 종지부를 찍고서 하느님과의 관계가 새로 시작됨을 알릴 주님의 말씀을 기다립니다. 여기서 '파수꾼'의 표상은 한껏 기대에 부푼 분위기를 조성합니다. 일부 신학자들은 이 파수꾼이 성전 경내를 지키는 사제들을 나타낸다고 보기도 합니다. 긴긴밤 그 거룩한 곳을 지키고서 새벽이 밝았다는 첫 신호에 기뻐 어쩔 줄 모르는 그들의 모습은 다가오는 새날과 새 시작을 알렸습니다. 언제나 구원의 희망을, 옛 잘못으로부터의 자유를, 새 시작에 대한 기대를 안겨 주는 용서는 하느님께서 맺으신 사랑의 계약의 토대입니다. 돌아온 탕자를 아낌없는 사랑으로 환대하는 아버지의 비유를 접하고 기쁨이 샘솟지 않을 사람이 어디 있겠습니까? 그 아버지가 말합니다. "어서 제일 좋은 옷을 가져다 입히고 손에는 가락지를 끼워 주고 발에는 신을 신겨 주어라. 그리고 살진 송아지를 끌어내다 잡아라. 먹고 즐기자. 사실 나의 이 아들은 죽었다가 다시 살아났고 내가 잃었다가 찾은 것이다"(루카 15,22-24). 주님, 저희를 용서하시는 당신의 사랑에 당신을 우러러 경배하나이다.

130 (129) [순례의 노래]

1 깊은 구렁 속에서, 주님, 당신께 부르짖나이다.
2 주님, 제 소리를 들어 주소서.
　애원하는 제 소리에
　당신 귀를 기울이소서.
3 주님, 당신이 죄악을 헤아리신다면
　주님, 감당할 자 누구이리까?
4 당신은 용서하는 분이시니
　사람들이 당신을 경외하리이다.

5 나 주님께 바라네.
　내 영혼이 주님께 바라며
　그분 말씀에 희망을 두네.
6 파수꾼이 새벽을 기다리기보다

내 영혼이 주님을 더 기다리네.
파수꾼이 새벽을 기다리기보다
7 이스라엘이 주님을 더 기다리네.
주님께는 자애가 있고
풍요로운 구원이 있네.
8 바로 그분이 이스라엘을
모든 죄악에서 구원하시리라.

기도합시다

전능하시고 영원히 살아 계시는 하느님, 비오니 당신의 한없는 용서 안에서 저희의 애원을 들으시고 저희를 화해시키시는 당신의 사랑을 내리소서. 당신의 용서가 없으면 저희의 여정은 목적을 잃게 되나이다. 또한 저희가 오직 당신의 은총만으로 저희 삶의 진정한 의미를 깨닫게 하소서. 우리 주 그리스도를 통하여 비나이다. 아멘.

시편 131

젖 뗀 아기 같사옵니다

이번 순례의 노래는 길이는 짧지만 그 안에 깊은 겸손이 묻어납니다. 하느님을 앞에 둔 시편저자의 자세에서는 진정한 자기 인식이 분명히 드러나 있습니다. 우리는 자신의 능력과 한계를 둘 다 정확히 평가했을 때 삼가면서도 감사하는 마음이 생기는 경험을 합니다. 자신의 결점을 인정할 때 자신이 받은 축복을 깨닫게 되기 때문입니다. 여기서 '영혼'

은 사람을 살아 있게 하고, 활력 있게 하며, 활동적인 상태를 유지하게 만드는 내적 본질입니다. 시편저자는 자신의 내면에 있는 영혼이 하느님 앞에서 무력하고 하느님께 의지한다는 사실을 겸손하게 인정합니다. 마치 양식과 안전을 제공해 주는 어머니 품에 안겨 있는 어린아이처럼 말입니다. 하지만 어른의 입에서 나오는 이 시편의 말씀은 특정한 관계를 묘사합니다. 하느님께서는 우리를 상냥하고, 이해심 있고, 친절하게 대하시고, 우리는 확고한 신뢰를 가지고 응답합니다. 다정한 어머니와 아이의 관계를 생각했을 때 떠오르는 바로 그 모습입니다. 우리는 우리의 존재 전체와 우리에게 주어진 모든 것이 하느님에게서 온 것이라는 심오한 깨달음에 도달하는 순간, 절대적이고 무조건적으로 감사하는 마음의 영역에 들어섭니다. 이처럼 감사한 마음을 체험한 적이 있는 사람들은 다른 사람들이 그들에게 베푸는 선행에 겸손해집니다. 친절한 행동 하나하나가 모두 분에 넘치는 사랑의 몸짓으로 인식되고, 인생 전체가 하느님의 자비로운 선물이라고 생각됩니다. 삶의 과정 중에 스치듯 지나는 잠깐 동안의 사색이라 하더라도 우리가 더욱 분명하게 볼 수 있도록 우리를 이끌어 줄 수 있습니다. 하느님께서는 모든 교차로나 갈림길에서 우리와 함께 계시면서 조용히 평화와 축복의 길로 우리를 인도하셨다는 사실을 볼 수 있게 말입니다. 어린아이가 무엇이건 필요한 것이 생기면 이를 충족하기 위해 다정한 어머니를 섬기듯, 이스라엘도 어린아이처럼 의존과 희망, 신뢰의 자세로 하느님을 섬겨야 합니다. 마태오 복음사가는 바로 이와 같은 태도를 예수님께서 제자들에게 전하는 메시지의 핵심이라고 소개합니다. "예수께서는 어린이 하나를 가까이 불러 그들 가운데에 세우시고 말씀하셨다. '진실히 여러분에게 이르거니와, 여러분이 마음을 돌이켜서 어린이들처럼 되지 않으면 결코 하늘나라에 들어가지 못할 것입니다. 그러므로 이 어린이처럼 자신을 낮추는 그런 사람이야말로 하늘나라에서 제일 큰 사람입니다. 그리고 내 이름으로 이런 어린이 하나를 받아들이는 사람은 나를 받아들이는 것입니다'"(마태 18,2-5). 예수님은 진정한 위대함은 어린아이의 잘난 체하지 않는 방식 안에 있다고 가르치십니다. 그리고 바로 이러한 태도를 지님으로써 우리는 새로운 사랑의 율법으로 우리를 천상 왕국으로 인도하시는 그분을 발견하게 됩니다. 우리는 구약성경과 신약성경 양쪽 모두에서 자신을 가난하고 낮은 사람, 궁핍하고 아이 같은 사람과 동일시하는 하느님을 발견합니다. 우리가 이를 본보기로 삼아 따른다면 우리는 진정한 예수님의 제자가 될 것입니다.

131 (130) [순례의 노래. 다윗]

1 주님, 제 마음은 오만하지 않나이다.
제 눈은 높지도 않사옵니다.
감히 거창한 것을 따르지도
분에 넘치는 것을 찾지도 않나이다.

2 오히려 저는 제 영혼을
다독이고 달랬나이다.
제 영혼은 마치 젖 뗀 아기
어미 품에 안긴 아기 같사옵니다.

3 이스라엘아, 주님을 고대하여라,
이제부터 영원까지.

기도합시다

인간의 육신을 취하시어 어린아이로 태어나 진정한 겸손의 길을 보여 주신 주 예수 그리스도님, 비오니 저희를 당신의 사랑 안에서 굳세게 하시어 저희가 어린아이와 같은 신뢰로 당신을 따라 온순하고 낮은 사람들의 길을 걷게 하소서. 당신께서는 영원히 살아 계시고 다스리시나이다. 아멘.

시편 132

다윗에 대한 맹세

사무엘기 하권에는 다윗왕이 계약 궤를 되찾아 예루살렘으로 돌아온 것을 기뻐하며 축하하는 이야기가 나옵니다. 다윗왕은 주님께서 머무르시기에 적합한 곳을 진심으로 짓고 싶어 하지만, 주님은 놀라운 답을 주십니다. 하느님을 위한 집을 짓고 싶다는 다윗의 바람에 하느님은 당신께서 다윗을 위한 '집'을 지으실 것이라고 하십니다. 다윗의 혈통에서 하느님의 기름부음받은이, 즉 메시아가 나올 것이며, 당신께서 그 후손에게도 충실하실 것이라고 하십니다. 시편 132편은 바로 이 이야기를 시적으로 다시 들려줍니다. 이 시편의 주제는 하느님의 신의입니다. 하느님의 변함없는 사랑의 축복은 다윗도 그의 백성도 모두 나누어야 합니다. 3-5절에서는 하느님의 현존에 어울리는 거처를 짓고 싶어 하는 다윗의 바람을 이야기합니다(2사무 7,1-3). 8-10절에서는 기쁜 찬미의 노래를 부르며 계약 궤를 새 안식처 예루살렘으로 옮기는 대행렬을 보여 줍니다(2사무 6,1-5). 11-18절에서는 예언자 나탄을 통해 주님께서 다윗에게 하셨던 약속을 요약해서 반복합니다(2사무 7,8-17). 이렇게 이 시편 본문에서는 '선택 신학'의 한 사례를 보여 줍니다. 즉, 이것은 주님의 선택을 지칭하는 것인데, 주님은 먼저 다윗을 당신의 기름부음받은이로 선택하시고, 다음에는 시온을 당신의 지상 거처로 선택하셨습니다. 대부분의 고대 근동인들은 자신에게 필요한 것을 충족해 주고 자신에게 축복을 가져다줄 신을 그들 스스로 선택했습니다. 그런데 성경에서는 정반대로 이스라엘이 "민족들 가운데에서 수가 가장 적은"(신명 7,7) 민족임에도 하느님께서 선택하셨다고 설명합니다. 이번에도 하느님은 이사이의 아들 중 가장 어린 다윗을 왕이자 메시아의 선조로 선택하십니다. 그뿐 아니라 하느님은 — 여러 산들 가운데 하나인 — 시온을 당신께서 머무시는 곳으로 선택하십니다. 하느님의 이러한 선택은 당신의 은혜가 권세 있는 자들이 아니라, 작고 약한 이들과 함께함을 명확히 보여 줍니다. '눈에 넣어도 아프지 않을 이들'이 바로 그들입니다(시편 17,8). 하느님은 당신께서 선택하신 이들에게 항상 충실하십니다. 이 진리 안에서 우리는 하나의 희망과 하나의 초대를 발견합니다. 먼저 희망이란 우리의 불성실에도 불구하고 하느님은 우리에게 늘 충실하시다는 것입니다. 때때로 신비한 방식을 지니신 주님을 기꺼이 섬길 때, 우리는 그분의 보살핌이 매일같이 우리와 함께하리라 확신할 수 있습니다. 다음으로 초대란 어떤 길을 가건 우리 삶 안에서 하느님의 충실하심을 본받는 것을 말합니다. 우리를 향한 하느님의 신의에 우리도 즉각 신의로 응답해야 합니다. 최후의 만찬 때 예수님은 제자들을 위해 그 자리에서 선택 신학을 다시 고치고 덧붙여서 말씀하십니다. "여러분이 나를 택한 것이 아니라 내가 여러분을 택했습니다. 내가 여러분을 내세운 것은, 여러분이 떠나가서 열매를 맺고 그 열매가 남아 있도록 하려는 것이요, 그리하여 여러분이 내 이름으로 아버지께 청하는 것은 다 그분이 여러분에게 주시도록 하려는 것입니다. 내가 여러분에게 명하는 바는 이것입니다. 여러분은 서로 사랑하시오"(요한 15,16-17). 하느님께서 선택하신 사람들 가운데 있는 것이란 얼마나 멋진 일입니까! 하느님께서 우리를 선택하실 때 우리는 사랑으로 응답하라는 부르심을 받습니다. 그 사랑은 바로 우리가 우리 아버지로부터 받은 사랑에서 샘솟는 사랑입니다.

1 132 (131) [순례의 노래]

주님, 다윗을 기억하소서.
그의 모든 노고를 잊지 마소서.
2 그가 어찌 주님께 맹세하고
야곱의 장사 하느님께 서원하였는지 기억하소서.
3 "내 집 천막에 들지 않으리라.
내 방 침상에 오르지 않으리라.
4 이 눈에 잠도,
눈가에 졸음도 허락하지 않으리라.
5 내가 주님께 계실 곳을,
야곱의 장사 하느님께 거처를 찾아 드리리라."

6 보라, 우리는 에프라타에서 소식을 듣고
야아르 들에서 그 궤를 찾았노라.
7 우리 그분 거처로 들어가

그분 발판 앞에 엎드리세.

8 일어나소서, 주님, 당신 안식처로 드소서.
　당신 권능의 궤와 함께 드소서.
9 당신의 사제들이 의로움의 옷을 입고
　당신께 충실한 이들이 환호하게 하소서.
10 당신 종 다윗을 보시어
　당신 메시아의 얼굴을 외면하지 마소서.

11 주님이 다윗에게 맹세하셨으니
　돌이키지 않으실 약속이로다.
　"나는 네가 낳은 아들을
　너의 왕좌에 앉히리라.
12 너의 아들들이 내 계약을,
　내가 가르치는 법을 지킨다면
　그들의 아들들도 길이길이
　너의 왕좌에 앉으리라."
13 주님은 시온을 택하시고
　당신 처소로 삼으셨네.
14 "이곳은 길이 쉴 나의 안식처
　내가 원하였으니 나 여기 머물리라.
15 시온에 복을 내려 풍성한 양식을 주고
　불쌍한 이들에게 빵을 배불리 먹이리라.
16 사제들에게 구원의 옷을 입히리니

충실한 이들이 춤추며 환호하리라.
17 거기서 다윗 집안에 뿔이 돋게 하고
   나의 메시아에게 등불을 들려 주리라.
18 그의 원수들은 수치의 옷을 입지만
   그의 머리 위에는 왕관이 빛나리라."

기도합시다

영원히 충실하신 하느님, 당신의 변함없는 사랑은 영원하고 무한하나이다. 저희가 당신의 기름부음 받은 아들, 예수 그리스도께 저희 시선을 고정시킬 수 있게 도와주소서. 저희는 당신 사랑의 선물에 대한 그분의 겸손한 응답에서 완벽한 모범을 발견하나이다. 모든 찬미와 감사가 이제와 항상 영원히 당신께 있나이다. 아멘.

시편 133

일치를 이루며 사는 것

시편 133편은 분량은 적지만 모든 것을 포함하는 포괄적 복음을 선포합니다. 가족 안에서, 공동체에서, 직장에서, 주변에서, 교회에서, 심지어 온 세상에서 일치는 엄청난 축복을 줍니다. 이 시편은 단호한 주장으로 시작합니다. "좋기도 하구나, 즐겁기도 하구나, 형제들이 한데 모여 사는 것!" 여기서 '형제들'이라 번역된 히브리어는 이와 연관이 있는 다양한 상황에 대한 은유로 사용됩니다. 그중에서 가장 중요한 관계는 가족 안에서의 관계입니다. 순례의 노래에는 가족과 친지에 대한 언급이 여러 차례 나옵니다. 가족들의 성장과 행복, 보호와 영예에 관해 유익하고 긍정적인 표현들이 일관되게 보입니다(시편 122,3-4.8-9; 127,3.6; 132,2). 우리는 어린아이의 삶에서 가장 기본이 되는 것을 배우게 되는 일차적 공간이 가족임을 잘 알고 있습니다. 아이의 믿음이 자라고 가치가 세워지며 자아상이 형성되는 곳이 바로 가족입니다. 또한 도전적이며 때로 위험하기까지 한 세상살이로 뛰어들기 시작하는 곳도 바로 가족입니다. 성경의 사고 체계에서 '기름'(본문에는 향유)은 생명 유지에 필요한 것(기름으로 요리하고 집 안을 밝힌다)이자 의례에 쓰이는 신성한 것(왕과 사제, 성물에 바르고 치유에 쓴다)을 나타냅니다. 기름은 유용하고 의미 있게 사용됩니다. 특히 이 시편에서 분명히 드러나듯 기름은 반가움, 기쁨과 연관되어 있습니다. 기름에는 물질 이상의 의미가 있습니다. 거룩한 땅의 지형을 살펴보면 이를 분명히 이해하는 데 도움이 됩니다. 먼저 이 시편에 "흐르는", "흘러내리는"이란 표현이 세 번 나오는 데 주목해야 합니다. 더구나 끝에는 시온의 산들로 흘러내리는 헤르몬의 이슬이란 표현이 있는데, 헤르몬산은 이스라엘 최북단에 있는 반면, 시온산은 남단에 위치해 있습니다. 따라서 시편저자는 일치의 기름이 차고 넘쳐서 북단에서 남단까지 폭포처럼 흘러내리는 모습을 구상한 것입니다. 이것은 진실로 하나가 된 가족을 위해 축복과 기쁨이 넘쳐 나는 모습을 상징합니다. 진정한 위로와 평화를 위해 반드시 필요한, 풍부한 사랑과 보호, 연민이 바로 이런 일치로부터 흘러나옵니다. 그러므로 일치를 이루기 위한 노력은 참으로 고귀한 것입니다. 구약성경의 율법에서부터 예수님의 가르침에 이르기까지 한결같이 전하기를, 이 일치는 하느님의 말씀에 따라 살아가려 하는 이들에게 주어지는 하느님의 선물입니다. 사도 바오로는 그가 선교했던 곳에 공동체를 세우려고 애쓰

다가, 일치를 이루고 이를 지키는 일이 얼마나 큰 도전인지 깨달았습니다. 코린토 신자들에게 보낸 둘째 서간의 맺음말을 보면 일치의 축복이 그들에게 현실이 되기를 기원하는 그의 희망이 잘 드러나 있습니다. "그러면 형제 여러분, 기뻐하시오! 여러분 자신을 복구하도록 하시오. 서로 격려하시오. 뜻을 같이하고, 평화롭게 사시오. 그러면 사랑과 평화의 하느님께서 여러분과 함께 계실 것입니다"(2코린 13,11). 이와 마찬가지로 최후의 만찬 때 예수님께서 올리신 기도에도 같은 주제가 담겨 있습니다. 우리들 사이의 일치는 우리와 하느님을 한데 묶는 축복입니다. "거룩하신 아버지, 제게 주신 아버지의 이름으로 그들을 지키시어, 우리처럼 그들도 하나가 되게 하소서"(요한 17,11). 하나가 되는 일치의 축복이란 참으로 얼마나 좋고 즐겁습니까!

¹133 (132) [순례의 노래. 다윗]

좋기도 하구나, 즐겁기도 하구나,
형제들이 한데 모여 사는 것!
² 머리에 부은 값진 향유 같아라.
수염 위로,
아론의 수염 위로 흐르는,
그 옷깃에 흘러내리는 향유 같아라.
³ 시온의 산들로 흘러내리는
헤르몬의 이슬 같아라.
그곳에 주님이 복을 내리시니
그 생명 영원하여라.

기도합시다

성부와 성자와 성령으로 삼위일체이신 하느님, 모든 피조물을 아우르는 사랑의 결속으로 하나가 되신 분, 비오니 저희가 정신과 마음의 일치를 위해 노력하게 도와주소서. 그리하여 당신의 교회가 영원히 세상을 위한 진정한 희망과 평화의 성사가 되게 하소서. 모든 찬미와 영광, 영예와 감사가 당신께 영원무궁토록 있나이다. 아멘.

시편 134

밤이 지새도록 주님의 뜰에서

시편 134편은 순례의 노래 중에서 마지막 편인데, 가장 짧다는 게 특징입니다. 교회 전통에서 이 시편은 끝기도 또는 밤기도와 관련되어 있습니다. 여기에는 주님의 집 뜰에서 밤새 서 있는 이들의 이야기가 나옵니다(1절). 하느님의 성소에 머무는 것, 하느님의 현존 안에서 고요히 몇 시간을 보내는 일은 축복을 받습니다. 이 시편의 첫 구절은 명령문으로 시작합니다. "주님을 찬미하여라." 여기서 '찬미하다', '축복하다'로 번역된 히브리어 '바룩'baruk은 하느님을 특정해서 찬양하는 것, 그분의 놀라우신 행적을 찬송하는 것을 뜻합니다. 여기서 하느님은 하늘과 땅을 지으신 분(3절), 모든 것을 존재하게 만드신 분, 그분을 통해 모든 것이 존재하는 분으로 설명되어 있습니다. 주님을 찬미하라는 명령은 2절에서 다시 나오면서, 이 시편 전반부를 앞뒤에서 에워쌉니다. 이처럼 짧은 시편에서 '찬미하라'(또는 '축복하라')라는 말이 세 번이나 반복되는 것은 그만큼 이 말이 핵심 주제라는 뜻입니다. 하느님께 영광을 드리고, 하느님께 찬미를 올리며, 하느님 기적을 찬양하는 일은 한결같이 온 관심을 하느님께 쏟는 성경 속 기도의 핵심입니다. 성경 시대의 전통 중에는 똑바로 일어서서(1절) 두 손을 위로 올린 채 하느님을 언급하는 경우가 자주 있었습니다. 마치 애원하는 모습과 함께 기도가 천상에 계시는 하느님께 올라가는 모습을 보여 주는 것 같았습니다. 이는 시편 141편 2절에 명확히 그려져 있습니다. "저의 기도 당신 앞의 분향으로 여기시고, 저의 두 손 올리오니 저녁 제사로 받으소서." 시편 134편의 마지막 절에서는 복수형(1-2절)이 단수형(3절)으로 바뀝니다. 여러 종들에게 했던 말이 이제는 한 개인에게 하는 말이 됩니다. 이 대목을 보면 사제가 성전 경내에서 일하고 있는 종들 중 한 사람에게 마치 주님의 평화 안에서 잘 자라고 밤 인사라도 하는 것처럼 축복하는 장면을 상상할 수도 있습니다. 기도와 축복에 관한 이 같은 생각을 사도 바오로는 다소 다르지만 그래도 마찬가지로 진심을 다해 적용합니다. 그는 하느님께서 그를 통해 그리고 그의 사목 안에서 행하신 모든 것을 인정하면서 말합니다. "자랑하려는 자는 주님 안에서 자랑해야 합니다"(2코린 10,17). 달리 말하자면 우리가 성취한 것처럼 보이는 것은 무엇이든 다 하느님께 돌려야 합니다. 그분께서는 무엇이든 이룰 수 있는 힘을 우리에게 주시며, 그래서 찬미를 받을 자격이 있으신 분이십니다. 그분께서 모든 좋은 선물의 원천이심을 인식하는 모든 이들에게는 기도와 축복과 찬미의 아름다운 결합이 이런 생각 안에서 한데 묶여 있습니다.

134 (133) [순례의 노래]

1 주님을 찬미하여라,

주님의 모든 종들아
　　밤이 지새도록
　　주님의 집에 서 있는 이들아.
² 성소를 향하여 손을 높이 들고
　　주님을 찬미하여라.
³ 하늘과 땅을 지으신 주님
　　시온에서 너에게 복을 내리시리라.

기도합시다

하늘과 땅의 창조주이신 하느님, 저희가 드리는 찬미를 모든 축복이 당신으로부터 나온다는 사실을 겸손히 인정하는 것으로 받아들이소서. 또한 저희가 삶 속에서 당신 현존을 깊이 깨닫게 하시어, 저희가 하는 모든 말과 행동이 당신께서 저희에게 먼저 베푸셨던 선물이 되어 다시 당신께 돌아가게 하소서. 우리 주 그리스도를 통하여 비나이다. 아멘.

시편 135

표징과 기적

시편 135편의 시작 절에는 바로 앞의 짧은 시편 134편에 나왔던 표현들이 반복됩니다. 따라서 시편 135편에는 134편에서 명령했던 것과 같은 찬미와 축복의 말씀이 들어 있음을 짐작할 수 있습니다. 이런 구절들은 창세기 시작 부분을 떠올리게 할 뿐 아니라, 탈출기에 나오는 하느님의 놀라운 행적에 관한 이야기들도 상기시킵니다. 탈출기를 보면 이 시편에서 "당신 소유"(4절)라고 칭한 이스라엘의 후손들에게 하느님께서 행해 주신 기적들에 대해 실려 있습니다. 하늘과 땅, 바다와 심연 등 우주에 대한 비유적 표현은 천지창조 이야기의 다양한 요소를 연상시킵니다. "구름을 일으키시고", "비를 내리시며", "바람을 끌어내시네" 같은 구절들은 당신께서 만든 피조물들의 행복과 축복을 보장하시면서 놀라운 능력으로 우주를 창조하시는 하느님의 모습을 시사합니다(7절). 8-12절에서 시편저자는 이스라엘을 대신하여 하느님의 구원 위업을 요약해서 보여 줍니다. 하느님은 이스라엘의 믿음의 아버지 아브라함에게 약속하신 것처럼 그들을 노예살이에서 구해 주시고 약속의 땅으로 데려다주셨습니다. 그 기적에 대해 기술한 뒤 시편저자는 고대 근동 민족들이 숭배하던 이방의 신들을 비판합니다. 그 신들은 인간의 손으로 만들어진 생명 없는 우상이며, 보고 듣고 말할 힘, 심지어 숨 쉴 힘도 없습니다. 이 시편은 이스라엘 공동체에 속한 집안들에게 찬미를 명하며 끝을 맺습니다. 이 부르심은 거기서 그치는 게 아니라 보편적 부르심으로 확장되면서, 하느님을 경외하고 숭배하는 모든 이들에게 전해집니다(20절). 이 시편은 벌써 오래전에 끝난 역사적 사건을 들려주고 있지만, 오늘날과도 귀중한 관련성이 있습니다. 첫째로 우리 국가, 우리 가족, 우리 신앙 공동체, 우리 개인의 경험을 돌아보는 일은 우리에게도 중요합니다. 그래야 그 기억에서 출발하여 하느님이 우리에게 베푸신 축복에 대한 개인적 역사를 알고, 마땅히 하느님께 축복과 감사를 돌려드리게 될 것입니다. 둘째로 오늘날 우리가 사는 세상에는 많고 많은 우상들이 있습니다. 위신과 재물, 지위와 권력 등 가짜 신들에 불과하지만 삶에서 반드시 성취해야 할 것들로 여겨지고 있습니다. 하느님께서 모든 축복의 원천이시자 우리가 가진 모든 좋은 선물을 주시는 분이심을 먼저 인정하지 않는다면, 우리는 하느님의 축복 자체를 거짓 우상으로 삼고 우리에게 주어진 소중한 선물을 금세 시드는 소유물로 만들 것입니다. 비록 지상 순례를 마치지 않았지만, 그런 우리에게 천상의 삶을 맛보게 해 주시는 하느님께 기쁜 마음으로 찬미를 드립시다. 우리도 사도 바오로와 함께 다음과 같이 찬송합시다. "우리 안에 작용하시는 능력에 의해, 우리가 청하거나 생각하는 모든 것보다 훨씬 더 많은 일을 해 주실 수 있는 그분께 영원무궁히 모든 세대에 교회와 그리스도 예수를 통하여 영광이 있으시기를 빕니다. 아멘"(에페 3,20-21).

135

1 (134) 알렐루야!
　찬양하여라, 주님의 이름을.
　찬양하여라, 주님의 종들아.
2 주님의 집에 서 있는 이들아.
　우리 하느님의 집 뜰에 서 있는 이들아.
3 주님을 찬양하여라, 좋으신 주님.
　찬미 노래 불러라, 정겨운 그 이름.
4 주님은 야곱을 뽑으시어
　이스라엘을 당신 소유로 삼으셨네.
5 정녕 나는 아노라, 위대하신 주님.
　모든 신들 위에 뛰어나신 우리 주님.
6 하늘에서나 땅에서나
　바다에서나 심연에서나
　주님은 바라시는 것 모두 이루시네.
7 땅끝에서 구름을 일으키시고

번개 쳐 비를 내리시며

바람을 당신 곳집에서 끌어내시네.

8 사람이든 짐승이든

이집트의 맏배를 모두 치셨네.

9 파라오와 그의 모든 신하에게 맞서

이집트야, 네 한가운데에 표징과 기적을 보내셨다.

10 수많은 민족들을 내리치시고

힘 있는 임금들을 죽이셨으니

11 아모리 임금 시혼

바산 임금 옥

가나안의 모든 왕국이라네.

12 그 땅을 재산으로 물려주셨네.

당신 백성 이스라엘에게 재산으로 주셨네.

13 주님, 당신 이름은 영원하시옵니다.

주님, 대대로 당신을 기억하리이다.

14 주님은 당신 백성의 권리를 찾아 주시고

당신 종들을 가엾이 여기시네.

15 민족들의 우상은 은과 금

사람 손이 만든 것이라네.

16 입이 있어도 말을 못하고

눈이 있어도 보지 못하며

17 귀가 있어도 듣지 못하고

그 입에는 숨조차 없으니
18 만든 자도 믿는 자도
모두 그것들 같다네.
19 이스라엘 집안아, 주님을 찬미하여라.
아론 집안아, 주님을 찬미하여라.
20 레위 집안아, 주님을 찬미하여라.
주님을 경외하는 이들아, 주님을 찬미하여라.
21 예루살렘에 머무시는 분
주님은 시온에서 찬미받으소서.
알렐루야!

기도합시다

창조주이시며 구세주이신 하느님, 저희 삶이 진행되는 동안 당신의 권능과 연민을 드러내시는 분, 비오니 저희가 매일같이 받는 많은 선물에 눈을 뜨게 하시어, 모든 것 안에서 언제나 당신께 알맞은 찬미를 드리게 하소서. 이 모든 것 우리 주 그리스도를 통하여 비나이다. 아멘.

시편 136

역사적 호칭기도

성인 호칭기도는 가톨릭 신자들에게 친숙한 기도입니다. 세례식이나 서품식, 서원식 때 우리보다 앞서 믿음으로 살아갔던 남녀 성인들의 이름을 부르다 보면 그들의 성덕과 선행이 머리에 떠오릅니다. 우리는 호칭기도를 통해 교회의 역사를 처음부터 끝까지 살펴볼 수 있습니다. 이를 통해 하느님이 어떻게 개인들 ― 그중에는 유명하고 훌륭했던 사람들도 있고, 대중의 눈을 피해 숨어 살았던 사람들도 있습니다 ― 을 뽑으시어 교회와 세상을 위해 위대한 업적을 이루게 하셨는지 알 수 있습니다. 시편 136편은 이 같은 업적을 들려주는 호칭기도입니다. 그런데 성인들이 아닌, 하느님께서 이룩하신 행적을 노래합니다. 각 항목마다 "주님의 자애는 영원하시다"라는 후렴구가 반복해서 삽입되어 있습니다. 창조의 시작부터 이스라엘 백성이 이집트 탈출이란 일생일대의 체험을 거쳐 사막을 방황한 끝에 약속의 땅으로 들어갈 때까지, 이 시편은 하느님께서 행하신 놀라운 일들에 환호하는 이야기입니다. 여기에서 들려주는 그분의 행적은 그 혜택을 받은 인간존재의 능력을 훌쩍 뛰어넘는 경이로운 업적입니다. 그래서 시편저자는 시작 부분을 위해 배경을 제시해 주고 ― 신들의 하느님, 주인들의 주님이라 칭하면서(2-3절) ― 주님을 찬송하라고 말합니다. 이 시편의 마지막 부분도 이와 비슷하게 하느님이 보여 주신 자애를 찬송하라고 반복하며 끝납니다. 여기서 '자애'로 번역된 히브리어 '헤세드'*hesed*가 후렴구마다 등장합니다. 이 말에는 하느님께서 맺으신 사랑의 계약의 특징인 충실하고 변함없으며 고결한 사랑이라는 뜻이 담겨 있습니다. 이 시편과 같은 역사 시편들은 이스라엘 백성을 위한 하느님의 사랑과 보호, 보살핌을 기억하고 기념하는 공적 기록입니다. 시편 105편과 106편에서 살펴본 것처럼 '기억하기'는 하느님의 구원 행적에 대한 과거의 체험들을 생생히 유지하게 만드는 집단적 방법입니다. 여기에는 구원이 현재의 순간에도 어떻게 계속해서 작용하고 있는지 고려되어 있으며, 하느님의 은혜는 미래에도 변하지 않으리라는 희망의 표현도 포함되어 있습니다. 우리들 각자 시간을 두고 자신의 '개인사적 호칭기도 시편'을 작성해 보는 것도 현명한 일입니다. 이를 통해 우리는 하느님께서 우리 삶을 인도하시고 방향을 제시해 주셨던 놀라운 방식들을 되새길 수 있습니다. 때로는 고통스럽고 괴로웠지만 그분은 언제나 새로운 삶과 내면의 힘으로 인도해 주셨습니다. 필리피 신자들에게 보낸 서간에서 사도 바오로도 같은 식으로 자기 삶의 궤적을 돌아보고 예기치 않게 만난 전환점들을 되짚습니다. "다른 사람이 육에 의지할 수 있다고 생각하면 나는 더욱 그렇습니다. 나는 여드레 만에 할례를 받았고, 이스라엘 민족의 한 사람으로 벤야민 지파 출신이며, 히브리족에서 나온 히브리 사람, 율법을 지키는 바리사이로서 교회를 열렬히 박해했으며 율법에 의한 의로움에서는 흠잡을 데 없었습니다. 그러나 내게 이익이 되었던 것을 나는 그리스도 때문에 해로운 것으로 여기게 되었습니다"(필리 3,4-7). 하느님의 충실하신 사랑과 연민은 지금도 우리의 영원한 희망입니다!

136

1 (135) 주님을 찬송하여라, 좋으신 분이시다.
　　주님의 자애는 영원하시다.
2 신들의 하느님을 찬송하여라.
　　주님의 자애는 영원하시다.
3 주인들의 주님을 찬송하여라.
　　주님의 자애는 영원하시다.
4 홀로 큰 기적들을 일으키셨네.
　　주님의 자애는 영원하시다.
5 슬기로 하늘을 지으셨네.
　　주님의 자애는 영원하시다.

6 땅을 물 위에 펼쳐 놓으셨네.
　주님의 자애는 영원하시다.

7 커다란 빛들을 만드셨네.
　주님의 자애는 영원하시다.

8 낮을 다스리라 해를 만드셨네.
　주님의 자애는 영원하시다.

9 밤을 다스리라 달과 별을 만드셨네.
　주님의 자애는 영원하시다.

10 이집트의 맏배들을 치셨네.
　주님의 자애는 영원하시다.

11 이스라엘을 거기에서 이끌어 내셨네.
　주님의 자애는 영원하시다.

12 강한 손, 팔을 펼쳐 이끄셨네.
　주님의 자애는 영원하시다.

13 갈대 바다를 둘로 가르셨네.
　주님의 자애는 영원하시다.

14 그 가운데로 이스라엘 지나가게 하셨네.
　주님의 자애는 영원하시다.

15 파라오와 그 군대를 갈대 바다에 처넣으셨네.
　주님의 자애는 영원하시다.

16 사막에서 당신 백성을 인도하셨네.
　주님의 자애는 영원하시다.

17 힘센 임금들을 내리치셨네.
　주님의 자애는 영원하시다.

18 뛰어난 임금들을 죽이셨네.

　주님의 자애는 영원하시다.

19 아모리 임금 시혼을 죽이셨네.

　주님의 자애는 영원하시다.

20 바산 임금 옥을 죽이셨네.

　주님의 자애는 영원하시다.

21 그들 땅을 재산으로 물려주셨네.

　주님의 자애는 영원하시다.

22 당신 종 이스라엘에게 유산으로 주셨네.

　주님의 자애는 영원하시다.

23 비천할 때 우리를 기억하셨네.

　주님의 자애는 영원하시다.

24 원수에게서 우리를 해방시키셨네.

　주님의 자애는 영원하시다.

25 모든 사람에게 먹을 것을 주셨네.

　주님의 자애는 영원하시다.

26 하늘의 하느님을 찬송하여라.

　주님의 자애는 영원하시다.

기도합시다

영원히 충실하시고 진실하신 하느님, 저희가 상상하거나 예견하지 못하는 길로 오시는 분, 비오니 저희 삶 속에서 당신의 놀랍고 신비한 현존에 저희 마음을 열어 주소서. 또한 당신의 자녀인 저희 곁에 가까이 남아 주소서. 그리하여 저희가 감사하는 마음이 결코 흔들림 없게 하시고, 그 마음이 언제나 더욱 깊어지고 헌신적이게 하소서. 우리 주 그리스도를 통하여 비나이다. 아멘.

시편 137
바빌론강 기슭에서

과거 하느님은 아브라함과 그 후손들에게 그들 소유의 땅을 주시기로 약속하셨습니다(창세 12,7). 하느님께서는 그 땅에서 그들을 위대한 이름과 넘치는 축복을 가진 민족으로 만드시어 그들이 다른 민족에게 축복이 되게 하실 생각이셨습니다(창세 12,2-3). 하지만 시편 137편에서는 이 약속이 완전히 뒤집어진 것처럼 보입니다. 하느님의 백성은 그들의 땅을 빼앗기고 유배 생활을 하고 있습니다. 성전은 폐허가 되었고 그들은 하느님을 모르는 이방인들의 노예가 되었습니다. 도대체 무슨 일이 있었던 것일까요? 이스라엘이 당신과 맺은 계약에 충실하지 않았던 탓에 하느님께서 내린 정의의 심판이 따랐습니다. 계약을 파기하고 율법에 순종하지 않은 이스라엘은 그들 자신이 저지른 죄악의 먹이가 되었고 하느님의 보호를 잃었습니다. 바빌론이 그들을 정복했던 것입니다. 이 시편은 이스라엘 역사에서 가장 슬픈 한 순간을 상기시킵니다. 하지만 이스라엘은 이 사건을 그들이 노래로 바치는 기도인 시편집에 포함시켜야 한다고 인식했습니다. 이 시편은 과거의 잘못을 반추하는 동시에 끊임없이 신의를 호소하는 역할, 그 두 가지를 모두 합니다. 이 시편의 특징은 곤경에 처했을 때 우리가 어떠한 감정적 대응을 보이는지 확실히 포착하고 있다는 점입니다. 고통 속에 있을 때는 노래하고 싶

지 않은 것이 인지상정입니다. "우리의 비파를 걸었노라"(2절)라는 구절
은 "우리는 노래를 부를 수 없노라"라는 의미의 다른 표현입니다. 유배
된 이들은 노래를 부르라는 명령을 받자(3절) 단호해졌습니다. "우리 어
찌 남의 나라 낯선 땅에서 주님의 노래 부를 수 있으랴? … 내 혀가 입
천장에 달라붙으리라"(4.6절). 슬픔과 비통에 사로잡혔을 때 노래하기란
사실 불가능합니다. 이러한 비통은 직접적 경험에서 멀리 떨어져 있는
다른 사람의 목소리로 전달되어야만 합니다. 따라서 말로는 표현하기
힘겨운 경험을 입 밖에 내려는 눈물겨운 시도를 보여 주기 위해, 이 시
편은 뚝뚝 끊어지는 시행과 불규칙한 구문으로 이루어져 있습니다. 그
렇다면 오늘날 우리는 시편 137편을 어떻게 기도할 수 있을까요? 우리
는 인간 존엄을 박탈당하고, 유배 생활을 하며, 원수들에게 억압을 받
고, 더 이상 자신의 삶을 통제할 수 없는 이들을 대신해서 이 시편을 기
도할 수 있습니다. 그들은 짓밟히고 부서져서 자기 자신을 위해서는 기
도도 바칠 수 없는 처지에 있기 때문입니다. 우리가 하느님 앞에서 그
들의 목소리가 되어 줄 수 있습니다. 우리가 어둠 속에 있는 그들을 위
해 기도를 바치면서, 그 비극을 뒤집으실 유일하신 분 앞에서 그들의
외침을 의식적으로 대변하는 것입니다. 현대 독자들은 이 시편 마지막
에 등장하는 과격하고 충격적인 저주의 말을 보고 입에 담기조차 힘들
다고 생각할 수 있습니다. 충분히 납득이 가는 바이지만 마지막 두 절
의 구조를 살펴보면 시편저자가 만들려고 하는 상황을 이해하는 데 도
움이 됩니다. 9절에서 시편저자가 바빌론 아이들에게 퍼붓는 저주는 8
절에 암시되어 있는 상황과 병렬 구조를 이룹니다. 그러니까 그 파괴적
인 폭력 행위가 정확히 그들 자신의 자녀들에게 자행되었다는 고뇌에
찬 기억에서 그런 저주의 말을 내뱉는 것입니다. 달리 말하자면 "그들

이 우리 아이들에게 했던 그대로 그들의 아이들에게 하리라. 그들이 우리에게 가한 비통함을 그들도 알게 하자"라는 뜻입니다. 그런 다음 이 시편은 이런 깊은 감정적 고통의 외침을 넘어서 계속 이어지지 못합니다. 예수님도 당신께서 사랑하시는 예루살렘을 잃는다는 것을 미리 아셨을 때 바로 이와 같은 고뇌를 분명 느끼셨습니다. 그래서 그 도성을 보고 우시며 말씀하십니다. "너와 네 안에 사는 자녀들을 짓밟고 돌 위에 돌 하나도 네 안에 남겨 두지 않을 것이다. 너를 찾아온 때를 너는 알지 못했기 때문이다"(루카 19,44). 이 세상에는 슬픔이 너무도 깊어서 자신을 위해서조차 기도할 수 없는 사람들이 있습니다. 우리는 그 가련하고 짓밟힌 사람들을 위해서도 시편 기도를 바쳐야 합니다.

137 (136) 바빌론강 기슭

1 거기에 앉아
  시온을 그리며 눈물짓노라.
2 그 언덕 버드나무 가지에
  우리의 비파를 걸었노라.
3 우리를 포로로 잡아간 자들이
  노래를 부르라 하는구나.
  압제자들이 흥을 돋우라 을러대는구나.
  "시온의 노래를 불러라.
  우리에게 한가락 불러 보아라."
4 우리 어찌 남의 나라 낯선 땅에서
  주님의 노래 부를 수 있으랴?
5 예루살렘아, 너를 잊는다면

내 오른손이 굳어 버리리라.
6 내가 만일 예루살렘
너를 생각하지 않는다면
너를 가장 큰 기쁨으로 삼지 않는다면
내 혀가 입천장에 달라붙으리라.

7 주님, 에돔의 자손을 버리시고
예루살렘의 그날을 생각하소서.
저들은 말하였나이다.
"허물어라, 그 밑바닥까지 허물어라!"

8 바빌론아, 너 파괴자야!
네가 우리에게 저지른 대로
너에게 되갚는 이, 복을 받으리라!
9 네 어린것들을 붙잡아
바위에다 메어치는 이, 복을 받으리라!

기도합시다

우리 주 하느님, 고통받는 약자들을 측은하게 여기시는 당신의 연민을 찬양하나이다. 비오니 저희가 이 세상에서 고통과 고뇌로 괴로워서 노래할 수조차 없는 사람들을 마음에 새기고 항상 기억하게 하소서. 또한 저희를 당신의 도구로 삼으시어 그들의 슬픔을 기쁨으로 바꾸시고 그들에게 당신 사랑의 권능을 보여 주소서. 이 모든 것 우리 주 그리스도를 통하여 비나이다. 아멘.

시편 138

제 마음 다하여 감사드리나이다

시편집을 읽다 보면, 시편들 사이에 언어적으로나 주제 면에서 서로 연결고리가 있는 경우를 많이 발견합니다. 시편 138편 역시 시편 137편에서 영향을 받았습니다. 시편 137편에서는 이스라엘 백성이 약속의 땅과 하느님이 머무시는 성전에서 멀리 떨어져 유배 생활을 하는 것을 애통해했습니다. 반면 시편 138편에서 시편저자는 성전 앞에 엎드리고(2절) "천사들 앞에서"(1ㄷ절) 찬미를 드리며 하느님을 찬송합니다. 이러한 몸짓은 지고하시고 위대하시며 유일하신 분, 즉 한 분이신 하느님께 감사와 찬미를 몸으로 표현하는 것입니다. 이 시편의 첫 행 "제 마음 다하여 당신을 찬송하나이다"(1ㄱ절)는 전인全人, 즉 한 사람이 제 전체를 동원하여 감사를 표현한다는 의미입니다. '온 마음'이라는 성경의 표상에는 믿음을 고백하는 합리적 사고와 우리의 욕구를 포괄하는 정서적 의지가 모두 포함되어 있습니다. '온 마음'이라는 표상과 성전 앞에 엎드리는 표상이 통합되면서 내적으로도 외적으로도 하느님을 인정하는 모습이 드러납니다. 하느님께서 간청을 들어주시자(1ㄴ절) 시편저자는 자신의 믿음을 확신합니다. 그분께서 참으로 당신 백성의 마음속을 들여다보시어 그들에게 필요한 게 무엇인지 알아차려 마련해 주시는 '살아 계신 하느님'임을 확신합니다. 그런데 여기서 한 가지 중요한 점이 있습니다. 첫 부분에서 감사를 표현한 다음에 나오는 내용을 보면, 시편저자가 처했던 곤경이 완전히 극복되지는 않은 것처럼 암시되어 있습니다(7-8절). 따라서 시편저자가 하느님께서 자신의 기도에 대해 '완전한' 답을 주시기를 여전히 기다리고 있다고 타당하게 추정할 수 있습니다. 분명 시편저자는 "주님은 나를 위하여 모든 것을 이루시리라!"(8절)라고 하며 자신의 믿음을 확언합니다. "당신 이름을 찬송하는"(2절) 그 사람은 이미 이루어진 것만 아니라 아직 이루어지지 않은 것에 대해서도 찬송하는데, 아마도 이것이 이 시편에 담겨 있는 전체적 의미일 것입니다. 시편저자는 하느님을 세 차례 찬송합니다(1.2.4절). 하느님의 자애와 진실에 대한 확신만으로 이처럼 열렬히 찬송합니다. 다른 민족들이 숭배하는 우상들은 인간의 손으로 만든 것이며 생명도 없습니다. 반면 이스라엘의 하느님은 살아 계시는 분이시며, 무척이나 활동적이시고, 당신께서 선택하신 민족 곁에 언제나 함께 계신 분으로 활동하십니다(6-7절). 시편저자는 하느님께서 낮은 이들을 선호하시고, 반면 교만한 자들은 배격하신다고 합니다. 낮은 이들이 고통의 한가운데에 있을 때, 하느님은 손을 뻗어 그들을 구해 주시고 굳세게 해 주십니다(7절). 우리 삶 속에서 하느님의 구원 활동을 직접 보고 알게 될 때 우리의 신뢰가 자라납니다. 죽음과 상실과 고통이 가까이 닥쳐와서 위협을 당하다가, 낚아채듯 구해져서 축복과 새 생명에 들게 될 때 그보다 더 큰 체험은 없습니다. 하느님께서 우리를 인도하시어 고통스러운 사막을 가로질러 새 생명의 샘터에 이르게 하셨음을 알게 될 때 우리의 믿음이 크고 굳건해집니다. 사도 바오로는 믿음이 우리의 모든 경험에, 심지어 우리의 근심과 두려움에도 어떻게 영향을 미쳐야 하는지 잘 알고 있었습니다. "항상 기뻐하시오. 끊임없이 기도하시오. 모든 일에 감사하시오."(1테살 5,16-18). 시편저자와 함께 우리는 언제 어디서나, 심지어 우리가 알지 못할 때조차 넘치도록 자애를 베푸시는 우리의 살아 계시고 충실하신 하느님께 감사드립니다.

1 138 (137) [다윗]

주님, 제 마음 다하여 당신을 찬송하나이다.
제 입의 말씀을 들어 주시기에
천사들 앞에서 찬미 노래 부르나이다.

2 거룩한 성전 앞에 엎드려
당신 이름 찬송하나이다.
당신은 자애롭고 진실하시며
당신 이름과 말씀을 만물 위로 높이셨나이다.

3 제가 부르짖던 날, 당신이 응답하시고
저를 당당하게 세우시니
제 영혼에 힘이 솟았나이다.

4 주님, 세상 임금들이 당신 말씀 들을 때
저들이 모두 당신을 찬송하게 하소서.

5 주님 영광 크시오니
주님의 길을 노래하게 하소서.

6 주님은 높이 계셔도 낮은 이를 굽어보시고
멀리서도 교만한 자를 알아보시나이다.

7 제가 고난의 길을 걷는다 해도
원수들의 분노 막아 저를 살리시나이다.
당신은 손을 뻗치시어
오른손으로 저를 구하시나이다.

8 주님은 나를 위하여 모든 것을 이루시리라!

주님, 당신 자애는 영원하시옵니다.
당신 손수 빚으신 것들 저버리지 마소서.

기도합시다

전능하시고 영원히 살아 계시는 하느님, 저희가 두려움을 느낄 때나 희망을 가질 때나 자애와 충실하심을 드러내 보이시는 분, 비오니 저희 믿음을 굳세게 하시어 저희가 온 마음을 다해 당신의 변함없는 친절을 기꺼이 찬양하게 하소서. 우리 주 그리스도를 통하여 비나이다. 아멘.

시편 139

하느님, 제 마음을 알아주소서

한 편의 기도로서 시편 139편은 우리와 하느님의 관계가 얼마나 강력하고 파급력 있는지를 심오하리만치 아름답게 표현합니다. 시편저자는 하느님께서 모든 곳에, 모든 상황 안에 존재하신다고 주장합니다(3절). 그는 "주님, 당신은 저를 살펴보시고 잘 아시나이다"(1절)라고 말문을 엽니다. 이 구절의 히브리어 뉘앙스는 대단히 개인적입니다. 누군가를 '안다'는 것은 그 사람을 가까이 경험하여 그를 친밀하게 속속들이 이해하게 되는 것을 뜻하기 때문입니다. 호세아 예언자는 백성들에게 회개를 권하면서 다음과 같이 반복해서 강조합니다. "그러니 주님을 알자. 주님을 알도록 힘쓰자. 그분의 오심은 새벽처럼 어김없다. 그분께서는 우리에게 비처럼, 땅을 적시는 봄비처럼 오시리라"(호세 6,3). 바로 이런 방식으로 하느님을 알게 되지 않는 한, 삶을 송두리째 바꾸실 수 있는 살아 계시는 하느님과의 만남이 없는 한 회개는 한낱 정신 활동에 불과합니다. 시편 139편은 강렬하게 하느님을 알게 되고 하느님께 알려진다는 내용으로 처음부터 끝까지 울림을 줍니다. 시편저자는 "너무나 신비한 당신의 예지, 저에게는 너무 높아 닿을 길 없나이다"(6절)라고 합니다. 살아 계시는 하느님을 이렇게 체험하는 일은 그 잠재력이 무한합니다. 새로운 체험을 할 때마다, 신비로우면서도 마음을 사로잡는 계시가 드러날 때마다 우리의 이해력은 커질 수밖에 없습니다. 시편저자는 하느님께서 언제 어디서나 존재하시는 모습을 대조적 표상들로 보여 줍니다. 그분께서는 하늘에도 저승에도(8절), 새벽에도 해질 녘에도(9절), 암흑에도 광명에도(11-12절) 계십니다. 우리를 둘러싸고 있는 변하지 않는 창조의 요소들처럼 확실하게 하느님께서는 우리와 함께 계십니다. 13-16절에서는 이렇듯 하느님께서 모든 곳에 존재하심을 하느님의 자애를 통해 친밀한 방식으로 표현합니다. 즉, 하느님은 당신 자애로 우리가 저마다 존재하도록 만드셨으며, 우리가 어머니 자궁에 있을 때부터 형태를 갖추게 해 주셨습니다. 이를 깨달으면 깊은 감사가 자연스레 우러나올 수밖에 없습니다. 이와 같이 자신이 형태를 갖추게 된 놀라운 방식을 살펴본 다음, 이제 시편저자는 천지창조의 기적 전체에 대해 생각합니다(14절). 이 과정에서 갑자기 어조가 바뀌는 탓에 아마 놀랄 수도 있습니다. 심오한 믿음을 바탕으로 한 기도에서 느닷없이 원수들에 대한 복수와 폭력을 표현하는 어조로 넘어갑니다(19-22절). 하지만 시편저자는 재빨리 분노를 표출해 버리고서, 다시 원래 주제로 돌아와 하느님께서 자신을 온전히 알아주시기를 진실로 바라는 마음을 드러냅니다. "저를 샅샅이 보시고 제 마음을 알아주소서. 저를 꿰뚫어 보소서"(23절). 이처럼 하느님과의 일치를 열망하는 표현과 함께, 이러한 유대 관계가 영원히 지속될 하느님과의 교감을 지탱해 주리라는 희망으로 이 시편은 마무리됩니다(23-24절). 시편 139편은 우리의 존재라는 위대한 신비에 다가가도록 문을 열어 줍니다. 우리는 우리 자신이 하느님을 찾고 있다고 생각합니다. 하지만 우리는 하느님께서 영원히 우리를 찾고 계심을 체험을 통해 깨닫게 됩니다!

1 139 (138) [지휘자에게. 다윗. 시편]

주님, 당신은 저를 살펴보시고 잘 아시나이다.
2 앉으나 서나 당신은 저를 아시고
멀리서도 제 생각 알아차리시나이다.
3 길을 가도 누워 있어도 헤아리시니
당신은 저의 길 모두 아시나이다.
4 제 말이 혀끝에 오르기도 전에
주님, 당신은 이미 다 아시나이다.
5 앞에서도 뒤에서도 저를 감싸 주시고
제 위에 당신 손을 얹으시나이다.
6 너무나 신비한 당신의 예지
저에게는 너무 높아 닿을 길 없나이다.
7 당신 숨결을 피해 어디로 가리이까?
당신 얼굴을 피해 어디로 달아나리이까?

8 하늘로 올라가도 거기 당신이 계시고
   저승에 누워도 거기 또한 계시나이다.
9 제가 새벽놀의 날개 달아
   바다 끝에 자리 잡아도
10 거기서도 당신 손이 저를 이끄시고
   당신 오른손이 저를 붙드시나이다.
11 "어둠이 나를 뒤덮고
   나를 둘러싼 빛이 밤에 묻혔으면!" 하여도
12 암흑도 광명인 듯
   어둠도 당신께는 어둡지 않고
   한밤도 대낮처럼 빛나나이다.
13 당신은 제 오장육부를 만드시고
   어미 배 속에서 저를 엮으셨나이다.
14 오묘하게 지어 주신 이 몸, 당신을 찬송하나이다.
   당신 작품들은 놀랍기만 하옵니다.
   제 영혼이 잘 아나이다.
15 제가 남몰래 만들어질 때
   땅속 깊은 곳에서 짜일 때
   제 뼛속까지 당신께 드러났나이다.
16 제가 아직 태중에 있을 때 당신 두 눈이 보셨고
   저에게 정해 주신 날들
   하루도 시작되지 않았을 때
   그 모든 것 당신 책에 적혔나이다.
17 하느님, 당신 생각 얼마나 깊사옵니까?

그 모든 것 다 합치면 얼마나 크옵니까?

18 세어 보자니 모래알보다 많고

끝까지 이르렀다 하여도

저는 여전히 당신 안에 있나이다.

19 하느님, 당신이 악인을 죽여 주신다면!

피에 주린 자들아, 내게서 물러가라!

20 그들은 당신을 못된 말로 헐뜯고

사악하게 당신을 거슬러 일어서나이다.

21 주님, 당신을 미워하는 자 제가 어찌 아니 미워하리이까?

당신을 거역하는 자 제가 어찌 아니 업신여기리이까?

22 더할 수 없는 미움으로 미워하나이다.

그들은 저에게도 원수가 되었나이다.

23 하느님, 저를 샅샅이 보시고 제 마음을 알아주소서.

저를 꿰뚫어 보시고 제 생각을 알아주소서.

24 저의 길이 굽었는지 살펴보시고

영원한 길로 저를 이끄소서.

기도합시다

창조주 하느님, 모든 것을 존재하게 하시고 저희를 영광스러운 당신의 모상으로 만들어 주신 분, 비오니 저희가 영원히 끝없는 당신의 사랑을, 그 사랑으로 저희를 당신께로 이끌어 주심을 깨닫게 하소서. 그리하여 저희가 당신의 풍부한 생명을 온전히 나누게 하소서. 우리 주 그리스도를 통하여 비나이다. 아멘.

시편 140

주님, 저를 지키소서

시편들은 익숙한 양식을 보입니다. 시편 140편도 그중 한 양식을 활용합니다. 죽음의 두려움을 강하게 표현하는 말로 시작해서 믿음을 확인하는 말로 끝을 맺습니다. 시편저자의 첫 호소 "저를 구하소서, 저를 보호하소서"(2절)에는 원수들의 전술을 보여 주는 생생한 표상이 포함되어 있습니다. 독사처럼 독을 퍼트리기 위해 그들은 "마음속으로 악을 꾀하고, 싸움을 일으키며, 혀를 벼린다"(3-4절)고 합니다. 시편저자가 보여 주는 표상에 따르면 그는 짐승 취급을 받고 있는 것처럼 보입니다. 그의 발을 걸어 넘어뜨리려고(5절) 거만한 적들이 덫과 그물, 올가미를 숨겨 두었습니다(6절). 여기서 쓰는 언어를 보면 적들의 손에 무너지고 폐허가 되고 수치를 입을까 봐 두려워하는 시편저자의 마음이 분명히 드러납니다. 그러다가 7절에서 하느님과의 개인적인 친밀함과 친근함을 드러내는 극적인 표현으로 바뀝니다. "저의 하느님", "주님" 같은 표현을 보면 당장 공격을 받고 있더라도 그 괴로운 도전에 맞설 힘과 용기를 하느님께서 주심을 시편저자가 알고 있습니다. 여기에서 하느님은 저 멀리 있는 초월적 존재가 아니라, 시편저자가 믿음과 희망, 사랑의 유대를 개인적으로 가깝게 맺고 있는 '저의' 하느님, 주님으로 소개됩니다. 또한 시편저자는 전쟁 용어를 사용하여, '저의' 하느님이 그의 원수들이 촉발한 악행과 다툼을 어떻게 무찌르시는지 보여 줍니다. 그렇다면 시편저자는 하느님을 어떤 분으로 보고 있는 것일까요? 하느님께서는 "제 구원의 힘"(8ㄱ절), "전투의 날에 제 머리를 감싸 주시는"(8ㄴ절) 분, "악인의 음모가 이루어지지 못하게 하시는"(9절) 분이십니다.

그리스도인 중에는 10-12절에 나오는 폭력적 표현들이 복음에 반한다고 여기는 이들도 있을 것입니다. 복음서를 보면 예수님은 당신을 따르는 이들에게 그러한 위협을 받을 때는 온순한 태도를 취하면서 "다른 편 뺨마저 돌려 대시오"(마태 5,39)라고 가르치시기 때문입니다. 참으로 이 시편저자의 표현은 이성적이기보다 감성적입니다. 하지만 오늘날 우리는 참혹한 전쟁에 관한 소식을 너무도 자주 듣습니다. 전쟁 때문에 이웃과 이웃이 폭력과 증오에 찬 행동으로 서로를 적으로 삼고, 그 결과 무고한 이들에게까지 상처와 죽음을 초래한다는 소식입니다. 사도 바오로는 우리 세상에 만연해 있는 죄의 문화에 관해 언급하며, 시편(14,1-3)을 인용합니다. "그러니 어떻습니까? 우리 유다인들이 뛰어난 게 있습니까? 전혀 없습니다. 실상 그리스인들과 마찬가지로 유다인들도 모두 죄 아래 있다는 것을 우리는 앞서 논증한 바 있습니다. 그것은 성경에 기록되어 있는 바와 같습니다. '의인은 없도다, 하나도 없도다'"(로마 3,9-10). 이에 대해서 시편저자는 마지막으로 자신의 믿음을 피력합니다. 하느님께서 인간의 죄로 손상된 세상에 개입하여 정의를 세우시고, 가련한 이들을 돌보시며, 올곧은 이들이 설 자리를 마련해 주실 것이라고 말합니다(13-14절). 그렇게 될 때까지 우리는 시편에서 격렬한 감정 분출과 거친 언어와 마주치게 되면, 그것을 계기로 한 가지 사실을 되새길 수 있습니다. 세상 가운데 우리가 사는 이 작은 곳에서, 정의와 비폭력으로 무장한 채 행동하기 위해 우리가 할 수 있는 일이 무엇이건, 그 덕분에 우리는 하느님의 권능 안에서 그리고 복음의 가르침에 의해서 새로워지고 재창조되고 있는 세상의 일부가 될 수 있습니다.

140 (139) [지휘자에게. 시편. 다윗]

2 주님, 악인에게서 저를 구하소서.
　포악한 자에게서 저를 보호하소서.
3 저들은 마음속으로 악을 꾀하고
　날마다 싸움을 일으키나이다.
4 저들은 뱀처럼 혀를 벼리고
　입술 밑에 살무사의 독을 품나이다. 셀라
5 주님, 악인의 손에서 저를 지키소서.
　포악한 자에게서 저를 보호하소서.
　제 발을 걸어 넘어뜨리려 하나이다.
6 거만한 자들이 덫을 숨겨 두고
　줄을 펼쳐 그물을 놓았으며
　저를 잡으려 길목에 올가미를 놓았나이다. 셀라
7 제가 주님께 아뢰나이다. 당신은 저의 하느님.
　주님, 애원하는 제 소리에 귀를 기울이소서.
8 주 하느님, 제 구원의 힘이시여.
　전투의 날에 당신은 제 머리를 감싸 주셨나이다.
9 주님, 악인의 탐욕을 채워 주지 마시고
　그의 음모가 이루어지지 못하게 하소서. 셀라
10 저를 둘러싼 자들이 머리를 치켜드니
　그 입술의 재앙이 저들을 덮치게 하소서.
11 이글거리는 숯불이 저들 위에 내리고
　급류에 떨어져 다시는 일어서지 못하게 하소서.

12 험담꾼은 이 세상에서 살아남지 못하고
　포악한 자 악에 쫓겨 넘어지게 하소서.
13 저는 아나이다, 주님은 가련한 이에게 정의를 베푸시고
　불쌍한 이에게 권리를 찾아 주시나이다.
14 정녕 의인들은 당신 이름 찬송하고
　올곧은 이들은 당신 앞에서 살리이다.

기도합시다

저의 주님, 저의 하느님, 이 세상의 가련한 이들에게 아버지의 사랑과 보살핌을 베푸시는 분, 비오니 악인 때문에 불의와 증오로 고통받는 모든 이들을 지켜 주시고 굳세게 해 주소서. 또한 저희가 영원무궁토록 살아 계시고 다스리시는 당신 아드님께서 저희 세상을 다스리시기를 바라는 마음을 키우게 하소서. 아멘.

시편 141

저의 기도, 당신 앞의 분향

교회에서 시편을 사용하기 시작한 초기부터 시편 141편은 특히 더 중요한 위치를 차지합니다. 이 시편은 만과경, 즉 교회의 저녁기도가 되었습니다. 2절에는 저녁기도 때 바치는 '분향처럼 하느님께 올라가는 기도'의 표상이 나옵니다. 바로 이 표상 덕분에 시편 141편은 — 우리가 하느님으로부터 받은 모든 선물에 대해 찬미와 감사를 올린다는 — 모든 기도의 완벽한 모범이 되었습니다. 그다음에는 양심 성찰처럼 들

리는 대목이 뒤를 잇습니다. 시편저자는 하느님께 "제 입에 파수꾼을 두시고 제 입술에 문지기를 세우소서"(3절)라며 자신이 하는 말이 죄로 얼룩지지 않게 해 달라고 청합니다. 또한 그의 마음이 악한 일과 거리를 두고(4ㄱ절), 나쁜 짓 하는 자들과 어울려 불의에 가담하지 않으며(4ㄴ절), 그들과 잔치를 벌여 어울리지 않고(4ㄷ절), 다른 이들의 참된 배려가 어떤 형태가 되었든 그것을 인식할 수 있도록 도우며(5ㄱ절), 그들의 악행에 맞서 늘 기도하게(5ㄷ절) 해 주십사 청합니다. 시편저자는 우리 삶이 하느님의 율법과 선하심을 반영할 때 하느님께서 우리 기도를 받아 주심을 알고 있습니다(1절). 그러니 우리는 우리의 생각과 행동이, 의로움을 지향하는 하느님의 부르심에 확실히 부합하는지 마땅히 성찰해야 합니다. 우리는 누구나 조용한 내적 목소리가 "해", "하지 마" 또는 "이 상황에는 이렇게 하는 게 옳은 길이야"라고 제안하는 것을 경험해 보았을 것입니다. 이를 양심이라 부르건 우리 안에 계신 성령의 소리라 부르건 간에 우리는 귀 기울여야 합니다. 그러면 잘난 체하지 않으면서도 조용히 영향력을 미치는 이 목소리가 우리를 연민과 이해, 친절로 인도하여 우리가 이를 바탕으로 행동하게 합니다. 우리 마음을 주님께 의지하고 진실로 그분 안에서 피신처를 찾으면(8절), 우리를 그 길에서 멀어지게 할 수 있는 것은 아무것도 없습니다. 우리가 시련과 고난의 한가운데에 있더라도 그렇습니다. 14세기 영국 신비가 노리치의 줄리안은 이러한 신뢰에 대해 간결하면서도 강렬하게 표현했습니다. "하느님께서는 '너는 세파에 시달리지 않을 것이다', '너는 일에 지치지 않을 것이다', '너는 고통스럽지 않고 불편하지도 않을 것이다'라고 말씀하신 게 아닙니다. 그 대신 '너는 패하지 않을 것이다'라고 말씀하셨습니다. 하느님께서는 우리가 이 말씀을 새겨듣고 슬플 때나 기쁠 때나 믿음 안에서 강인하기를 원하십니다." 사실 신뢰는 부서지기 쉬운 덕德입니다. 모든 일이 별 문제 없이 잘 진행되는 것 같다가도 예기치 못한 재난이 갑자기 닥치면서 우리는 길에서 벗어나고는 합니다. 그러면 의문이 고개를 듭니다. '왜 나지? … 하느님께서 어떻게 이런 일이 일어나게 하실 수 있지? … 내가 무슨 잘못을 했지?' 이 같은 상황에 처하면 우리의 신뢰는 진정 시험에 듭니다. 그러나 이 모든 시련을 겪는 동안에도 하느님께서 우리와 함께 계실 것이라는 믿음을 지키려 노력하면, 우리가 다시 평화로운 신뢰의 길로 돌아갈 수 있음을 알게 됩니다. 시련과 좌절을 겪고 있음에도 사도 바오로는 하느님께서 그가 어떤 상황에 처하건 도우실 것이라 확신했습니다. "이 복음을 위해서 나는 선포자와 사도와 스승으로 임명을 받았습니다. 이 때문에 나는 이런 고난을 겪고 있지만 부끄러워하지 않습니다. 내가 믿어 온 분을 알고 있기 때문입니다. 그리고 그분은 내게 맡겨진 것을 그날까지 지켜 주실 수 있다고 나는 확신합니다"(2티모 1,11-12).

141 (140) [시편. 다윗]

1 주님, 당신께 부르짖사오니 어서 오소서.
 부르짖는 제 소리 들어 주소서.
2 저의 기도 당신 앞의 분향으로 여기시고
 저의 두 손 올리오니 저녁 제사로 받으소서.
3 주님, 제 입에 파수꾼을 두시고
 제 입술에 문지기를 세우소서.
4 제 마음 악한 일에 기울어

불의를 저지르지 않게 하소서.
나쁜 짓 하는 사람들과 어울려
저들의 맛 좋은 음식을 즐기지 않으리이다.
5 의인이 사랑으로 저를 때리고 벌해도
그것은 머릿기름, 제 머리가 마다하지 않으리이다.
저들이 악행을 저질러도 저는 늘 기도하나이다.
6 저들은 심판자의 손에 떨어지고 나서야
제 말이 얼마나 좋은지 깨닫게 되리이다.
7 밭을 갈 때 부서지는 흙덩이처럼
저들의 뼈가 저승 어귀에 흩어지리이다.
8 주 하느님, 저는 당신을 바라보나이다.
당신께 피신하나이다. 제 영혼을 내버리지 마소서.
9 저를 지키소서, 저들이 쳐 놓은 덫에서.
나쁜 짓 하는 자들의 올가미에서.
10 악인들은 스스로 파 놓은 함정에 빠지고
저는 탈 없이 지나가게 하소서.

기도합시다

주 하느님, 올곧은 이들의 기도에 언제나 귀를 기울이시는 분, 비오니 당신 자녀와 종들을 굽어보시어, 저희가 당신 사랑의 보살핌을 확신하며 의로움의 길을 충실히 걷게 하소서. 이 모든 것 우리 주 그리스도를 통하여 비나이다. 아멘.

시편 142

감옥에서 저를 빼내 주소서

시편저자들은 대개 절박한 상황에 놓였을 때 온 마음을 쏟아부어 절실히 기도합니다. 이 시편에서도 저자는 하느님께 간청하는데, 주목할 부분은 하나의 의도를 네 번으로 나누어 청원하고 있다는 점입니다. "나 주님께 부르짖네", "나 주님께 간청하네", "내 근심 쏟아붓고", "내 곤경 하소연하네"(2-3절). 이렇게 청원이 쌓임으로써, 상당한 압박을 받는 가운데 하느님께 부르짖고 있는 시편저자의 처지가 분명히 드러납니다. 즉, 네 번에 걸쳐 청원이 반복됨으로써, 시편저자의 상황이 얼마나 위중한지 강조됩니다. 그래도 시편저자는 성에 차지 않았는지, "정신이 아뜩해진다"(4절)라고 표현하면서 생명의 숨결, 내면의 활력이 사라지고 있으며, 자신의 명줄이 다 되어 간다고 이야기합니다. 시편저자는 이런 환난을 겪고 있는 가운데 사람들이 자신에게 어떻게 하려고 드는지 묘사합니다. 원수들이 그에게 덫을 놓아 넘어뜨리려 한다고 한탄합니다(4-5절). 그런 다음 거기에 방점을 찍듯 그는 "아무도 제 목숨 걱정하지 않나이다"(5절)라고 호소합니다. 언제 어디서 적이 공격할지 모르는 채 홀로 서 있는 그에게 출구는 보이지 않습니다. 사면초가에 놓인 것입니다. 그러나 이 극심한 곤경 속에서 그는 강렬한 신앙고백을 합니다. "당신은 저의 피신처, 산 이들의 땅에서 당신은 저의 몫이옵니다"(6절). 시편저자에게 삶은 죽은 목숨, 탈출할 길 없는 감옥이 되었습니다(8절). 그는 단 하나의 희망만 남았음을 압니다. 바로 하느님께 의지하는 것입니다. 하느님은 그가 산 이들의 땅에서 자신의 자리를 되찾을 유일한 희망이십니다. 그는 하느님께서 감옥 문을 부수어 열어 주시리라 굳게 믿고 있기에, 기쁜 감사를 드릴 커다란 이유가 언제고 생길 것을 알고 있습니다. 시편저자를 대신해서 하느님의 구원 행적을 목격한 의인들이 모여서, 시편저자를 에워싸며 찬미와 감사를 기쁜 마음으로 표현하는 데 동참합니다. 시간 전례에서 이 시편은 주일 제1저녁기도 때(다시 말해 토요일 저녁에) 기도로 바쳐집니다. 또한 매주 주일은 '작은 부활절'이므로, 교회에서는 죽음의 감옥에서 당신의 아들을 구하신 하느님의 기적을 기념하면서 시편 142편을 사용합니다. 이 시편의 첫 부분은 겟세마니에서 고뇌하시는 예수님의 상황을 예측하고 있는 듯이 보입니다. "이때 그분은 그들에게 말씀하셨다. '내 영혼이 근심에 싸여 죽을 지경입니다. 당신들은 여기 머물러서 나와 함께 깨어 있으시오.' 그러고는 조금 더 나아가 땅에 얼굴을 대고 기도하며 이렇게 말씀하셨다. '나의 아버지, 할 수만 있다면 이 잔이 저를 비켜 가게 하소서. 그러나 제가 원하는 대로 하지 마시고 아버지께서 원하시는 대로 하소서'"(마태 26,38-39). 대부분의 시편들이 명백하게 보여 주듯, 믿음과 신뢰의 길은 언제나 고통에서 새 생명으로, 의심에서 믿음으로, 슬픔에서 감사로 이어집니다. 시편들을 통해 우리는 파스카 신비의 활동을 보고, 지금 현재의 삶에서도 부활과 영광에 이르는 길로 인도됩니다.

142 (141) [마스킬. 다윗. 그가 굴에 있을 때 드린 기도]

2 소리 높여 나 주님께 부르짖네.
  소리 높여 나 주님께 간청하네.
3 그분 앞에 내 근심 쏟아붓고
  그분 앞에 내 곤경 하소연하네.

4 제 정신이 아뜩해질 때

　제가 갈 길 당신은 아시나이다.

　제가 다니는 길에

　저들은 덫을 숨겨 놓았나이다.

5 오른쪽을 살피소서. 눈여겨보소서.

　저를 돌보는 이 아무도 없나이다.

　도망갈 곳이 더는 없는데

　아무도 제 목숨 걱정하지 않나이다.

6 주님, 당신께 부르짖으며 아뢰나이다.

　"당신은 저의 피신처

　산 이들의 땅에서 당신은 저의 몫이옵니다."

7 울부짖는 제 소리 귀여겨들으소서.

　저는 너무나 허약해졌나이다.

　뒤쫓는 자에게서 저를 구하소서.

　그들이 저보다 훨씬 강하옵니다.

8 감옥에서 저를 빼내 주소서.

　제가 당신 이름을 찬송하리이다.

　당신이 제게 은혜를 베푸시니

　의인들이 저를 감싸 주리이다.

기도합시다

창조주이시며 구세주이신 주 예수 그리스도님, 저희가 파스카 신비 안에서 영광과 새 생명에 이르는 길을 찾게 해 주시는 분, 비오니 당신을 따르는 사람들이 유혹과 시련 중에도 굳세게 하시어, 저희가 저희 삶 속에서 활동하시는 당신 은총의 권능을 증언하게 하소서. 모든 영광과 영예가 당신께 이제와 항상 영원히 있나이다. 아멘.

시편 143

당신 자애를 알려 주소서

시편 143편은 일곱 편의 참회 시편 가운데 마지막 시편입니다. 시편저자는 하느님께 "제 기도를 들어 주소서", 믿음으로 드리는 제 호소에 "귀를 기울이소서"라고 친숙하게 요청하면서(1절) 시편을 시작합니다. 이 첫 번째 간청에 뒤이어, 곧장 시편저자는 하느님의 길에 대한 과거의 체험을 바탕으로 단언합니다. 하느님께서 어려움에 처한 사람들에게 보이시는 행동들의 근간이 신의와 정의라고 말합니다. 2절은 사도 바오로의 신앙고백보다 앞서서 공식화된 심오한 신앙고백입니다. "살아 있는 이는 아무도 당신 앞에 의로울 수 없나이다." 하느님 앞에서는 누구도 자신이 의롭다거나 공정하다고 주장할 수 없습니다. 하느님 앞에서 우리 모두는 자비와 연민, 용서와 구원이 절실한 죄인입니다. 사도 바오로는 이 구절을 인용하여 자신의 신조를 밝힙니다. "율법의 행업으로는 그 어떠한 사람도 그분 앞에서 의롭게 되지 못할 것입니다. 실상 율법으로는 죄를 인식하게 될 뿐입니다"(로마 3,20). "그것은 우리가 율법의 행업으로써가 아니라 그리스도께 대한 신앙을 바탕으로 하여 의롭게 되기 위함이었습니다. 사실 어떠한 사람도 율법의 행업으로써는 의롭게 되지 못하겠기 때문입니다"(갈라 2,16). 우리는 우리의 죄스러운 상태를 알고 인정하기 때문에 하느님 앞에서 우리가 취할 수 있는 유일한 자세는 두 손을 펼쳐 애원하는 것입니다(6절). 하느님께서 과거에 우리를 위해 해 주신 모든 일을 우리가 알고 있으며, 그분께서 또다시 우리의 기도를 들으시고 삶을 회복하여 주시리라 믿고 있습니다(5절). 앞선 수많은 시편들과 마찬가지로(139편; 140편) 이 아름다운 시편에도 하느님과의 친밀하고도 개인적인 관계를 나타내는 징표가 여기저기서 발견됩니다. 시편저자는 말합니다. "메마른 땅처럼 저의 영혼 당신을 그리나이다"(6절). 누군가를 '그린다'는 표현은 소중하게 간직되고 오래 지속되는 관계를 나타냅니다. 이 표현은 마음속 깊은 곳에서 우러나온 것이며, 깊은 감정이 담겨 있습니다. 이런 관계의 깊이가 어느 정도인지 알고 싶다면 이 시편의 시작과 끝에서 반복되는 말, 즉 '종'에 대해 살펴보아야 합니다. "당신 종을 법정으로 부르지 마소서"(2절), "이 몸은 당신의 종이옵니다"(12절). 자신을 하느님의 종으로 여기는 것은 하느님의 목소리에 주의를 기울이고 언제든 순종하는 자세를 보인다는 뜻입니다. 그리스도인들에게 이러한 태도의 완벽한 모범은 바로 예수님입니다. 사도 바오로는 필리피 신자들에게 보낸 서간에 실린 그리스도 찬가에서 이를 아름답게 설명합니다. "여러분은 그리스도 예수 안에서 품어야 할 생각을 서로 품으시오. 그분은 하느님의 모습을 지니셨지만 하느님과 같음을 노획물인 양 중히 여기지 않으시고, 도리어 자신을 비우시어 종의 모습을 취하셨으니 사람들과 비슷하게 되시어 여느 사람 모양으로 드러나셨도다. 자신을 낮추시어, 죽음, 곧 십자가의 죽음에 이르기까지 순종하셨도다"(필리 2,5-8). 새 아침이 밝을 때마다, 하느님의 자애를 선사받으리라는 희망이 있을 때 우리는 시편저자와 그리스도와 함께 전능하신 그분 앞에서 이렇게 충실한 자세를 취하게 됩니다. 우리 기도를 들어 주시리라 신뢰하면서 주의를 기울여 기다립니다(8절).

1 143 (142) [시편. 다윗]

주님, 제 기도를 들어 주소서.
애원하는 제 소리에 귀를 기울이소서.
당신은 진실하고 의로우시니
저에게 응답하소서.
2 당신 종을 법정으로 부르지 마소서.
살아 있는 이는 아무도 당신 앞에 의로울 수 없나이다.
3 원수가 저를 뒤쫓아
땅바닥에 저의 생명 짓밟고
영원히 죽은 이들처럼
저를 어둠 속에 버려두나이다.
4 제 영이 제 속에서 아뜩해지고
제 마음이 제 안에서 얼어붙나이다.
5 제가 옛날을 회상하며
당신의 모든 업적 낱낱이 묵상하고
당신 손수 이루신 일 되새기나이다.
6 당신을 향하여 저의 두 손 펼치고
메마른 땅처럼 저의 영혼 당신을 그리나이다. 셀라
7 주님, 어서 저에게 응답하소서.
제 영이 사그라져 가나이다.

당신 얼굴 제게서 감추지 마소서.
저는 구렁으로 떨어지는 자처럼 되리이다.
8 아침에 당신 자애를 알려 주소서.
당신을 신뢰하나이다.
가야 할 길 제게 밝혀 주소서.
제 영혼 당신께 들어 올리나이다.
9 주님, 원수들에게서 저를 구하소서.
저는 당신께 피신하나이다.
10 당신은 저의 하느님
당신 뜻 따르라 저를 가르치소서.
당신의 영은 선하시니
평탄한 길로 저를 인도하소서.
11 주님, 당신 이름 보시어 저를 살리소서.
당신은 의로우시니 제 영혼 곤경에서 이끌어 내소서.
12 당신 자애로 제 원수들 쳐부수시고
제 영혼을 괴롭히는 자 모두 없애소서.
이 몸은 당신의 종이옵니다.

기도합시다

충실하시고 공정하신 우리 주 하느님, 저희에게 자비를 보여 주시고 당신의 길을 가르쳐 주소서. 또한 저희에게 통찰력을 주시어 당신의 거룩한 명령을 듣고 따르게 하소서. 그리하여 영원무궁토록 주님이신 예수 그리스도를 본받아, 당신을 섬기면서 느끼는 기쁨을 체험하게 하소서.

시편 144

하늘을 기울여 내려오소서

시편 144편은 모든 시편 중에서도 독특한 특징이 있습니다. 다양한 시편들을 모아서 또 다른 의미와 목적을 가진 새로운 시편을 탄생시켰습니다. 시편 18편(특히 3-4.10.15.17.34-35.44-48절), 시편 33편(특히 12절), 시편 8편(특히 5절)을 다시 돌아보면 그 발상과 표상이 시편 144편에 반영되어 있음을 알 수 있습니다. 다만 앞서 나온 이 시편들은 하느님의 권능과 권세를 찬미하고 있지만, 시편 144편에서는 청원 형식으로 변화합니다. "주님, 하늘을 기울여 내려오소서"(5절), "번개를 치시어 원수를 흩으소서"(6절), "큰 물에서 저를 구출하소서"(7절). 이러한 변화는 우리에게 한 가지 중요한 점을 일깨웁니다. 즉, 우리가 기도를 바치는 대상은 언제나 그분뿐이라는 점입니다. 그분은 고통스럽고 속수무책인 상황을 바꿀 수 있는 유일하신 분이시며, 다른 사람에게서 받은 상처를 치유해 주시는 분이십니다. 이런 관점에서 보면 시작 부분에 있는 찬미와 축복의 표현(1-2절)은 그 뒤에 이어지는 청원(5-8절)에 꼭 맞는 전주입니다. 또 주목할 부분은 시편저자가 하느님을 충실하고 변함없으며 진실하고 충성스러운 사랑의 계약을 뜻하는 '자애'로 지칭하고 있는 것입니다(2절: 본문에는 힘). 비틀거리거나 흔들리지 않는 하느님의 사랑에 대한 인간들의 응답은 흔들거리거나 미지근한 경우가 많지만, 그래도 하느님의 입장은 영원히 굳건하고 믿음직스럽습니다. 이 시편의 시작부터 등장하는 전쟁과 전투의 표현을 보면 에페소 신자들에게 보낸 서간에서 사도 바오로가 훈계하는 내용이 연상됩니다. "끝으로, 여러분은 주님 안에서 그리고 그분의 강한 힘으로 굳세어지시오. 여러분은 악마의 계교에 맞설 수 있도록 하느님의 무기로 무장하시오. 실상 우리의 싸움은 피와 살을 가진 인간을 상대하는 것이 아니라, 권력과 권세의 악신들, 이 어두운 세계의 지배자들, 천공에 있는 악한 영들을 상대하는 것입니다. 그러므로 여러분은 악한 날에 그것들을 대적하여 모두 눌러 이긴 다음에 의연히 서 있을 수 있도록 하느님의 무기를 잡으시오"(6,10-13). 시편저자는 한창 전투를 벌이면서 긴박하게 청원을 올리고 있음에도 "당신께 새로운 노래 부르오리다"(9절)라며 의지를 보입니다. 하느님께서 우리 삶에 승리를 가져오는 분이심을 알고 있기 때문입니다. 또한 하느님께서 "다윗을 구하시어" 그를 괴롭히던 악인들을 물리치게 해 주신 것처럼(10절) 구원의 권능을 신뢰하면 누구에게나 축복이 있음을 확신하기 때문입니다. 시편 144편은 마음을 흔드는 행복 선언으로 마무리됩니다. "행복하여라, 이렇게 사는 백성! 행복하여라, 주님을 하느님으로 모시는 백성!"(15절). 시편을 읽을 때마다 우리는 우주와 그 안에 있는 모든 것을 다스리는 최고 통치자가 하느님이심을 되새깁니다. 우리는 시편 기도를 드리면서 하느님께서 우리를 보호해 주시고 보살펴 주심을 기쁜 마음으로 인정합니다. 그분께서는 "원수들을 흩으시고"(6절), "하늘을 기울여 내려오시어"(5절) 우리를 평화와 축복의 통치로 이끄시는 분입니다.

1 144 (143) [다윗]

나의 반석 주님은 찬미받으소서.
그분은 내 손가락에 싸움을,
내 손에 전쟁을 가르치셨네.

2 그분은 나의 힘, 나의 산성
　나의 성채, 나의 구원자
　나의 방패, 나의 피난처
　민족들을 내 밑에 굴복시키셨네.

3 주님, 사람이 무엇이기에 이토록 보살피시나이까?
　인간이 무엇이기에 이토록 헤아리시나이까?
4 사람이란 한낱 숨결 같은 것
　그 세월은 지나가는 그림자 같사옵니다.
5 주님, 하늘을 기울여 내려오소서.
　산들을 건드리소서. 연기 뿜으리이다.
6 번개를 치시어 원수를 흩으소서.
　저들에게 화살을 쏟아부어 혼이 빠지게 하소서.
7 높은 데에서 당신 손을 뻗으시어 저를 구하소서.
　큰 물에서, 이방인의 손에서
　저를 구출하소서.
8 저들의 입은 거짓을 말하나이다.
　저들의 오른손은 간계를 부리나이다.
9 하느님, 당신께 새로운 노래 부르오리다.
　열 줄 수금으로 찬미 노래 부르오리다.
10 당신은 임금들을 구원하시고
　당신 종 다윗을 구하시나이다.
11 악독한 칼에서 저를 구하소서.
　이방인들의 손에서 저를 구출하소서.

저들의 입은 거짓을 말하나이다.
저들의 오른손은 간계를 부리나이다.

12 우리 아들은 어릴 때부터
　무성히 자라는 초목 같고
　우리 딸은 우아하게 다듬은
　성전의 모퉁이 기둥 같으리라.
13 우리 곳집들은 가득 차고
　갖가지 곡식으로 넘쳐 나리라.
　우리 양 떼는 들에서
　천 배 만 배로 불어나고
14 우리 소들은 모두 살이 찌리라.
　성벽이 뚫리는 일도 사람들이 끌려가는 일도
　광장에서 울부짖는 일도 더는 없으리라.
15 행복하여라, 이렇게 사는 백성!
　행복하여라, 주님을 하느님으로 모시는 백성!

기도합시다

위대한 성채이자 구세주이신 하느님, 비오니 저희 마음을 다스리시는 당신의 통치를 파괴하기 위해 저희와 전쟁을 벌이는 세력들로부터 저희를 보호해 주소서. 또한 저희가 당신의 아드님과 파스카 신비 안에서 일치를 이룰 때, 당신의 충실한 사랑과 변함없는 연민이 저희 일상의 힘이 되게 하소서. 그리하여 저희가 영원무궁토록 살아 계시고 다스리시는 그분의 부활의 권능도 깨닫게 하소서. 아멘.

시편 145

당신의 통치는 영원하나이다

성 아우구스티누스는 『고백록』에서 "전능하신 하느님, 당신께서는 당신 자신을 위하여 저희를 만드셨기에, 저희 마음은 당신 안에서 쉴 때까지 쉼이 없습니다"라고 했습니다. 이 심오한 말씀의 토대가 되는 것이 바로 시편 145편입니다. 시종일관 이 시편은 하느님께서 우리를 위해 이루어 주시는 놀라운 일들을 들려줍니다. 그리고 우리 인류가 지속적으로 분출되는 선이신 하느님 사랑의 진리를 체험하는 길에 대해 이야기합니다. 이 시편 역시 알파벳 시편으로, 히브리어 알파벳 순서에 따라 각 절의 첫 글자가 배열됩니다. 이런 방식을 통해 이 시편은 충만함과 완전함을 표현하고자 하며, 하느님을 찬미해야 할 이유가 무한함을 상징하고자 합니다. 주목해야 할 부분은 이 시편의 표제가 '찬양가'라는 단 한 단어로 되어 있다는 점입니다. 이런 표제가 붙은 시편은 145편이 유일합니다. 첫 부분에서는 영원토록 찬미받을 이름이신(1-2절) 하느님을 한껏 고양되어 길게 찬미하는 내용으로 우리를 안내합니다. "경외로운 업적"(6절)이란 일반적 언급에서 시작하여 자비, 자애, 은혜(7-9절)를 특정하면서, 시편저자는 매일 충실하게 하느님의 의로움과 거룩함을 반복해서 찬양하라 말합니다. 11-13절에 등장하는 "통치"와 "나라"라는 단어는 히브리어에서 어원이 같습니다. 시편저자는 이런 식으로 그 의미를 내적으로 반복하여 주제를 강조하는 것으로 보입니다. 시편집의 마지막 편에 가까워진 이 시점에서 시편 145편은 모든 피조물을 움직이고 인도하는 하느님의 통치와 은혜를 다시 일깨웁니다. 모든 인간, 모든 생명, 모든 사물은 그 근원이 하느님 안에 있고, 따라서 하느님의 특징으로 가득 차 있습니다. 우리는 우리 하느님과 그분의 위업 앞에서 경외심을 가지되 가만히만 있어서는 안 됩니다. 하느님께서 행동하시듯 우리도 행동해야 합니다. 우리는 우리가 받은 것, 다시 말해 자비와 연민, 용서와 인내, 정의와 이해, 신뢰를 하느님께 돌려드리는 방식으로 응답해야 합니다. 그렇습니다. 하느님은 우리를 믿으시어 지상의 선물을 보존하고 가꾸라며 맡기셨습니다. 우리는 살다 보면 고통과 고뇌를 겪고, 어려운 결정을 해야 하며, 상실에 시달리는 시간을 불가피하게 맞닥뜨립니다. 바로 그때 우리가 바꾸거나 통제할 수 없는 것을 모두 다 하느님께 맡기면, 우리의 신뢰가 우리를 치유하는 수단이 될 수 있습니다. 우리는 이 신뢰 안에서 하느님께서 우리 삶을 다스리심을 인정합니다. 또한 모든 것이 불확실하고 부서질 것 같은 극한상황에 처하더라도 하느님께서 우리 삶을 희망과 안정으로 이끌어 주신다는 확고한 믿음을 갖게 됩니다. 시편저자는 "눈이란 눈이 모두 당신을 바라보고 당신은 제때에 먹을 것을 주시나이다. 당신은 손을 펼치시어 살아 있는 모든 것을 은혜로 채워 주시나이다"(15-16절)라고 합니다. 예수님은 산상설교에서 다음과 같은 말씀으로 저희를 일깨우십니다. "하늘의 새들을 눈여겨보시오. 그것들은 씨를 뿌리지도 않고 추수하지도 않을뿐더러 곳간에 모아들이지도 않습니다. 그러나 여러분의 하늘 아버지께서는 그것들을 먹여 주십니다. 여러분은 그것들보다 더 귀하지 않습니까?"(마태 6,26). 우리가 인식하건 인식하지 못하건 간에 우리 삶 속의 모든 축복에 대해 주님의 거룩하신 이름을 찬미합시다. 영영 세세. 아멘.

145 (144) [찬양가. 다윗]

1 저의 임금이신 하느님, 당신을 높이 기리나이다.
  영영 세세 당신 이름을 찬미하나이다.
2 나날이 당신을 찬미하고
  영영 세세 당신 이름을 찬양하나이다.

3 주님은 위대하시고 드높이 찬양받으실 분
  그분의 위대하심 헤아릴 길 없어라.

4 세대가 세대를 이어 당신 업적을 기리고
  당신 위업을 널리 전하리이다.
5 당신의 위엄 그 찬란한 영광을 이야기하고
  당신의 기적을 노래하리이다.
6 경외로운 당신 업적 그 위력을 말하고
  당신의 크나큰 위업을 선포하리이다.
7 넘치는 당신 은혜를 기억하고 알리며
  당신 의로움에 환호하리이다.

8 주님은 너그럽고 자비하시며
  분노에 더디시고 자애가 넘치시네.
9 주님은 모두에게 좋으시며
  그 자비 모든 조물 위에 내리시네.

10 주님, 모든 조물이 당신을 찬송하고
　　당신께 충실한 이들이 당신을 찬미하나이다.
11 당신 나라의 영광을 노래하고
　　당신의 권능을 이야기하나이다.
12 당신의 위업과 그 나라의 존귀한 영광
　　사람들에게 알리나이다.
13 당신의 나라는 영원무궁한 나라
　　당신의 통치는 모든 세대에 미치나이다.

　　주님은 말씀마다 참되시고
　　하시는 일마다 진실하시네.
14 넘어지는 누구라도 주님은 붙드시고
　　꺾인 이는 누구라도 일으켜 세우시네.

15 눈이란 눈이 모두 당신을 바라보고
　　당신은 제때에 먹을 것을 주시나이다.
16 당신은 손을 펼치시어
　　살아 있는 모든 것을 은혜로 채워 주시나이다.

17 주님은 가시는 길마다 의로우시고
　　하시는 일마다 진실하시네.
18 주님은 당신을 부르는 모든 이에게,
　　진실하게 부르는 모든 이에게 가까이 계시네.
19 당신을 경외하는 이들의 소망을 채우시고

그 애원을 들으시어 구해 주시네.
20 주님은 당신을 사랑하는 이들을 모두 지키시고
   죄인들은 모두 없애 버리시네.
21 내 입은 주님을 노래하며 찬양하리라.
   모든 육신은 그 거룩하신 이름 찬미하리라.
   영영 세세에.

기도합시다

당신께 부르짖는 이들에게 언제나 가까이 계시는 하느님, 비오니 저희가 드리는 찬미를 당신께서 저희에게 쏟아 주시는 수많은 축복에 대한 감사와 기쁨의 응답으로 받아 주소서. 또 저희가 영원무궁토록 저희 하느님이신 당신께로 가는 순례의 여정에 있을 때, 당신의 신의와 연민, 선하심과 자비가 저희에게 크나큰 희망과 격려가 되게 하소서. 아멘.

시편 146

하느님의 정의를 찬미하여라

시편 146편은 시편집 전체를 마무리하는 시편들 가운데 첫 시편입니다. 이에 해당하는 시편들은 모두 '주님을 찬미하라'라는 의미인 히브리어 "알렐루야"로 시작합니다. 그런데 이 시편들은 하느님께 찬송을 올리는 이유가 각기 다릅니다. 시편 146편의 경우, 하느님의 정의가 주제입니다. 성경적으로 '정의'는 의로운 관계를 의미합니다. 이러한 내용은 이 시편의 3-4절에서 언어유희 방식으로 교묘하게 표현되어 있습니다. '인간'을 가리키는 히브리어는 '아담'*ādām*(3절)이며, '흙'은 '아다마'*ādāmā*(4절)입니다. 이러한 표현의 근저에는 창세기 3장 19절에 강렬하게 제시되어 있는 인간과 흙 사이의 관계가 있습니다. 하느님께서 숨을 불어넣으시자 아담은 그분의 모습을 한 생명이 되었고, 이로써 창조주와 피조물이라는 관계가 생겨났습니다. 하느님은 당신의 모습을 함께 나눈 피조물들을 정의로 보살피셔야 하고, 마찬가지로 피조물들은 하느님이 내리신 율법과 명령을 따름으로써 정의로 하느님과의 유대 관계를 인정해야 합니다. 시편 146편에는 당신의 모습으로 창조된 인간들에게 하느님께서 당신의 정의를 보여 주시는 방법들이 나열되어 있습니다. 찬양하라는 지시(1절)와 찬송하겠다는 약속(2절)으로 운을 뗀 시편저자는, 인간인 우리가 확신의 근거가 될 수 없음을 상기시킵니다(3-4절). 우리가 할 수 있는 일은 우리가 찬양하는 하느님을 신뢰하는 것뿐입니다(1-2.5-6절). 하늘과 땅을 만드신 하느님께서는 어려움에 처한 이들에게 언제나 충실한 사랑과 진정한 연민을 보여 주셨습니다. 우리가 하느님의 도움을 신뢰하는 것은 바로 그분께서 그렇게 해 주셨던 방식을 우리가 알고 있고 체험했기 때문입니다. 야곱의 하느님은 억눌린 이들을 보살펴 주시고, 굶주린 이들을 먹여 주시며, 붙잡힌 이들을 풀어 주십니다(7절). 이집트 탈출 때와 마찬가지로 여전히 하느님께서는 정복당한 이들의 외침을 들으시고, 억압에서 자유롭게 해 주시며, 오랜 세월 사막을 헤맸을 때처럼 풍요로운 양식을 마련해 주십니다. 하느님 구원의 정의를 뒷받침하는 증거는 또 있습니다. 눈먼 이들의 눈을 뜨게 해 주시고 꺾인 이들을 일으켜 세우시는 것입니다(8절). 예언자들도 의로운 하느님의 행적에 대해 이야기합니다(이사 35장). 하느님의 율법 안에서는 이 세상에서 소외된 사람들, 즉 이방인과 과부, 고아에게도 희망이 있습니다. 하느님께서는 당신을 충실히 따르는 사람들의 공동체가 이들을 돌보도록 율법을 정하셨습니다(신명 24,20-21). 하느님의 다스림은 어려움에 처한 모든 사람에게 연민과 보호와 자비의 베풂을 절대적으로 요구합니다. 그리고 하느님께서는 친절과 동정, 자비로 행하시는 이러한 위업들을 우리를 통하여 완성하십니다. 우리가 하느님 편에서 행동하고, 우리 내면에 있는 성령의 인도를 따르면서 모든 사람의 행복을 위해 일할 때 우리는 하느님의 정의에 참여합니다. 그리고 이것이야말로 신약성경에서 말하는 하느님의 다스림이 아닐까요? "예수께서는 열두 제자를 한자리에 부르시고 그들에게 모든 귀신을 제어하고 질병을 고치는 능력과 권능을 주셨다. 그리고 하느님의 나라를 선포하며 병든 이들을 고쳐 주게 하려고 그들을 파견하셨다"(루카 9,1-2). 우리는 모두가 하느님 정의의 수혜자이자 도구입니다. 우리가 받은 부르심을 찬미합니다!

146 (145)

1 알렐루야!
   내 영혼아, 주님을 찬양하여라.
2 내 한평생, 나는 주님을 찬양하리라.
   사는 동안, 나의 하느님 찬송하리라.
3 너희는 제후들을 믿지 마라.
   인간은 너희를 구원하지 못한다.
4 숨 한 번 끊어지면 흙으로 돌아가고
   그날로 모든 계획도 사라져 버린다.
5 행복하여라, 야곱의 하느님을 구원자로 모시고
   주 하느님께 희망을 두는 이!

6 주님은 하늘과 땅을 지으시고
　바다와 그 안의 모든 것을 만드셨네.
　영원히 신의를 지키시고
7 억눌린 이에게 권리를 찾아 주시며
　굶주린 이에게 먹을 것을 주시네.
　주님은 잡힌 이를 풀어 주시고
8 주님은 눈먼 이를 보게 하시며
　주님은 꺾인 이를 일으켜 세우시네.
　주님은 의인을 사랑하시고
9 주님은 이방인을 보살피시며
　고아와 과부를 돌보시나
　악인의 길은 꺾어 버리시네.
10 주님은 영원히 다스리신다.
　시온아, 네 하느님이 대대로 다스리신다.
　알렐루야!

기도합시다

주 하느님, 고아들의 아버지, 이방인의 보호자, 모든 질병을 치유해 주시는 분, 비오니 저희 기도를 들으소서. 저희가 삶 속에서 당신의 연민과 친절을 체험함으로써, 저희 이웃들에게 너그러이 봉사하고, 영원무궁토록 살아 계시고 다스리시는 당신을 기쁜 마음으로 신뢰하는 길에 이르게 하소서. 아멘.

시편 147

전능하신 분께서 가련한 이들과 함께 계신다

시편 147편의 첫마디 "좋기도 하여라"(ki tôb)는 시편 133편의 첫마디 "좋기도 하구나"(mah tôb)와 같은 말입니다. 두 가지 다 시편집에서는 흔히 볼 수 없는 말입니다. 이런 감탄으로 시작하게 되면 그 뒤에 오는 것은 무엇이건 특별한 의미가 부여됩니다. 이 시편에서 저자는 우리의 믿음을 드러내기 위해 하느님께 올리는 찬양이 우리에게 진정한 기쁨, 정말로 즐거운 행위가 되어야 한다고 주장합니다(1절). 우리 하느님은 무한히 위대하시면서도 언제나 당신 도움이 필요한 이들 곁에 계십니다. 시편저자는 하느님께서 예루살렘을 다시 세우시고 유배를 떠났던 이들을 모으셨던 일을 바탕으로 이야기합니다. 별들을 만드시고 낱낱이 그 이름을 불러 주시는(4절) 전능하신 하느님께서는 우주를 관장하시면서도, 마음이 부서진 이들을 고치시고 상처를 일일이 싸매 주실 정도로(3절) 우리 가까이에 계십니다. 우리는 "가난한 이를 일으키시고 악인을 땅바닥까지 낮추시네"(6절)라는 구절이 단지 하느님의 권능을 과시하는 것이라 생각할 수도 있습니다. 하지만 시편저자는 하느님의 활동이 실은 당신 지혜에 따른 것임을 암시합니다. 그러면서 당신을 섬기는 이들에게 풍요로운 자비와 구원을 베푸는 일은 하느님께도 큰 기쁨이라 말합니다(11절). 세상 만물은 그 창조자를 드러냅니다. 구름으로 덮인 하늘, 비를 뿌리는 구름, 양식을 마련해 주는 비(8절)가 그렇습니다. 하지만 이러한 양식은 비단 인간에게만 제한되는 것이 아닙니다. 하느님은 당신께서 만드신 모든 생명을 돌보십니다. 인간에서부터 가축과 까마귀에 이르기까지(9절) 저마다 세상의 평화로운 진보를 위한 하느님의 계획 안에서 제 몫을 다하고 있습니다. 우리는 하느님께서 준마나 장정을 보고 흐뭇해하신다고 생각할 수 있지만 사실은 그렇지 않습니다(10절). 오히려 계약관계에 따라 받게 될 당신의 축복을 고대하는 사람들을 보실 때 즐거워하십니다. 이렇게 하느님의 충실하고 변함없는 길이 드러납니다. 이 시편은 후반부(12-20절: 칠십인역 성경에는 이 부분이 전반부와 별개 시편으로 구분되어 있다)에서도 계속해서 하느님의 백성, 즉 이제는 "예루살렘"이라 지칭되는 사람들이 풍요로운 축복을 어떻게 받았는지 보여 줍니다. 초기 교회에서는 바로 이 부분에서 두 가지 중요한 표상을 가져와서 그리스도의 신비에 적용하였습니다. "기름진 밀"(14절)은 천상 왕국으로 가는 순례자들에게 하느님께서 주시는 생명의 양식, 즉 성찬례의 선물을 상징하게 되었습니다. 구약성경의 만나와 마찬가지로 하느님께서는 성찬례의 천상의 빵으로 계속해서 우리에게 풍요로운 양식을 주십니다. 요한계 신학에서 "보내신 말씀"(18절)은 하느님께서 인간의 육신을 취하시어 그 본성을 온전히 공유하시는 강생을 지칭하는 것으로 인식되었습니다. "맨 처음에 말씀이 계셨다. 말씀이 하느님과 함께 계셨으니 그 말씀은 하느님이셨다. 정녕 말씀이 육신이 되시어 우리 가운데서 거처하셨다. 우리는 그분의 영광을 보았다. 그것은 아버지로부터 오신 외아들다운 영광이라 그분은 은총과 진리로 충만하셨다"(요한 1,1.14). "기름진 밀"과 "보내신 말씀"이란 두 표상을 통해 우리는 성체성사에 내재한 예수님의 신적 신비를 깨닫습니다. 왜냐하면 그 안에서 우리는 말씀의 식탁과 성찬의 식탁에 앉아 양식을 얻기 때문입니다. 이 시편은 우리가 하늘나라를 향해 걸어갈 때 참된 양식의 원천이 되시는 예수 그리스도에 대해 더욱 온전히 알 수 있도록 이끌어 준다고 할 수 있습니다. 참으로 "좋기도 하여라, 그분을 찬미함이!".

1 **147A** (146) 알렐루야!
우리 하느님을 찬송하니 좋기도 하여라.
마땅한 찬양을 드리니 즐겁기도 하여라.
2 주님은 예루살렘을 세우시고
흩어진 이스라엘을 모으시네.
3 마음이 부서진 이를 고치시고
그들의 상처를 싸매 주시네.
4 별들의 수를 정하시고
낱낱이 그 이름 지어 주시네.
5 우리 주님은 위대하시고 권능이 넘치시네.
그 지혜는 헤아릴 길 없네.
6 주님은 가난한 이를 일으키시고
악인을 땅바닥까지 낮추시네.
7 주님께 감사 노래 불러라.
비파 타며 하느님께 찬미 노래 불러라.
8 그분은 구름으로 하늘을 덮으시고
땅에 비를 내리시어
산에 풀이 돋게 하신다.
9 울어 대는 까마귀 새끼에게도
짐승들에게도 먹이를 주신다.
10 그분은 준마의 힘도 좋아하지 않으시고
장정의 다리도 반기지 않으신다.
11 주님은 당신을 경외하는 이를,
당신 자애 바라는 이를 좋아하신다.

¹² **147B** (147) 예루살렘아, 주님을 찬미하여라.
　　　　　시온아, 네 하느님을 찬양하여라.
¹³ 그분은 네 성문의 빗장을 튼튼하게 하시고
　　네 안에 사는 아들들에게 복을 내리신다.
¹⁴ 네 강토에 평화를 주시고
　　기름진 밀로 너를 배불리신다.
¹⁵ 당신 말씀 세상에 보내시니
　　그 말씀 빠르게도 달려가네.
¹⁶ 흰 눈을 양털처럼 내리시고
　　서리를 재처럼 뿌리신다.
¹⁷ 우박을 빵 부스러기처럼 내던지시니
　　그 추위에 누가 견딜 수 있으랴?
¹⁸ 당신 말씀 보내시어 저들을 녹이시고
　　당신 입김 불어넣으시니 물이 흐르네.
¹⁹ 당신 말씀 야곱에게,
　　규칙과 계명 이스라엘에게 알리신다.
²⁰ 어느 민족에게 이같이 하셨던가?
　　그들은 계명을 알지 못하네.
　　알렐루야!

기도합시다

주 예수 그리스도님, 저희 가운데 오시어 저희에게 당신 아버지의 통치라는 다정한 굴레 아래에서 어떻게 살아야 하는지를 보여 주신 분, 비오니 저희 믿음을 생생하게 하시어 당신께서 저희에게 베풀고자 하시는 사랑과 연민을 고대하며 기쁜 마음으로 기다리게 하소서. 또한 저희가 당신의 자애를 깨달음으로써 저희가 만나는 모든 사람에게 당신 사랑의 도구가 되게 하소서. 모든 영광과 영예가 당신께 이제와 항상 영원히 있나이다. 아멘.

시편 148

모든 것들아, 주님을 찬양하여라

시편 148편은 창세기 첫 장에 나오는 친숙한 주제를 다룹니다. 성경은 천지창조 이야기로 시작됩니다. 이 시편이 상기시키고 있듯, 천지창조는 주님의 말씀으로 이루어집니다(5절). 전능하신 하느님은 놀랍게도 한 마디 말씀만으로 천지를 창조하십니다. 이사야의 예언대로(55,10-11) 하느님 말씀은 즉시 당신 행동으로 옮겨져서, 그 말씀을 보내신 목적을 달성합니다. 고대 근동 지역의 창조 신화를 보면 신들이 격렬한 우주적 전투에 뛰어들며 창조가 야기되는데, 이와 대조적으로 이스라엘의 하느님은 단지 말씀만 하셔도 세상이 질서와 조화를 이룹니다. 시편저자는 세상 만물을 소환하여, 이 장엄한 위업을 고요히 이루신 창조주를 찬미합니다(1-4절). 시편저자는 창세기 1장에서 표상을 가져와서 하늘 위의 물들(4절)과 빛의 원천인 해와 달(3절)을 부릅니다. 이것들은 하느님께서 가장 먼저 창조하신 것들입니다. 인간의 상상이나 능력을 훌쩍 뛰어넘는 이 놀라운 기적들은 하느님의 손에 의해 일어납니다. 하느님의 위엄을 보여 주는 기적들에 인간들은 즐거움과 놀라움을 표현합니다. 7-9절에서 시편저자는 번개와 바람, 산과 나무 등 다른 민족들이 우상으로 삼은 자연의 힘과 요소들을 보여 줍니다. 반면 이스라엘의 믿음은 완전히 다릅니다. 그들은 자연에서 신을 선택하지 않고, 오히려 모든 자연을 존재하게 하신 한 분 하느님으로부터 선택을 받았습니다. 이스라엘 주변 민족들은 토양을 비옥하게 하고 성장을 촉진하는 자연의 힘들로부터 받는 충격 — 강수와 폭풍, 해와 달 — 에 영향을 미치고자 했고, 그에 따라 자연에서 그들의 '신들'을 찾았습니다. 그렇지만 하느님은 하찮은 노예 집단이었던 이스라엘을 직접 선택하셨습니다. 그리고 당신의 연민과 해방 안에서 그들에게 선하심의 깊이를 드러내셨습니다. 여전히 이스라엘 백성은 이러한 하느님의 은혜를 한없이 찬양합니다. 이스라엘 백성에게 자연의 힘은 그저 찬양의 수단에 불과합니다. 11-12절에서 마침내 시편저자는 대상을 확대하여 통치자와 심판자, 청년과 노인 등 믿는 이들의 공동체에 속한 모든 사람을 부릅니다. '주님 이름'을 찬양하는 것은 모든 것을 완수하시고, 피조물에 질서와 평화를 가져오시며, 땅 위의 모든 생명을 언제나 지탱하시는 그분께 찬미를 올리는 일을 의미합니다. 이 시편의 마지막은 하느님의 다른 이면을 인정하는 것으로 끝을 맺습니다. 다시 말해 앞에서는 단 한 마디 말씀으로 모든 피조물을 존재하게 하신 그분의 초월적 권능에 대해 언급했는데, 끝에서는 바로 이 무한하시고 전능하신 그분께서 여전히 이스라엘 가까이 계신다고 말합니다. 즉, 그분께서 당신을 신뢰하는 모든 사람의 삶과 체험 안에 계신다고 전합니다. 사도행전에서 사도 바오로는 전능하신 하느님에 관한 바로 이 역설적 신비를 아테네인들에게 설파했습니다. "사실 그분은 우리 각 사람에게서 멀리 떨어져 계시지 않습니다"(사도 17,27). 신성한 내재와 초월의 신비, 마치 호흡처럼 우리 가까이에 계신 전능하신 그분, 이것은 매일같이 묵상해야 할 진리입니다.

만약 우리에게 이것을 알아볼 수 있는 믿음의 눈이 있다면 말입니다.

148

1 알렐루야!
  하늘 위에서 주님을 찬양하여라.
  높은 데에서 주님을 찬양하여라.
2 모든 천사들아, 주님을 찬양하여라.
  모든 군대들아, 주님을 찬양하여라.
3 해와 달아, 주님을 찬양하여라.
  반짝이는 모든 별들아, 주님을 찬양하여라.
4 하늘 위의 하늘아, 주님을 찬양하여라.
  하늘 위의 물들아.
5 주님 이름을 찬양하여라.
  그분이 명하시자 저들이 창조되었네.
6 세세에 영원히 저들을 세우셨네.
  법칙을 주시니 벗어나지 않네.
7 땅에서 주님을 찬미하여라.
  용들아, 모든 심연들아
8 번개며 우박, 눈이며 안개
  그분 말씀 받드는 거센 바람아
9 산과 산, 모든 언덕들
  과일나무와 모든 향백나무들아
10 들짐승과 모든 집짐승
  길짐승과 날짐승들아
11 세상 임금들과 모든 민족들

고관들과 세상의 모든 판관들아
12 총각들과 처녀들도
　　노인들과 아이들도
13 주님 이름을 찬양하여라.
　　그 이름 홀로 높으시다.
　　그분의 위엄 하늘과 땅에 가득하시다.
14 그분이 당신 백성 위하여 뿔을 높이셨네.
　　그분께 충실한 모든 이,
　　그분께 가까운 백성, 이스라엘 자손들은 찬양하여라.
　　알렐루야!

기도합시다

전능하시면서도 사랑이 넘치시는 영원하신 하느님, 비오니 저희가 당신 창조의 기적에 대해 더 깊은 통찰력을 갖게 하소서. 그리하여 저희가 저희 삶과 모든 역사 중에 당신 사랑의 손길이 인도하는 것을 알아볼 수 있는 지혜를 갖게 하소서. 우리 주 그리스도를 통하여 비나이다. 아멘.

시편 149

충실한 이들은 환호하여라

시편저자는 시편 149편의 첫 구절에 그동안 여러 시편에서 거듭 되풀

이된 "주님께 노래하여라, 새로운 노래"라는 구절을 마지막으로 사용합니다. 여기서 명령의 대상은 "충실한 이들의 모임"(ḥasidim)으로, 이들은 하느님께서 이스라엘 민족과 맺으신 계약에 변함없이 충실한 사람들입니다. 하느님께서는 이스라엘 민족에게 율법을 주심으로써, 그들을 존재하게 하셨고 그들에게 처음에는 생명을, 다음에는 해방을 주신 당신을 알게 하셨습니다. 여기서 '율법'은 맥락상 '가르침'으로 이해하는 편이 가장 좋을 것입니다. 누군가 우리에게 무언가를 해야 한다고 말할 때, 이를 통해 우리는 그 사람에게 중요한 게 무엇인지 통찰하게 됩니다. 즉, 그 사람에게 가장 의미 있는 게 무엇인지 잘 알게 됩니다. 하느님께서는 계약을 세우실 때, 율법에 있는 당신의 가르침을 지키심으로써 생명과 번영에 이르는 길을 이스라엘에게 드러내셨습니다. 다만 이스라엘은 신의와 확신을 가지고 이 길을 고수하여 완주해야 했습니다. 율법의 명령으로부터 이스라엘은 그들의 하느님께서 그런 삶의 길을 고수하고 그 길에 충실하며 그 길에 전념할 것을 요구하는 분이심을 알게 되었습니다. 그 길은 행복과 평화를 고취하는 길로, 도덕적 기준이 높고 기대하는 바가 뚜렷한 것이 특징입니다. 하느님 안에서, 그리고 율법의 길에서 삶과 축복을 발견했으니 이스라엘이 환호하는 것은 당연한 일입니다. 하느님은 이스라엘이 삶의 길을 가는 동안 번창하게 해 주셨습니다. 시편저자는 손북과 비파를 연주하며 기쁘게 노래하고 춤추자고 합니다(2-3절). 하느님은 당신 백성을 저마다 다 좋아하셔서, 가난한 이들을 일으켜 세우시고 구원의 은총으로 높이십니다(4절). 이러한 모습은 하느님의 보살핌과 위로를 나타내어 큰 공감을 불러일으킵니다. 가난한 이들과 궁핍한 이들과 낮은 이들이 하느님의 구원을 경축하는 자리에서 높여질 것이고, 그들은 모두 하느님의 사랑 안에서 풍요로움을 얻습니다. 시편 149편에는 히브리 노예들이 시나이산에 도착하는 탈출기 19장 장면이 비유적으로 표현되어 있습니다. 하느님은 당신 백성에게 쌍날칼을 주십니다(6절). 이 칼은 그들의 평화와 안전을 위협했던 민족들을 물리치는 하느님의 손길을 상징합니다. 이 칼은 약속의 땅을 향해 사막을 가로지르는 내내 하느님의 정의가 계약 안에서 어떻게 그들과 함께했는지 상기시켜 줍니다. 그들을 이집트에서 해방하셨을 때 하느님은 그들을 위해 싸우셨고, 그들을 보호하셨으며, 그들을 "독수리 날개에 태워"(탈출 19,4) 데려오셨습니다. 하느님의 백성은 과거를 돌아봄으로써, 그분께서 그들과 모든 경험을 함께하셨고, 그들을 이끄셨으며, 도전과 투쟁 한가운데에서 그들을 지켜 주셨음을 되새깁니다. 그러면서 하느님의 자비와 연민을 기리는 "새로운 노래"를 부릅니다. 베드로의 첫째 서간에서는 이러한 말씀이 진리임을 재확인하며, 그리스도인들에게 그들의 존엄과 축복을 상기시킵니다. "여러분은 선택된 민족, 왕다운 제관들, 거룩한 겨레, 그분이 차지한 백성이 되었습니다. 그것은 어두움에서 당신의 놀라운 빛으로 여러분을 부르신 분의 업적을 여러분이 선포하게 하려는 것이었습니다. 전에는 여러분이 백성 아닌 백성이었지만 이제는 하느님의 백성이 되었고 전에는 자비를 받지 못한 자들이었지만 이제는 자비를 받은 자들이 되었습니다"(1베드 2,9-10).

149

1 알렐루야!
주님께 노래하여라, 새로운 노래.
충실한 이들의 모임에서 찬양 노래 불러라.
2 이스라엘은 자기를 지으신 분을 모시고 기뻐하고

시온의 아들들은 임금님을 모시고 즐거워하여라.

3 춤추며 그분 이름을 찬양하고
  손북 치고 비파 타며 찬미 노래 드려라.

4 주님은 당신 백성을 좋아하시고
  가난한 이들을 구원하여 높이신다.

5 충실한 이들은 영광 속에 기뻐 뛰며
  그 자리에서 환호하여라.

6 그들은 목청껏 하느님을 찬송하고
  손에는 쌍날칼을 잡으리라.

7 민족들에게 복수를,
  겨레들에게 징벌을 내리며

8 저들의 임금들을 사슬로 묶고
  저들의 귀족들을 족쇄로 채워

9 쓰인 대로 심판을 내리리라.
  그분께 충실한 모든 이에게 영광이어라.
  알렐루야!

기도합시다

우리 주 하느님, 충실한 이들에게 큰 기쁨을 주시고 구원의 은총으로 낮은 이들을 높이시는 분, 비오니 당신 사랑의 율법을 저희 마음에 심어 주시고 당신의 변함없는 보살핌으로 그 사랑의 율법을 육성하여 주소서. 그리하여 저희가 당신의 아드님이신 예수 그리스도만큼 성장하게 하시고, 그분 안에서 사랑의 율법이 완벽히 이행되게 하소서. 그분께서는 영원무궁토록 당신과 성령과 함께 주님이시나이다. 아멘.

시편 150

영광송

시편 150편은 시편집 전체를 마무리하는 영광송 역할을 합니다. 영광송이란 모든 것을 존재하게 하신 분에게 돌아갈 영광과 흠숭을 하느님께 올리는 순수한 찬미의 기도입니다. 시편 150편에는 앞선 시편들에 나왔던 모든 것이 다 모여 있습니다. 고통과 한탄, 찬미와 감사, 지혜와 희망, 신뢰 등 우리가 하느님 안에서 구원되는 이야기 속에 들어 있는 인간의 모든 체험이 여기 이 시편에 있습니다. 또한 시편 150편에는 하느님께 드리는 마지막 찬미가 나옵니다. 하느님은 이 시편집에 실려 있는 노래들이 탄생하도록 영감을 주셨고, 우리에게 이토록 변함없이 다정한 신의를 보이셨으며, 치유의 은총으로 우리의 고통을 기쁨으로 바꾸셨고, 화려하고 장엄하면서도 백성 곁에 계신 분으로 당신 모습을 드러내셨습니다. 이 시편 시작 부분에 나오는 찬양에 대한 호소는 우주적이고 보편적입니다. 여기서는 "성소"(1ㄴ절), 즉 지상에 있는 하느님의 성전에 우리의 관심을 집중시킵니다. 이에 비해 "웅대한 창공"(1ㄷ절)은 이 세상이 제자리를 유지하도록 붙잡아 주는 하늘 위의 우주 구조를 지칭합니다. 이 시편에서 저자는 마치 일련의 초대를 보내고 있는 것처럼 보입니다. 먼저 시편들에 언급된 하느님의 수많은 행적에 유념하고, 이러한 업적들을 해내신 전능하신 분을 찬양하라고 합니다. 그런 다음 웅대한 피조물들 — 하늘과 바다, 산과 들, 해와 달 — 을 주의 깊게 바라보고, 인간의 정신과 마음이 할 수 있는 유일한 응답인 찬양을 또다시 드리라(2절)고 합니다! 여기서는 이 위대한 찬양 행위에 쓰일 악기들을 언급하면서, 대조법을 사용하고 있는 것에 주목해야 합니다. 레위기 25

장에 나와 있듯 나팔 소리(3절)는 대희년의 시작을 알릴 것입니다. 하느님께서 당신 백성을 이집트의 억압에서 구하시면서 해방하고 축복하셨듯이, 이스라엘 백성도 자신들의 노예가 된 사람들에게 똑같이 해야 합니다. 그들 역시 하느님 백성의 손으로 축복을 받아 해방된 것을 즐길 수 있어야 합니다. 이와 같이 환희에 찬 찬양 다음에는 더 섬세한 요소를 지닌 비파가 나옵니다. 이는 마치 사울왕이 악령에 쉼 없이 시달릴 때마다 다윗이 진정시킨 것과 같습니다(1사무 16,23). 비파는 하느님의 이름을 찬양할 때 기쁨을 불러일으킵니다(시편 57,9; 108,3). "손북"과 "춤"은 분명 미르얌이 이스라엘 여성들을 이끌고 하느님을 찬송하는 장면을 연상시킵니다. 미르얌은 하느님의 전사가 이집트 군대의 맹공에 맞서서 히브리 노예들을 위해 싸웠다며 노래했습니다(탈출 15,20-21). 이렇게 시편저자는 하느님께서 선택한 백성을 돌보시고 보호하신 놀라운 방식들을 들려줍니다. 시편의 마지막 절에서는 살아 있는 모든 생명, 즉 생명의 숨을 간직하고 있는 모든 존재를 불러 모아서 어전 연주를 하듯 모든 생명과 축복의 주님께 찬양을 드립니다. 시편집의 마지막을 장식하는 이 시편은 그리스도교 성경의 마지막 책과 멋지게 연결됩니다. 마지막 성경에는 시편에 나와 있는 감사의 표현들, 즉 우리를 위해 해 주신 모든 것에 대해 하느님께 감사를 드리는 구절들이 다시 등장합니다. "그때 옥좌로부터 소리가 울려 나와 이렇게 말했다. '하느님의 모든 종들아, 그리고 그분을 두려워하는 높고 낮은 사람들아, 우리 하느님을 찬양하여라'"(묵시 19,5). 모든 찬미와 영광, 지혜와 힘, 영예, 축복, 감사가 하느님께 이제와 항상 영원히. 아멘! 알렐루야!

¹ **150** 알렐루야!
거룩한 성소에서 하느님을 찬양하여라.
웅대한 창공에서 주님을 찬양하여라.
² 위대한 일 이루시니 주님을 찬양하여라.
그지없이 크시오니 주님을 찬양하여라.
³ 뿔 나팔 불며 주님을 찬양하여라.
수금과 비파 타며 주님을 찬양하여라.
⁴ 손북 치고 춤추며 주님을 찬양하여라.
거문고 뜯고 피리 불며 주님을 찬양하여라.
⁵ 바라 소리 낭랑하게 주님을 찬양하여라.
바라 소리 우렁차게 주님을 찬양하여라.
⁶ 숨 쉬는 것 모두 다 주님을 찬양하여라.
알렐루야!

기도합시다

권능과 위엄의 하느님, 당신의 사랑과 연민에 가득 찬 손으로 피조물들을 놀라우리만치 지탱해 주시는 분, 비오니 당신 구원의 은총으로 저희를 새로 창조하소서. 그리하여 저희가 우리 주 예수 그리스도 안에서 당신 사랑을 깨달아, 저희가 말하고 행하는 모든 것 안에서 당신을 찬미하게 하소서. 모든 영광과 영예가 당신께 이제와 항상 영원히. 아멘.

| 참고문헌 |

W. H. Bellinger, *A Guide to Studying the Psalter*, 제2판, Grand Rapids: Bakery Academic, 2012. [시편에 정통한 저자가 원전을 참고하여 시편의 문학 양식을 설명한다.]

Dianne Bergant, *Psalms 1-72*, New Collegeville Bible Commentary, Collegeville, MN: Liturgical Press, 2013. [원숙한 저자는 각 시편에 대한 문학적·역사적 정보를 제공하면서, 각 시편이 지닌 종교적·역사적 의미를 명철하고 통찰력 있게 설명한다.]

―――, *Psalms 73-150*, New Collegeville Bible Commentary, Collegeville, MN: Liturgical Press, 2013.

Walter Bruggeman, *The Message of the Psalms: A Theological Commentary*, Augsburg Old Testament Studies, Minneapolis: Augsburg, 1984. [이 책은 출간된 지 30년이 지났지만 그 가치는 여전하다. 박식한 저자가 현대의 신앙 체험과 견고한 학식을 결합하여 설명한다.]

―――, *Spirituality of the Psalms,* Minneapolis: Augsburg Fortress, 2002. [이 책은 저자가 지향, 방향 상실, 새로운 지향, 하느님의 정의에 관한 시편에 중점을 두고 시편을 인간 체험에 적용하는 법의 정수를 보여 준다.]

Richard J. Clifford, *Psalms 1-72*, Abingdon Old Testament Commentaries, Nashville: Abingdon Press, 2003. [두 권으로 구성된 이 해설서는 정확한 해석 논평

과 잘 설명된 예리한 신학적 해설을 갖추고 있어, 역사적 맥락에서 시편을 읽는 데 도움을 주는 뛰어난 안내서이다.]

―――, *Psalms 73-150*, Abingdon Old Testament Commentaries, Nashville: Abingdon Press, 2003.

Jerome F. D. Creach, *The Destiny of the Righteous in the Psalms*, St. Louis: Chalice Press, 2008. [시편집 전체를 제대로 해석하기 위해 시편 1편이 중요하다는 사실에서 시작하여, 포괄적이고 통찰력 있는 시편 신학을 보여 준다.]

Rolf A. Jacobson, *Sounding in the Theology of Psalms: Perspectives and Methods in Contemporary Scholarship*, Minneapolis: Fortress Press, 2011. [히브리 시문학의 수사적 요소에 대한 평가와 함께 시편집에 대한 다양한 신학적 접근법을 설명하는 좋은 논문들이 수록되어 있다.]

Laurence Kriegshauser, *Praying the Psalms in Christ*, Notre Dame, IN: University of Notre Dame Press, 2009. [초기 교회 시대부터 시작하여 풍부한 그리스도교적 시편 해석 전통을 조사한 저자는 훌륭한 학식을 토대로 신앙심이 깊은 해석을 제공한다.]

James L. Mays, *The Lord Reigns: A Theological Handbook to the Psalms*, Louisville: Westminster-John Knox Press, 1994. [저자는 연민, 자선, 진정한 정의로 특징되는 하느님의 통치에서 나오는 "주님께서 다스리신다"는 표현이 시편을 읽는 여러 방법을 알게 해 주는 열쇠라고 생각한다.]

J. Clinton McCann Jr., "The Book of Psalms: Introduction, Commentary, and Reflections", *The New Interpreter's Bible*, Vol.5, Nashville: Abingdon Press, 1996. [현대 독자들의 요구를 충족시키기 위해 이 해설서는 견고한 학식, 까다로운 문제에 관한 명징한 분석, 철저한 신학적 설명으로 이루어져 있다.]

―――, *Great Psalms of the Bible*, Louisville: Westminster-John Knox Press, 2009. [전문 해설자가 쓴, 시편에 관한 이 에세이는 학문적인 본문 해석을 다루고 있을 뿐 아니라, 시편이라는 고대 문헌이 현대 신앙인에게 전하는 메시지를 실용적이고 통찰력 있게 설명한다.]

──, *A Theological Introduction to the Book of Psalms: The Psalms as Torah*, Nashville: Abingdon Press, 1993. [정경 비평이라 불리는 접근 방식을 사용하여 시편들 사이의 연관성을 끌어내고, 어떻게 이러한 고대 신앙시들이 오늘날의 독자들에게 가르침이 되는지를 조명한다.]

Roland F. Murphy, *The Gift of the Psalms*, Peabody, MA: Hendrickson, 2000. [이 베테랑 구약성경학자는 시편을 간명하게 해석하기 위해 여러 관점에서 고찰하고, 가장 먼저 시편집의 풍부한 문학적·신학적·종교적 요소에 접근한 뒤, 각 시편에 대해 간략히 해설한다.]

Irene Nowell, *Pleading, Cursing, Praising: Conversing with God through the Psalms*, Collegeville, MN: Liturtgical Press, 2013. [풍요롭고 통찰력 있는 이 책은 기도하는 인간의 마음에서 본질적인 것이 무엇인지 포착한다. 바로 삶 속에서 겪는 모든 경험 안에서 하느님을 발견하는 것이다.]

──, *Sing a New Song: The Psalms in the Sunday Lectionary*, Collegeville, MN: Liturgical Press, 1993. [저자는 시편을 전례 때 주어진 성경 말씀에 대한 응답으로 여기고 있으며, 부수적으로 독자들에게 각 시편마다 그 배경을 더 넓게 설명해 주고 있다.]

Gianfranco Ravasi, *Il Libro dei Salmi — Commento e Attualizzaziona*, Bologna: Edizioni Dehoniane, 1986. [세 권으로 구성된 이 보석 같은 해설서에는 시편집의 다양한 문학 양식에 관한 소개, 각 시편에 대한 철저한 조사 내용이 담겨 있다. 시편집 안에서 각 시편이 차지하는 위치, 전례 안에서의 위치, 문자 그대로의 의미, 시적 요소, 상징 언어, 개인적·집단적 의미, 그리고 현재를 위한 그리스도교적 의미까지 다룬다.]